사회복지실천론 2판

임은희 저

Theories of Social Work Practice

학지사

2판 머리말

초기의 사회복지실천방법은 미국을 중심으로 발달되었다. 1970년에 들어서면서 전통적인 사회사업방법은 생태체계이론 또는 사회체계이론의 영향을 받았으며, 또한 방법론에 대한 비판적 시각으로 사회사업 통합방법론이 출현하게 되었다. 우리나라에서는 1947년부터 사회복지학을 가르치기 시작하였으며 이제 60년이 넘는 역사를 가지고 있다.

우리 사회도 많은 변화와 개혁을 거치면서 사회복지도 복잡한 사회문제와 국민의 다양한 욕구에 대응해야 하는 시대적 요구에 직면하였다. 이에 사회복지학은 좀 더 전문적이고 실천적인 학문으로 발전해야 할 것이다. 또한 도움을 필요로 하는 사람이 존재하는 한 사회복지실천은 계속 존재해야 되므로 이들의 욕구에 민감해야 될 것이다. 사회복지실천이론은 국가시험 필수과목일 뿐만 아니라 사회복지학과 및 관련학과 학생들이 이수하고 현장실습을 하게 되는 과목으로서 더욱 중요시되고 있다.

사회복지사의 여러 가지 역할 가운데 가장 많이 수행하는 역할은 상담가 또는 임상가이므로 사회복지실천론에서 충분한 이론과 실천방법을 터득해야만 실습이 가능하다. 그러므로 사회복지실천론은 미래의 바람직한 사회복지사로서 지침을 제공하는 기초를 다지는 과목이라고 할 수 있다. 따라서 이 책은 사회복지학 교과목 지침서의 교과내용에 초점을 맞추어 사회복지사 자격취득 국가시험에 도움이 될 수 있게 구성하였다. 그리고 학생들이 실습하는 데 밑거름이 될 수 있는 임상이론과 실천에 도움을 주려고 노력하였다.

사회복지는 대상, 활동 장소 그리고 기능의 다양성으로 쉽게 정의내리기가 어렵고 또한 우리를 혼란스럽게 만들기도 한다. 그러므로 사회복지실천을 명확하게 이해하기 위하여 이 책을 모두 아홉 개의 장으로 구성하였다.

제1장은 사회복지실천의 개관으로 사회복지실천의 이해, 철학과 이념 그리고 맥으로 구성되어 있다. 제2장은 사회복지실천의 변천과정으로 구미의 사회복지 변천사, 우리나라의 사회사업 도입과 현황, 사회복지실천과 방법론의 변화과정, 그리고 사회복지실천과 관련 학문과의 관계로 구성되어 있다. 제3장은 사회복지실천의 통합적 방법으로 방법, 모델 그리고 실천과정으로 구성되어 있다. 제4장은 사회복지실천의 관계론으로 관계, 본질, 원리 그리고 장애요인으로 구성되어 있다. 제5장은 의사소통론으로 의사소통의 개념과 원리, 의사소통의 구성요소, 언어적 의사소통 그리고 비언어적 의사소통으로 구성되어 있다. 제6장은 면접론으로 개념, 특성, 종류, 조건, 방법, 기록과 기록방법 그리고 기록의 실제 작성방법으로 구성되어 있다. 제7장은 사회복지실천의 과정론으로 접수 및 관계형성, 자료수집 및 사정, 개입목표 설정과 계약, 개입단계 그리고 종결과 평가로 구성되어 있다. 제8장은 사회복지실천 모델로 클라이언트 중심모델, 권한부여모델, 과제중심모델, 위기개입모델, 현실치료모델 그리고 인지행동모델로 구성되어 있다. 제9장은 사회복지실천 개입방법으로 집단, 가족치료 그리고 사례관리로 구성되어 있다.

앞으로도 지속적인 관심과 이 책의 보완점에 대한 비판을 기대하면서 끝으로 이번 개정판이 나올 수 있도록 독려와 격려를 해주신 학지사 사장님과 직원 여러분께 깊은 감사를 드린다.

2010. 6.

학산동산에서 임은희

차 례

제 2 장 사회복지실천의 변천과정

제 3 장 사회복지실천의 통합적 방법

제4장 사회복지실천의 관계론

제5장 의사소통론

제6장 면접론

제7장 사회복지실천의 과정론

제 8 장 사회복지실천 모델

1 사회복지실천의 개관

1. 사회복지실천의 이해

사회복지실천이란 사회복지를 실제적으로 적용하는 것이다. 그러므로 사회복지전문가의 개입을 필요로 하는 모든 현장에서 도움을 필요로 하는 사람들에게 사회복지사들이 직접적으로 대면서비스를 제공하는 모든 활동을 사회복지실천이라고 할 수 있다.

사회복지실천을 이해하기 위해서는 먼저 사회복지와 사회복지실천의 관계를 이해하는 것이 바람직하다.

1) 사회복지와 사회복지실천의 관계

(1) 사회복지의 개념

① 사회복지 낱말의 축자적 의미

사회복지란 social+welfare의 합성어다. welfare는 well과 fare의 합성어로 well의 사전적 의미는 '만족스럽게' '성공적으로' 또는 '적절하게' 등이고, fare란 '불만이 없는 상태' '만족할 만한 상태' 또는 '건강하고 번영스런 상태'를 내포하고 있다. 여기에 사회적(social)이 첨가되어 사회적으로 평안하고 만족스런 상태, 즉 사회복지의 사전적 의미는 사회 내의 사람들이 만족스럽고 평안한 상태를 유지할 수 있게 하는 것과 연결되어 있음을 알 수 있다. 또한 복지란 물질적 · 심리적 · 정신적 인간관계 등을 포함하는 종합적으로 만족할 만한 상태를 의미한다.

② 사회복지의 개념

사회복지의 개념은 광의적이며 국가나 시대에 따라 그 의미와 내용이 다르게 정의된다. 따라서 객관적인 사회복지 개념이란 용이하지는 않으나 다음과 같은 학자의 정의를 살펴보고자 한다.

프리드랜더(Friedlander)와 에프트(Apte)는 "사회복지란 국민의 복지에 기본적인 것으로 인정된 사회적 욕구를 충족시키기 위하여 그리고 사회질서의 회복을 위하여 제반 급부를 확보하거나 강화시키는 법률, 프로그램, 급여 및 서비스 체계다."라고 하였다.

또한 김영모는 "사회복지는 인간의 사회적 욕구에 대한 서비스인 동시에 사회문제를 해결하기 위한 노력이다. 인간의 사회적 욕구는 의식주와 같은 민생문제, 즉 소득, 보건, 교육, 주택과 같은 기본적 욕구를 해결하려는 것을 말하며, 사회문제는 범죄, 비행과 같은 좁은 의미의 반사회적 행위도 있지만 빈곤, 실업, 가족해체, 지역해체와 같은 넓은 의미의 사회구조적 문제, 즉 불평등과 사회해체도 있다."라고 정의하였다(김영모, 1999: 1).

장인협은 "사회복지란 사회구성원들이 기존의 사회제도를 통하여 자신의 기본적인 욕구를 충족시키는 데 어려움을 겪고 있거나 어려움이 예상될 때, 그 욕구를 충족시킬 수 있도록 도움을 제공하는 조직화된 사회적 활동의 총체다."라고 정의하였다(장인협 외, 1999: 3-4).

사회복지의 개념을 정의할 때 가장 많이 인용하는 윌렌스키(Wilensky)와 르보(Lebeaux)의 잔여적 개념과 제도적 개념은 다음과 같다.

잔여적(residual) 개념의 사회복지는 가족이나 시장경제가 개인의 문제나 욕구를 해결할 수 없을 때에 한해서 국가가 개인의 기본적 삶을 유지할 수 있도록 해 주는 보완적 기능을 의미한다. 즉, 좁은 의미의 사회복지라고 할 수 있으며 이러한 경우에 클라이언트들은 서비스를 받는 것을 일종의 낙인(stigma)으로 생각하고 있다.

제도적(institutional) 개념은 모든 사람들이 그들의 능력을 최고도로 발휘할 수 있도록 도움을 주어야 한다고 본다. 다시 말해서 개인이 문제가 있다는 것은 사회가 정상적이며 우선적으로 사회적 서비스를 지속적으로 수행하지 못하고 있다는 것을 의미한다.

사회복지를 이러한 개념에서 보면 사회기관들은 사회에서 필수적인 최일선 기구로 간주되고, 서비스 이용자들도 이탈자로 낙인찍혔다고 느끼지 않을 것이다.

대부분의 사회복지서비스는 과거에는 잔여적 개념을 바탕으로 했었으나 최근에는 문제의 정도와 관계없이 서비스를 클라이언트의 정당한 권리로 받아들이고 있어 잔여적 개념과 제도적 개념을 모두 포괄하고 있다.

광의의 사회복지는 사회보장제도를 기반으로 하고 있으며 더 나아가 인간 생활의 전 국면에 걸치는 기본적 욕구(need)에까지 그 대상 영역을 확대하고 있다.

앞에서 제시한 사회복지의 모든 정의를 종합해 보면 다음과 같다.

사회복지란 사람들의 삶의 질을 향상시키기 위한 체계적이고 조직적인 노력이다. 다시 말해서 사회복지는 개인이나 집단이 가지고 있는 심리적 · 사회적 · 경제적인 문제와 욕구를 해결하고, 이들의 잠재능력과 사회적 기능을 향상시켜 모든 사람들이 행복하고 만족스런 삶을 영위하도록 도와주는 사회적 서비스와 기관들의 조직화된 체계이며 제도라고 할 수 있다. 제도로서의 사회복지는 사회보험제도, 공적부조제도, 정부나 민간의 다양한 서비스와 프로그램을 모두 포함한다.

2) 사회복지실천의 정의와 목적

사회복지실천이란 용어는 'Social Work Practice'를 우리나라 상황에 맞추어 번역한 것으로 그동안 사용되어 왔던 사회사업(Social Work), 개별사회사업(Social Casework), 임상사회사업(Clinical Social Work), 일반적 사회사업(Generalist Social Work) 등을 대신하는 것이다.

사회복지실천은 대상, 방법 및 범위에 따라 개별사회사업, 집단사회사업, 지역사회조직사업 등의 방법으로 발달 · 교육되어 왔으므로 간단하게 정의하기에는 매우 어려운 점이 있다.

사회복지실천은 사회복지사가 개인, 집단, 가족 그리고 지역사회를 대상으로 이들의 문제와 욕구를 스스로 해결하도록 도와주어 사회적 기능을 향상시키고 나아가서는 이들의 삶의 질을 높이는 데 목적을 둔 종합적이고 전문적인 실천 활동이다.

사회복지실천은 1998년 사회복지사업법 시행령 및 시행규칙 개정 당시 한국사회복지사협회가 사회복지교육의 필수과목으로 '사회복지실천론'을 채택하면서 대두된 단어다.

(1) 사회복지실천의 정의

사회복지실천에 대한 가장 고전적인 정의는 리치몬드(Richmond)에 의해 정의된 개별사회사업(Social Casework) 정의를 들 수 있다(Richmond, 1922: 98-99). 『개별사회사업이란 무엇인가(What is social casework)』에서 리치몬드는 사회복지실천을 다음과 같이 정의하였다.

개별사회사업이란 개인 대 개인 그리고 인간과 그의 사회환경 사이에서

의식적인 조정을 통해 개개인의 인격발달을 도모하는 여러 가지 과정이라고 정의하였다.

1973년 미국사회복지사협회(National Association of Social Workers, NASW)는 개인, 집단 그리고 지역사회로 하여금 그들 각자의 사회적 기능을 증진 · 회복하도록 원조하고, 그들의 목적에 알맞은 사회적 조건들을 창출하도록 원조하는 전문적인 활동이 사회복지실천이라고 하였다(NASW, 1973: 3).

핀커스와 미나한(Pincus & Minahan, 1973)이 제시한 사회복지실천의 정의는 사람과 자원체계 간의 연결(linkage)과 상호관계(interaction)라고 하였다.

몇 차례의 사회복지실천의 정의를 거듭한 결과 미국사회복지사협회(NASW, 1982)는 다음과 같이 정의하였다.

사회복지실천이란, 첫째 인간과 사회환경 간의 생태체계적인 관점에 기초하여 개인, 집단, 가족이 자신들의 문제해결능력과 대처능력을 향상시키는 것이며, 둘째 인간이 필요로 하는 사회자원, 서비스, 기회 등의 환경체계가 원활하게 상호작용할 수 있도록 도와주는 것이며, 셋째 자원과 서비스를 제공하는 다양한 사회복지기관이나 조직이 클라이언트에게 보다 좋은 서비스를 제공할 수 있도록 효과적이고 효율적인 운영을 추구하는 것이며, 넷째 새로운 사회정책의 개발과 향상을 목적으로 하는 실천활동이라고 정의하였다.

또한 돌거프(Dolgoff, 1997)는 사회복지실천이란 인간복지(human well-being)의 향상, 빈곤과 억압의 경감, 최상의 삶의 질의 향상을 위해 업무를 수행하는 전문직이라고 정의하였는데, 삶의 질 향상이 대두되고 전문성을 강조한 것이 두드러져 보인다.

이상에서 언급한 정의들을 종합하면 사회복지실천이란 개인의 사회적 기능향상과 사회정의를 위해 사회사업의 전통적인 방법론인 개별사회사업, 집단사회사업, 지역사회조직사업의 3대 방법론을 모두 포함한 통합적인 실천방법이라고 할 수 있다. 또한 최근에는 정신장애인을 비롯하여 노인, 아동, 장애인과 같은 다양하고 복잡한 문제를 해결하기 위한 사례관리가 소개되고 있는데 이것도 사회복지실천방법으로 사회복지사들이 활용하고 있다.

(2) 사회복지실천의 목적

사회복지실천의 목적(purposes)을 정의하고자 한 노력이 처음 시도된 것은 1929년의 밀포드(Milford)회의였고, 그 후 1994년 미국사회복지교육협의회에 이르기까지 사회복지실천이라는 개념이 등장하면서부터 최근까지 그 노력은 이루어지고 있다.

사회복지실천의 궁극적인 목적은 모든 사람들의 삶의 질(quality of life)을 향상시키는 것이다. 사회 내의 모든 사람들의 삶의 질을 향상시킨다는 것은 간단한 문제가 아니다. 삶을 영위하는 그 시대적 상황이나 사회에 따라 변화되는 것이며, 사회적 배경 내에서는 사회 정의가 실현되는 맥락이어야 한다. 즉, 모든 사회구성원이 가용자원과 기회에 쉽고 공정하게 접근할 수 있도록 보장을 해 주어야만 되는 것이다. 또한 사회적 환경과 물리적 환경이 사람들의 삶의 질에 영향을 끼치므로 이들의 개선이 필요하며, 개인, 집단 또는 지역사회의 사회적 기능을 향상시키는 데 사회복지실천가는 도움을 주어야 한다. 1958년 미국의 사회복지사협회가 최초로 발표한 사회사업의 실천목적은 다음 세 가지에 있다고 하였다.

첫째, 개인과 집단이 그들과 환경 간에 불균형 상태가 발생했을 때 문제를 찾아내어 문제의 어려움 정도를 감소시키거나 해결하도록 도와주는 것이다.

둘째, 개인이나 집단이 그들과 환경 간에 불균형 상태가 일어날 수 있는 잠재적인 문제를 미리 발견하여 예방하는 것이다.

셋째, 개인과 집단과 지역사회 내의 최대한의 잠재력을 발견하여 확인하고, 또 이를 강화시켜 주는 것이다.

1992년 미국 사회복지교육협의회(Council on Social Work Education, CSWE)에서는 사회복지실천의 목적을 다음과 같이 정의하고 있다.

첫째, 개인, 가족, 집단, 조직 그리고 지역사회가 목적을 달성하고 고통을 완화시키며 자원을 활용할 수 있도록 도와줌으로써 이들의 사회기능을 촉진(promotion), 회복(restoration), 유지(maintenance), 강화(enhancement) 시키는 것이다.

둘째, 인간의 기본욕구를 충족시키고 인간이 갖고 있는 잠재력 및 가능성을 개발하는 것을 돕기 위해 필요한 사회정책, 서비스, 자원, 프로그램을 계획(planning), 공식화(fomulate), 그리고 시행(implementation)하는 것이다.

셋째, 곤궁에 처한 집단에게 힘을 실어 주고(empower), 사회적 · 경제적 정의를 실현하기 위해 조직적 또는 행정적 옹호 그리고 사회적 또는 정치적 운동을 통해 정책, 서비스, 자원, 프로그램을 추구하는 것이다.

넷째, 이러한 목적과 관련된 모든 전문적인 지식과 기술을 개발하고 시험하는 것이다.

3) 사회복지실천의 기능

사회복지실천의 기능이란 사회복지실천의 궁극적인 목적을 달성하기 위하여 사회복지실천가들이 사람들을 도와줄 때 성취해야 하는 세분화된 목표(objectives)들이다.

사회복지실천의 목적은 모든 사람들의 삶의 질을 증진시키기 위하여 개인과 사회 사이에서 상호적으로 유익한 상호작용을 하도록 촉진시키거나 회복시켜 주는 것이다. 이러한 추상적인 목적을 달성하기 위하여 사회복지실천가들은 다음 목표들을 성취해야 한다.

첫째, 사람들로 하여금 그들의 능력(competence)을 확장시키고, 그들의 문제해결과 대처능력이 증진되도록 도움을 주어야 한다.

둘째, 사람들로 하여금 자원을 취득하도록 도움을 주어야 한다. 모든 사람들이 인간다운 삶을 유지하려면 여러 가지 이용 가능한 자원이 필요하다. 즉, 최소한의 의식주를 해결하는 데 필요한 자원, 법률서비스, 의료서비스, 정신건강서비스 등의 서비스들이 필요하다. 사회복지실천가들은 이러한 서비스들을 클라이언트에게 직접 제공하거나 제공받을 수 있도록 도움을 주어야 한다.

셋째, 조직이 사람들에게 반응(responsive)하도록 해야 한다. 클라이언트에게 서비스를 제공하는 기관들이 클라이언트의 존엄성을 존중하면서 그에게 알맞은 서비스를 적절한 절차와 기준에 따라서 제공하는지의 여부를 조사하고 부적절한 경우에는 이것들을 시정하는 활동도 하여야 한다.

넷째, 개인과 환경 내의 다른 사람과의 상호작용을 촉진시킨다. 사람들의 삶의 질이란 그들의 사회적 환경 내에 있는 사람들과의 양질의 상호작용으로 결정된다. 그러므로 사회복지실천가는 사람들이 주위의 사람들과 양질의 상호작용을 하도록 도와주어야 한다.

다섯째, 조직과 제도 간의 상호관계에 영향력을 행사한다. 사회복지실천가는 이 목표를 성취하기 위하여 조정자, 중재자 또는 정보제공자로서의 역할을 수행해야 한다.

여섯째, 사회정책과 환경정책에 영향력을 행사한다. 사회복지실천가들이 기본적으로 직접서비스(direct service)를 제공한다 할지라도 클라이언트의 삶의 질은 그들의 물리적 환경과 사회적 환경의 질을 높이는 정책이나 법률이 조장되어야만 개선되므로 사회복지실천가는 사회정책과 환경정책에 영향을 미쳐야 할 책임이 있다.

4) 사회복지실천과 사회복지사의 역할

사회복지를 전달하기 위한 사회복지서비스는 사회복지 관련 기관들이 제공하는 다양한 내용의 모든 프로그램을 의미한다. 사회복지서비스는 협의의 사회복지로서의 상담활동 등의 대인서비스와 건강보험, 연금, 실업수당, 생계비보조, 장애인 고용촉진 등의 제도적 서비스 모두를 포함한다.

이와 같은 사회복지서비스는 실제로 그 사명을 수행하는 사람을 필요로 한다. 사회복지 전달체계는 그 체계 내에서 일하는 사람과 서비스를 사용하는 사람과 연결되어 있으며, 독특한 체계 내에서 제공되는 서비스를 위하여 중요한 위치를 차지하고 있는 사람들에 의해서 그 기능이 나타나게 된다.

이와 같이 특수체계 내에서 일하는 중심적인 사람들이 전문가로 발전하게 되었다. 사회복지서비스를 전달하기 위해서는 전문화 · 직업화된 사회복지 전달자인 사회복지사의 기능과 역할이 매우 중요하다. 사회복지사는 클라이언트의 욕구와 문제의 유형, 클라이언트의 수와 크기, 서비스의 목적 그리고 기관과 지역사회 환경 등에 따라 다양한 역할을 수행할 수 있다. 사회복지사의 역할을 크게 세 범주로 나누면 직접서비스 제공의 역할, 서비스 연결 차원에서 체계 연결의 역할, 체계 유지 및 강화를 위한 역할이다(Hepworth & Larsen, 1993: 25-29).

(1) 직접적으로 대면서비스를 제공하는 역할

사회복지사가 클라이언트를 직접 대면하여 클라이언트의 욕구와 문제를 해결하기 위하여 직접서비스를 제공하는 역할로서 사회복지실천에서 가장 많은 부분을 차지하는 역할이다.

① 심리치료사(Psychotherapist)나 상담가(Counselor)의 역할

사회복지사는 개인, 가족, 집단을 대상으로 이들이 갖고 있는 자신의 감정을 보다 잘 이해하고, 행동을 수정하며, 문제상황에 대처하기 위하여 도움을 주고, 이들이 갖고 있는 심리적 · 정서적 문제를 해결하기 위하여 심리치료사나 상담가의 역할을 수행한다.

이와 같은 역할을 수행하기 위해 사회복지사는 인간행동에 관한 지식, 사회환경이 개인에게 미치는 영향, 클라이언트의 욕구와 기능을 사정해야 하며, 면접이나 관계형성에 대한 실천기술을 습득해야 한다. 최근에는 정신건강이나 약물중독의 문제를 가진 클라이언트가 증가 추세이므로 이러한 문제를 해결하기 위한 전문적인 지식과 기술을 갖추는 것이 바람직하다.

② 정보제공자나 교육자(Educator)의 역할

이 역할은 클라이언트가 문제를 예방하거나 사회적 기능을 향상하는 데 필요한 지식과 기술을 갖추도록 도와주는 것이다. 클라이언트가 필요로 하는 정보를 제공하거나 클라이언트가 삶의 상황에서 발생하는 어려움을 처리하고 위기를 예견하고 예방하도록 가르치는 것을 의미한다. 청소년에게 성교육을 실시하거나 부부폭력문제가 있는 클라이언트에게 스트레스 관리기법을 가르치고, 젊은 부모들에게 아동양육기술을 교육시키고, 사회기술 훈련 등을 가르치는 것 등을 포함한다.

(2) 서로 다른 체계들을 연결하는 기능

사회복지사는 클라이언트에게 필요한 사회적 자원을 연계시켜 주거나 클라이언트가 이러한 자원들을 충분히 활용할 수 있도록 도와줌으로써 클라이언트의 문제나 욕구를 해결하여 주는 역할을 한다.

① 중개자(Broker)의 역할

클라이언트를 적절한 인간서비스와 지역사회의 자원을 연결시켜 주는 역할이다. 이 역할을 수행하기 위하여 사회복지사는 클라이언트의 욕구를 확인하고, 다양한 자원을 활용할 수 있는 동기와 능력을 사정하며, 그들이 가장 적합한 자원에 접근할 수 있도록 도와준다. 사회복지사는 지역사회 자원이나 기관의 특성에 대해 충분한 지식과 정보를 가지고 있어야 하며, 또한 사회복지사는 클라이언트에게 의뢰한 이후에도 클라이언트가 적절한 도움을 받고 있는지를 지속적으로 모니터하는 역할을 한다.

② 사례관리자(Case manager)의 역할

이 역할은 여러 다양한 프로그램이나 기관에 의해 제공되는 다중적 서비스를 활용해야만 하는 클라이언트에게 아주 중요하다.

클라이언트의 욕구와 문제가 무엇인지 확인한 후, 이러한 문제를 해결하기 위해 필요한 자원이나 서비스를 개발하고, 연계시켜 주며, 이러한 서비스가 서비스의 목표에 따라 지속적으로 잘 제공되고 있는지를 관리하고 도와주는 역할이다.

③ 중재자(Mediator)의 역할

개인 간 또는 서로 다른 두 집단 간의 이해관계 갈등을 해결하여 서로 간에 만족스런 결과를 얻을 수 있도록 도움을 주는 역할이다. 또한 클라이언트가 서비스를 받을 수 있는 자격이 있는데 공공기관으로부터 충분한 서비스를 받지 못하거나 제한된 자원으로 인해 대상에서 제외된 경우에 사회복지사는 공공기관의 공무원과 클라이언트 사이에서 중재자의 역할을 수행한다. 중재자의 역할을 수행하는 사회복지사는 양쪽의 입장을 정확히 이해하여 어느 한편의 입장을 편파적으로 지지하지 않는 중립적 위치에 서는 것이 매우 중요하다.

④ 대변자 또는 옹호자(Advocate)의 역할

사회복지의 핵심은 옹호다. 이 역할은 사회복지 임무의 기본이 되고 윤리강령(NASW, 1993)에 명확하게 구체화되어 있다.

클라이언트가 자원과 서비스를 받을 권리를 유지하도록 돕거나 클라이언트나 클라이언트 집단에게 부정적인 효과를 주는 프로그램과 정책을 변화시키는 운동을 적극적으로 지지한다. 즉, 클라이언트 개인이나 집단의 권익보호를 위해 클라이언트를 대신해서 새로운 자원이나 서비스 제공을 촉구하는 정치적 역할을 한다. 여성의 고용차별이나 실직노숙자의 인권침해에 대항하여 새로운 법률을 제정하도록 노력하거나 시민운동을 조직하는 사회운동가의 역할 등을 전개하는 것을 예로 들 수 있다.

(3) 체계유지와 강화를 위한 역할

사회복지사는 복지기관 및 사회기관에 고용된다. 고용된 기관의 정책이나 서비스 전달체계의 효과성이나 효율성 등을 평가하고 개선하는 역할을 수행하여 자신이 속한 기관의 질적 향상을 위해 노력하여야 한다. 다시 말하면 사회복지사가 사회복지 현장에서 의도된 변화를 위해 클라이언트의 주변체계에 직접 개입하여 클라이언트에게 간접서비스를 제공하는 역할을 일컫는다.

① **조직분석가(Organizational Analyst)의 역할**

사회복지사가 자신이 소속된 기관의 조직이나 정책 그리고 서비스 전달체계와 과정 등을 분석하여 보다 효과적으로 운영될 수 있는 복지기관이나 조직을 만드는 역할이다. 이러한 역할은 장기적으로는 클라이언트에게 보다 나은 서비스를 제공하게 된다. 사회복지사는 이 역할을 담당하기 위하여 조직이론이나 기관행정론 등의 지식이나 기술을 습득할 필요가 있다.

② **전문가팀 구성원(Team Member)의 역할**

이 역할은 다양한 전문가나 기관과 팀 협력을 통해 클라이언트의 문제를 복합적으로 사정하여 보다 효과적인 서비스를 제공하는 것이다. 정신장애인를 도와주는 정신보건사회복지사의 역할이 그 예가 된다. 현대사회에서 클라이언트는 복잡하고 다양한 문제를 갖고 있는 경우가 많다. 그러므로 다른 분야의 전문가와 협력하여 클라이언트의 문제를 해결할 필요가 있다. 이러한 역할을 수행할 때 사회복지사는 생태체계적 관점을 갖고 타 전문가가 제공할 수 없는 클라이언트의 가족관계나 지역사회의 자원에 대한 정보를 제공하고 연계하는 독특한 역할을 수행해야 한다.

③ **자문가(Consultant)의 역할**

이 역할은 한 명의 전문가가 다른 전문가에게 동료로서 충고를 제공하는 것이다. 사회복지사는 다른 직종의 전문가에게 클라이언트의 문제해결을 위한 자문을 제공하거나 동료 사회복지사에게 지도 · 감독을 제공하는 역할을 한다. 또한 사회복지사는 자문을 제공하는 것 이외에 자신의 클라이언트를 위해 다른 전문직종의 종사자에게 자문을 받거나 자격을 갖춘 사회복지사에게 지도 · 감독을 받을 수도 있다.

④ **연구자(Researcher)의 역할**

응용사회과학으로서의 사회복지실천은 이론적 연구가 포함되어야 한다. 최근에는 사회복지실천에 대한 사회적 책임성이 높아지고 있으므로 사회복지사가 제공한 서비스의 효과와 효율성에 대한 관심이 많아지고 있다. 이러한 변화추세에 따라 사회복지사에게는 자신이 제공한 서비스를 과학적이고 체계적으로 평가하는 연구자의 역할이 강조되고 있다. 연구자로서의 사회복지사는 사회복지실천의 전 과정을 사회과학적 연구방법과 병행하는 실증적 사회복지실천을 수행하는 역할을 하여야 한다.

⑤ 체계 발전을 위한 전문가의 역할

사회복지사는 충족되지 못한 클라이언트의 욕구, 적합하지 못한 서비스, 예방적인 서비스 욕구, 클라이언트들에게 현재 사용하는 개입에 대한 자료수집 등을 사정하여 기관의 서비스를 확대하거나 증진시켜야 될 때가 있다. 이때 사회복지사는 프로그램을 개발하고 계획하며 정책과 절차들을 개발하여야 하는 역할 또한 있다. 다시 말하면 사회복지실천은 사회의 변화에 따라 새롭게 나타나는 클라이언트나 지역사회의 욕구에 관심을 가져야 한다. 또한 기존의 사회복지서비스나 프로그램이 갖고 있는 제한점이 무엇인지 파악하여 이를 보완할 수 있는 발전된 서비스를 개발하여야 한다. 사회복지사는 정책입안과 프로그램 개발과의 역할을 수행하여 사회환경 발전을 추구하여야 한다.

2. 사회복지실천의 철학과 이념

사회복지실천의 철학, 즉 기본가치는 인간행동에 관한 지식 그리고 실천기술과 더불어 3대 중심축을 이루는 것으로서 사회복지사에게는 대단히 중요한 것이다.

1) 사회복지실천과 가치기반

(1) 사회복지실천과 가치전제

한 인간을 지배하는 가치경향은 그 사람의 행동을 좌우하게 한다. 특히 전문직으로서의 사회복지실천가의 기본적인 가치는 사회복지실천에 직접적인 영향을 주게 된다. 가치란 좋고 바람직한 것에 대한 지침이며 적합한 행동의 선택에 대한 지침이다. 다시 말해서 가치란 믿음과 같은 것이다. 또한 가치란 인간을 위해 좋은 것과 바람직한 것에 대한 가정적인 개념이므로 생각에 그친다. 그러므로 가치는 인간의 본질에 관하여 전문직이 가지고 있는 증명되지 않은 신념으로 간주될 수도 있다. 이러한 신념은 사회복지실천가의 일상적인 활동에 반영되어 전문직의 실천방향을 제시한다.

사회복지전문직은 지식이나 개입방법으로만 충족될 수가 없으며 어떤 뚜렷한 철학이 선행되어야 한다. 따라서 전문직 속성에서 가치를 전제로 삼는 윤리강령을 중요하게 생각한다.

사회복지실천에서의 가치전제는 다음과 같다.

첫째, 개인의 존엄성과 독특성에 대한 존중이다. 이것은 사회복지전문직에서 일관성 있게 수용되고 지지되는 중심적인 가치전제의 하나다.

각각의 개인은 그 자체로서 존엄성을 지닌 독특한 존재다. 따라서 개인은 그 자체가 목적이며, 다른 목적을 위한 수단으로 취급되어서는 안 된다는 것이다. 개인 간의 다양성과 차이성은 인정되고 존중되어야 하는 것이다. 다시 말해서 각 개인은 독특하며 존엄성을 지닌 존재로 취급되어야 할 권리를 갖는다는 전제다. 이러한 가치전제에 유용한 다섯 가지 지침은 다음과 같다.

- 클라이언트의 존엄성에 관해 의사소통하는 내용에 민감하게 인식한다.
- 클라이언트를 스테레오타입(stereotype)화하지 않는다.
- 클라이언트가 그들의 장점을 발견하여 활동하도록 도움을 준다.
- 클라이언트가 문제해결에 참여할 것을 기대한다.

• 클라이언트의 요구(wants)와 욕구(needs)에 초점을 둔다.

둘째, 클라이언트의 자기결정에 대한 신념이다. 클라이언트의 자기결정의 원리는 인간의 타고난 존엄성에 대한 신념으로부터 나온다. 이것은 인간이 자기 스스로 결정하도록 허용된다는 것을 의미한다.

(2) 전문직으로서의 사회복지사의 가치기준

전문직으로서의 사회복지사의 가치기준이란 개개인의 삶의 질을 증진시키기 위하여 개인과 사회 사이에서 서로 유익한 상호작용을 증진시키거나 회복하기 위한 사회복지실천의 목적을 달성하기 위하여 사회복지사가 지녀야 할 신념체계다.

따라서 이러한 신념체계는 사회복지사들이 적절한 실천을 하기 위해 분명히 인식해야 할 것이다.

모레일(Morales)과 세퍼(Sheafor, 1989)는 사회복지사들이 공유해야 할 가치기준을 형성하기 위한 구체적 목록을 인간을 선호해야 하는 가치, 인간을 위해 선호하는 결과로서의 가치, 인간을 다루기 위해 선호하는 수단으로서의 가치 등으로 구분하였다.

첫째, 인간을 선호해야 하는 가치는 레비(Levy, 1973)가 실천가치에 우선하는 사회복지전문직의 가치를 세 개의 집단, 즉 사람, 결과, 수단에 대한 가치로 구분한 것 가운데 사람 우선 가치와 동일한 것이다. 이것은 사회복지실천의 대상인 사람 자체에 대하여 가져야 할 기본적인 가치관이다.

사회복지실천가는 모든 사람들의 선천적 가치와 존엄성의 가치를 믿어야 하며, 개개인은 타고난 재능을 가지고 있으며 만족스러운 삶을 향한 건설적인 변화에 대한 능력과 욕구를 가지고 있다고 생각하여야 한다.

그리고 각 개인은 그 자신과 사회를 포함한 그의 동료들에 대한 책임을 가지고 있어야 한다. 즉, 인간의 상호책임성을 의미한다. 또한 각 개인은 어떤 형태의 상호관계나 집단 또는 그들이 소속해 있는 지역사회에 참여해야 할 필요성이 있다. 다시 말하면 매슬로우의 욕구계층이론의 하나인 소속의 욕구를 의미한다.

마지막으로 개개인에게는 공통적인 인간의 욕구가 있다. 이는 개인은 그들 특유의 독특성을 가지고 있는 동시에 인간으로서의 공통적인 욕구를 가지고 있음을 의미한다.

둘째, 인간을 선호하는 결과로서의 가치는 개인들에게 사회복지서비스를 제공하였을 때에 나타나는 결과에 대한 가치를 의미한다. 결과우선가치란 사회가 개인의 충분한 잠재성을 스스로 인식할 수 있도록 하여 개인이 성장 · 발전하는 기회를 반드시 제공하여야 한다는 사회적 책임을 의미한다.

또한 사회는 빈곤, 질병, 차별대우, 부적절한 주거환경 및 불평등한 교육기회 등의 문제를 사전에 방지하거나 문제를 해결하는 데 필요한 자원과 서비스를 공급해야 한다는 것을 의미한다. 그리고 사회참여에 대한 동등한 기회를 제공해야 하는 사회적 책임을 의미한다.

셋째, 인간을 다루기 위해 선호하는 수단으로서의 가치는 수단우선가치다. 이는 사회복지사들이 클라이언트와 작업할 때 모든 클라이언트들이 존경과 존엄으로 다루어져야 하고, 자기결정의 권리를 가져야 하며, 동시에 사회변화에도 참여하도록 동기를 부여해 주어야 한다는 것을 의미한다. 또한 클라이언트의 독특한 개성이나 인생 경험으로 인한 독창성을 인식해야 한다는 것도 의미한다. 사회복지실천의 방법은 이러한 가치를 반영해야 한다.

(3) 사회복지실천의 가치관

사회복지전문직의 기본적 가치는 인간의 존엄성과 사회정의의 실현이다. 인간의 존엄성의 가치는 인간은 누구나 태어날 때부터 존엄성을 가지고 있음을 의미하며, 사회정의 실현의 가치는 공동의 선과 인간의 잠재력 발달에 필요한 자원에 대한 권리로서 사회가 가진 동일한 기본권리, 보호, 기회, 의무, 사회적 이익을 모든 구성원들이 누릴 수 있는 이상적인 상태를 의미한다.

사회복지사들이 현장에서 일할 때 갖추어야 할 가치관을 미국의 사회복지사협회는 다음과 같이 서술하고 있다.

첫째, 개인은 사회의 기본적인 관심의 대상이다. 어느 특정 집단이나 사회의 이익이 아니라 개인이 존중되어야 한다는 신념이다.

둘째, 개인의 자주성 또는 독립성을 존중해야 한다. 이것은 사회복지실천은 상호의사소통을 통한 동의, 협조 그리고 동등한 참여에 의해 이루어져야 하며 동시에 클라이언트의 자기결정이 중요함을 의미한다.

셋째, 인간은 공통적인 욕구가 있음을 인식해야 한다. 그러나 각 개인에 따라 독특하고 다르다는 것도 동시에 인식해야 한다.

넷째, 인간은 사회적 존재다. 그러므로 주위 사람들의 문제에 사회적 연대 책임의식을 가지고 있음을 인식해야 한다.

다섯째, 각 개인은 자신의 문제에 대처할 수 있는 충분한 잠재력을 가지고 있으며, 이것을 최대한 개발하고 동원해야 한다.

여섯째, 사회는 각 개인의 자아실현에 방해가 되는 장애물을 제거시켜 주어야 할 책임이 있다.

이와 같은 가치들은 인간의 존엄성과 사회정의 실현의 가치를 자세히 설명하는 것으로서 사회복지사들은 이러한 가치관이 흡수되어 행동화된 사회복지실천을 해야만 성공적인 실천을 했다고 할 수 있다.

2) 사회복지실천에서의 가치갈등의 문제

사회복지실천가들은 사회복지현장에서 클라이언트의 문제해결 및 삶의 질을 향상시키는 데 있어서 다양한 가치갈등을 겪게 된다. 어떤 기준에서 변화의 필요성을 결정하여야 하며 변화과정에서 목표는 어떻게 결정해야 되는가에 대해 고려하지 않을 수 없다.

또한 변화를 시키는 정당한 방법은 무엇이며 얻어진 결과의 평가는 어떻게 해야 되는가에 대한 답을 부분적으로는 사회복지실천가의 개인적인 가치와 그의 전문적 가치에서 찾게 된다.

효과적인 변화 노력을 하는 과정에서 가치부여를 전혀 하지 않는다는 것은 불가능하다.

때에 따라서는 사회복지현장에서 실천가는 그의 개인적 가치, 전문적 가치, 클라이언트의 가치, 사회의 가치에 지배를 받으면서 여러 가지 갈등을 경험하게 된다.

이와 같은 가치갈등이나 모순에서 벗어나기 위하여 사회복지실천가는 자기훈련과 자기경험을 쌓아 나가야 할 것이다. 그리고 사회적 기능수행에 있어서 바람직한 가치는 무엇이며, 자신의 개인적 가치관은 무엇인지 알아야 하는 자기 자신에 대한 이해가 있어야 한다.

또한 사회복지실천가나 클라이언트 역시 사회구성원이므로 사회의 법과 도덕, 사회규범 등에 익숙해 있어야만 갈등이나 모순에 대해 올바른 가치판단을 내릴 수가 있다.

사회복지실천가는 반드시 자신의 가치가 무엇인지 알아야 하며, 그러한 가치들이 자신의 행동과 대인관계에 어떠한 영향을 주는가를 알아야 하는 동시에 문학, 예술, 음악과 개인의 생활경험을 통해 가능한 여러 분야의 사람들과 밀접한 상호작용을 통해 그들의 다양한 생활양식, 가치관 등을 이해하도록 하여야 한다.

브릴(Brill, 1985)은 인간을 돕는 전문직의 자질로서 자신에 대한 이해증진을 꼽았으며, 자신에 대한 이해증진 방법으로 다음과 같은 질문을 스스로에게 해 보도록 권하고 있다.

첫째, 나는 자신에 대해 어떻게 느끼고 생각하고 있는가?

둘째, 나의 기본적인 욕구를 어떻게 느끼고 생각하고 있는가?

셋째, 나의 가치체계는 무엇이며, 이것이 나의 행동과 대인관계에 어떠한 영향을 주는가?

넷째, 나는 내가 소속해 있는 사회에서 어떠한 관계를 맺고 있는가?

다섯째, 나의 생활양식은 무엇인가?

여섯째, 나의 기본철학은 무엇인가?

브릴은 가치갈등에서 벗어나기 위해 사회복지실천가로서 자신의 가치관을 명확히 알기 위하여 다음과 같은 점들을 제시하고 있다.

첫째, 나 자신의 가치관은 내가 스스로 인식할 수 없을 정도로 내면화되어 있음을 자각하고 그 기준에는 자신의 감정적 요소 또한 깊게 개입되어 있다는 것을 인식하여야 한다.

둘째, 나 자신의 편견이 무엇인가에 대한 자각을 하는 데 최선을 다하여야 한다.

셋째, 나 자신과 가치관을 객관적이고 현실적으로 평가하도록 노력한다.

넷째, 위와 같은 평가에 근거하여 변화가 필요한 가치관을 변화시킨다.

3) 사회복지실천과 윤리강령

(1) 사회복지활동의 가치와 윤리

사회복지실천에서의 전문적 가치는 실무현장에서 윤리적 원칙들을 정립하는 지침을 제공한다. 가치가 믿음이라면, 윤리는 판단이다. 윤리란 어떤 행동이 옳고 그름에 대한 판단이다. 윤리의 사전적 의미는 사회적 관계에서 사람으로서 마땅히 행하거나 지켜야 할 도리이고, 윤리란 도덕철학, 즉 도덕적으로 좋고 나쁘고 옳고 그른 것에 관한 것이며 실질적인 결정을 내릴 때 옳고 그른 행동에 대한 사회적인 태도를 뜻한다. 이와 같이 윤리라는 개념은 행동으로 나타나는 것이므로 인간의 행동을 통제하거나 규제하는 기준 또는 원칙까지 포함한다.

사회복지실천가는 기초지식을 기반으로 전문적인 지식과 전문적인 기술을 충분히 자기의 것으로 만들고, 그 위에 윤리관에 적합한 실천을 수행해야만 사회복지실천이 전문성을 가지게 된다.

사회복지실천가는 모든 사람이 그들의 존엄성을 유지하고, 인간답게 삶을 유지하게 하기 위하여 직접적인 도움을 주어야 하며, 동시에 이것을 뒷받침할 수 있는 제반조건들을 개인과 사회의 가치가 반영된 바람직한 방향으로 변화시키게 되므로 윤리성이 강조된다.

특히 사회복지실천은 사회적으로 취약한 사람을 대상으로 하는 전문직이므로 클라이언트의 인격과 인권을 존중하는 윤리성이 강하게 요청된다.

모든 전문직은 윤리, 전문기술 그리고 전문지식의 세 가지 요소가 필수적으로 요구된다. 사회복지실천의 전문성은 [그림 1-1]과 같이 설명할 수 있다.

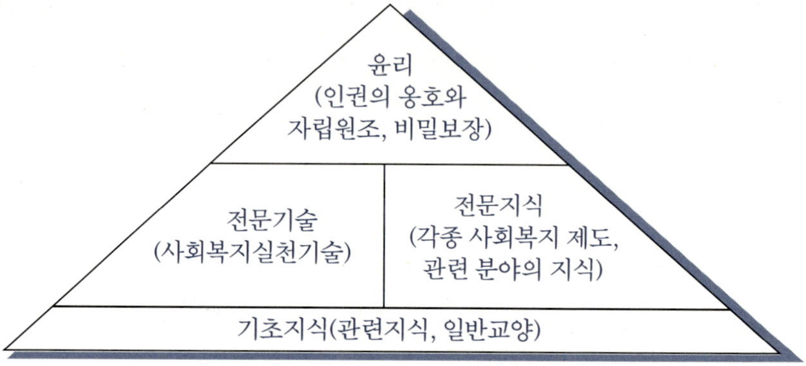

[그림 1-1] 사회사업실천의 직업윤리와 전문성

(2) 사회복지사의 윤리강령

인간을 대상으로 하는 전문직은 인간의 존엄성의 가치를 실현할 수 있는 어떤 원칙과 기준이 있어야 되므로 모든 전문직은 윤리강령을 발달시켜 오고 있다.

2천년 전에 히포크라테스(B.C. 460~377년)는 그리스의 모든 의사들에게 높은 수준의 전문적이고 윤리적인 행위를 하겠다는 서약을 하도록 요구했던 기록이 있다. 고대사회에서 처음 윤리강령을 발달시킨 전문직은 의사이며, 현재에도 큰 공헌을 하고 있다.

영국 의사인 토마스 퍼시벌(Thomas Percival, 1803)의 전문가 윤리강령을 모델(서미경 외, 2000: 55)로 삼아 전미의학협회(AMA)가 1847년 공포한 것이 최초의 윤리강령이다. 1920년 메리 리치몬드(Mary Richmond)의 도움으로 사회복지사들을 위한 최초의 윤리강령 초안이 발표되었다.

이후 미국사회복지사협회(The American Association of Social Workers: AASW)에서 전문가 윤리강령의 필요성을 인식하고 1924년 4월에 협회 공식저널인 *The Compass*의 편집인의 글을 통해 전문가 윤리강령을 지지하면서, "사람들이 과연 사회복지사가 일상적인 상황에서 어떻게 행동하는지를 알아야 할 권리를 갖고 있는가?"라는 질문을 하였다. 1960년 전미사회복지협회에서는 공식적인 윤리강령을 채택하였고, 1967년과 1979년, 1993년 부분적인 개정이 이루어진 후 1996년에 다시 한 번의 대폭적인 개정이 이루어져서 오늘에 이르렀다.

우리나라는 3차례의 개정을 통해 1992년 10월 22일에 한국사회복지사의 윤리강령을 채택하여 지금까지 사용하고 있다. 우리나라의 사회복지사 윤리강령은 사회복지의 이념, 철학 그리고 사회복지사의 사명에 대한 선언문과 10개의 조항으로 이루어져 있다. 영역별 구분은 없으나 조항별 구분은 하고 있다. 1항에서 3항까지는 전문가로서의 사회복지사의 태도 및 전문직에 대한 책임이며, 4항에서 7항까지는 클라이언트에 대한 사회복지사의 의무이고, 8항은 동료와의 관계에 대한 사회복지사의 태도이고, 9항은 동료나 기관의 비윤리적 행위에 대한 사회복지사의 의무다. 그리고 10항은 사회와의 관계에 대한 역할규정에 대해 최소한의 행동지침을 제시하고 있다.

우리나라의 사회복지사 윤리강령은 다음과 같다.

사회복지사 윤리강령

사회복지이념은 사회의 안정과 번영을 위하여 정의, 평등, 자유, 민주의 가치를 바탕으로 모든 사회성원들이 인간의 존엄성을 유지하면서 자기실현을 할 수 있도록 사회 전체가 공동으로 책임을 진다는 철학을 기본으로 한다.

위의 이념을 구현하기 위하여 사회복지사는 개인, 가족, 집단, 조직, 지역과 같은 복지대상과 직접 일하거나 사회제도적 개선과 관련된 제반 활동에 적극 개입한다.

위의 사명을 다하기 위하여 사회복지사는 다음 윤리강령을 준수한다.

1. 사회복지사는 전문가로서의 품위와 자질을 유지하고, 관장하는 업무에 대하여 책임을 진다.

2. 사회복지사는 전문직의 가치를 견지하면서 관련지식과 기술을 습득 · 개발 · 전달하는 데 최선의 노력을 기울인다.

3. 사회복지사는 업무수행 과정에서 어떠한 압력에도 타협하지 않으며, 전문적 관계를 이용하여 부당한 영리를 취하지 않는다.

4. 사회복지사는 복지대상자의 권익을 보호한다.

5. 사회복지사는 복지대상자가 자기결정권을 최대한 행사할 수 있도록 돕는다.

6. 사회복지사는 복지대상자의 사상, 종교, 인종, 성별, 연령, 지위, 계층에 따른 차별을 하지 않는다.

7. 사회복지사는 복지대상자의 사생활을 존중하고, 직무상 취득한 정보를 전문적 업무 이외에는 공개하지 않는다.

8. 사회복지사는 동료 간에 존중과 신뢰로써 대하며, 동료 간의 전문적 지위와 인격을 훼손하는 언행을 하지 않는다.

9. 사회복지사는 동료나 사회복지기관 또는 단체의 비윤리적 행위에 대하여 공식적인 절차를 통하여 대처한다.

10. 사회복지사는 소속기관과 전문단체활동에 적극 참여하여 성장발전과 권익옹호에 힘쓰며, 기타 유관기관과는 협조적 관계를 유지한다.

1980. 9. 5. 개정 1988. 2. 29. 개정
1992. 9. 21. 개정 1992. 10. 22. 공포

4) 윤리적 딜레마 해결을 위한 준거틀

사회복지실천가들은 실천과정에서 자주 윤리적인 결정을 해야만 한다. 이러한 과정에서 상호배타적인 가치전제들 때문에 많은 혼란을 겪게 된다. 다음과 같은 준거틀을 고려해 봄으로써 도움이 될 것이다.

매티슨(Mattison)이 제시하는 준거틀은 사회복지사가 윤리적 딜레마를 해결하는 데 사용할 수 있도록 단계별 과정을 상세히 기술하고 있다. 의사결정단계마다 사회복지사는 분석도구의 상호의존도와 개인의 의사결정과정 수행에 주의를 기울여야 한다.

1단계는 사례 이면의 사실과 사례의 세부사항에 대한 수집 및 평가단계다. 윤리적 의사결정과정은 사례의 세부사항과 이면에 대한 명확한 이해가 우선되어야 하며, 사회복지사는 클라이언트와 그의 체계에 관계하면서

특별한 사례 상황을 수집 · 평가해야 된다. 특정한 사실을 포함시키는 여부와 책임질 클라이언트의 선정은 의사결정자에 따라 다를 수 있다.

2단계는 실천에 대한 고려와 윤리적 요소를 구분하는 단계다. 사회복지사가 윤리적 문제를 실천과정의 문제에서 구별할 수 있고 또한 윤리적 문제를 고려하는 방법을 얼마나 습득하고 있는가에 따라 윤리적 문제를 다루는 능력을 가늠할 수 있다. 의사결정자의 선택을 정당화하기 위하여 실천에 대한 고려와 윤리적 고려를 모두 평가하여야 한다.

3단계는 가치갈등에 대하여 확인하는 단계다. 서로 상충되는 책임 가운데 어느 것을 선택해야 하는 경우에는 의사결정자가 무엇에 우선권을 두어야 하는지를 결정해야 된다. 윤리적 딜레마를 해결한다는 것은, 한 가지 의무에만 헌신함으로써 다른 의무가 희생되는 것을 인식하면서 여러 의무 중에 한 가지를 선택하는 것이다.

대표적인 가치갈등으로는 다음과 같은 여섯 가지를 들 수 있다.

첫째, 자기결정권과 전문가 온정주의, 둘째 비밀보장과 전문가의 의무상 이유로 인한 비밀누설, 셋째 법적 의무와 이성적으로 판단되는 더 큰 선행, 넷째 기관정책에 대한 책임과 자유재량에 의한 판단, 다섯째 클라이언트의 자기결정권과 개인적 가치에 따라 이루어진 판단, 여섯째 개인의 권리와 가족체계의 복지다.

4단계는 사례에 영향을 미치는 윤리강령 원칙들을 확인하는 단계다. 사회복지사는 윤리강령을 참조하여 자신이 책임져야 할 윤리적 기준을 이해하여야 하고, 어떤 기준에서 행동하여야 하는지를 판단하여야 한다. 그리고 의사결정자의 판단에 따라서 개별사례에 어떤 윤리강령 원칙을 적용해야 하는가를 결정해야 된다.

5단계는 가능한 행동양식을 결정하는 단계다. 사회복지사는 담당하고 있는 사례와 관련된 법, 규칙, 정책 또는 잠재적 위험과 혜택을 모두 고려하여 행동양식을 결정하여야 한다. 어떤 행동양식은 유익하기도 하고 해롭기도 한 결과를 가지고 올 수도 있다. 의사결정자는 클라이언트체계, 사회복지사, 더 넓은 사회에서의 유익함과 해로움을 고려해야 한다.

6단계는 어떤 의무가 우선적인지 평가하고 행동의 선택을 정당화하는 단계다. 이전 단계에서 얻은 정보를 바탕으로 어떤 우선순위와 의무, 가치들이 다른 것보다 중요하다는 것을 결정해야 한다.

특정한 행동을 선택한 후 모든 사실과 정보를 검토하고 사회복지사도 자성을 해 보면서 선택 배경을 이해하는 단계다. 의사결정자는 무슨 근거로 우선순위를 판단했는지에 대하여 명확히 함으로써 행동선택에 정당성을 부여해야 한다.

7단계는 해결과 반성의 단계다. 선택된 가치선호에 대해 사회복지사가 반성해 볼 수 있는 기회를 갖게 된다. 여러 대안들 가운데 어떤 가치나 윤리원칙에 우선권을 부여했는지를 보고 사회복지사는 자신의 가치선호도를 알게 된다.

이 단계에서 고려해야 할 질문들은 다음과 같다.

- 이 사례에서 법적 의무는 나의 결정에 얼마나 영향을 미쳤는가?
- 클라이언트의 최대 이익을 위한 것이라면 나의 법적 의무를 넘어서도 기꺼이 행동하려고 하였는가?
- 이 사례는 클라이언트의 최대 이익 간의 갈등을 내포하고 있었는가?
- 본 사례가 클라이언트의 자기결정권과 온정주의 간의 갈등을 내포했다면 어떤 가치가 우선으로 존중되어야 한다고 판단했는가?
- 어느 정도로 개인적인 가치나 철학이 선호된 행동선택에 영향을 주었는가?

이와 같은 피드백(feedback)은 사회복지사가 윤리적 딜레마에 대한 자신의 개별화된 접근방법을 알게 해 주고 미래의 의사결정도 예측 가능하게 해 준다.

또 다른 윤리적 딜레마 해결을 위한 준거틀로는, 로웬버그(Loewenberg)와 돌거프의 준거틀에 양옥경 외(1995)가 몇 가지를 첨가한 윤리적 결정지침이 있는데 다음과 같다.

윤리원칙 1은 생명의 보호 원칙이다. 사회복지사는 인간의 생명을 보호하여야 할 의무가 있다. 이는 기본적인 의식주의 해결로부터 의료보장, 소득보장에 이르기까지 인간의 기본 생존권을 보장하는 것을 의미한다. 또한 저소득 계층의 최저생계보장 및 최저생활보장 등의 삶의 질을 높이는 데도 기여해야 한다.

윤리원칙 2는 자기결정의 원칙이다. 사회복지사는 클라이언트의 자유, 자율 그리고 독립성을 최대한 보장하는 환경을 제공하여야 한다. 클라이언트가 자유로운 분위기에서 자신의 의지에 따라 스스로 결정할 수 있는 환경이 보장되어야 한다. 그러나 클라이언트가 스스로 결정한 것이 자신이나 타인의 생명을 위협하는 것일 때는 사회복지사는 우선순위 1번으로 생명보호를 먼저 생각해 보아야 할 것이다.

윤리원칙 3은 비밀보장의 원칙이다. 사회복지사는 클라이언트가 제공하는 자신 및 타인에 관한 모든 정보의 비밀을 보장해 주어야 할 의무가 있으며, 또한 클라이언트가 자신의 사적 생활을 보호하고자 하는 자유의지도 보호해 주어야 할 의무가 있다. 클라이언트는 사회복지사와의 전문적인 관계 속에서 자신의 문제해결을 위해 많은 내용을 공개하게 된다. 사회복지사는 이 내용들을 클라이언트의 문제해결을 위한 목적 이외에는 타인에게 공개해서는 아니 된다. 클라이언트의 비밀보장이 우선순위 1번인 생명보호에 위배될 때는 생명보호가 클라이언트의 비밀보장에 우선된다.

윤리원칙 4는 진실성의 원칙이다. 사회복지사는 클라이언트가 진실을 알기를 원하는 경우에는 알 권리를 보호해 주어야 한다. 사회복지사는 클라이언트에게 진실만을 이야기해야 하며 그가 원하는 정보는 모두 진실하게 알려 주어야 한다.

윤리원칙 5는 균등의 원칙이다. 사회복지사는 모든 인간이 균등한 기회를 제공받을 수 있도록 하여야 한다. 이 원칙은 소득보장의 기회, 학업과 취업의 기회, 의료혜택의 기회, 사회문화적 노출에까지 균등한 기회제공을 의미한다.

윤리원칙 6은 객관성의 원칙이다. 사회복지사는 자신의 가치관을 공적으로 실행하는 사람이므로 자신의 가치관 및 윤리관을 탐색하여 알도록 하여 객관성을 유지하여야 한다. 객관적 기준에서 개인의 가치관을 반영시키려면 자신이 신봉하는 이념이나 가치관을 알아야 한다.

윤리원칙 7은 최소손실의 원칙이다. 모든 선택대안들이 모두 다 유해하거나 또는 누구에게든지 유해할 때 가장 최소로 유해한 대안을 선택해야 하며, 가장 빠르고 쉽게 원상복귀될 수 있는 대안을 선택해야 한다는 의미다.

윤리원칙 8은 효과성의 원칙이다. 효과성이란 기대하는 결과의 성취 정도에만 관심을 두기 때문에 하나의 방법이 다른 방법보다 더 나은 결과를 초래하면 그 방법이 더 효과적이라고 한다. 반면에 효율성이란 목적달성을 위한 비교가치, 즉 비용, 직원 시간, 기관 자원 및 지역사회 자원 등 목적달성을 위해 쓰인 자금에 관심의 초점을 둔다. 적은 비용, 적은 직원 수 그리고 짧은 시간에 같은 결론에 도달하는 것이 더 효율적이다. 그러나 효율적인 것이 효과가 적다거나 효과적인 것이 효율성이 떨어진다는 데 문제가 있다. 가장 효과적이고 가장 효율적인 것이 가장 윤리적이라고 할 수도 없다. 그러므로 사회복지사는 문제해결방법을 결정할 때 경제적 효율성과 윤리적 효율성을 함께 고려해야 할 것이다.

윤리원칙 9는 규칙준수의 원칙이다. 사회복지사는 자신이 자발적으로 수용하는 규칙과 규정에 따라야 한다. 그러나 이 원칙은 윤리적 결정에 있어서 인간존엄성 등 모든 다른 원칙이 우선된 후에 마지막으로 고려되어야만 할 것이다.

5) 사회복지실천과 이데올로기

이데올로기(ideologie)의 어원은 희랍어의 이데아(idea)와 로기(logie)의 합성어로, 이데아는 이념을 의미하며 로기는 논리를 의미한다. 따라서 이데올로기는 이념의 논리로 번역된다. 이데올로기란 한 개인 또는 한 집단이나 계층의 성원들이 공통적으로 소유하는 신념의 체계를 의미한다.

사회복지실천과 제도는 이데올로기의 영향을 크게 받으며 사회복지의 가치, 원리 및 방법 등이 달라지므로 이념과 사회복지관계를 명확히 해야만 한다.

사회복지실천의 이념은 매우 다양하며 역사적 발달과 함께 한다고 할 수 있다. 많은 학자들이 사회복지에 관한 이념을 분류하고 분석하는 데 노력하여 왔다. 조지(George)와 윌딩(Wilding)은 *Ideogy and Social Welfare*에서 사회복지이념을 1976년부터 1985년까지 반집합주의, 소극적 집합주의, 페미언 사회주의, 마르크스주의로 구분하였다. 1994년에는 여섯 가지로 구분하였다. 즉, 신우파(The New Right), 중도노선(Middle Way), 민주적 사회주의(Democratic Socialism), 마르크스주의(Marxism), 페미니즘(Feminism), 녹색주의(Greenism) 등이다. 이중 앞의 네 가지는 고전적인 좌우파의 정치 이념적 연속선에서 논의되는 것이며, 페미니즘과 녹색주의는 최근에 새롭게 등장한 이념이다.

조지와 윌딩의 여섯 가지 이념들은 다음과 같다.

(1) 신우파

신우파는 국가 활동에 대한 고전 자유주의 비판의 부활 및 확대로 볼 수 있으며 서구의 오일위기 이후 경제난과 1960년대 공공복지에 대한 반동으로 1970년대 지식계와 정치계의 전면에 등장한 이념이다. 신우파의 3대 가치는 자유, 개인주의 그리고 불평등이다. 이 가운데 자유가 으뜸가는 가치이며, 자유란 강제가 없는 상태를 의미한다. 자유가 아닌 다른 사회적 가치를 고양시키기 위해 자유가 제한받을 가능성이 있는 정부의 행위 등은 용납될 수가 없다고 본다.

개인주의는 자유와 상호보완적 개념을 지닌 가치로 국가 개입에 대한 개인의 자율성을 주장한다. 개인은 자신의 이익을 최대한 자유롭게 추구해야 하며, 그 결과에 대하여 책임을 져야 한다는 자유주의 입장은 조직이나 연합체를 부인하는 것은 아니며 오히려 가정, 학교, 교회와 같은 자발적 결사체가 국가만큼 중요한 요소라고 주장하고 있다. 이와 같은 개인주의는 사회복지실천에도 영향을 미쳐 두 가지 형태로 나타나고 있다. 하나는 개인권리의 존중이며 다른 하나는 수혜자격의 축소다. 개인의 권리와 의무가 강조되면서 빈곤의 문제도 다시 빈곤한 자의 책임으로 돌아갔다. 빈곤한 사회복지 수혜자는 빈곤하게 살 수밖에 없어야 한다는 최소한의 수혜자 원칙을 나오게 했으며, 저임금 노동자보다 더 낮은 보조를 받도록 하는 정책을 펼치게 되었다. 반면 사회복지실천에서는 클라이언트의 개인적 특성, 즉 개별화를 중시하는 것에 초점을 두었다. 신우파는 평등보다는 자유를 우선하기 때문에 결과적으로 불평등을 옹호하는 입장이 된다. 근로소득의 평등은 경제적으로나 정치적으로나 바람직하지 못하다고 본다.

신우파는 국가의 역할에서 복지가 강화되는 것은 높은 과세로 개인과 기업에 부담을 주므로 복지국가는 국가경제를 악화시킨다고 판단하고 있다. 따라서 정부개입은 자유시장의 유지를 위한 규칙제정과 심판기능의 역할, 독점발생 등으로 시장부문에서의 비용이 과다하거나 해결이 불가능한 경우, 그리고 정신장애자와 같이 책임질 수 없는 자들에 대한 보호가 필요한 경우에만 더 효율적일 수 있다고 본다.

(2) 중도노선

사회복지정책을 통해 자본주의에서 발생하는 폐해를 완화할 필요가 있고 또한 이것이 가능하다고 생각하는 중도노선은 복지국가가 사회문제와 사회안정을 위한 강력한 권력이 있다고 보고 있다. 사회병리를 개선하고 바람직한 가치를 증진하며 사회결속을 유지하는 데 복지국가 정책이 유용하다고 확신하고 있다.

한편 중도노선은 우애(fellowship)를 중시하는데 이것은 이웃(neighbour)에 대한 사랑, 타인(stranger)에 대한 무상의 배품, 자기이익과 동시에 이타주의의 추구, 공동선을 강조하는 것 등을 의미한다. 우애정신이 없으면 사회적 서비스의 전체 구성물은 사리사욕의 각축장으로 변할 것이다. 그러나 과도한 우애정신은 개인의 자유를 질식시킬 수도 있다는 비판도 있다.

이와 같은 우애정신은 타인을 위하여 봉사하는 정신으로 사회복지실천에 영향을 주었다. 또한 이타주의로 일컫는 사회복지실천의 기본정신이 되어 자선조직협회(Charity Organization Society)의 우애방문자(friendly)들의 철학이었다. 그러나 시대의 변화에 따라 우애정신은 '클라이언트를 위한 무조건적 봉사(caring for)'에서 '클라이언트에 대한 봉사활동(caring about)'으로 그 개념이 변화되었다.

(3) 민주적 사회주의

민주적 사회주의는 민주주의에 의한 정치적 권리와 시장의 힘만을 강조하는 자유시장경제의 한계를 조정하는 힘이 복지국가라고 생각하고 복지국가가 불평등을 감소시키며 더욱 평등한 사회를 추진할 수 있다고 강조한다. 민주적 가치에서 파생된 가치로는 민주주의와 인도주의(humanitarianism)가 있다.

최근의 민주사회주의자는 중앙집권식, 관료주의적, 단일서비스에 대한 지지를 포기하고 대중참여와 권한부여(empowerment), 소비자 선택 등으로 전향하였다.

이와 함께 사회복지실천에도 다양한 계층의 수용, 다양한 문제 및 접근방식을 용납하면서도 동시에 개별성을 추구하는 방식을 따라야 할 것이다. 따라서 권한부여 이데올로기에 대한 논의가 진행되고 있다. 사회진화론에서 열등계층이라고 불리던 소외계층(disadvantaged population)이 스스로 발전할 수 있는 여건을 만들어 줌으로써 자기변화를 위한 권한을 부여하는 것이다. 이것은 클라이언트에 대한 선택적 봉사(caring about)의 실천이며 개별화와 평등화의 복합적 실천모델이다.

(4) 마르크스주의

마르크스주의는 자유, 평등, 우애를 사회적 가치로 중시하지만 경제적 평등 없이는 자유는 불가능하다고 주장한다. 여기에서의 평등은 특권의 부재, 기회의 평등을 의미하며 자유는 광의적이고 적극적인 개념이다.

마르크스주의는 빈곤 퇴치와 불평등 해소는 결코 복지국가를 통하여 해소될 수 없다고 판단하고 복지혜택은 실질적인 경제평등원칙에 입각하여 개개인의 능력보다는 욕구에 기초하여 집단의 전 구성원에 대하여 보편적으로 의, 식, 주, 의료, 교육 등을 제공하여야 한다고 주장한다. 또한 마르크스주의는 복지국가란 단지 자본주의를 방어하는 기제에 불과하다고 보며, 일차적 관심은 자본주의 경제체제의 유지이므로 복지국가가 사회를 변화시킬 수 있는 수단이 아니라고 생각하고 있다.

(5) 페미니즘

페미니즘은 서유럽 복지국가의 발달을 자본과 노동 간의 투쟁의 타협으로 이해해야 한다는 견해에 성차별적 정치권력의 결과로 보아야 한다는 관점을 추가한 것이다.

페미니즘은 복지국가가 모든 시민의 평등에 큰 영향을 미치는 노동시장에서 여성들이 평등한 지위를 보장받을 수 있는 데 필요한 서비스를 제공한다는 측면에서는 강력한 지지를 받지만, 복지국가가 남성들이 정책입안자이고 여성들은 단지 정책수혜자로 머무는 남성지배적 국가라고 비판받고 있다. 페미니즘이 추구하는 정책의 내용은, 첫째 유급노동과 가사노동 간에 선택 가능성을 높이는 정책, 둘째 기본적 기회평등의 법적 보장과 여성차별의 불법화, 셋째 학력, 계층, 고용형태를 막론한 모든 여성을 수혜대상자로 삼는 보편주의, 넷째 남성과 여성의 차이 인정, 다섯째 남성과 동등한 시민권, 여섯째 가정 내의 무급노동을 공공영역의 유급노동과 동등하게 취급하는 것, 일곱째 사회정책을 경제정책에 종속시키지 않을 것 등이다. 페미니즘은 실용적(pragmatic)이며 각 분야의 정책에 대해 구체적 제안을 하고 있다.

(6) 녹색주의

녹색주의는 경제성장이 개인적 풍요나 공공서비스의 자원을 증가시킴으로써 복지를 강화하는 수단으로 보지만 경제성장이야말로 엄청난 비복지라고 생각한다. 즉, 복지국가가 경제성장에 의존하기 때문에 복지국가에 대하여 반대 입장을 취하고 있다.

녹색주의는 1970년대 산물로서 지구의 미래나 여성의 사회적 지위를 배려해 줄 수 있을 만큼 여유 있는 풍요사회에서 나타난 탈산업사회의 관심의 하나다.

녹색주의자들이 주장하는 녹색주의 사회는 생태중심주의(ecocentricism) 또는 생명중심주의(biosherism, biocentricism), 자연에 가깝게 사는 것을 강조하는 생체지형주의(bioregionalism), 지속 가능한 개발(sustainable development), 녹색주의 사회에서 지지되는 노동을 추구하고 있다.

3. 사회복지실천의 맥

1) 사회복지실천과 사회복지 프로그램

사회복지 대상자인 개인, 가족, 지역사회주민 그리고 국민의 사회적 욕구를 충족시키기 위해서 또는 그들이 당면한 문제를 해결하기 위하여 자원(resource)이 필요하다. 사회복지에서는 이 자원을 보통 서비스라 한다. 사회복지 대상자들의 다양한 욕구를 만족시켜 주기 위하여 다양한 사회복지 프로그램이 필요하다.

사회복지 프로그램에는 세 가지 유형이 있다(Morales & Sheafor, 1989: 72-76). 첫째, 특정의 욕구를 충족시키기 위한 많은 사회적 급여(social provision)가 있다. 사회적 급여는 음식이나 의복 같은 현물급여일 수도 있고 현금일 수도 있다. 둘째, 사회적 기능수행에 문제가 있는 사람에게 상담이나 조언, 또는 눈에 보이지 않는 각종 서비스 형태인 복지서비스(social service)가 제공될 수 있다. 셋째, 사회행동(social action) 프로그램을 통하여 제도나 조직에 커다란 영향을 미칠 수 있다.

이와 같은 프로그램 유형은 사회복지제도에서 중요한 활동으로 나타난다. 사회복지 프로그램은 중앙정부, 지방정부와 민간기관들의 도움으로 제공된다.

(1) 사회적 급여

사회적 급여는 다양한 형태로 존재하며, 사회적 급여에는 현금이나 의식주 같은 현물 등도 포함된다. 이러한 유형의 서비스는 프로그램 이용자를 위한 기본적인 급여로 정의되며 생계부양자의 사망, 퇴직, 장해 등을 원인으로 하는 소득상실에 대한 소득보장이 주를 이룬다.

(2) 복지서비스

복지서비스는 사람들로 하여금 문제를 해결하도록 돕거나 또는 그들의 사회적 기능을 유지 및 향상시킬 수 있도록 고안된 프로그램이다. 미국에서 사회사업이란 개인적 사회서비스(Personal Social Service)체계 내에서 가장 주된 역할을 하는 전문직을 이른다.

국제적인 사회복지 분야에서 주도적 권위를 인정받는 칸(Kahn, 1973)은 복지서비스를 일반복지서비스(general social service), 사회복지서비스(personal service)와 동일시한다. 그리고 칸은 개인적 사회복지서비스 또는 사회복지서비스를 다음과 같이 분류하였다.

첫째, 개인의 사회화 및 발달을 위한 서비스, 둘째, 치료, 재활, 사회적 보호를 위한 복지서비스, 셋째, 접근촉진서비스, 즉 새로운 서비스를 위한 접근, 정보수집 및 개발을 위한 서비스 등이다.

복지서비스의 유형은 〈표 1-1〉과 같다.

(3) 사회행동

사회행동은 지역사회 내에 불이익 주민들이 사회정의와 민주주의 차원에서 보다 많은 자원과 향상된 처우를 요구하는 행동이며 이것을 위해 기존제도와 공공기관의 기본정책 등의 근본적 변화를 추구한다. 따라서 사회행동은 불이익 주민들을 위해 좀 더 공정하고 지지적인 환경을 만드는 데 노력을 기울여야 한다. 즉, 클라이언트로 하여금 문제를 발생시키는 상

〈표 1-1〉 복지서비스의 유형

	목 적	예
사회화와 발달을 위한 복지서비스	공동체의 가치에 맞는 사회화, 개인의 목적과 동기 향상, 개인의 발달 향상	day care center. 스카웃 프로그램 부모교육회, YMCA, YWCA
치료, 재활, 사회적 보호를 위한 복지서비스	자신 및 타인의 기능을 저해하는 문제 해결	가족서비스 기관, 정신건강센터, 보호관찰 사무소, 아동복지 프로그램, 병원, 학교
접근촉진서비스	서비스 기관에 대한 정보, 자료 및 접근방법 협조. 서비스 기관의 요구조건을 통과하기 위한 협조. 차별로 인한 불이익 방지 협조	비공식적 건의에서 클라이언트 변론까지 다양. 다양한 기관에서 행해짐

황을 변화시키는 것을 도와주거나 이전의 많은 클라이언트의 축적된 경험을 인식시켜 문제의 제거를 위한 좀 더 큰 규모의 노력에 지도력을 제공하는 프로그램을 창조하거나 유지시켜야 한다.

사회행동 프로그램은 원인이 다양하므로 변화를 위한 노력도 광범위하다. 어떤 경우에는 원인이 제도적 인종차별같이 기초적이며 미묘할 수도 있다. 따라서 원인에 대한 정보제공이나 의식화 또는 현재 생활에 직접 도전하는 프로그램은 어떤 문제를 제거하거나 감소시키는 데 큰 도움이 될 수도 있다. 이러한 프로그램은 사회기관에도 해당이 된다. 즉, 클라이언트로 하여금 사회기관으로부터 정당한 서비스를 받게 하기 위해 사회행동 프로그램이 제공된다.

사회행동이란 사실조사, 지역사회 욕구조사, 정보의 유포와 해석, 조직화 그리고 기존의 프로그램을 대신하여 대중의 이해와 지지를 동원하기 위한 여러 노력 등을 포함하는 것이다.

2) 사회복지실천과 사회사업기관

윌렌스키(Wilensky)와 르보(Lebeaux)는 사회복지의 한계를 규정하면서 사회사업기관의 특성을 다음과 같이 제시하였다(Wilensky & Lebeaux, 1965: 140–147). 첫째, 공식적인 조직이어야 한다. 개인적인 자선이나 이웃, 가족과 같은 상호부조적인 서비스나 도움은 사회복지 활동에서 제외된다. 둘째, 사회적 후원과 책임이 있어야 한다. 즉, 공공의 이익과 지역사회에 대한 책임 있는 서비스를 제공하기 위한 메커니즘이 사회적인 후원의 본질적인 부분이다. 셋째, 프로그램의 주된 목적으로 이윤추구 배제다. 즉, 이윤을 추구하든가 서비스에 대한 요금을 받는 활동은 사회복지에서 제외된다. 넷째, 기능적 종합으로서의 인간욕구에 대한 통합적 접근을 하여야 한다. 사회복지의 잔여적 시각과 양립하여 이 서비스들은 지역사회 내의 욕구들을 충족시키는 데도 이용 가능하다. 다섯째, 인간의 소비욕구에 대하여 직접적인 관심을 기울여야 한다. 즉, 상담과 의료서비스와 같은 각 개인과 가족들의 절박한 소비욕구를 충족시키기 위한 직접적 서비스를 제공하여야 한다.

사회사업기관은 공익이나 서비스형태의 조직이므로 사회복지사가 사기업이나 노동조합에 고용되어 있다면 이런 조직들은 사회사업기관이 아니다.

3) 사회사업기관의 관리

윌렌스키와 르보의 사회복지 한계를 규정한 그 범위 내에서의 기능을 하는 사회복지현장이 사회사업기관이다. 그러므로 사회사업기관의 목표는 유용한 희소자원을 이용하여 가능한 최대의 인간서비스(Human Service)를 제공하는 것이다. 이러한 목표를 달성하기 위하여 사회사업기관의 관리는 효율성과 효과성이라는 두 가지 목표를 가진다. 효율성은 최소한의 자원으로 최대한의 서비스를 산출하기 위한 기관의 노력이며, 효율성의 목표는 서비스의 양을 강조하고, 입법과 경영진, 기금출처들은 이 효율성을 중요하게 여긴다. 그러나 서비스의 양은 질과 관련되어야 하므로 서비스의 질적 측면은 기관의 목표를 충족시키는 정도와 관련된다.

효과성이란 서비스의 질적 측면, 즉 기관의 목표를 충족시키는 정도와 관련된다. 대부분 효율성을 강조하기 때문에 설사 효과성이 필요할 때도 낮은 단위의 생산비용을 목표로 한다. 따라서 사회적 급여에서 클라이언트의 효과성 요구는 지역사회의 효율성 목표에 맞도록 타협된다. 이는 사회사업기관이 그 기관이 속해 있는 지역사회의 대표들에 의해서 지배되기 때문이다.

사회사업 관리를 효과적이고 효율적으로 하기 위한 우선적 방법은 관료조직의 방법과 같다. 막스 베버(Max Weber)의 관료조직의 특성 중에서 이상적인 유형은 다음과 같다(김융일 외, 2000: 66-67).

- **노동분화**: 조직의 개인은 명확히 규정되고 전문화된 분야를 가져야 한다.
- **위계제도**: 특정 분야의 권위는 세워져 있으므로 행정구조 속의 각 개인은 자신의 할당량을 책임지고 동시에 부하직원의 임무 완성까지 책임져야 한다.
- **지속적인 규칙체계**: 모든 과업은 그들 간의 관계와 완성 기준을 세운 규칙을 명확히 따른다.
- **비인격성의 정신**: 편파성이나 선입견 없이 작업이 수행되어야 한다.
- **고용이 직업을 구성**: 조직이 요구하는 기술적 가격조건을 갖춘 자만 고용되고 조직은 조직에서의 직무를 위한 기회를 제공하고 충성을 촉진시키기 위해 보상을 제공한다.

그러나 사회서비스 조직에서 관료적 원칙의 적용이 이익을 가져오는 부분도 있지만 사회복지전문직의 서비스 전달방법과는 갈등이 있게 마련이다. 첫 번째 갈등은 복지서비스의 공급에서 부분들인 사람은 끊임없이 바

〈표 1-2〉 관료적 조직과 전문적 조직 사이의 차이점

특 징	관료적 조직	전문적 조직
1. 훈련의 근원	상관	동료, 친구집단
2. 권위 위임	더 높은 단계에 한정됨	제한되지 않고 실무자의 수준에 따라 대표위임이 포함된다.
3. 실수의 판단	분야에 상관없이 연장자가 판단	전문가만이 유일하게 판단
4. 보상의 근원	관계자의 평가에 따른 위계제도	동료의 평가에 따른 위계제도
5. 준거집단	일반적으로 조직 안에서 존재	일반적으로 조직 밖에서 존재
6. 목표와 서비스	성문화된 정책, 허가된 계획, 이용할 수 있는 자산에 의존한다.	확인된 사회적 필요성, 자신의 능력, 약속 등에 의존한다.
7. 평가기준	효율성 기준에 의함	효율성보다 결과의 이득에 의함
8. 문화	확립된 절차와 정해진 도구를 강조	기술과 서비스 강조

꿔고 있고, 인간과 복지인 산물은 각각 상황에 따라 어느 정도는 달라진다. 두 번째 갈등은 사회사업 전문직은 조직의 직업적인 철학에 기초한 봉사를 제공할 준비가 된 사회복지사와 관료적인 경영수단을 함께 활용하는 사회기관의 원조 하에 수행된다는 것이다. 〈표 1-2〉는 로웬버그(Loewenberg, 1974: 54-55)의 관료적 조직과 전문가 조직의 8가지 특징을 비교한 것이다.

스코트(Scott)는 실제로 관료조직과 사회복지사 사이에 관료적 규칙에 대한 전문가의 저항, 관료적 표준에 대한 전문가의 거부, 관료적 제도에 대한 전문가의 저항, 관료조직에 대한 전문가의 조건적 충성 등의 영역에서 갈등이 있었고 앞으로도 어려움을 겪게 될 것이라고 했다. 그러나 사회사업기관이 클라이언트가 필요로 하는 서비스를 제공하고 사회적 기능 수행에 어려움이 있는 사람들을 효과적으로 도와주기 위하여 이러한 어려움

을 해결하여야 한다.

사회복지사는 직접 대면하는 개인, 가족, 소집단들의 클라이언트를 다룰 수 있는 준비를 해야 하며 또한 서비스를 제공하는 사회사업기관의 능력을 향상시키기 위하여 요구되는 지식, 가치, 기술 등을 습득해야 한다. 결국 사회복지사는 전체 사회복지의 맥락 내에서 일하고, 사람들의 욕구에 부응하는 사회복지제도를 만들어 가는 노력을 계속해 나가야 한다.

2 사회복지실천의 변천과정

사회복지는 사회과학으로서의 역사성과 실천성을 가지고 있으므로 사회복지가 발달되어 온 역사적 경험을 과학적으로 인식・분석함으로써 제반 사회복지현상에 대해 이해할 수가 있다.

사회복지는 모든 인간에게 발견되는 사회현상의 하나로 역사 속에서 생성・확립・전개되어 왔다. 우리가 사회복지의 대상으로 삼고 있는 사회복지현상은 특정한 사회적・역사적 환경 아래 일정한 법칙을 가지고 변화할 것이다. 그리고 과거의 경험에 대한 분석을 통해 일정한 법칙을 형성하는 변수를 찾아 미래를 예측하는 데에 사회복지의 역사적 연구의 의의가 있을 것이다.

역사를 인식한다는 것은 역사를 시대구분하는 것이라고 할 수 있다. 즉, 역사를 어떻게 인식할 것인가 하는 본질적인 문제의식에서 출발한다 할 수 있다. 그러므로 사회복지실천의 역사도 시대구분론적인 연구방법을 따르는 것이 바람직할 것이다(한국역사연구회, 1989: 44-45).

사회복지의 역사를 시대구분으로 연구하는 데는 외재적 방법과 내재적 방법이 있다. 외재적 방법은 사회복지의 발전을 사회적 · 경제적 조건의 변동과 관련시켜 시대적 특징을 밝히는 것이며, 내재적 방법이란 사회복지의 원조 대상자에 대한 내적인 처우방법의 변화, 즉 원조기술 및 방법의 발달과정 등을 중심으로 사회복지 발달을 설명하는 것이다. 그러나 사회복지의 전개과정을 외재적 측면이나 내재적 측면의 어느 한 측면만 설명하는 것은 상대적으로 설명될 수 있는 측면을 간과하는 오류를 낳게 하므로 양 측면을 고려하는 것이 바람직하다. 그러므로 사회복지실천의 변천과정도 양 측면을 고려하였다.

1. 구미의 사회복지 변천사

1) 고대~19세기 중기

사회복지의 변화와 양상은 그 시대의 사회구조와 사상의 흐름 속에서 찾아볼 수가 있다. 인간 사회의 시작과 더불어 상호보호나 소속감이 존재했다고 볼 수 있다. 즉, 인간은 누구나 약점이 있으므로 이것을 극복하려는 이기심 때문에 상호부조(mutual assistance)라는 기본적인 욕구가 생기기 마련이다.

사회복지실천이 전문화되기 이전인 고대사회에서는 종족이나 씨족에 의해 형성된 공동체생활 속에서 상부상조하여 다른 집단으로부터 위협에 대처했으며, 자체 내에서 그들의 생활보호대책을 마련했다. 그 후 종족들이 확대됨과 동시에 종교제도가 생기기 시작하였다.

전근대적 사회복지실천은 영국에서 행하여진 교회 중심의 구제활동에서 그 기원을 찾을 수 있다. 사제(priest)들은 의지할 데 없는 사람들과 과부, 고아 그리고 병자들을 보호하는 책임에 대해 지도력을 발휘하기 시작하였다. 중세 영국에서 가난한 사람들을 돌보는 일은 교회의 중요한 활동 중의 하나였고 의무였다.

11~15세기에 중세 유럽의 여러 도시에서 발달한 상공업자의 상호부조적 동업조합인 길드(guild)가 조직되었다.

대략 11세기 중엽에 나타난 상인길드(merchant guild)가 가장 먼저 조직되었으며, 상인길드에서의 복지적 성격의 사업은 길드 성원 중에 남편을 잃은 과부 및 고아를 보호하거나 또는 교육시키는 것이었다. 만일 길드 성원이 소녀일 경우에는 결혼지참금을 준비하는 책임도 부담하였고, 성원 중 병자를 위하여 구빈원에 특별히 침대를 설치하였으며, 감옥에 갇힌 성원의 석방을 위하여 길드의 비용으로 교섭하기도 했다.

12~13세기에 일어난 수공업길드(craft guild)는 초기에는 자선조직이라기보다는 상호부조적인 인보단체였으나, 후에는 불행한 성원들을 구제하였다.

이와 같이 수공업길드, 상인길드, 농촌우애조합 그리고 사회적 또는 교회길드들이 서로 상부상조하는 형제애와 동료의식으로 조직되어 병에 걸렸거나 도움이 필요한 회원들의 문제를 해결하고 마을의 빈곤한 사람들을 위한 자선사업도 시행하게 되었다.

빈민구호에 대한 최초의 정책은 1531년 헨리 8세(Henry Ⅷ)의 법령이었다. 이 법은 시장 또는 치안판사들이 그 교구가 책임지고 보호하여야 할 노인과 무능력한 걸인들의 상황을 조사할 것을 규정하고 있었다. 조사대상자들은 제한된 지역에서 구걸할 수 있게 등록을 해야 하고 당국으로부터 허락을 받아야만 했다. 이 법은 가난한 사람들에 대한 공공의 책임을 처음으로 인정하기 시작한 것이다.

종전부터 내려오던 영국의 빈민구호에 관한 법률들을 집대성하여 성문화시킨 엘리자베스 구빈법(The Elizabethan Poor Low)이 1601년 제정되었다. 이 법은 가족과 친족이 부양하지 못하는 빈민을 해당 교구가 책임을 지고 부양하도록 규정함으로써 교구를 중심으로 한 구제가 시작되었다.

이 법은 세계 최초의 공적 복지법률로 제정 이후 산업혁명기 동안에도 그대로 유지되었고, 미국 식민지법에도 그대로 반영되어 영국뿐 아니라 유럽 여러 나라들과 미국의 사회복지정책 및 실천에 지대한 영향을 미치게 된다. 영국의 구빈법은 지방정부(local government)로 하여금 빈곤한 자를 원조하도록 하였고, 시설 중심의 구호(indoor relief)에서 지역사회 중심의 구호(outdoor relief)로 원조의 형태가 바뀌었다. 따라서 빈곤한 자들이 자신의 출생지역으로 돌려보내졌고, 일할 수 있는 능력을 가진 자는 원조를 주지 않았으며, 수혜자격(eligibility)검사를 통해 최하 봉급액수를 넘지 않는 원조를 제공하는 제도를 채택하였다. 이 법은 빈민을 억압하고 사회질서를 유지하려는 사회통제적 성격이 강한 법령이었다.

2) 19세기 중기~1900년

전문적인 사회복지실천이 출현한 시기라고 할 수 있다. 19세기 말엽 산업혁명 이후에 영국 사회는 열악한 노동조건 하에서 질병, 빈곤, 빈민가의 발생, 범죄, 비행 증가 등과 같은 사회문제가 발생하게 되었다. 이런 문제들을 공적 구빈사업만으로 대응하는 데는 한계가 있었다. 따라서 개인적 차원의 자선사업과 박애사업이 시작되었고 인도주의적 사회개량사상과 연계된 민간사회복지가 발달하기 시작하였다.

그 당시의 사회문제 해결을 위한 민간운동으로 자선조직화, 사회개량운동 그리고 인보관운동이 생겨나게 되었다. 세계 최초의 자선조직협회(Charity Organization Society: C.O.S)는 1869년 런던에 설립되었으나, 미국의 자선조직협회는 1876년 런던의 자선조직협회의 영향을 받아 버팔로(Buffalo)에 설립된 것이 최초다.

자선조직협회의 주된 기능은 구제신청자에 대한 과학적이고 면밀한 조사, 구제 중복을 피하고 효율적 구제활동을 전개하기 위한 구제등록의 실시, 여러 구제기능 간의 연락 조정이었다. 또한 우애방문원(friendly visitors)이라 불리는 자원봉사자들은 정상적인 중산층의 인격적 감화를 통해 비도

덕화된 빈민의 탈빈곤 동기를 강화시켜 줌으로써 자력으로 빈곤으로부터 벗어나게 할 수 있다고 보고 C.O.S는 빈민에 대한 우애방문(friendly visiting)활동을 하게 하였다. C.O.S의 이와 같은 활동은 이후 사회복지실천에 초석이 되었다. 특히 우애방문원에 의해 시작된 가정방문, 면담, 기록, 사례연구(case conference) 등의 활동들은 개별 사회사업실천의 기초가 되었고, 사회복지조사 및 지역사회실천 활동의 뿌리가 되었다. 한편 자선조직화 운동과 더불어 새로운 사회운동으로 나타난 것이 인보사업(settlement work)이다. 바네트(Canon Samuel Augustus Barnett) 목사의 영향을 받은 옥스퍼드대학 출신인 토인비(Anold Toynbee)를 기념하기 위해 1884년 화이트 차펠 구역 안에 대학인보관을 세우고 이 건물을 '토인비 홀'이라고 명명하였다. 바로 이 건물이 세계 최초의 인보관(Settlement House)이며, 옥스퍼드와 케임브리지 양 대학 학생들이 중심이 되어 이 운동을 전개하였다. 이후 미국으로 건너온 인보관운동은 사회사업실천방법으로 발전하게 되었다.

1886년 코잇(Stanton Coit)이 토인비 홀에서의 경험을 살려 뉴욕에 설립한 최초의 근린조합(neighborhood guild), 1889년 제인 아담스(Jane Addams)가 시카고의 빈민가에 설립한 헐 하우스(Hull House) 등에서 주민들이 서로 배우고, 가르치고, 돕는 인보관운동이 시작되었다.

인보관운동은 가진 자가 못 가진 자에게 주는 시혜가 아니고, 서로가 서로에게 영향을 주고받으면서 서로의 문제를 유용하게 해결하는 방향으로 조직화하여 지역사회운동의 거점이 되었다. 당시 자선조직협회나 인보관운동의 중요한 실천기술로 지역사회실천 기술이 활용되었다.

인보관운동이 사회복지실천에 미친 영향에 대해 브라이언은 사회적 참가와 협동, 민주적 접근, 학습과 성장, 다른 배경을 가진 사람들과의 직접적인 상호작용, 사회환경이 사람들에게 주는 영향의 인식 등을 들고 있다.

또 다른 한편에서는 사회개량 욕구의 출현으로 다시 말하면 산업화, 도시화, 인구의 도시집중, 이민 등으로 인구밀도가 높아짐에 따라 주택문제, 연소자 및 부녀자 노동문제, 비행, 범죄 증가현상이 나타나므로 사회개혁을 통해 열악한 환경을 개선하려는 시도가 생기기 시작하였다. 이 여파로 1844년에 YMCA와 1855년 YWCA로 대표되는 청소년단체운동이 아주 작은 집단으로부터 출발하였다. 초기에 YMCA와 YWCA는 노동자의 자녀교육 및 자녀를 위한 환경조성을 목표로 하였으나, 점차 빈곤과 열악한 노동조건, 질병이나 범죄 등 심각한 사회문제 상태에 있는 청년들에게 기독교 신앙과 집단활동 및 레크리에이션을 통해 정신적 생활기술을 지도함으로써 사회문제에 대응하게 되었다.

또한 자발적이고 비공식적인 집단 내에서 인격적인 교제를 기초로 한 사회교육적 여가활동에도 앞장서게 되었다. 그리고 건강하고 인간다운 생활을 할 권리에 대한 인식을 높이는 활동이 목표였다는 점에서 사회복지 영역에서 빼놓을 수 없는 집단사회 사업실천의 초석이 되었다.

3) 1900~1920년

종전에는 빈곤으로 인한 생활 곤란이 본인의 성격적 결함이나 도덕적 퇴폐 등에 의한 것으로 생각되었으나, 우애방문원이 대상자의 가정방문을 통해 그들의 생활 궁핍이 그들 자신과 가족의 질병, 다수의 자녀, 비위생, 불량주택, 저임금, 부채, 영양실조, 불충분한 교육 등 때문임을 확인하게 되었다. 이것이 빈곤의 원인을 개인의 책임으로만 돌리기에는 곤란하다는 사실을 인식하게 되는 중요한 계기가 되었다. 이와 같이 생활 궁핍의 사회적 요인이 인식되고 중시되기에 이르러 C.O.S의 활동이 자원봉사적인 우애방문원만으로는 충분한 업무수행이 곤란하게 되어 유급전임직원을 고용하는 C.O.S가 많아지게 되었다.

1898년 뉴욕 C.O.S에서 최초로 유급직원에 대한 강습이 이루어진 후에 수강생에게 학위가 주어졌는데 이것이 사회사업의 발단이라고 할 수 있다. 이 시기를 사회사업의 전문화기로 보는 이유는, 첫째 전문적 사회사업 실천이론이 확립되었으며, 둘째 사회사업 조직이나 단체에 유급직원이 배치되고, 셋째 전문적 복지사업이 시작되었고, 넷째 사회사업 관련단체 및 연맹이 전국에 조직화되었으며, 다섯째 사회사업 관련 전국회의 개최 등의 사건들이 펼쳐지고 있었기 때문이다.

리치몬드(Mary Richmond)는 1917년에는 『사회진단』 그리고 1922년에는 『개별사회사업이란 무엇인가?』라는 책을 저술하여 사회사업의 실천교재로 사용하였다. 다시 말해서 개별사회사업의 이론화를 명확히 하였고 사회사업실천의 전문화에 공헌하였다.

4) 1920~1950년

이 시기는 사회복지실천의 전문적 분화기라고 할 수 있다. 1920년대 사회복지사들은 프로이트(Freud)이론과 신프로이트학파인 랑크(Otta Rank)이론을 추종하였으며, 이 두 이론과 리치몬드의 『사회진단』의 직접적인 영향으로 형성된 것이 개별사회사업이라고 할 수 있다. 그 당시의 프로이트추종자들을 진단학파라고 명명하고 이러한 이론에 의존하는 진단주의의 개별사회사업이 시작되었다. 진단주의는 정신의학 분야의 실천가들뿐만 아니라 가족복지기관 또는 아동상담소 등에서도 널리 확대되었다. 이 이론은 이후 해밀턴(G. Hamilton)에 의해 사회사업에 정신분석이론을 결합시켜 이론화를 진행시켰고, 1940년 그의 저서 『개별사회사업의 이론과 실제』는 세계적으로 많은 영향을 주었다. 이어 홀리스(Florence Hollis)에 의해 '심리사회적 모델'로 체계화되어 현대 사회복지실천모델의 하나로 발전되어 계승되고 있다.

1930년대는 제2차세계대전과 경제공황으로 대량실업이 발생되어 수많은 빈민들이 발생하는 사회문제가 제기되었다. 이러한 사회적 상황은 펜실베니아 사회사업 대학원에서 개발된 기능주의이론이 탄생하면서 진단주의에 비판을 가하였다.

기능주의이론은 현재(hear and now)에 초점을 두고, 질병이론이 아닌 성장이론 그리고 치료 대신 원조라는 용어를 사용하면서 진단주의와의 격렬한 논쟁을 시작하였다. 기능주의의 논쟁은 사회복지 관점이 의학모델에서 생활모델로 전환되는 실마리를 제공했다는 점에서 역사적 의의가 매우 크다고 할 수 있다. 1950년대에 사회과학자들이 정신건강서비스에 많은 관심을 갖게 되면서 사회과학은 사회사업에 많은 영향을 끼치게 되며, 이로 인해 펄만(Helen Perlman)은 진단주의와 기능주의를 혼합한 문제해결모델(Problem-Solving Model)이라는 새로운 이론을 내놓았다. 이어서 스몰리(R. Smalley)의 현대 기능주의모델, 로저스(Carl Rogers)의 클라이언트 중심주의, 집단사회사업 기술을 포함한 상호작용모델 그리고 체계이론을 사용한 현대적 모델로 연결되었다.

한편 1920년대 접어들면서 도서관, 성인교육기관, 보육원, 유치원 등의 지역사회의 공공시설과 지역사회센터 건설 등으로 주민들의 자발적인 여가활동과 집단활동이 성행하게 되었다. 또한 인보관에서도 사회화, 기술훈련, 교육, 레크리에이션 등의 활용으로 집단사회사업을 실천하게 되었다.

따라서 지금까지의 경험 위주의 집단지도와는 다른 전문적 · 이론적으로 체계화된 기술이 요구되어 전문교육이 시작되었다. 이와 같은 집단사회사업은 치료적 목적으로 활용되기도 하였다. 1923년 웨스턴리저브대학(Western Reserve University)의 사회복지대학원에서 코일(Grace Coyle) 박사는 집단사회사업과정을 교육시켰다. 이것이 최초의 집단사회사업 강의다.

또한 제1차세계대전이 시작되면서 지역사회기관들이 군인들과 그의 가족들의 욕구를 충족시키기 위한 서비스를 계획하고, 지역사회 자원을 효율적으로 활용할 것을 계획하면서 지역사회 조직이란 용어가 일반화되었다. 1920년부터 주 단위의 공적 복지기관이 설립되면서 지역사회 조직은 새로운 단계에 돌입하게 되었다. 제2차세계대전 시작 즈음에 전미사회사업회의(National Conference of Social Work)에서 지역사회사업이 사회사업 실천 방법론으로 보고되면서 논의되었다. 여기에 공헌한 사람은 아린스키(Saul Alinsky)다. 1944년에는 지역사회사업이 9개의 사회사업 필수과목 중 한 과목으로 포함되었다.

5) 1950~1960년

이 시기는 사회복지실천의 통합기로 볼 수 있다. 19세기 초에 개별사회사업, 집단사회사업이 방법론으로 등장하고 1930년대에 지역사회 조직사업이 제3의 방법으로 수용되었다. 사회사업 방법을 개념화한다는 것은 문제 규정의 범위를 모호하게 만들고, 사회복지사가 어느 영역 하나를 선택해야 하는 어려움을 느끼게 되고, 사회변화는 거시적 측면에서 수행되는 것인데 사회복지사는 클라이언트를 사회에 적응시키는 데만 관여한다는 가정을 하게 된다. 다양한 요인이 복합적으로 작용하는 실천영역에 하나의 기술이나 실천영역을 강조하는 사회복지전문직은 실제적인 문제에 효과적으로 대처하지 못한다는 한계가 있다.

또한 과거의 방법론적 접근방법으로 급격한 사회변동이나 여러 사회문제에 적절히 대응할 수 없다는 한계점이 드러나게 되었으므로 사회복지실천의 통합방법론의 요구가 절실하게 되었다.

방법론의 통합의 움직임은 1962년 NASW 내부의 분회제도를 폐지하고 전문직 전체의 과제로서 통합적인 방법을 지향하였다는 것을 들 수 있다. 이로써 통합을 강조하는 입장에서 사회사업실천이라는 용어가 일반화되기 시작하였다.

6) 1960~1980년

이 시기는 사회복지실천의 발전기라고 할 수 있다. 1960년대 들어서서는 개별사회사업은 공격받기 시작하였다. 개별사회사업은 지나치게 심리학적 접근을 강조하며, 효과성도 없고 그리고 빈민과 억압된 계층의 욕구에는 불충분한 반응을 하고 과학적으로도 정밀성이 부족하다는 비판을 받았다.

개별사회사업은 이러한 비판을 계기로 발전하게 되었다. 개별사회사업의 대상은 전통적 모델들이 생각했던 한정된 클라이언트뿐만 아니라 모든 사람들이라는 것을 인식하게 되었고 실천에 있어서도 모든 클라이언트를 대상으로 하게 되었다. 이러한 클라이언트의 대상 확대는 개별사회사업의 기능의 변화 및 확대로 연계되었다. 사회사업가의 많은 역할이나 기능 가운데 특히 강조되는 기능은 중재적 기능과 대변자 기능이다. 사회사업분야가 다양해지면서 정신위생, 학교 그리고 노인복지분야와 같은 특수 분야들의 많은 중복성을 재규정하게 되고, 이 시기에는 이론적인 분열이 나타나기 시작했다.

그리하여 홀리스(Hollis)의 심리사회적 모델, 랑크(Rank)의 기능주의모델, 펄만(Helen Perlman)의 문제해결모델, 토마스(E. Thomas)의 행동주의모델이 주요 모델로 등장하였다. 또한 1970년대를 전후하여 라포포트(Lydia Rapoport)의 위기개입모델, 레이드(William J. Reid)와 엡스타인(Laura Epstein)의 과제중심모델 그리고 저메인(Germain)의 생활모델에 대한 이론화가 진행되었다.

이 모델들의 공통점은 클라이언트의 환경을 중요시한다는 것이다. 이러한 결과로서 개별사회사업실천은 의료모델로부터 생활모델로의 전환을 촉구하였다. 생활모델은 인간과 환경과의 관계를 잘 설명해 주는 모델이다.

1970년대에 들어서면서 미국은 존슨 대통령의 사회복지정책에 대한 보수주의자들의 공격으로 인해 공공부분의 직업과 훈련수당이 삭감되는 등 어려움을 겪게 되었다. 이 즈음 발전하게 된 것이 임상사회사업이다. 임상사회사업은 전문가로서의 자격보호와 관련된 규제(regulation), 임상사회사업가의 서비스 비용청구, 개인개업(Private Practice) 등을 통해 개별사회사업보다 더 독점적이다. 사회사업실천이론 및 기술이 발전하게 되면서, 가족체계, 인지행동, 심리사회와 같은 이론들이 사회복지이론에 자주 등장하면서 집단사회사업의 이론과 기술도 발전하게 되었다. 집단사회사업은 전문적 응용 차원에서 성격별로 연구되어 1960년대에는 개별사회사업적 모델, 임상적 모델, 일반적 집단사회사업모델이 사용되었다. 그러나 1960년대 중반기에 빈곤퇴치운동과 시민권 등의 사회적 현상들이 사회사업에서 보다 새로운 관점에서 문제를 인식하라는 압력을 가하게 되었고, 전통적인 도그마에 얽매이지 않는 문제해결 방식을 요구하게 되었다. 또한 집단사회사업은 오락, 교육, 정신건강, 사회적 서비스 등에 대한 다양한 욕구에 반응하기 위해 발전하게 되었다.

1960년대 후반부터 1970년대에는 사회목표모델, 치료모델, 상호작용모델, 인본주의모델, 사회학습모델, 목표형성모델의 여섯 가지로 성장하게 되었다.

지역사회조직사업의 실천분야에서는 1960년대에 미국의 빈곤과 인구문제가 표면화되면서 빈곤과 인종차별에 대한 철폐를 요구하는 흑인들의 시민권운동이 전개되므로 사회행동으로 사회문제를 해결하려는 시도가 강력하였다. 이것은 사회적 측면을 기반으로 하는 사회사업실천에 전반적으로 영향을 주었다. 그리고 사회행동으로 분명해진 사회사업 욕구를 어떻게 사회사업서비스로 구체화할 수 있는가에 대한 문제가 제기되면서 1970년 중반 이후에는 사회계획에 역점을 두게 되었다.

7) 1980년~현재

이 시기는 새로운 관점이 등장하고 개입전략도 확장되는 시기라고 할 수 있다. 절대 진리나 절대적인 이론체계를 밝히려는 연구는 한계에 부딪치게 되므로 다중관점의 필요성이 새롭게 대두되는 시기다. 또한 생태학적 모델, 생활모델, 지역사회 및 가족 중심의 접근법들까지도 가난하고 고통 받는 사람들에게 적절한 서비스를 제공하기 위하여 노력하며 동시에 프로그램도 다양하고 폭넓게 수행하려고 노력하는 시기다. 최근에는 다중관점 및 다중개입전략이 각광을 받고 있다.

2. 우리나라의 사회사업 도입과 현황

한국에서의 사회복지실천의 도입은 1950년대의 개별사회사업이다. 이 시기는 한국전쟁 직후에 많은 외국 민간원조단체가 들어온 것이 계기가 되었으며, 이 가운데 세계기독교봉사회(Christian World Service)는 가정복지부를 통해 사회사업 프로그램을 전개하였다. 이 외에도 캐나다 유니테리안 봉사회(Uniterian Service Committee of Canada: USC) 등도 사회사업을 시도하였다. 그러나 이와 같은 활동들이 우리나라의 사회사업을 발전시켰다고 볼 수가 없다. 이들 외국 민간원조단체들은 본래의 목적이 선교활동이었으므로 관련된 사람들이 사회사업의 전문직 교육이나 훈련을 받지 못한 비전문가들로 구성되어 있기 때문이다.

그리고 현존하는 많은 기관이나 시설은 수용보호의 전통적 방법에서 탈피하지 못한 상태이어서 인력의 수요, 공급 면에서 전문성이 부족하여 사회사업 발전에 저해요인이 되고 있었다. 또한 전문기관의 미성숙, 민주의식 결여, 이론 결핍 등도 사회사업 발전의 저해요인으로 작용하고 있었다.

사회사업의 전문적 지식과 기술을 발휘하기에는 아직도 여러 가지 면으로 여전히 미비하다. 그러나 이러한 문제해결이 우리나라 사회복지실천의 지름길이 될 것이다.

우리나라의 사회복지 발전의 중요한 사건들은 다음과 같다.

외국 민간단체의 영향으로 1959년에 국립의료원에서 의료사회사업이 시작되었고, 1965년에는 캐나다 유니테리안 봉사회와 기독교 봉사회가 주동이 되어 개별사회사업과 지역복지사업이 시작되었다.

1970년에 처음으로 사회복지사업법이 제정되고, 1980년대에는 지역복지와 재가복지사상이 도입되면서 전국적으로 종합사회복지관이 건립되어 전문가들이 역량과 기술을 발휘하게 되었다. 또한 공공영역에서는 사회복지 전문요원을 동사무소에 배치하여 정부의 복지정책을 실행하는 역할을 수행함으로써 전문요원은 한국 사회복지실천의 중추적 역할을 하고 있었다. 1997년에는 사회복지사업법이 대폭 수정되었고 지역사회 주민의 정신건강 향상을 위한 정신보건법 시행으로 정신보건 사회복지사 제도가 도입되었다.

2003년부터는 사회복지사 자격증제도가 대학, 사회복지사협회 그리고 보건복지부의 공동 노력으로 실시되었다.

3. 사회복지실천과 방법론의 변화과정

초기의 사회복지실천은 사회문제를 해결하기 위한 방법으로 사회운동과 관련되어 있었으며, 그 이후에는 개개인의 문제해결을 위하여 훈련받은 유급 사회복지사의 채용 및 전문화과정의 시작과 함께 전문사회사업이 생겨나고 사회운동의 성격은 약화되었다. 그러나 오늘날 사회복지실천은 현재의 사회적 조건에 상응하여 사회개혁으로 되돌아가려는 경향을 가지고 있다. 이렇게 보면 사회복지실천의 방법론이 역사적인 사건들에 의해 변화되어 왔다고 할 수 있다(Jones, 1975: 4).

사회사업실천은 사회복지현장이나 전문사회사업 기관에서 클라이언트에게 전문적으로 제공하는 사회사업활동, 서비스, 프로그램의 제반 사회적 서비스다. 사회사업방법론은 기술과 기법(skill and techniques)으로 구성되어 있으며 사회복지사 또는 변화매개인(chang agent)이 주어진 사회사업현장에서 인간이해(human under standing)에 기초하여 전문적인 사회사업지식을 응용하는 능력이라고 할 수 있다.

방법론의 변화 과정을 보면 다음과 같다.

초기의 사회복지실천 방법은 미국의 전통적인 3대 방법인 개별사회사업(social case work), 집단사회사업(social group work), 지역사회사업(community organization)이며 대상은 개인과 가족, 집단, 지역사회로 규정하였다. 1970년대에 들어오면서 전통적인 사회사업 방법은 생태체계이론(ecological system theory) 또는 사회체계이론(social system theory)의 영향, 방법론에 대한 비판으로 사회사업 통합방법이 출현하게 되었다. 즉, 종전의 의학모델(medical model)에서 생활모델(life model) 또는 체계모델(system model)로 전환되면서 통합적 접근방법이 탄생하게 되었다. 대표적인 학자로는 핀커스(A. Pincus)와 미나한(A. Minahan)을 들 수 있으며 이들은 전통적인 3대 방법, 즉 개별사회사업, 집단사회사업, 지역사회조직의 공통점을 찾아 4체계모델을 개발하였다.

또 하나의 사회사업 방법론의 변화는 프리드랜더(Friedlander)와 에프트(Apte)의 방법론의 영향이다. 전통적인 개별사회사업이나 집단사회사업을 통합하여 사회사업의 직접적 서비스(direct service in social work)라 하고, 개입 대상은 개인, 집단, 가족으로 규정하였다. 실천이론으로는 행동주의심리학, 자아심리학, 신프로이트이론(Neo-Freudian theory), 가족관계망치료(family network therapy), 의사교류분석(Transactional analysis) 등을 사용하였다.

또한 지역사회조직과 기관의 계획(planning of institution) 영역을 통합하여 간접서비스(indirect service)로 규정하고, 사회사업 행정과 조사영역을 통합하여 지원적 서비스(support service in social work)로 구분하고 설명하여 전통적인 방법론의 개념이 변화되었다. 그리고 돌프만(R. A. Dorfman, 1988)의 임상사회사업의 패러다임(paradigms), 재스트로(C. Zastrow, 1992)의 사회사업실천에서의 새로운 관점, 실천기법의 변화, 그리고 카운슬링 실천모델도 적용하였다. 또한 1992년 존슨(L. C. Johnson)은 사회복지실천에 체계적 이론을 적용하여 사회사업실천 과정을 사정(assessment), 계획(planning), 직접적 실천행동(direct practice actions), 간접적 실천행동(indrect practice actions), 평가(evaluation), 종결(termination) 등 6단계로 설명하여 과거의 질병모델(disease model)이나 생활모델(life model)을 새로운 관점에서 설명하였다.

세퍼, 호레이시, 그리고 호레이시(B. W. Sheafor, C. R. Horejsi & G. A. Horejsi, 2000)는 사회사업실천의 기법과 지침에서 사회사업실천이론과 모델을 확대하여 해석하였고, 실천기술에 적용되는 기본적 지침내용을 구체적으로 제시하면서 사회사업실천의 중요성을 강조하였다. 이들은 계획된 변화 과정을 5단계, 즉 접수면접과 관여, 자료수집과 사정, 계획과 계약, 개입과 점검, 평가와 종결 과정으로 구분하였다. 각 단계마다 실천기법과 지침을 직접적 실천영역과 간접적 실천영역으로 나누었다. 직접적 실천영역은 전통적인 개별사회사업이나 집단사회사업 방법을 활용하고 간접적 영역은 지역사회 조직, 행정, 조사, 정책, 홍보 및 사회행동 등 폭넓게 적용하도록 한 점이 특징이다.

사회복지서비스 영역을 미국의 전통적인 사회사업 방법론에 기초하여 실천기법의 변화 과정을 분석하여 분류하면 다음과 같다.

핀커스와 미나한은 개별사회사업, 집단사회사업, 지역사회조직을 중심으로 실천방법을 통합하고, 목적, 대상, 서비스 방법, 변화 매개인의 역할을 강조했다. 그리고 프리드랜더와 에프트는 미국의 전통적인 사회사업의 5대 방법론을 중심으로 직접적 서비스, 간접적 서비스, 지원적 서비스 등의 3개로 구분하여 구조화하였다. 또한 세퍼와 호레이시는 사회복지실천의 기법과 지침에서 개별사회사업, 집단사회사업을 직접적 실천영역으로, 지역사회조직과 사회복지행정, 사회복지조사, 사회행동 및 정책을 간접적 실천영역으로 분류하였다.

〈표 2-1〉은 사회복지서비스에 대한 학자별 분류 관점을 도표화한 것이다.

〈표 2-1〉 사회복지서비스의 분류 관점

<table>
<tr><th rowspan="2">전통적인
사회사업방법</th><th colspan="3">학 자</th></tr>
<tr><th>핀커스 · 미나한
(1973)</th><th>프리드랜더 ·
에프트(1980)</th><th>세퍼 · 호레이시
(1997)</th></tr>
<tr><td>1. 개별사회사업</td><td rowspan="3">사회사업에서
통합방법</td><td rowspan="2">직접 서비스</td><td rowspan="2">직접 실천</td></tr>
<tr><td>2. 집단사회사업</td></tr>
<tr><td>3. 지역사회조직</td><td>간접 서비스</td><td rowspan="4">간접 실천</td></tr>
<tr><td>4. 사회사업행정</td><td rowspan="3">거시-영역
접근방법</td><td rowspan="2">지원적 서비스</td></tr>
<tr><td>5. 사회사업연구</td></tr>
<tr><td>6. 사회행동과 정책</td><td>거시-영역
접근방법</td></tr>
</table>

4. 사회복지실천과 관련 학문과의 관계

사회복지실천은 역사적으로 사회학, 심리학, 정신의학 등과 같은 인접 학문의 영향을 받으면서, 그리고 이들 학문을 사회복지실천의 고유한 목적과 기능을 위해 효과적으로 변형하고 수정하여 활용하여 왔다. 사회복지실천을 위한 학문은 순수학문이라기보다는 실천응용학문이라고 할 수 있다.

사회학은 사회의 현상과 구조를 연구하는 학문으로 사회구성원 간에 상호작용이 언제, 어떻게, 왜 이루어지는가를 과학적으로 밝히고 있다. 그러므로 사회학자는 사회문제나 사회현상의 원인과 결과를 사실적으로 밝히는 것이 목적이고, 이것을 위해 사회조사, 참여관찰, 통계검증 등과 같은 과학적인 연구조사 활동에 초점을 맞춘다.

사회복지실천은 사회구성원들 간의 상호작용이나 사회문제의 원인과 결과를 연구한다는 면에서는 사회학과 유사하지만, 사회구성원의 사회적 기능을 향상시키고 사회문제를 해결하는 구체적인 방법을 개발하고, 개입하는 활동에 더 많은 비중을 두는 것이 사회학과는 다르다.

심리학은 인간의 사고, 정서, 행동 등을 연구하는 학문이므로 개인의 내면적 세계나 성격적 특성 그리고 행동의 원인을 밝히는 것이 목적이다. 사회복지실천도 인간의 내면적 특성이나 행동을 연구하고 심리치료를 제공하는 면에서는 심리학과 유사하나 사회복지실천은 클라이언트의 심리정서적 문제를 치료하기 위해 상담 외에 사회경제적 서비스를 동시에 제공하는 것이 특징이다.

정신의학은 의료모델에 기초하여 환자의 정신질환을 진단하고, 처방하며, 약물이나 주사 투여 혹은 입원을 통해 이들의 질병을 치료하고 건강을 회복시키는 것이 목적이다. 사회복지실천도 정신질환자를 돕는다는 면에서는 정신의학과 동일하지만 정신의학은 환자 개개인의 질병을 의료적으로 치료하고 회복시켜 주는 것에 중점을 두는 반면, 사회복지실천은 심각한 정신질환의 치료보다는 클라이언트와 이들 가족의 일상적인 심리문제를 해결하고 이들의 사회적 기능을 향상 내지 회복시키는 것에 중점을 둔다.

3

사회복지실천의 통합적 방법

1. 사회사업의 통합적 방법

최근 사회사업은 개별사회사업, 집단사회사업, 지역사회조직사업이란 용어보다 사회복지실천 또는 임상사회사업이란 말로 통용되고 있다. 전통적인 3대 방법이나 2대 방법에서 방법을 통합하여 활용하고 있다는 것을 의미한다. 사회복지실천은 인간으로 인해 비롯되는 사회문제와 사회적 기능 수행상의 어려움을 개인, 집단, 조직, 지역사회를 대상으로 도움을 주어 문제를 해결하기 위한 통합방법 중의 하나다.

1) 통합적 방법의 등장 배경

사회사업이란 환경 속에 개인을 다루는 것이며 개인이 효과적으로 환경과 상호작용하도록 돕는 것이다. 이러한 견지에서 사회복지실천론은 미국을 중심으로 발전하여 왔으나 내용 면에서는 통일된 체계로 발전되지 못하고 개별사회사업, 집단사회사업, 지역사회조직사업, 사회복지행정, 사회복지조사 등으로 나누어 각기 독자적인 이론적 배경과 이에 따른 기틀을 발전시켜 왔다. 그러나 이러한 전통적인 방법은 여러 가지 문제를 해결하는 데 어려움이 있으므로 전통적인 사회복지실천 방법을 통합하려는 시도가 이루어진 것이다.

사회복지실천 방법론은 그 시대의 사회적 조건에 상응하여 변화되는 경향이 있다. 산업화 · 세계화되어 있는 현 시대에서는 클라이언트의 문제는 다양하며 복잡하므로 이것을 해결하는 데 전통적인 방법으로는 어려움이 있다. 왜냐하면 전통적인 방법은 주로 제한된 특정 문제에만 개입을 하기 때문이다.

또한 사회복지실천 영역에는 다양한 요인이 복합적으로 작용하는데 하나의 방법이나 실천영역을 강조하는 사회복지전문직은 문제에 효과적으로 대처하지 못하는 어려움이 있다. 그 이유는 사회변화는 거시적 측면에서 수행되는데 사회복지전문가는 클라이언트의 사회적응에만 관여한다는 가정을 하게 되기 때문이다. 스템프(Stumph, 1970)는 전통적 방법이 문제를 전체로 보지 않고 단편화시킨다고 지적하면서 전통적 접근방법의 사회복지사는 클라이언트의 생활상의 문제에 대해 전체적으로 개입하기보다는 사회복지사의 입장에서 적절히 처리할 수 있는 문제만을 부분적으로 잘라내는 형식을 취해 왔다고 보고 있다. 브라이어(Briar)는 이러한 전통적 방법의 한계를 다음과 같이 설명하고 있다(전재일, 1981).

첫째, 전통적 방법은 주로 제한된 특정 문제 중심의 개입을 하고 있어, 최근의 복잡한 문제 상황에 대해 적절히 개입하기 어려운 경우가 발생한다. 따라서 전통적인 방법은 이러한 외부적 환경에 의한 자체적인 한계점에 도달해 있다.

둘째, 전통적 방법은 지나친 분화와 전문화로 서비스의 파편화현상을 초래함으로써 다양한 문제와 욕구를 가지고 있는 클라이언트가 여러 기관이나 사회복지사를 찾아다녀야 하는 부담감을 야기시킨다.

셋째, 전문화 중심의 교육훈련은 사회복지사의 분야별 직장 이동에 도움을 주지 못한다.

넷째, 공통기반을 전제하지 않는 분화 및 전문화는 각각 별개의 사고와 언어 및 과정을 보여 줌으로써 사회복지전문직의 정체성 확립에 장애가 된다.

이러한 전통적 방법의 한계를 보완하려고 분화 및 전문화되어 있는 사회복지실천 방법을 통합하려는 움직임이 나타나기 시작하였다. 다양한 사회사업 방법에서 분명히 사회복지사가 수행하는 공통적인 요소와 역할이 있다는 점에 초점을 맞추면서 사회사업 통합방법이 나오게 되었다.

1958년 미국사회복지협회(NASW)가 제출한 사회사업실천의 작업정의라는 보고서 이후 사회복지실천의 통합적 방법에 관한 논의가 이루어졌다. 1970년 바틀렛(Bartlett)이 『사회사업실천의 공통기반(The common base of social work practice)』에서 사회복지 방법의 지식과 가치가 다양한 방법을 규정하고 있음을 강조하면서 공통된 기초 작업을 하였다. 이후 골드스테인(Goldstein), 핀커스와 미나한, 플랜저(Flanzer), 시포린(Siporin), 콤튼(Compton), 갤러웨이(Galaway), 메이어(Meyer), 무릴로(Murillo) 등에 의해 통합적 방법에 대한 이론 구축을 위한 노력이 진행되었다(전재일, 1981).

다른 한편 사회복지 외부의 환경에서도 사회체계이론, 생태체계이론 등의 다양한 이론들이 사회복지실천이론으로 활용되면서 복잡한 문제에 대해 접근하게 되었다. 따라서 통합적 방법은 사회복지 내외의 환경적 욕구에 의해서 사회복지전문직의 중요한 방법론으로 등장하게 되었다.

통합적 방법론은 상황 속의 인간(person in situation)을 이해하는 데 유용한 체계이론이나 생태체계이론에 이르기까지 다양한 이론과 지식을 활용하고 있다(김성천, 1997: 34).

2) 통합적 방법의 개념 및 특성

(1) 통합적 방법의 개념

사회복지실천에서 통합적 방법(integrated or unitary, generalist approach)이란 사회복지사가 개인, 집단, 지역사회에서 제기되는 사회문제에 활용할 수 있는 공통된 하나의 원리나 개념을 제공하는 방법의 통합화를 의미한다. 즉, 통합적 방법이란 전통적 방법의 전부 또는 일부를 (적어도 2종류 이상) 조합하여 교육함으로써 한 명의 사회복지사가 복수의 방법을 통합적으로 사용하여 클라이언트에게 개입하는 것이다(전재일, 1981).

이러한 통합적 방법에는 세 가지 측면에서 통합 방향이 이루어지고 있다(전재일, 1981: 55). 통합적 방법의 형태로는 결합적 접근방법(combination approach), 중복적 접근방법(multi-method approach), 단일화 접근방법(unitary approach) 등이 있다.

결합적 접근방법이란 클라이언트의 문제 및 상황에 따라 전문 분화된 각종 방법을 단독 또는 복수의 형태로 임기응변식으로 사용하는 것이다. 이 접근방법은 사회복지사에게 현재보다 더 많은 교육훈련을 시켜야만 활용할 수 있다.

중복적 접근방법은 각 방법상의 원리와 기술을 비교하여 공통성, 유사성, 차이성, 다양성을 확인하고 이들 방법 간에 상호관련성을 조합하여 사용하는 것이다. 이 접근방법은 각종 방법을 뒷받침하는 과학이론이 서로 다른 현실적 상황에서 어떻게 조합해야 가능할 것인가에 대한 문제를 제기한다.

단일화 접근방법은 전문직으로써 사회복지실천의 공통된 기반을 재확립하고, 방법을 특징짓는 총체적 관점과 틀을 확정하여 방법의 재편성을 도모해 나가는 것이다. 이 접근방법을 일반적 접근방법(generic approach)이라 부르기도 하며, 실제로 통합적 접근과 혼용된 용어로 사용되고, 실제 사회복지실천에서 활용될 수 있는 통합적 접근방법이다.

일반적(generic)이라는 개념은 1925년 밀포드회의에서 처음 등장하여,

초기에는 전문적이라는 개념에 상응하는 것이었으며, 또한 개별사회사업에서의 공통된 요소를 언급하기 위해서도 사용되었다.

이후 일반적 접근방법, 즉 단일화 접근방법은 1970년대에 통합적 방법을 지향하는 학자들에 의해 강조되어 세 측면의 통합방향 중 사회복지실천에서 가장 실용적으로 활용되고 있다.

(2) 통합적 방법의 특성

통합적 방법은 시대적인 상응으로 등장하게 되었는데 이 방법은 다음과 같은 특성을 가지고 있다(김융일 외, 1995).

첫째, 통합적 방법은 사회복지실천에 본질적인 개념, 활동, 기술, 과업 등에 공통적인 기반이 있음을 전제한다.

둘째, 통합적 방법의 가치는 클라이언트의 잠재성을 인정하며, 이들 잠재성이 개발될 수 있다고 보고 미래지향적인 접근을 강조한다.

셋째, 사회복지의 지식은 과거의 심리 내적인 정신역동적 측면으로부터 상황 속에 인간을 이해하고자 하는 일반체계이론까지 확대된 개념을 사용한다.

넷째, 과거 사회복지 개입은 주로 인간에게 초점을 두거나 환경에 초점을 두는 2궤도 접근으로 이루어져 왔으나, 통합적 방법은 이 양면적 상호작용에 초점을 둠으로써 인간과 환경의 공유영역, 즉 사회적 기능수행영역에 사회복지사가 개입해야 함을 강조하고 있다.

다섯째, 클라이언트의 존엄성을 인정하고 클라이언트의 참여, 자기결정 그리고 개별화를 극대화할 것을 강조하며 사회복지실천과정의 계속적인 평가를 주장하고 있다.

3) 통합적 접근의 주요 관점

전통적인 방법론은 지나치게 개인적 측면에 초점을 두었고, 개인의 과거나 병리에 치우쳤으며, 지나치게 단순한 인과관계이론으로 사회환경을 경시했다는 점에서 비판과 함께 새로운 방향으로의 이론적 관점과 실천방법이 절실히 요청되었다.

이러한 요구에 부합되어 개인과 환경을 동시에 고려하여 사회사업 영역을 통합해 주어야 할 새로운 이론적 관점인, 환경 속의 개인, 일반체계이론, 생태체계이론 관점들에 관한 연구가 1970년 초부터 활발히 일어나고 있었다.

(1) 환경 속의 개인

바틀렛(Bartlett, 1970)과 저매인(Germain)과 기터만(Gittermann, 1980)은 개인과 개인에게 영향을 주는 사회적 · 물리적 환경 간의 역기능적 교환을 개념화하려고 노력하였으며, 사회복지사는 개인과 환경 사이의 역기능적 교환에 개입해야 한다고 강조하였다. 다시 말해서 사회복지사들은 어떤 때는 개인, 어떤 때는 환경 또 어떤 때는 개인과 환경의 상호작용 양상을 변화시키기 위한 전략을 시도하지만 모든 전략들은 결국은 개인과 환경 간의 상호작용의 성격을 변화시키기 위한 것이라고 주장한다.

핀커스와 미나한에 의하면 사회복지실천은 사람들이 생활과업을 성취하고, 고통을 덜며, 소망과 가치를 실현할 수 있는 능력에 영향을 주는, 인간과 사회환경 간의 상호작용에 관심을 둔다고 하였다. 사회복지실천의 목적은 사람들의 문제해결 및 대처능력을 향상시키고, 사람들을 자원, 서비스 그리고 기회를 제공하는 체계들과 연결시키며, 이런 체계들의 효과적이고 인도적인 운영을 증진시키고, 사회정책의 개발과 개선에 공헌하는 것이다.

따라서 사회복지실천 준거틀은 관련된 세 가지 사회적 상황에 초점을 둔다. 첫째, 사람들이 당면한 생활과업과 이 과업을 처리하게 하는 자원과 조건, 둘째, 사람들과 자원체계들 간의 상호작용, 자원체계 내부의 상호작용, 자원체계들 간의 상호작용, 셋째, 개인문제와 이것과 관련된 공공문제와의 관계로 개인문제를 사회문제화하고 공공문제를 개인의 차원에서 이해하고 설명할 수 있어야 한다는 것이다.

(2) 일반체계이론

일반체계이론은 '전체는 부분의 단순한 총합 그 이상이다.' 라는 말로 지칭되는 상호작용의 복합적 상황을 분석하는 방법이다.

① 주요 개념

체계란 상호의존적이고 상호작용하는 부분들로 구성된 전체, 즉 부분들 간에 관계를 맺고 있는 일련의 단위로 정의된다(Bertalanffy, 1968: 38). 체계는 인과적인 관계 속에서 직접 또는 간접으로 관련된 재구성요소의 복합체이며, 각 구성요소는 어떤 특정한 기간 내에서 안정적으로 다른 구성요소와 관련되어 있다(Buckley, 1967: 41).

일반체계이론에서 사용되는 주요 개념으로는 체계의 구조적 특성을 나타내는 개념인 경계(boundary), 개방체계(open system), 폐쇄체계(closed system), 위계(hierachy) 등과 진화적 특성을 나타내는 안정상태(steady state), 항상성(homeostasis)의 개념, 그리고 체계의 행동적 특성, 즉 에너지의 흐름과 관련된 개념인 투입(input), 산출(output), 피드백(feedback) 등이 있다.

가. 체계의 구조적 특성

살아 있는 체계는 정보의 교환을 통하여 조직되고, 기능하는 물질과 에너지로 구성되며, 경계(개념적인 것이 아닌 경험적 관계)를 갖고 있다. 경계(boundary)는 체계를 외부 환경으로부터 구별 짓고 독특한 정체성을 제공하는, 선정된 변수들을 둘러싼 폐쇄된 둘레로서 정의된다. 이 경계는 적어도 부분적으로는 침투할 수 있으며 그들 간의 에너지와 정보의 전달을 허용하고 있다. 모든 생물학적 · 사회학적 체계들은 개방체계이며, 이들의 경계는 침투성에 있어 경계를 넘어 문제와 에너지, 정보의 상호교환이 가능하나 체계마다 개방성의 정도는 다르다.

• 개방체계: 사회체계이론에서의 중심적인 개념은 그 체계를 개방적인

(open) 것으로 본다. 이것은 체계의 계속성과 변화의 본질적인 요인이 환경과의 상호교환 속에 관여되고 있음을 의미한다. 개방체계는 환경으로부터 투입을 받아들이며, 산출을 생산하여 환경으로 보낸다. 환경 및 그 환경과의 상호교류가 체계의 존립에 기본이 된다. 인간체계가 성장하고 발전하는 것은 이러한 개방성이다.

- 폐쇄체계: 폐쇄체계는 다른 체계들과 상호작용하지 않는다. 그들은 투입은 받아들이지 않으며 산출을 생산하지도 않는다. 이러한 체계들은 엔트로피(entropy)라는 성질을 가지고 있다. 이것은 체계요소들의 분화가 적어지고 조직과 기능이 상실되는 경향을 의미한다. 이러한 경향은 경계의 개념으로 나아가게 한다.
- 위계: 체계의 부분들은 여러 가지 방식으로 서로 연결되어 있다. 위계의 개념은 모든 체계의 기본단위들이 활동이나 에너지 기능들을 위해서 이것의 상위체계에 의존하며, 또한 이것의 하위체계에 방향을 제시해 주어야 하는데 이러한 하위체계, 체계 및 상위체계 사이의 관계를 위계라 한다.

나. 체계의 진화적 특성

체계는 계속적으로 변화하고 또한 때때로 보이는 것 이상으로 혼란스럽고 예측하기 어렵다. 그러나 체계는 역동적 평형 또는 안정상태를 유지하고자 하는 방향으로 기능한다. 그러나 상대적으로 안정된 시점은 매우 일시적이다. 체계들은 자연적으로 어느 정도의 성장과 발전을 추구하면서 동시에 동일한 정도의 안정성을 유지하고자 하기 때문에 갑작스런 변화는 거부한다. 중요한 변화가 일어났을 때 체계는 보다 빨리 기능의 안정적인 수준으로 이동하여 새로운 안정상태를 확립하려는 경향이 있다. 그러므로 지속적인 변화유형은 일정한 속도로 변화하기보다는 안정상태가 되고자 하는 경향이 있다. 빠르고 광범위한 변화에 대해 모든 체계들은 내재된 저항이 있다는 것을 사회복지사는 인식하여야 한다.

• **항상성**: 체계는 지속적으로 변화의 상태에 놓여 있는 동시에 또한 역동적인 균형상태를 유지해야 한다. 이것이 항상성의 개념이다.

• **안정상태**: 항상성이 체계가 생존을 위해 환경과 성공적으로 타협하는 능력이라면 안정상태는 부분들과의 관계를 유지시키고 쇠퇴해서 붕괴하지 않게 하려고 에너지가 계속적으로 사용되는 상태를 의미한다.

다. 체계의 행동적 특성

체계의 기능은 상호 관련된 투입, 전환(throught-put), 산출의 활동을 포함한다. 클라이언트 체계를 이해하기 위하여 이러한 주요 과정들이 각각 어떻게 활동하는지에 대한 탐색이 필요하다.

• **투입-전환-산출**: 투입이란 체계가 환경으로부터 에너지, 사물, 정보 등을 받아들이는 방법을 의미한다. 생물학적 · 심리학적 생존과 성장은 투입과정을 통해서 보장받는다. 투입체는 일단 체계 내부로 입수되고 나면 영향을 받으며, 변형되고, 규제받고, 체계의 기능수행을 위해 활용된다. 이러한 투입체가 활용되는 단계를 전환이라고 하는데, 일단 이러한 처리과정이 시작되면, 체계는 적극적으로 환경에 반응하게 된다. 산출이라고 하는 이와 같은 반응은 환경에 직접적으로 영향을 미치며 다른 체계에 대해 투입으로 작용하는 동시에 그 자체에 대해 피드백을 통해 다시 투입으로 작용하게 된다.

• **피드백**: 피드백은 정보의 투입에 반응하는 행동을 가져오며 새로운 정보에 자신의 행동결과를 포함시켜 이것에 의하여 다음의 행동을 수정하는 의사소통의 조직망을 의미한다. 이러한 피드백은 체계의 평형을 유지시키거나 변화를 촉진함으로써 체계를 혼란시키는 작용을 하며 긍정적 · 부정적인 피드백으로 구성되어 있다.

② 일반체계적 접근

핀커스와 미나한은 사회복지사가 실천현장에서 함께 활동하게 되는 체계를 변화매개인체계, 클라이언트체계, 표적체계, 행동체계의 네 가지로 분류하였으나 콤튼(Compton)과 갤러웨이(Galaway)는 여기에다 전문가체계를 추가하였다.

- 변화매개인체계: 사회복지사는 변화매개인이라고 볼 수 있고, 그들을 고용하고 있는 공공기관이나 민간기관 또는 기타의 이윤추구 기관들은 변화매개인체계라고 할 수 있다. 변화매개인은 계획적인 변화를 목적으로 특수하게 고용된 돕는 사람을 의미한다.
- 클라이언트체계: 클라이언트체계에서는 클라이언트가 서비스의 혜택을 기대하는 사람들이라는 것에 첨가해서 클라이언트는 도움을 요청하여 변화매개인인 사회복지사의 서비스를 제공받는 개인, 가족, 집단, 기관 또는 지역사회를 포함시킨다. 또한 클라이언트는 변화매개인과 작업협정이나 계약을 통해 비로소 클라이언트가 된다. 변화매개인은 클라이언트를 변화매개인의 서비스를 요청하거나 인정하는 사람으로서 변화 노력의 혜택을 받는 사람이며, 작업협정이나 계약을 했을 때 비로소 클라이언트가 된다고 보고 있다.
- 표적체계: 변화매개인이 목표로 정해진 것을 성취하기 위해 영향을 주거나 변화시킬 필요가 있다고 느끼는 사람들을 표적체계라 한다. 사회복지사의 중요한 진단과업은 클라이언트체계와 협조하여 변화의 목표를 설정하고, 목표를 달성하기 위하여 변화되어야 할 특수한 사람들, 즉 표적체계를 결정하는 것이다.
- 행동체계: 변화매개인은 변화시키려고 혼자서 노력하는 것이 아니고 다른 사람들과 함께 일을 한다. 사회복지사가 변화 노력에서 그의 과업을 완수하고 목표를 달성하기 위하여 상대하는 사람들을 행동체계라고 부른다. 행동체계는 필요한 재가를 얻기 위하여, 문제를 발견하고 연구하기 위하여 그리고 변화의 목표를 설정하거나 주요 표적에

영향을 미치기 위하여 이용될 수 있다.

- 전문가체계: 사회복지사들로 구성되어 사회복지사의 권익과 전문성을 높이기 위하여 조직된 사회복지사협회나 사회복지기관과 시설들의 연합으로 구성된 사회복지협의회나 사회복지기관 및 시설협회 등이 포함된다.

(3) 생태체계이론

생태학은 유기체와 환경 간에 적응적 적합성과 유기체의 역동적 균형이 유지되는 방법을 연구하는 학문이다. 즉, 종(species)들이 어떻게 환경을 활용하며 이것을 파괴하지 않고 자신의 요구에 맞게 변형시킴으로써 자신을 유지하는가, 그리고 이러한 적응 과정이 환경의 다양성을 어떻게 증진시키며, 생명을 지지하는 환경의 속성을 어떻게 향상시키는가를 이해하려고 하는 이론이다. 인간의 요구와 문제들이 인간과 그들 환경 간의 상호교류에 의해서 발생한다고 보는 생태학의 기본 개념은 다음과 같다.

① 기본 개념

생태체계적 관점은 다양한 부분들 사이에서 그리고 유기체(인간)와 환경의 공유영역에서 일어나는 상호작용과 상호교류를 강조함으로써 환경 속의 인간에 대한 견해를 강조한다.

가. 적응(Adaptation)

유기체는 생존하기 위해 환경에 의해 선택된 유전적 변천을 이용하면서 이러한 변화에 적응해야 한다. 또한 생명체들은 환경이 그들의 욕구에 적합하도록 환경을 변화시키고 이러한 변화에 적응해야만 한다. 그런데 유기체가 환경을 너무 심하게 파괴시킨다면 환경은 더 이상 이들을 지원할 수 없게 되고, 마찬가지로 환경이 유기체가 요구하는 것을 제공하지 못하면 유기체의 생존이 위험하게 될 것이다. 사람은 새로운 상황에 처함에 따라 그 상황의 요구에 적응하고, 그의 존재로 말미암아 구조적으로 상황을 변화시킨다. 인간은 끊임없이 창조하고, 재구조화하며, 환경이 인간에게 영향을 미친다 해도 환경에 적응해 나간다.

이러한 적응은 인간의 내적 영향력과 생태적 환경의 영향력에 의해 이루어지는 상호의존적 과정(interdependent process)이다(Meyer, 1983: 38).

생태체계에서 각 종은 항상 변화하는 환경에 지속적으로 적응한다.

나. 공생(Symbiosis)

공생이란 상호작용을 통하여 한쪽 또는 상호이익을 주는 두 종 간에 빈번한 상호작용을 말한다. 공생에는 악어와 악어새같이 서로 도움을 주는 상호부조(mutualism), 다른 종에게 해로움도 유익함도 주지 않고, 한 종만 도움을 얻는 편리공생(commensalism), 숙주가 해를 입는 반면 기생하는 쪽은 유익함을 얻는 기생(parasitism) 등이 있다. 사회복지사가 클라이언트의 사례환경을 사정할 때 인간과 환경의 상호작용을 이해하기 위해 이 개념을 활용할 수 있으며, 사회복지사가 클라이언트에 개입할 때 상호부조와 편리공생을 최대화하도록 노력해야 한다.

다. 전문화(Specialization)

종이보다 경쟁적이며 변화하는 환경에 성공적으로 대처하기 위하여 적응해 가는 형태를 전문화라 한다. 전문화는 경쟁을 감소시키는 결과를 가져오는 이점이 있으며 고도로 전문화된 종은 급변하는 환경의 영향에 더 취약하다. 이러한 개념은 직업훈련 기회에 관해 의사결정을 해야 하는 클라이언트를 원조할 때와 기관이 기관의 사명을 바꾸어야 하는지 등을 다룰 때 유용하게 적용될 수 있다.

라. 활동공간(Niche)

활동공간이란 특정한 종이 생태체계 안에서 생존하며 건강을 유지하고 재생산을 하기 위하여 요구되는 물리적 · 화학적 · 생물학적 요인을 말한다. 다시 말하면 종이 효과적으로 기능할 수 있는 특정한 장소나 환경을 의미한다.

② 생태체계적 접근

생태체계적 관점에서 인간과 환경은 별개로서 분리된 것이 아니고 서로 지속적으로 상호교류하면서 존재한다. 생태체계적 관점은 환경이 인간에게 영향을 미치는 방법과 인간이 환경에 영향을 미치는 방법을 볼 수 있는 하나의 틀을 제공한다.

생태체계적 접근은, 첫째 상황 속에 인간에 대한 철학적 관점을 제공해 주며, 둘째 인간의 상호교류에 초점을 두며, 셋째 내적 · 외적 힘에 반응하여 시간의 경과에 따라 행동이 어떻게 발달되는지를 추적하고, 넷째 현재의 행동을 상황 속의 인간의 편안한 적합성으로 기술한다. 다섯째 모든 행동을 상황 속에서 적응적으로 개념화하고, 여섯째 변화를 위해 다양한 전략을 제공하는 특성이 있다.

2. 통합적 방법론 모델

통합적 방법론의 대표적인 것으로는 핀커스(Pincus)와 미나한 (Minahan)의 4체계(four system)모델, 골드스타인(Goldstein)의 단일화(unitary)모델, 콤튼(Compton)과 갤러웨이(Galaway)의 문제해결(problem−solving process)모델, 저매인(Germain)과 기터만(Gitterman)의 생활모델(life model) 등을 들 수 있다.

1) 4체계모델

1973년 핀커스와 미나한이 체계이론을 사회사업실천에 응용한 접근방식이 4체계모델이다. 이 접근방법은, 인간은 만족한 삶을 위해 주변환경 속에 있는 체계에 의존하므로 사회사업은 이러한 체계에 초점을 맞추어야 한다고 주장한다. 그리고 인간을 도울 수 있는 세 가지 체계가 있는데, 첫째 가족이나 친구, 동료 같은 비공식적 또는 자연적 자원체계이고, 둘째 회원제로 구성되는 지역사회집단이나 협회 같은 공식적 자원체계이며, 셋째 병원이나 학교 같은 사회적 자원체계 등이다.

문제가 있는 사람들은 이와 같은 도움의 체계를 이용할 수 없게 된다. 따라서 사회복지사는 클라이언트와 그들 환경 사이에 어떠한 상호작용 요소가 문제인지를 파악해야 한다.

4체계모델은 포괄적이고 전체적인 관점에서 클라이언트체계를 사정할 수 있는 기초를 제공하고 사회복지사로 하여금 인간과 그의 세 가지 자원체계 간의 연결에 초점을 맞춘다. 이 모델은 복잡한 여러 수준의 체계들과 연결되어 있는 사람들과 일한다는 점을 강조하고 있으며 미시적 대 거시적, 또는 치료 대 사회행동과 같은 전통적인 이분법적 사고를 피할 수 있도록 해 준다(김융일 외, 2000: 72).

이 모델에서의 사회복지의 초점은 사람의 문제나 자원체계에 있는 것이 아니고 사람과 자원체계, 그리고 자원체계 간의 상호작용에 있다고 보고 있다. 따라서 사회복지의 목적은, 첫째 사람들의 문제해결 및 처리능력을 향상시키고, 둘째 사람들의 자원, 서비스 그리고 기회를 제공하는 체계들과 연결시키며, 셋째 그런 체계들이 효과적이고 인도적인 운영을 증진시키고, 넷째 사회정책의 개발과 개선에 공헌하는 것이라고 하였다(Pincus & Minahan, 1973: 9–10).

이와 같은 목적을 달성하기 위하여 사회복지사는 다음과 같은 기능을 하게 된다(문인숙 외, 1994: 9–10).

- 사람들의 문제해결과 처리능력을 향상시키고 더 효과적으로 이용할 수 있도록 돕는다.
- 사람들과 자원체계 간의 기본연결을 성립시킨다.
- 사람들과 자원체계 사이의 상호작용을 촉진시키고 관계를 수정하여

새로운 관계를 수립하게 도와준다.

- 자원체계 내의 사람들 사이의 상호작용을 촉진시키며 서로 간의 관계를 수정하거나 맺게 해 준다.
- 사회정책의 개발과 수정에 기여한다.
- 물질적 자원을 분배한다.
- 사회통제의 매개역할을 한다.

사회복지실천과정에서 사회복지사는 4체계와 관련되어 활동하게 되며, 이들 체계는 변화매개체계(change agent system), 클라이언트체계(client system), 표적체계(target system), 행동체계(action system) 등이다.

(1) 변화매개체계

사회복지사 및 사회복지사를 조직하는 기관이나 조직이 변화매개체계이다. 변화매개인이란 계획적인 변화를 목적으로 특수하게 고용된 '돕는 사람', 즉 사회복지사를 의미한다.

다시 말해서 사회복지사가 변화매개인이라고 볼 수 있고 사회복지사를 고용하는 공공기관, 민간기관 또는 이윤추구기관들이 변화매개체계다.

(2) 클라이언트체계

클라이언트체계란 서비스나 도움이 필요한 사람들로서 변화매개인과 계약이 이루어졌을 때 클라이언트가 된다. 계약이란 변화 노력의 목표나 목적을 분명히 하여 변화 활동에 사용되는 방법을 확실하게 하는 것을 의미한다. 또한 계약은 체계 구성원 모두와 이루어질 수 있고 일부와도 이루어 질 수 있다.

(3) 표적체계

변화매개인이 목표로 한 것을 달성하기 위해 영향을 주거나 변화를 시키는 것이 필요한 사람들을 표적체계라 한다. 표적체계는 클라이언트체계와 중복되기도 한다.

(4) 행동체계

변화매개인들이 변화 노력을 달성하기 위해 서로 상호작용하는 사람들을 행동체계라 한다. 즉, 사회복지사가 변화 노력을 완수하고 달성하기 위해 상대하는 사람들로서 이웃, 가족, 전문가들이 이에 해당된다. 변화 노력 과정에서 변화매개인은 단계에 따라 여러 다른 유형의 행동체계와 일할 수 있다.

사회복지실천과정에서 사회복지사가 4체계와 활동하면 여러 가지의 이점이 있다. 첫째, 변화 노력에 관련된 많은 사람들과 여러 종류의 다른 상황에 적응할 수 있는 기본구조를 제공해 준다. 둘째, 변화 노력에서 완수해야 할 과업을 찾아내는 데 도움을 준다. 셋째, 체계의 기본구조를 통하여 도움을 요청하는 사람 자체가 개입의 주요 표적이라고 전제할 수 없다는 사실을 알게 해 준다. 넷째, 클라이언트체계가 제시한 문제를 해결하는 데 가장 효과적인 행동체계의 규모나 유형을 전제로 할 수 없다는 것을 기본구조가 분명히 알게 해 준다. 다섯째, 사회복지사가 완수해야 할 과업이 있다는 것과 그 과업을 위해 클라이언트 외에도 다른 사람들과 관계를 맺어야 한다는 사실을 알게 해 준다. 여섯째, 조직을 사회변화에 관련된 체계로 보는 관점이 중요하다는 사실을 인식시켜 준다. 일곱째, 잠재적 변화의 표적으로 기관(변화매개체계)에 신중하게 초점을 제공해 준다. 여덟째, 사회복지사가 4체계 모두와 상호역동적인 관계를 맺어야 되므로 사회복지실천에 관계의 중요성을 재인식시켜 준다.

2) 단일화모델

단일화모델은 사회체계모델, 사회학습 또는 문제해결모델 그리고 과정모델을 준거틀로 하여 결합한 모델이다. 이 모델은 세 가지 준거틀 가운데 과정모델의 내용을 특히 강조하였다.

골드스테인(Goldstein)은 과정모델을 조사와 평가, 의뢰와 중재, 평가적 전략이라 하여 사회복지실천과정의 여러 가지 단계들과 연계시켰다. 사회복지실천과정을 역할유도단계, 핵심단계 및 종결단계로 설정하고 이들 단계가 반복적으로 일어나는 것으로 설명하였다. 그리고 전체 과정모델을 여러 가지 표적의 형태인 개인, 가족, 집단, 조직, 지역사회로 구분하여 구체화된 단계와 연결하였다.

4체계모델은 클라이언트체계와 자원체계, 사회복지사와의 상호작용을 중요시하는 데 비해 단일화모델은 사회학습에 관한 사회복지사의 기능에 더 많은 관심을 기울였다. 사회학습을 매우 광범위한 일반적인 의미로 제시하여 중요한 변화 목표로서 개인이나 소집단체계에 한정시키지 않고 사회학습 과정을 통해 조직, 지역사회 등의 더 큰 체계들이 변화될 수 있다고 주장한다. 또한 사회복지사의 자원 확보와 폭넓은 활용을 통해 사회 변화가 가능하다고 설명하였다(Goldstein, 1973: 159; 김융일 외, 2000: 73).

3) 문제해결모델

신프로이트학파인 에릭슨(E. H. Erikson)과 화이트(Robert White)가 문제해결모델에 기여한 이론가다. 문제해결모델은 1957년 펄만에 의해 개발된 모델이다. 『케이스 워크: 문제해결과정(Social Casework: A Problem-Solving Process)』을 발간하면서 사회복지 분야에 소개되었으며 개별사회사업의 목적은 치료가 아니고 현재의 문제에 대처하는 개인의 능력을 향상시키는 것이라고 하였다. 이 모델은 자아개념을 중시하면서 클라이언트 자신이 문제해결자임을 강조하였다. 또한 문제발생이란 적절한 방법으로 문제에 대처하고자 하는 동기 부족, 적절한 방법으로 문제에 대처하고자 하는 능력 부족 그리고 문제를 경감시킬 기회 부족 등에 의해서 일어난다고 하고 이것들이 문제해결모델에서 중심적 요소라 하였다(Roberts, 1970: 134-135).

문제해결모델은 문제(problem), 사람(person), 장소(place) 및 과정(process)

의 4대 요소로 이루어져 있다. 다시 말하면 문제를 가지고 있는 사람이 어떤 장소에 자신의 문제를 갖고 도움을 얻기 위해 찾아오면 이때 사회복지사는 클라이언트의 문제해결기능에 관여하고, 더 나아가서는 문제해결에 필요한 자원을 보완해 주는 것이다.

문제해결모델이 개발되던 그 즈음은 개별사회사업이 정신분석학의 영향으로 개인의 심리역동적인 면에 중점을 두는 진단주의와 랑크의 이론의 추종자들에 의한 기능주의, 즉 클라이언트의 병리학적인 측면보다는 긍정적인 관점에서 창조적인 자아능력을 강조하는 개별사회사업이 논쟁을 계속해 오던 시기였다.

펄만의 문제해결모델은 이와 같은 논쟁 사이에서 기본적으로 진단주의 입장을 취하면서도 기능주의 입장을 받아들여 절충주의적 방식을 취하면서 개별사회사업을 문제해결과정으로 전개하였다(전재일, 김상규, 1996: 56).

또한 펄만은 듀이(John Dewey)의 영향을 받아 문제해결의 기반이 되는 반성적 사고(reflective thinking process)와 주체적 존재(active agent)라는 두 가지 개념을 도출하였다. 전자는 자아의 인식기능의 검증과 구성이며, 후자는 인간은 단순한 자극에 대해 수동적으로 반응하는 존재가 아니라 문제 발생의 근원인 스트레스를 해결하고자 하며, 역동적인 사회구조 속에서 어떤 목적을 달성하고자 하는 능동적인 행위자라는 개념이다.

그리고 펄만은 사회적 역할(social role) 개념을 도입하였고 문제해결모델은 체계이론과도 합치된다고 주장하였으며, 후에는 생태체계적 관점에서 문제해결모델을 유용한 접근방법으로 변화시켰다(장인협, 1996: 84, 112).

이러한 과정을 통해 문제해결관점은 개인, 집단, 조직 그리고 지역사회까지 확대되었으며 사회체계들 간의 상호작용과 변화에 강조점을 두게 되었다. 문제해결모델은 다음과 같은 특징을 가지고 있다. 첫째, 인간이나 사회체계를 효과적으로 변화시키기 위한 목표를 합리적으로 생각할 수 있도록 해 준다. 둘째, 합리적인 인지활동은 연속적 단계로 행할 수 있는 클라이언트체계 또는 사회복지사의 능력에 의거한다. 셋째, 각 단계는 특정한 목표를 달성하기 위한 활동을 포함하며 각 단계의 활동이 어떻게 수행되었는지가 다음 단계 활동의 효과 정도를 결정하게 된다. 넷째, 인간의 삶은 그 안에서 불가피하게 발생하는 문제들을 해결하거나 대안적인 해결책을 선택하는 결정을 내리는 과정이므로 사회복지사는 인간의 성장과 발달에 대한 삶의 모델을 따라야 한다. 다섯째, 사회복지사가 질병을 치료하듯이 클라이언트의 문제를 해결해 주는 것이 아니고 클라이언트체계의 성장과정에 참여하여 클라이언트를 도우면서 삶을 보다 효과적으로 대처할 수 있도록 클라이언트의 능력을 강화시킬 것을 강조한다.

4) 생활모델

생활모델은 1970년 초기에 저매인과 기터만이 생태체계학적 관점을 이론의 준거틀로 도입하여 개발한 모델이다.

생활모델은 문제를 병리적 상태의 반영이 아닌 사물, 사람, 장소, 조직, 아이디어, 정보, 가치들과 같은 생태체계의 요소, 즉 전체의 부분들 간의 상호작용의 결과로 보고 있다. 그러므로 문제란 성격장애가 아닌 스트레스를 만들어 내고, 대처능력을 과중하게 부담시키는 생활상의 문제로 정의한다. 그래서 생활의 맥락에서 문제를 파악하는 데 관심을 두고 문제를 개인의 장애로만 파악하지 않는다.

생태학이란 유기체와 환경 간에 적응적 적합성과 유기체의 역동적 균형을 유지하는 방법을 연구하는 학문이므로 중심 개념은 적응(adaptation)과 상호성(reciprocity)이다. 적응균형의 혼란은 긴장이다. 이 이론에서 긴장이란 개인의 요구와 능력 그리고 다른 한편은 환경 사이의 불일치에서 일어나는 심리사회적인 사건이다. 또한 긴장은 세 가지 상호 관련된 생활영역에서 일어난다. 다시 말해서 환경 간에 적응적 교류의 균형이 깨지면 스트레스가 발생하는데 그 상황은 생활주기의 변화, 환경의 압력, 대인관계 과정 등이다(장인협, 1996: 272-283).

생활주기변화(life transitions)는 개개인의 발달상의 변화, 사회 속에서의 지위와 역할의 변화 그리고 시간제한성이나 긴박감(immediacy) 또는 거대성(enormity)과 같은 위기적 사건 등에서 나타나는 것을 의미한다. 환경의 압력은 기회의 불균등이나 융통성 없는 조직 등에서 나타나고 대인관계과정은 착취, 비일관적이고 비합리적 기대감에서 오는 것이다.

모든 스트레스 상황이 반드시 스트레스를 유발하는 것은 아니며, 스트레스 유발 여부는 개인적 · 환경적 상황 그리고 특정 사건에 대한 인지방법에 의해 결정된다. 생활모델에서는 외부세계를 통제할 수 있는 인지능력을 강조하며, 사회복지실천의 목적을 환경과 개인의 상호교류가 적응적으로 되기 위해 개인의 적응능력을 강화하고 환경에 영향을 주는 것으로 보고 있다(조휘일 외, 2000: 72-73).

이와 같이 생활모델의 특징은 생활 그 자체를 모델로 하며, 이것이 지니고 있는 성장과 발달 및 문제해결의 힘을 동원하고, 촉진시키기 위하여 넓은 범주의 접근을 모색하는 데 그 특징이 있다고 할 수 있다(김융일 외, 2000: 74).

이상의 네 가지 대표적인 사회복지실천모델을 대표적인 학자, 방법의 초점, 방법의 목적, 사회복지사의 기능 그리고 사회복지실천과정 등의 차원에서 각각 비교하여 정리한 것이 〈표 3-1〉과 같다(김만두, 한혜경, 1993: 264 재인용).

3. 통합방법론의 실천과정

통합방법론은 4개의 모델 나름대로의 실천과정이 있으나 본서에서는 펄만의 문제해결과정을 기반으로 하면서 이것을 좀 더 확대 · 종합한 콤튼과 갤러웨이의 문제해결모델을 중심으로 클라이언트에 대한사회복지실천 개입활동을 설명하고자 한다.

사회복지실천과정은 초기도입단계, 사정도입단계, 개입활동단계 그리

〈표 3-1〉 통합적 방법론의 모델

	4체계모델	단일화모델	문제해결모델	생활모델
대표학자	핀커스와 미나한	골드스테인	콤튼과 갤러웨이	저매인과 기터만
방법의 초점	인간과 사회환경(자원체계)과의 상호작용	유기체로서의 개인, 역동적인 사회관계 및 양자 상호작용	개인과 상황의 상호작용의 전체	인간과 환경 간의 상호교류 속의 적응 균형
방법의 목적	1. 사람들의 문제해결과 대처 능력의 강화 2. 사람들과 자원체계와 결합 3. 체계의 효과적·인도적 활용의 촉진 4. 사회정책의 전과 개선의 공헌	1. 사회적 학습의 촉진·강화 2. 사회변화(자원의 확보와 활용)	1. 문제해결 2. 클라이언트, 위커의 공동관계의 형성 3. 합리적 정의수행	1. 인간생활상의문제해결 2. 인간의 적응능력의 지지와강화 3. 스트레스의 경감 4. 대처를 위한 사회자원의 동원
사회복지사의 기능	1. 문제의 평가 2. 자료 수집 3. 최초의 접촉 4. 계약 5. 행동체계의 성 6. 행동체계의 유지·조성 7. 영향력 행사 8. 변화 노력의 종결	1. 대처를 위한 사회자원의 동원 지식과 정보의 인식 2. 전략(조사, 개입, 평가)	1. 자료의 수집과 평가 2. 개입전략의 제공	1. 생활과업에 대한 원조 2. 사회적 조직망과 물리적인 장의 관여 3. 시간적 배열활용
사회복지 실천과정	1. 문제의 인식 2. 자료의 수집 3. 진단 4. 개입 5. 평가와 종결	1. 니드의 공식화 2. 정보의 탐색 3. 해결방법의 공식화 4. 결과의 비교 5. 해결방법의 검증	1. 접촉단계(문제의 명확화·목표의 명확화·예비계약, 탐색과 조사) 2. 계약단계(평가, 활동계획의 공식화, 예후 예측) 3. 활동단계(계획의 실시, 종결, 평가)	1. 초기단계(준비, 참가) 2. 진행단계(생활의 변천, 환경의 문제, 대인과정 개입) 3. 종료단계(평가와 종결)

고 종결평가단계로 구성되어 있다(장인협, 1996: 248−265).

1) 초기도입단계

이 단계는 인테이크 또는 인테이크 면접이라고 하는 초기의 대인관계 과정이다. 최초로 클라이언트를 대면하여 서비스를 제공할 것인지 아니면 다른 기관에 위탁할 것인가를 결정하게 된다.

이 단계에서 클라이언트가 사회복지기관을 접촉하는 방법은 다양하고 클라이언트가 직접 기관을 찾아올 수도 있고 가족이나 타인들로부터 위탁받아 오기도 한다. 때에 따라서는 복지기관에서 전문가가 직접 클라이언트를 찾아나서는 현장접근(out reach)방법도 있다. 이러한 현장접근 프로그램은 위기에 빠지기 전에 미리 클라이언트의 문제를 해결하는 데 도움이 된다. 예로는 현재 서울 YWCA에서 가출청소년을 위한 심야 거리 상담을 위하여 여의도 둔치와 동대문 두산타워에서 이루어지고 있는 프로그램이다.

초기도입단계에서는 면접원칙에 따라 면접내용을 이끌어 가면서 클라이언트에게 기관의 목적을 정직하고 분명하게 설명해 주어야 한다. 사회복지사는 경청과 관찰에 의해 클라이언트와 그의 상황에 관한 정보를 얻어 내야 한다.

사회복지사는 가능한 한 클라이언트가 서비스를 접촉할 수 있게 해 준다. 사회복지사는 클라이언트의 서비스 활용의 동기를 극대화시키고, 클라이언트의 저항을 극소화시킨다. 그리고 사회복지사와 클라이언트가 서비스 계약을 맺게 하는 초기적 원조관계를 수립하고 상담시간과 빈도를 결정한다.

2) 사정계획단계

이 단계는 초기단계에서 과제가 규명되면 사정(assessment)과 제공될 서비스 종류가 결정되는 단계다. 사정계획단계는 문제에 대한 정보를 가능한 많이 수집해야 한다.

사정내용으로는, 첫째 클라이언트의 문제성격과 이와 관련된 감정, 둘째 클라이언트의 현재 기능과 능력 그리고 클라이언트의 민족적 배경, 사회경제적 상태 및 종교적 영향, 셋째 문제에 관련된 제체계, 즉 개인 내적 체계, 가족체계, 지역사회 관련체계에 대한 것이다. 이와 같은 내용들이 충분히 사정되어야 과업에 대한 클라이언트의 합의를 얻어 낼 수 있다.

이 단계에서는 사회복지사와 클라이언트 사이에 수립된 원조관계를 유지하면서, 잠정적 요구조건과 상황, 해결되어야 할 문제, 개선되어야 할 문제, 개선되어야 할 조건들을 규명한다.

사정의 과정은 과제진행에 관련된 구체적 목표에 명확한 초점을 둔다. 또한 과제수행을 위해 어떻게 활동할 것인가에 대한 계획수립으로 끝맺는다. 즉, 수행되어야 할 과업의 내용과 시간계획, 관련된 사람들, 활용될 방법 및 구체적 목표가 결정되면 이 단계는 종결짓게 된다.

문제가 정의되고 해결목표가 결정되면 문제를 해결할 구체적 방법을 계획해야 한다. 개입을 계획한다는 것은 문제해결, 즉 목표달성에 이르기 위한 활동에 관하여 클라이언트와 사회복지사가 공동으로 결정하는 것이다.

이때 개입수단을 협상함에 있어서 사회복지사는 활동의 4가지 한계인 시간, 기술, 윤리 그리고 기관의 기능을 고려해야 한다. 첫째, 어떤 사회복지사도 특정한 클라이언트에게 무한정한 시간을 할당할 수 없으므로 서비스를 계약하는 데 있어 시간적인 제한을 항상 고려해야 한다. 둘째, 사회복지사는 자신의 기술능력 이상을 필요로 하는 활동에 대해서는 서비스 계약을 해서는 안 된다. 셋째, 사회복지사의 비윤리적 행동이 예상되는 개입 계획을 세워서는 안 된다. 넷째, 기관의 기능이 사회복지사와 클라이언트 간의 계획협상에 제한적 요소로 작용한다는 것을 고려해야 한다.

계약단계란 사회복지사와 클라이언트가 앞으로 다룰 문제를 정의하고 목표를 설정하며 개입 계획을 서로 협상하는 과정이다.

3) 개입행동단계

개입행동은 사정 · 평가와 서비스 계약이 이루어진 직후부터 시작되며 목표가 확인되고 개입이 진행되어 종결과정이 시작될 때까지 계속된다. 개인에 대한 원조일 때는 치료적 단계라고 할 수 있다.

이 단계에서의 개입을 목표지향적인 활동에만 제한시켜 설명하며 사회복지사의 활동 그 자체를 개입역할로 본다. 개입역할은 서비스 계약에 의해 구체화된 목표달성을 돕는 사회복지사의 행동을 의미한다. 사회복지사의 개입역할은 다양하지만 클라이언트를 원조하는 데 바람직한 사회복지사의 네 가지 역할은 중개자의 역할(role of broker), 대변자의 역할(role of advocacy), 가능한 자의 역할(role of enabler), 교사의 역할(role of teacher) 등이다.

(1) 중개자의 역할

사회복지사는 클라이언트와 지역사회 자원 사이에서 중개자로 활동한다. 사회복지사는 서비스 계약에서 구체화된 목표를 달성하기 위해서 클라이언트와 지역사회를 연계시켜 준다. 이 역할을 수행하기 위하여 사회복지사는 다른 기관의 운영절차 및 지역사회 내의 자원에 관하여 폭넓은 지식을 갖고 있어야 한다. 그리하여 클라이언트가 필요로 한 자원을 적시에 찾아 활용하도록 도와주어야 한다.

(2) 대변자의 역할

대변(advocacy)이란 법률적인 용어로서, 사회복지사가 계약된 목적을 달성하는 데 필요한 클라이언트의 입장을 표현해 주고, 대신 주장해 주는 활동을 의미한다. 또한 사회복지사는 클라이언트를 대신해서 논쟁, 교섭, 협상하며 환경도 조작하여야 한다. 중재란 양쪽에서 주고받는 것을 통하여 분쟁을 해결하려는 노력인 반면 대변은 클라이언트가 법적인 혜택을 보장받도록 노력하는 것이다.

(3) 가능한 자의 역할

사회복지사가 개입 활동의 목표달성을 위해, 변화를 가져오기 위해 클라이언트의 대처능력을 강화시키고 자원의 발견과 활용을 도와주는 역할이다. 클라이언트는 사회복지사의 도움으로 자신의 환경을 변화시킬 방법을 발견하게 된다. 즉, 사회복지사의 지지적 도움으로 클라이언트 자신이 변화를 가져오도록 하는 것이 특징이다(Compton & Galaway, 1975: 343).

정보 제공 및 가르쳐 주는 일도 가능한 자의 역할 중 하나다. 이 외에도 표현 격려, 감정 환기, 관계유형 검토, 격려와 재보장 그리고 논리적 토론과 합리적 의사결정에 관여하도록 하는 것도 이 역할의 하나다.

(4) 교사의 역할

가르치는 일도 사회복지사가 활용하는 개입역할의 하나다.

사회복지사는 클라이언트에게 문제 상황에 대처하는 데 필요한 새로운 정보를 제공하고 클라이언트가 새로운 행동이나 기술을 숙련하도록 도울 수 있으며 대안적 행동유형의 모델링(modeling)을 통하여 가르칠 수 있다.

가능한 자의 역할은 클라이언트체계에 부가적인 자원을 동원하도록 도와주는 반면에 교사의 역할은 클라이언트체계에 부가적인 자원을 도입하는 것이다.

개입활동단계에서 사회복지사는 클라이언트가 가지고 있는 장점을 활용하도록 도와야 하며, 클라이언트와 그의 주변의 가족 및 친구들 또는 지역사회 자원을 활용하도록 하고, 사회복지사의 전문적 자아와 기술을 활용하여 과정을 촉진시키며 위에 제시한 4가지 역할을 수행해야 한다.

4) 종결단계

이 단계는 최종단계로서 종료하는 것이므로 클라이언트와의 관계에 유의해야 한다. 이 단계에서는 주로 의뢰(referral), 이전(transfer) 및 종결(termination)을 다룬다.

의뢰란 기관의 서비스 규정 외의 상황에서 사회복지사의 개입이 요청될 경우 또는 문제가 사회복지사의 전문적 능력에서 벗어나는 것으로 규명될 경우에 필요한 조치를 의미한다.

이전이란 사회복지사가 클라이언트의 문제해결을 위해 일을 하던 중 어떤 이유에 의해서 동일한 기관 내의 다른 워커에게 그 클라이언트를 의뢰하는 조치다. 특히 이전의 경우 클라이언트에 대한 세심한 배려가 요구된다. 사회복지사가 그 기관을 떠나거나 또는 개인적인 사정으로 더 이상 클라이언트와 관계를 지속할 수 없는 경우에 이전하게 된다. 이때 클라이언트는 버림받았다고 생각하거나 또는 사회복지사가 무책임하다고 느낄 수도 있다. 따라서 이전이 역효과를 가져오지 않도록 하기 위하여 사회복지사는 충분한 주의를 기울여야 한다.

이 단계는 사회복지사와 클라이언트 간의 관계를 종결시킨다. 그러므로 사회복지사는 클라이언트가 필요한 다른 원조자원을 얻도록 위탁하거나 자원을 전환시켜 주고 결과를 평가하여야 한다. 평가는 종결단계에서만 있는 것은 아니고 모든 단계에서 계속되는 과정이다. 평가과정을 통해 투입을 위한 피드백이 일어나므로 평가 역시 매 단계마다 중요하다.

4 사회복지실천의 관계론

1. 사회복지실천과 관계

사회복지실천에서 사회복지사와 클라이언트의 관계는 전체적인 통로나 마찬가지다. 이 통로를 통해 개인의 능력 동원과 사회자원이 교류되고 면접, 사정, 진단 및 치료의 여러 기능이 해결되는 것이다. 그러나 사회복지사와 클라이언트의 관계도 일종의 인간관계다. 부부관계나 친자관계 같은 자연적인 관계, 친구와 친구의 관계, 의사와 환자 사이의 관계, 세일즈맨과 고객과의 관계 등 많은 관계가 있다. 이와 같이 인간은 관계적 존재로 창조되었기 때문에 홀로 살아갈 수 없다. 따라서 인간은 누군가와 진실한 만남이 필요하며, 만남의 공동체 속에서 자기 생명의 존재성에 대한 통찰과 함께 이웃과의 관계성에 대한 자각을 갖게 된다.

인간관계란 두 사람 또는 그 이상의 사람들 간의 역동적이고 계속적인 상호작용의 패턴이다. 인간은 사회적 동물이라고 하는데 이것은 인간의 사회적 속성, 즉 다른 사람과 일정하게 사랑을 주고받으며 살아가는 속성 때문에 나온 말이다. 그러나 인간관계는 여러 가지 패턴이 있는데 크게 진실한 인간관계와 가식적인 인간관계로 나눌 수가 있다.

진실한 인간관계는 만남(contact)의 관계이며, 가식적 관계는 조작(manipulation)의 관계다(이형득, 1984: 15-26). 만남의 관계란 있는 그대로의 나와 네가 서로 간에 만나서 상호작용을 하는 것으로, 두 사람 사이의 관계는 자신의 이기적인 목적에 봉사하는 수단적 관계가 아니고 동참의 경험을 나누는 관계다. 조작관계란 나 자신의 가면과 상대방의 가면이 만나서 무의미하게 시간과 정력을 낭비하는 관계를 말한다. 인간은 만남의 관계이어야 효과적이고 생산적이며 상호보완적이고, 성장과 통합, 그리고 사랑을 경험하는 관계가 된다. 이러한 관계이어야만 바람직한 관계라고 할 수 있다. 그러나 이러한 관계는 꼭 인간에게 필요하지만 그 관계를 맺고 유지하는 능력은 쉽게 얻어지는 것이 아니다. 에릭 프롬(Erich Fromm, 1970)은 바람직한 인간관계는 사랑에 의해 맺어져야 한다고 했다. 그는 참사랑이란 사랑의 대상이 성장하고 발전할 수 있도록 적극적으로 관심을 갖는 것이라고 하였다. 또 사랑이란 예술과 같아서 우연히 생기는 것이 아니다. 이론을 알고 실천을 통해서 기술을 익혀야 하며, 겸손하고 꾸준하며 솔직한 자세가 필요하다고 하였다. 미드(George Mead)는 타인에게 자신을 비추어 보아야 나를 인식하며, 나를 인식할 때만이 타인이 의미가 있게 되며, 또 나와 관계를 맺고 있을 때만이 주위 환경이 특수한 의미를 갖는다고 하였다(Mead, 1964: 187-196).

바람직한 인간관계는 자기 자신에 대한 올바른 지식을 가지며 타인에 대해 올바르게 이해하고 환경에 대해 올바르게 인식할 때 가능한 것이다. 다시 말해서 자신의 느낌이나 동기, 행동 및 능력의 한계 등을 자기가 알고 있어야 하며 타인의 동기, 욕구, 능력의 한계, 감정 등을 이해할 수 있어야 하고, 두 사람이 속해 있는 지금 현재의 상황(here and now)을 파악하고 있어야 한다.

이와 같은 인간관계는 관계의 목적, 관계에 정서적 요소의 포함, 관계의 지속기간 등에 따라 구별된다.

사회복지실천에서 사회복지사와 클라이언트 관계는 일시적인 관계이며 정서적인 요소가 그렇게 깊지가 않다. 사회복지사는 원조하는 사람이며, 클라이언트는 원조를 받는 사람이다.

사회복지실천에서 '관계'라는 용어는 1930년 버지니아 로빈슨(Virginia Robinson) 여사의 저서 『개별사회사업에서의 변화하는 심리학(A changing Psychology in Social Casework)』에서 사용하기 시작하였다. 이 외에도 사회복지사들은 접촉(Contact), 공감(Sympathy), 감정이입(Empathy), 라포(Rapport) 그리고 감정전이(Transference)란 말을 관계의 동의어로 사용하였다.

1940년 이전에는 사회사업 문헌에 관계를 정의하는 데 관심을 두지 않았고 1940년 이후에 개념적으로 분석하여 정의하려는 시도를 하였다. 1951년까지 관계에 대한 기술이나 정의를 기초로 다음과 같이 정의를 내려 보면 사회복지실천에서의 관계는 클라이언트가 자신과 그의 환경 간에 보다 잘 적응할 수 있도록 원조하는 목적을 가진 사회복지사와 클라이언트 간의 태도와 정서의 역동적인 상호작용이라고 할 수 있다. 이 정의는 관계의 목적, 상호작용의 소재인 태도와 정서, 역동적 성질 그리고 관계의 자질을 포함하고 있다.

1) 관계의 목적

관계의 목적(The Purpose of the Relationship)은 사회복지실천과정의 전 목표의 일부로서 심리사회적 욕구와 문제를 가진 클라이언트를 원조하는 것이다.

관계에는 여러 가지 목적이 있겠으나 가장 큰 목적은 클라이언트가 자유스러운 기분으로 조사(study), 진단(diagnosis) 그리고 치료(treatment)에 효과적으로 참여할 수 있는 분위기를 만드는 것이다. 개별사회사업 상황은 개별적인 것이며 서로 다른 기능을 가지고 있다. 또한 성격이나 욕구 그리고 문제에 이르기까지 서로 다른 클라이언트를 취급하는 기관 내에서 일어난다. 그러므로 관계는 사례 하나 또는 그 이상의 사례에 가장 알맞은 목적에 도움을 줄 것이다. 예를 들면 미혼모의 사례라면 미혼모 자신의 신분에 관한 부정적 감정을 제거하고, 그 자신과 자녀를 위한 건설적인 계획을 준비하는 데 도움을 줄 수 있고 아동상담소에 의뢰된 아동과 성인 위탁모 사례의 목적은 그 자신의 잠재능력을 개발시키거나 그의 생의 주기에서 위기의 시기를 심리적으로 인내할 수 있도록 격려하는 것이 될 수도 있다.

2) 태도와 정서

관계의 중요한 원천은 사회복지사와 클라이언트 간의 태도와 정서(Attitudes and Emotions)의 상호작용이다. 태도란 어떤 일정한 조건 하에서 일정한 방법으로 행동하는 경향 또는 고정된 의지를 의미한다. 태도란 지적 확신에 기초한 것이거나 경우에 따라 정서까지 첨가된 의지의 방향성을 의미한다. 정서는 자극적인 상황을 인식함으로써 유발되는 것으로 전신체적인 흥분상태를 일컫는다.

사회복지현장에서 클라이언트와의 오랜 기간을 통해서 얻어진 경험에 따르면 도움을 요청하는 모든 클라이언트들은 확실하게 표현은 하지 않고 있지만 어떤 종류의 불쾌한 감정을 가지고 있다고 한다. 즉, 사회적 욕구나 문제에는 반드시 정서적 요소가 동반된다. 이것은 도움을 요청하는 의존심에서도 생기고 환경적인 문제로 인해 여러 가지 정서적 반작용이 일어날 가능성이 있다. 정서의 종류와 정도의 차이는 있을지라도 공통된 기본적인 태도와 정서가 발생한다. 그리고 그것의 원천은 심리사회적 문제를 가진 사람들의 기본적인 욕구에 기인한다고 할 수 있다.

기본적인 인간욕구는 다음과 같다.

첫째, 하나의 사례(case)나 범주(category)로서 취급되는 것보다 한 개인으로 취급받으려는 욕구가 있다.

둘째, 의존적이며 약점과 결함이 있거나 실패한 사람일지라도 가치 있는 인간으로서 출생 때부터 존엄성을 지닌 인간으로 수용되고자 하는 욕구가 있다.

셋째, 부정적인 감정이든 긍정적인 감정이든 자신의 감정을 표현하고자 하는 욕구가 있다. 이러한 감정은 공포, 불안, 증오, 분개, 불의와 관련될 수도 있고 이와 반대되는 것에 연결된 것일 수도 있다.

넷째, 표현된 감정에 대해서 공감적인 이해와 반응을 구하는 욕구다.

다섯째, 클라이언트 자신이 처해 있는 자신의 곤란에 대해서 심판이나 비난을 받고 싶지 않는 욕구다.

여섯째, 자기 자신의 생활에 관해서 스스로 선택하고 결정하려는 욕구다. 클라이언트는 무리한 압박을 받거나 지배당하거나 또는 무엇을 하라고 강요당하는 것을 원하지 않는다. 그는 단지 원조를 받고 싶은 것뿐이고 명령을 받고 싶지 않다는 욕구다.

일곱째, 자기 자신에 대한 비밀을 가능하면 그대로 보존하고자 하는 욕구다. 클라이언트는 그의 이웃이나 세상에 자기의 문제를 알리는 것을 원하지 않는다. 그는 자신의 위신(reputation)을 사회사업기관으로부터 받을 원조와 교환하고 싶어하지 않는 욕구다.

이와 같은 욕구는 클라이언트 스스로 인식할 수도, 인식하지 못할 수도 있고 또한 말로 표현하지 않을 수도 있다. 그러나 이러한 욕구는 클라이언트 행동에 변화를 일으키는 정서적 원인이 되는 것이다. 클라이언트의 정서는 또한 사회복지사의 태도와 정서에 영향을 준다. 이러한 것들이 클라이언트와 사회복지사와의 역동적 상호작용의 시작이 되는 것이다.

3) 정서와 태도의 역동적 상호작용

상호작용이란 두 가지 또는 그 이상의 에너지의 원천 간에 어떤 형태의 에너지의 운동이다. 권투(Boxing)는 육체의 상호작용이며 수업(teaching)은 지적인 상호작용이다. 사회복지실천에서의 상호작용이란 사회복지사와 클라이언트 간에 태도와 감정이 오고 가는 역동으로 구성되어 있다.

역동적 상호작용(Dynamic interaction)이란 달성되어야 할 목적과 일치하여 에너지의 운동 방향이나 속도는 바꿀 수 있지만 완전히 정지하지는 않는 것이다. 마찬가지로 사회복지사와 클라이언트 간의 감정과 태도의 역동적 상호작용은 면접의 속도를 빨리하기도 하고 늦추기도 하며, 또한 외부로 표현되는 것도 변화시킬 수 있다. 그러나 이러한 상호작용은 관계가 계속되는 한 정지되지 않는다. 사회복지사와 클라이언트의 상호작용에는 3가지 방향이 있다.

첫째 방향은 클라이언트로부터 사회복지사에게로 향하는 것이다. 인간의 기본적인 욕구는 사회복지사를 향해서 클라이언트의 마음속에서 표출되고 있다.

둘째 방향은 사회복지사가 클라이언트에게 향하는 태도와 감정이다. 클라이언트의 기본적 욕구와 감정에 민감하고, 의미를 이해하고, 적절하게 반응하는 사회복지사는 무언중에 '나는 당신을 한 인간으로서 존경합니다.' 라고 클라이언트가 느끼게 해 준다. 이러한 반응은 사회복지사의 내면적인 것이다.

셋째 방향은 다시 클라이언트가 사회복지사에게 지향하는 태도와 감정이다. 즉, 클라이언트는 사회복지사의 반응을 인지하고 이것을 사회복지사에게 어떠한 방법으로든 표시하는 것이다.

2. 관계의 본질

많은 학자들이 관계의 본질에 대하여 언급하였다.

비에스텍은 관계의 본질을 상호작용, 상호 간의 정서적 교환, 태도, 역동적 상호작용, 매체, 두 사람의 연결, 전문적 만남, 상호 간의 과정으로 설명하였고(Biestek, 1957: 11), 사회복지실천에서의 관계는 클라이언트와 사회복지사 간의 태도와 감정의 역동적 상호작용이며 클라이언트로 하여금 자신과 환경 간의 보다 나은 적응을 성취하는 목적을 갖고 있다고 하였다.

펄만은 케이스워크에 관한 저서에서 관계란 공통된 이해관계를 지닌 두 사람 간에, 장기적 또는 일시적으로 감정의 상호작용이 일어나는 조건이라고 하였다. 또한 관계의 특징은 목적달성으로 나아가는 지식에서 유래하는 목적성에 있으며, 관계는 성장을 가져오는 관계의 하나로 수용, 기대, 지지 및 자극의 제요소를 가지고 있다. 그리고 치료적 관계란 사회복지사와 클라이언트 간의 분위기의 유대라고 하였다(Perlman, 1978: 58).

초창기 집단사회사업 발전에 기여한 그레이스 코일리(Grace Coyle)는 관계란 사람들이 상호연결되는 식별할 수 있는 과정이며, 이것을 중심으로 집단은 그 모양과 형태를 취한다고 정의하였다(Coyle, 1948: 15).

또한 기셀라 코노프카(Gisela Konopka)는 관계의 요소를 목적, 따뜻함, 이해라고 하였다(Konopka, 1963: 107-118).

핀커스와 미나한은 관계란 사회복지사와 그가 관계하는 다른 체계 사이의 정서적 유대로 생각할 수 있으며, 관계는 협조적 · 교섭적 · 갈등적 분위기를 포함한다고 하였다(Pincus & Minahan, 1973: 69-73).

이와 같은 관계의 제정의에서 본질적인 용어를 도출하면 비에스텍은 정서적 · 역동적 그리고 보다 나은 적응을, 펄만은 공통된 이해, 정서의 움직임, 감정이입, 목적의 달성, 수용과 기대 및 분위기와 유대를, 코노프카는 목적, 따뜻함, 이해를, 핀커스와 미나한은 목적, 헌신적 자세, 사회복지사의 객관성, 진실성 등을 강조하고 있다. 여기에서 도출된 관계의 본질은 크게 수용적 · 정서적 · 역동적 · 목적적 · 시간제한적 · 권위적 그리고 진실성과 일치성이다.

1) 수용적

관계의 기초를 이루는 것은 생존의 중요성과 가치에 대한 개인의 권리를 수용하는 것이다. 수용은 비심판적인 것 이상의 그 무엇을 의미하는 것으로, 모든 클라이언트들의 능력과 가치를 존중하고 동시에 성장과 성숙에 대한 신뢰로서 받아들이는 것을 의미한다.

수용은 비심판적 태도의 전달과 동시에 능동적으로 이해하는 수용이며, 자신의 공포, 분노, 기쁨, 성장, 발전, 변화를 자유스럽게 표현할 수 있는 능력의 존재로 받아들여야 하는 것을 의미한다.

2) 정서적

관계의 본질은 지적인 것이 아니라 정서적인 것이다. 태도나 감정을 주고받는 가운데서 관계가 발생되며 이 관계에서 생각을 나누고 결정을 하기에 이른다. 관계형성의 초기에는 언어보다는 비언어적이며 정서적 상호작용이 가장 빈번하게 일어나기 때문에 초기단계에서는 정서가 가장 중요하다. 정서적 요소에서 감정이입에 유의해야 한다. 감정이입(empathy)이란 타인의 감정과 경험을 이해하는 능력이며 이 과정에서 사회복지사는 자신의 관점을 잃지 않으면서 타인의 느낌과 경험을 알아야 한다.

감정이입은 다른 사람의 감정을 깊이 느낄 수 있는 능력이며 동시에 그 감정에서 분리되어 객관적 지식을 활용할 수 있는 능력이다. 감정이입을 위해 사회복지사는 고정적 이미지를 버리고 풍부한 상상력을 가지고 클라이언트를 대하여야 한다. 그러나 이것은 상호관계적인 것이므로 사회복지사와 클라이언트와의 상호작용에서 발전되는 것이다.

3) 역동적

관계되는 사람 모두가 그 과정 속으로 적극적으로 참여하는 것이 역동적인 성격이다. 스스로를 타인들과 함께 나누는 능력이 모든 참여자들에게 필요하다. 관계란 참여하는 사람들의 활동성과 전체적 실체로서 계속 변화한다는 의미에서 역동적이다. 인간은 변화하고 성장한다. 새로운 감정이나 태도는 계속 통합되면서 관계의 움직임 속으로 흡수된다. 관계를 지속적으로 유지하려면 이러한 변화를 수용하여야 한다(Brill, 1985: 100-101).

4) 목적적

사회복지실천에서 관계란 확실한 목적을 가지고 있다. 다시 말해서 관계과정을 통해서 클라이언트의 보다 나은 사회적응을 목표로 하고 있다. 이러한 관계는 클라이언트로 하여금 보다 만족스러운 사회적 기능을 수행할 수 있는 방향으로의 목표지향적인 것이어야 한다.

5) 시간제한적

사회복지실천과정은 시작단계, 중간단계, 종결단계에 이르는 시작과 종결이 요구되는 과정이다. 따라서 관계에서도 시간적인 제한이 필요하다. 목표가 달성되면 특별한 관계는 끝을 맺게 된다. 관계의 활용이 원만히 이루어져야만 시간제한성도 명확해질 것이다.

6) 권위적

사회복지사가 전문적 지식과 경험을 갖추고 지위를 얻음으로써 클라이언트에게 영향력을 행사하는 것이 권위다. 권위에는 제도적 측면과 심리적 측면이 있다. 전자는 사회복지사의 위치와 기관의 목적과 프로그램의 기능에서 나오고, 후자는 사회복지사를 정보와 조언을 주는 전문가로 인정함으로써 클라이언트가 부여하는 힘이다. 의사에 대한 권위가 인정되므로 환자와의 관계가 용이하듯이 사회복지전문직도 사회가 충분한 권위를 인정하여야만 관계수립이 용이하다.

7) 진실성과 일치성

진실성(genuineness)이란 자기 자신이 되는 것이고, 사실적이 되며 그리고 가슴으로부터 말을 하는 것이다. 일치성이란 사회복지사가 클라이언트와의 관계에서 일관성 있고 정직하게 개방성을 유지하고 행동과 언어가 항상 상호 일치하며 이것이 전문가로서의 가치체계 및 본질적인 자아와도 일치해야 함을 의미한다. 사회복지사가 진실성과 일치성을 소유하기 위하여는 자신에 대한 정확한 지식 그리고 사회복지실천에 관계되는 제반 요소의 내면화 등이 필요하다.

3. 관계의 원리

비에스텍(Biestek)은 그의 저서 『개별사회사업관계(Casework Relationship)』에서 관계의 이론을 전개하고 있다.

관계의 기본이 되는 것은 사회복지사와 클라이언트와의 태도 및 감정의 상호작용으로 간주하였다. 즉, 클라이언트의 사회적 욕구나 문제에는 어떤 감정이 수반되어 있으며, 클라이언트가 사회기관에 원조를 신청할 경우에 말로 표현하지 않더라도 불쾌한 감정을 보유하고 있는 것으로 보아야 한다.

이러한 감정의 종류나 정도는 클라이언트에 따라 다르겠으나 모든 원조를 요청하는 사람들에게 공통적인 기본감정 및 태도의 형(type)이 존재한다고 생각하여 비에스텍은 사람들의 기본감정 및 태도의 근원으로 일곱 가지 기본적 인간욕구와 상호작용의 3대 방향을 제시하였다. 이것을 도식화 하면 〈표 4-1〉과 같다.

〈표 4-1〉 관계에서의 7대 원칙

제1방향	제2방향	제3방향	원칙의 명칭
클라이언트의 욕구	케이스워커의 반응	클라이언트의 지각	
1. 개인으로 처우받고 싶은 욕구	케이스워커는 이러한 욕구들에 대해 이해하며 민감하고 적절히 반응한다.	클라이언트는 케이스워커의 민감성과 이해와 반응들을 지각한다.	1. 개별화
2. 감정을 표명하고 싶은 욕구			2. 의도적 감정표현
3. 문제에 대해 공감적 반응을 얻고 싶은 욕구			3. 통제된 정서적 관여
4. 가치 있는 인간으로서 인정받고 싶은 욕구			4. 수용
5. 심판받지 않으려는 욕구			5. 비심판적 태도
6. 자신이 선택과 결정을 내리고 싶은 욕구			6. 자기결정
7. 자신에 관한 비밀을 지켜주기를 바라는 욕구			7. 비밀보장

1) 개별화

개별화(individualization)란 클라이언트의 독특한 자질과 그가 놓여진 특수한 환경을 이해하는 것이다. 따라서 사회복지사가 클라이언트를 원조함에 있어서 개개인에게 상이한 원리나 방법을 활용하는 것이며 불특정한 인간이 아닌 개별성을 지닌 특정한 인간으로 대우받아야 한다는 것이다.

(1) 사회복지사의 역할

사회복지사는 전문적 서비스를 개별화하기 위하여 수행할 역할들이 있다.

첫째, 사회복지사 자신의 편견이나 선입견에서 탈피하여야 한다. 사회복지사는 편견이나 선입견에서 벗어나 클라이언트 문제를 중립적인 입장에서 객관적으로 볼 수 있어야 한다. 사회복지사가 미리 정한 태도를 가지고 있거나 자기 자신의 감정과 타인의 감정을 동일하다고 생각하고 있다면 클라이언트의 문제와 상황을 크게 오해할 수가 있다.

둘째, 인간행동 및 사회환경에 관한 지식에 근거하여 클라이언트를 이해하여야 한다. 클라이언트의 개성을 이해하고 특수한 원조를 주기 위하여 인간행동의 패턴(pattern)에 대해 이해하여야 한다.

셋째, 클라이언트의 언어표현 내용과 표정, 몸짓, 침묵 등에 대한 경청 및 관찰 능력이 있어야 한다. 사회복지사는 귀담아 듣는 것만으로도 필요한 자료를 얻을 수 있으며 무언의 정서 표현을 관찰함으로써 많은 자료를 수집할 수 있다. 따라서 사회복지사는 클라이언트의 언어나 태도의 표현에서 그가 무엇을 호소하려는지, 무엇을 말하려는지를 민감하게 포착하여야 한다.

넷째, 클라이언트와 보조를 맞출 수 있는 능력을 갖추어야 한다. 사회복지사는 클라이언트의 위치까지 내려와 이해하는 능력을 가져야 한다. 즉, 클라이언트의 눈높이에 맞추어 진행하지 못하면 클라이언트가 위화감, 거리감, 심판받는 느낌, 강제성 등의 감정을 갖기 쉽다.

다섯째, 클라이언트의 감정을 직관적으로 파악할 수 있어야 한다. 인간의 개성은 그의 감정의 움직임 속에 잘 표현되므로 클라이언트의 미묘한 감정상태도 포착할 수 있는 능력이 사회복지사에게는 필요하다.

여섯째, 예견능력 또한 필요하다. 클라이언트의 상황과 사회복지사의 진행상황에 대한 예견능력이 필요하다. 사회복지사와 클라이언트와의 중대한 의견차이가 있을 경우 중립적 입장을 취하면서 적절한 시기에 사회복지사 자신의 의견을 표명할 수 있어야 한다.

(2) 개별화의 방법

첫째, 세밀한 배려다. 클라이언트의 입장을 자상하게 이해하고 그의 상황에 대해 배려해 주어야 한다. 예를 들면 야간 근무하는 직장인의 경우 면접시간을 야간으로 잡는 등 세심한 배려를 하는 것도 개별화의 표시다.

둘째, 비밀보장이다. 상담실 등은 클라이언트에게 자신의 비밀이 존중되고 있다는 안도감과 신뢰감을 주어 개성이 존중되고 있음을 느끼게 해 준다.

셋째, 약속시간 엄수다. 약속한 면담시간이 잘 지켜지면 클라이언트는 사회복지사가 자기를 기다리고 있고, 자신을 존중한다고 느끼며 만족해한다. 만약 사회복지사가 늦은 경우에는 정중하게 이해시켜야 한다.

넷째, 면접 준비다. 사회복지사는 면접 전에 사례기록을 찾아 자세한 것까지 기억을 하여 면접에 임하고 또한 자료나 사회적 자원 등도 사전에 파악하여야 한다.

다섯째, 클라이언트의 참여를 유도해야 된다. 클라이언트의 능력에 맞게 클라이언트를 조사, 진단, 치료과정에 참여시켜야 한다.

여섯째, 융통성을 가져야 한다. 사회복지실천 진행 시 원칙에 급급하지 않아야 한다. 모든 사례는 클라이언트의 개성에 따라 천차만별이므로 원칙적용에도 융통성이 있어야 한다.

예를 들면 정신박약자에게 일반인과 같은 비지시적 태도나 자기결정의 원칙을 적용하는 것은 클라이언트의 개성을 무시하는 결과가 된다.

2) 의도적 감정표현

의도적 감정표현(purposeful expression of feeling)은 클라이언트의 감정, 특히 부정적 감정을 자유로이 표현하고자 하는 욕구에 대한 인식이다. 사회복지사는 본능, 충동, 감각, 감정, 정서 등의 억압된 감정의 표현을 경청하며, 이를 비난하지 않아야 한다. 경우에 따라서는 치료적 목적을 위해 감정을 자극하고 표현을 촉진시키기도 한다.

(1) 감정표현의 필요성

사회복지실천과정에서 클라이언트의 감정이나 표현되는 감정 속에는 어떤 목적이 포함되어 있다. 그러므로 클라이언트의 목적 있는 감정표현은 목적달성에 이바지할 수 있다.

감정표현의 목적은, 첫째 클라이언트의 내부에 있는 압력이나 긴장을 완화시켜 주는 것이다. 클라이언트의 감정표현은 클라이언트 자신의 문제를 보다 분명하게 객관적으로 볼 수 있도록 도와준다. 감정표현은 클라이언트의 울분을 내뿜게 할 뿐 아니라 적극적이며 건설적인 행동을 하도록 도와준다.

둘째, 클라이언트의 감정표현의 내용을 기초로 하여 클라이언트 문제와 욕구의 단서, 클라이언트의 약점과 단점, 클라이언트의 관점 등을 이해하게 해 준다. 따라서 보다 더 정확한 조사, 진단, 치료가 이루어질 수 있다.

셋째, 클라이언트의 감정표현을 경청하는 그 자체가 심리적 지지다. 클라이언트는 사회복지사와 함께 자신의 문제를 나누고 느끼므로 클라이언트 자신의 책임감 또는 괴로움이 감소된다. 이러한 심리적 지지는 클라이언트에 대해 치료적 가치가 있다.

넷째, 클라이언트의 부정적 감정이 문제다. 클라이언트의 부정적 감정이 표현됨으로써 이에 대한 처리방법, 대처방법 등을 강구할 수 있다.

(2) 사회복지사의 역할

사회복지사의 기능은 클라이언트가 자신의 감정을 마음 놓고 털어놓을 수 있는 환경을 조성해 주는 것이다. 이러한 분위기를 마련하기 위하여 사회복지사는 다음과 같은 역할에 힘써야 할 것이다.

첫째, 사회복지사는 클라이언트가 편하게 긴장을 풀고 마음의 안정을 얻을 수 있게끔 여유 있는 태도를 가져야 한다. 이외에 독방 상담실, 편안한 의자, 사회복지사의 책상 위치 등에 유의해야 한다.

둘째, 클라이언트의 면접 시 사회복지사는 시간적 · 정신적 여유를 가지고 있어야 한다. 면접은 하루나 이틀 전에 준비해 둠으로써 면접에 임하는 클라이언트가 마음의 여유와 안정을 느낄 수 있게 한다.

셋째, 사회복지사의 허용적 태도(permissive attitude)가 필요하다. 사회복지사의 주의를 클라이언트에게 집중할 경우 클라이언트는 사회복지사의 관심, 진실성, 이해 그리고 객관성을 느끼어 마음 놓고 쉽게 이야기할 수 있게 되는 것이다.

넷째, 사회복지사는 클라이언트의 감정을 표현하도록 격려해야 한다. 모든 인간은 자기에게 중요한 사람이나 사물에 대하여 어떤 갈등적인 감정을 가질 수 있는데 사회복지사는 이러한 감정을 표현해도 좋다는 것을 클라이언트에게 직접적으로 알려 주는 것이 필요하다.

다섯째, 클라이언트의 움직임에 민감해야 한다. 클라이언트의 속도에 대한 민감성 없이는 사회복지사는 자기도 모르게 클라이언트의 감정표현을 너무 지연시킬 수도 있고 너무 빨리 촉진시킬 수도 있는데 이것은 사회복지사와 클라이언트와의 관계형성에 해가 될지도 모르는 것이다.

여섯째, 비현실적 보장, 해석은 금물이다. 비현실적 보장, 너무 빠른 초기의 해석, 너무 많은 해석 등은 클라이언트의 감정적 표현을 가로막을 수가 있다.

3) 통제된 정서적 관여

통제된 정서적 관여(controlled emotional involvement)란 클라이언트의 감정에 대한 사회복지사의 민감성과 클라이언트 감정에 대한 사회복지사의 이해 및 적절한 반응이다. 면접은 정서적 면에 관계되어 있으므로 사회복지사는 클라이언트에게 그 감정을 말로 표현하도록 권고해야 한다. 사회복지사는 클라이언트의 감정에 정서적으로 관여하되 사회사업의 총체적 목적, 클라이언트의 변화욕구에 따라서, 또는 사회복지사의 진단적 사고에 따라서 그 방향을 설정해야 한다.

(1) 민감성

민감성(sensitivity)이란 사회복지사가 클라이언트의 감정을 관찰하고 경청하여 파악하는 것을 의미한다. 클라이언트는 자기의 감정을 표현하지 않거나 또는 표현할 수도 없는 수가 많다. 이러한 것은 클라이언트의 일상생활이나 감정의 외부표현을 가로막는 성격패턴에서 올 수도 있고 또는 감정이 너무 깊어서 말로써 표현 못할 수도 있다. 그러나 클라이언트의 말하는 태도에서 그의 감정을 엿볼 수 있다. 즉, 말의 속도, 주저함, 어조, 안색, 자세, 복장, 손 움직임 등은 클라이언트 감정의 실마리가 되며 표시되는 것이다.

(2) 이해

이해(understanding)란 클라이언트 문제에 대해 클라이언트 자신이 갖는 감정의 의미를 사회복지사가 이해하는 것을 뜻한다. 이해는 계속적인 과정이며 모든 면접에서 증대되고 표명되어야만 한다.

사회복지사가 클라이언트를 이해하기 위해서는 인간행동에 대한 지식을 습득해야 된다. 인간행동에 대한 지식은 감정의 의미를 이해하는 데 필수적인 것이다. 이러한 지식은 심리학, 정신의학, 기타 사회과학에서 얻을 수 있으며 또한 자신의 생활경험이나 전문적인 직업실천의 반성에서도 얻을 수 있다. 그리고 인간의 공통욕구에 대한 지식, 인간반응의 유형 및 자아 방어기제 등에 관한 지식에서도 얻을 수 있다. 이러한 것들은 사회복지사가 클라이언트의 감정의미를 알게 해 주고 더 나아가서는 이러한 모든 감정이 클라이언트에게 무엇을 의미하는가를 이해하게 해 준다.

(3) 반응

반응(response)이란 사회복지실천 기능습득에서 가장 어려운 부분이다. 클라이언트 문제와 관련된 감정을 파악(민감성)하고 감정의 의미(이해)를 알고 사회복지사가 감정에 대응하는 것이 반응이다.

사회복지사는 클라이언트에게 어떻게 반응해 주어야 하는가?

첫째, 클라이언트를 개별화시켜서 반응한다.

둘째, 클라이언트의 변화와 흐름에 맞게 반응한다. 즉, 클라이언트의 눈높이 수준으로 반응하여야 한다는 의미다.

셋째, 전문적인 목적에 맞게 전문적인 반응을 해야 한다. 반응이란 내면적인 것으로서 사회복지사가 클라이언트 감정을 동일시하며 클라이언트 감정에 공동참여하고, 언어적 · 비언어적 상호작용으로 반응하며, 반응내용은 형식적인 것이 아닌 마음에서 우러나오는 것이어야 한다. 그리고 사회복지사의 감정반응은 사회사업의 원조(help)와 관련된 전문적 목적의식, 전문가의 판단, 전문성에 의하여 끊임없이 조절 · 조정 · 통제된 것이어야 한다. 이와 같은 것들에 입각해서 사회복지사는 전문가로서 통제된 감정표현, 정서적 관여를 해야 한다.

4) 수 용

수용(acceptance)이란 클라이언트의 현실을 있는 그대로 받아들이는 것으로 사회복지사의 기본적 태도로 가장 중요시되고 있다. 클라이언트의 장점이나 약점, 좋은 성격이나 나쁜 성격, 긍정적이거나 부정적인 감정, 건설적이거나 파괴적인 행동 등을 있는 그대로 이해하고 다루어 나가는 사회복지사의 행동상 원칙이 수용이다. 수용은 클라이언트의 정상적인 것이 아닌 태도, 행동, 감정 등에 대하여 사회복지사가 인정해 주는 것이 아니라 클라이언트의 있는 그대로의 현실적인 것 또는 실존적인 것을 받아들여 주는 것이다.

수용의 목적은 치료적인 것이다. 즉, 클라이언트가 있는 그대로의 자신을 표면에 내세우고, 그러한 자기 자신을 바라보는 것에 안도감을 갖게 도와주고, 클라이언트가 자신의 문제나 현실을 있는 그대로 인지하며, 방어기제와 감정의 얽매임에서 풀려나와서 해방감과 자유를 느끼게 하는 치료적 목적이다.

(1) 사회복지사의 반응적 수용

클라이언트가 기관에 찾아온다는 사실은 사회복지사에게서 명확한 반응을 요구하는 것이라고 할 수 있다.

첫째, 사회복지사는 자신의 요구가 아닌 클라이언트의 요구로 향해야 한다. 사회복지사는 클라이언트의 욕구, 문제, 생활현실을 중심으로, 그리고 호소하는 문제 등을 중심으로 사회복지사가 반응해야 한다.

둘째, 사회복지사는 항상 클라이언트의 자조(self-help), 잠재력, 생활능력을 성장시키기 위하여 촉진하는 전문가로서의 직책을 수행한다. 모든 인간은 자기의 문제를 자기 스스로의 힘으로 처리하고 싶다는 욕구와 가능성을 가지고 있다. 사회복지사는 이러한 신념을 받아들여 클라이언트의 자조의 욕구와 권리를 존중해야 한다. 헬렌 워커(Helen Walker)는 클라이언트는 그의 문제를 자신의 문제로 직면해야 하며 자기의 문제를 사회복지사에게 맡기는 일은 허락해서는 안 된다고 하였다. 그리고 사회복지사는 단지 문제에 대한 감정만을 수용할 뿐이라고 하였다.

셋째, 사회복지사의 이성적인 면과 감정적인 면을 고려해야 한다. 이성적 면에서는 목적에 대한 명확한 인식과 성격이나 행동양식에 대한 지식을 의미한다. 감정 면에서는 클라이언트의 수용을 의미한다. 이것은 사회복지실천의 관계에서 자기의 활용(use of self)을 뜻하는 것으로서 사회복지사는 전문직업적으로 자기를 사용하기 위해서는 우선 자신을 알아야 한다. 이렇게 하기 위해서는 사회복지사가 자기의 행동을 관찰하며 이것을 직업적 이해와 책임에 비추어 평가해야만 한다. 자기를 아는 사람만이 자기를 수용하고, 자기를 수용할 수 있어야만 타인을 수용할 수 있는 것이다. 사회복지사가 클라이언트에게 정서적으로 반응하기 위해서는 먼저 사회복지사 자신의 감정이나 태도를 이해할 수 있어야 한다.

5) 비심판적 태도

비심판적 태도(nonjudgemental attitude)란 클라이언트의 문제 또는 욕구의 발생이 유죄인가, 무죄인가를 따지거나 클라이언트에게 어느 정도의 책임이 있는가 등을 판단하지 않는 것을 말한다. 그러나 클라이언트의 태도, 기준 또는 행동에 대해서는 평가를 해야 한다.

(1) 클라이언트의 욕구

원조를 받기 위하여 사회기관에 온 클라이언트는 양가감정(ambivalent)을 가지고 있다. 즉, 도움은 받고 싶지만 심판받고 싶지는 않은 것이다. 클라이언트는 사회복지사를 사회의 대표로 간주하므로 사회복지사로부터 '실패자', '무능자', '부덕한 자' 등으로 낙인 찍히기를 두려워하고 있다. 클라이언트는 죄악감 및 열등감 또는 고독감을 가지고 있으므로 비판에 극도로 민감하다. 그러므로 클라이언트는 자기방어적인 태도로서 안전을 찾으려 한다. 따라서 자기의 문제를 객관적으로 바라보거나 또는 마음 놓고 자유롭게 표명할 수 없을 것이다. 사회복지사의 심판적 태도를 클라이언트가 조금이라도 느끼면 관계형성은 될 수 없다. 클라이언트는 사회복지사의 비심판적 태도가 확실해지면 자기 자신을 있는 그대로 표현하고 싶어지게 되며, 또한 자기를 가치 있는 인간으로 받아 준다는 점에서 자존심을 회복하여 자신의 참된 요구와 문제를 자유로이 객관적으로 토의할 수 있게 될 것이다. 그리하여 클라이언트는 자신에게 충실해지며 분열된 자아를 재통합하려는 건설적인 힘을 갖게 되는 것이다.

(2) 비심판적 태도의 가치평가

사회복지사의 비심판적 태도는 클라이언트의 억압된 감정을 풀어 그를 수용하는 중요한 역동적인 요소다. 그렇다고 사회복지사가 사회의 법률, 도덕 등의 사회규범을 무시한 사회복지실천은 성립될 수가 없다. 특히 보호관찰 대상자나 성범죄자들은 사회적 가치기준에 복귀될 수 있도록 원조받아야 한다.

따라서 사회복지사가 비심판적 태도를 갖고 있다 하여 사회적 가치와 무관하다는 것은 잘못이다. 사회복지사도 클라이언트의 행동, 태도, 가치표준 등을 객관적으로 평가하여야 한다. 그러나 이것은 클라이언트를 비판하기 위해서가 아니라 클라이언트를 이해하기 위한 것이다. 인간의 행동을 심판한다는 것과 이해한다는 것은 별개의 문제다. 판단(judging)한다는 것은 일정한 규정에 비추어 행위를 비판하고 이에 어긋나는 것은 처벌하는 것을 뜻하지만 이해(understanding)라 함은 객관적으로 그 선악을 평가하는 것이다. 사회복지사가 클라이언트의 재통합을 위해 행동은 평가하지만 처벌하거나 비난하고자 하는 의도는 없다. 의사의 진단은 환자의 병을 이해하기 위한 것이지 비난하기 위한 것은 아니다.

(3) 비심판적 태도의 전달

과연 비심판적인 태도는 어떻게 클라이언트에게 전달되는 것인가? 때에 따라서는 "내가 당신을 비판하는 것이 아니라 당신에게 도움이 될 수 있도록 당신이 괴로워하는 문제를 이해하려고 노력하는 것입니다."라고 언어적으로 비심판적 태도를 표현할 수도 있겠으나 최초의 면접에서는 직접 표현하기 보다는 간접적인 어조나 태도로써 클라이언트에게 보다 잘 전달할 수 있는 것이다.

클라이언트는 매우 민감하므로 아무리 말로 심판하지 않고 있다고 표현해도 사회복지사의 마음속에 비심판적 태도를 품고 있지 않다면 이것을 클라이언트에게 전달하지 못할 것이다.

6) 클라이언트의 자기결정

클라이언트의 자기결정(self-determination)이란 사회복지실천에서 클라이언트가 자신의 선택과 결정을 할 수 있는 자유와 권리, 그리고 욕구를 실제로 인식하는 것이다. 다시 말하면 클라이언트의 자기선택의 권리와 결정능력, 자기결정의 자유를 클라이언트의 자기선택과 자기결정의 욕구로 인정하여 주는 것을 의미한다. 이 원리는 사회복지사와 클라이언트가 지역사회와 자기 성격에 이용 가능한 적당한 자원을 발견 · 활용할 수 있도록 원조해 주고, 클라이언트 스스로 삶의 방향을 결정하는 것을 존중하고, 그 욕구를 결정하는 잠재적인 힘을 자극하여 활동하게 도와주는 것이다. 그러나 클라이언트의 자기결정의 권리는 적극적 · 건설적 결정을 내릴 수 있는 클라이언트의 능력, 법률, 도덕의 테두리 또는 사회기관의 기능의 범위에 따라 제한받는다.

(1) 클라이언트의 권리와 요구

모든 인간과 마찬가지로 클라이언트도 자신의 선택과 권리로 삶을 영위할 통합력이 사회적 · 심리적 상황으로 방해받을 수가 있다. 이러한 경우에 클라이언트는 통합력을 회복하고, 인격의 발전을 목적으로 사회복지사에게 원조를 청한다. 그러므로 클라이언트의 요구는 주체성 회복의 요구이지 주체성을 사회복지사에게 양도하는 것이 아니다. 인격의 발전은 클라이언트가 스스로 선택과 결정의 자유를 주체적으로 행사해야만 가능하다.

(2) 사회복지사의 역할

클라이언트의 자기결정의 원리를 사회복지실천에 적용할 책임자는 사회복지사다. 사회복지사의 역할은, 첫째 클라이언트가 자기수용을 할 수 있게 원조해 준다. 사회복지사는 수용적 태도와 심리적 지지로서 클라이언트의 방어기제, 정서적 긴장을 제거하여 자신을 있는 그대로 볼 수 있도록 도와주어야 한다.

둘째, 클라이언트의 내적 자원을 발견 및 활용할 수 있도록 자극을 주어야한다. 클라이언트는 자신 속에 내재한 인격적 자원, 즉 장점이나 능력을 발견 · 동원함으로써 문제를 해결하고 인격의 발전을 도모할 수 있는 것이다.

셋째, 클라이언트에게 적당한 사회자원에 대한 정보를 제공한다. 클라이언트의 문제해결에는 법률, 제도, 시설, 사회 등의 자원이 필요하다. 클라이언트 스스로 사회복지사가 제공한 사회자원정보를 선택 및 활용하도록 해야 한다.

넷째, 클라이언트가 자신의 문제를 스스로 해결하여 인격적 성장을 할 수 있는 분위기를 조장하여 주어야 한다. 사회복지사의 수용적 태도나 심리적 지지로서 클라이언트가 스스로 자기와 자기문제를 이해하고 내외

자원을 활용하여 자기문제를 해결할 수 있는 인간관계를 만들어 주어야 한다.

(3) 자기결정의 한계

인간의 자유가 제한되어 있듯이 사회복지실천도 최고 원리인 자기결정에도 한계가 있다.

첫째, 사회복지사가 클라이언트의 신체적 · 정신적 능력을 넘는 자기결정을 클라이언트에게 요구 · 기대할 수 없다. 자기결정도 클라이언트의 능력에 맞게 행사하여야 한다. 그러나 처음부터 클라이언트의 무능력을 전제로 사회복지사가 적극적으로 활동함은 금물이다. 클라이언트가 자신의 건설적 계획과 결정을 할 수 있는 능력을 전제로 시작하여야 하며, 만일 클라이언트에게 자기결정의 능력이 없다면 객관적인 능력평가를 하여야 한다. 이것이 사회복지사의 임무다.

둘째, 자기결정의 한계는 도덕에서 오는 제한이다. 인간이 자기생활에 대한 선택, 결정을 내릴 권리가 있다 해도 도덕을 위반하는 자유는 허용이 안 된다. 도덕의 범위 내에서 클라이언트의 선택은 이루어져야 한다. 클라이언트가 부도덕한 행동으로 나아갈 경우에는 사회복지사는 이러한 선택과 결정을 피하도록 원조하여야 한다.

셋째, 자기결정의 한계는 법의 제한이다. 클라이언트의 자기결정이 법을 어기는 것은 허용될 수 없다. 정상적인 클라이언트는 합법적인 권력으로 설정된 제한을 받아들여 이에 적응한다. 그러나 사회적 · 정신적 이상자는 어떤 형태의 권력도 신경증적으로 혐오하고, 또 어떤 사람은 권력을 가진 사람의 권력적 태도에 적의를 품는다.

넷째, 자기결정의 한계는 사회기관의 기능에 있다. 모든 사회기관은 지역사회 내의 특정한 기능을 영위하기 위해 설립되었으므로 여러 규정을 설정하고 그 기능에 일정한 제한을 부가하고 있다. 따라서 클라이언트가 어떤 기관의 원조를 청하면 그 기관의 규정에 따라야만 한다.

7) 비밀보장

비밀보장(confidentiality)은 모든 클라이언트의 기본적 권리에 기초하며 사회복지사의 윤리적 의무이며 사회복지서비스를 제공하기 위한 기본요건이다. 비밀보장은 전문직업적 관계에서 나타나는 클라이언트에 대한 비밀정보의 보호다. 그러나 클라이언트의 권리는 절대적인 것은 아니다. 클라이언트의 비밀을 기관과 기관 사이에서 전문 직원에게 밝혀야 될 경우가 있다. 이 경우에는 이들 모든 직원이 비밀보장의 의무를 가진다.

(1) 비밀보장의 종류

개인정보에도 여러 가지가 있으나 비에스텍은 자연적 비밀, 계약적 비밀, 의탁적 비밀로 나누고 있다.

자연적 비밀(the natural secret)이란 개인의 전과나 범죄, 비행에 관한 정보들의 경우, 이것이 누설되면 본인의 명예를 훼손하게 된다. 또 양자, 사생아, 혼혈아 등의 사실이 알려지면 본인 또는 관계자들이 당혹할 정보 등이 있는데 이에 속하는 비밀이다.

계약적 비밀(the promised secret)이란 클라이언트 본인의 명예는 훼손되지 않지만 본인이 사람들에게 알리고 싶지 않은 것으로 사회복지사가 비밀을 지켜 주기로 한 약속된 정보이다. 후처, 재혼, 기아, 쌍둥이 등 개인의 사생활에 관한 정보이다.

위탁적 비밀(the entrusted secret)이란 클라이언트가 사회복지사 이외의 제3자에게 알리는 것을 꺼려 하는 정보다. 부부상담에서 남편과 아내가 서로 상대방에게 자신의 문제를 알리고 싶지 않은 정보가 그 예다.

이상의 자연적 비밀, 계약적 비밀, 의탁적 비밀은 어느 것이나 클라이언트 개인의 생활이나 환경에 관한 정보로서 사회복지사는 타인의 소유권을 존중함과 같이 이들 비밀을 지켜 줄 윤리적 의무가 있다.

(2) 집단적 비밀

클라이언트가 사회복지사에게 서비스를 받기 위해 비밀정보를 제공하게 되며 이 비밀은 사회복지사와 그가 속한 기관의 다른 사회복지사에게도 전달될 수 있다. 다시 말하면 클라이언트의 사례에 대한 정보가 기관 내 다른 직원에게 전달되지 않으면 도움이 되지 않을 때 관련인에게는 정보가 상호 유통된다. 사례담당 사회복지사, 사례기록 담당자, 기록정리계원, 슈퍼바이저, 임상심리학자, 정신의학자 등과 팀을 이루거나 타 기관에 의뢰하는 경우도 있다. 이와 같은 경우에 사례의 비밀이 사회기관 내에 전달되지만 관계직원은 외부에 대하여는 이 비밀을 보호할 의무가 있다. 이것이 집단적 비밀이며 이것을 기관 내에서는 대외적으로 보호할 의무가 있다.

(3) 비밀보장의 한계

클라이언트의 비밀을 지킬 권리는 타인의 권리와의 모순 충돌로 제한을 받게 되며 클라이언트의 비밀도 다른 인권과 같이 무제한일 수는 없다.

첫째, 클라이언트의 자신의 내부적 갈등이다. 이것은 클라이언트의 비밀보장의 권리와 다른 권리와의 모순충돌이며, 이것을 해결하기 위하여 두 권리의 경중을 비교하여 보다 중요한 쪽을 택하여야 한다. 예를 들면 클라이언트가 수술을 받으면서 직장에 이에 대한 비밀을 요구한다. 그러나 클라이언트에게 수술비용이 엄청나게 부담이 되고 있는 경우에 사회복지사는 직장에는 휴가신청을 하고 수술비용은 보험 청구하게 한다. 결국은 보험회사에서는 클라이언트의 수술사실을 알 수밖에 없게 된다.

둘째, 타인의 권리와의 충돌이다. 어떤 사례의 경우 클라이언트가 제3자와 밀접한 관계를 가지고 있으므로 비밀을 보호하려면 그 제3자에게 많은 손해를 끼칠 염려가 있다. 예를 들면 클라이언트가 AIDS 환자이면 결혼을 앞둔 배우자에게는 어떻게 해야 되는가의 사례다. 이때는 양 권리를 비교하여 더 중요한 권리를 택하여야 할 것이다. 그러나 비밀보호가 제3자에게 손해를 미치리라는 명백한 증거가 나올 때까지는 존중되어야 한다.

셋째, 사회복지사의 권리와의 충돌이다. 이것은 클라이언트의 비밀보장이 사회복지사의 권리를 박탈하는 것을 의미한다. 예를 들면 범죄 클라이언트의 혐의사실을 보호하면 사회복지사의 범인 은닉죄가 되는 경우다. 사회복지사가 자신의 기본적 인권을 포기하면서 클라이언트의 비밀을 보호할 수는 없다. 이때는 양 권리를 비교해서 중요한 편을 선택해야 한다.

넷째, 사회기관의 권리와의 충돌이다. 각각의 기관은 고유의 법적 권한이 부여되어 있다. 예를 들면 신고처벌주의로서 클라이언트가 약물중독자이면서 이 사실을 기관에 알리지 말 것을 요청한 사례다. 이것은 사회복지사가 클라이언트의 비밀을 지키기 위해 기관의 사회적 사명과 권한을 넘는 조치를 당하는 수가 있다. 이러한 행위는 사회적 의무에 반하는 조치다.

다섯째, 사회의 권리와의 충돌이다. 이것은 사익과 공익, 개인과 사회의 권리 사이에 충돌이 일어나는 것이다. 사회는 공공의 이익을 촉진시키며, 사회 질서와 평화 등을 유지하여 시민들의 복지를 적극적으로 증진시킬 의무가 있다. 또 다른 한편으로는 개인은 사회적 존재이므로 자신에게 불리한 것일지라도 한 시민으로서 사회공동의 복지증진에 협력할 의무가 있다. 예로서 임대주택에 거주하는 클라이언트가 자격 미달인 사실이 드러났다. 이것도 사회적 공평성에 위배되는 것이다.

4. 관계의 장애요인

1) 반응적 수용의 장애요인

첫째, 인간행동 양식에 대한 불충분한 지식이다. 즉, 사회복지사의 전문성 결여다. 사회복지사는 인간행동형이나 사회적 · 경험적 문제에 대한 일반적인 정서반응 및 방어기제 등에 관한 심리학적 · 정신의학적 지식 그리고 사회학, 인간관계론 등의 지식이 필요하다.

둘째, 클라이언트의 문제 중 어떤 측면을 사회복지사가 받아들이지 못하는 태도다. 사회복지사는 클라이언트의 상황 중에 자신과 흡사한 부정적이고 바람직하지 못한 요소를 감지하는 일이 있다. 사회복지사가 경제적 불안정에 대한 공포 또는 자기 자신에 대한 상반감정 등이다. 사회복지사는 이와 같은 억압된 갈등을 자기 자신의 생활에서 처리할 수 없다면 클라이언트의 것은 처리하지 못할 것이다.

셋째, 사회복지사가 자신의 감정을 클라이언트에게 맡겨 버리려는 것이다. 사회복지사는 자신의 태도나 감정을 앎으로써 개별적인 반응과 차이를 가진 한 사람의 개인으로서 자기를 바라볼 수 있는 시각을 가지게 된다. 이러한 자각이 없으면 사회복지사는 자신의 감정을 클라이언트에게 맡겨 버리기 쉽다. 불편한 감정상태에 있는 사회복지사가 '네 일은 네가 알아서 처리해라. 그것은 네 문제야.' 라고 생각한다면 클라이언트는 사회복지사로에게 거절당했다는 느낌을 받게 된다.

넷째, 편견과 선입견이다. 사회복지사는 인종, 신조, 문화, 경제사정 등에서 오는 심한 편견이나 선입관에 빠질 경향이 있음을 의식해야 한다. 예를 들면 미혼모 문제가 딸과 어머니와의 좋지 못한 관계에서 온다는 생각을 한다면 다른 근본원인을 규명해야 할 사회복지사의 시각을 흐리게 하는 것이 된다.

다섯째, 보장할 수 없는 내용을 말만으로 안심시키는 것이다. 사회복지사가 클라이언트를 안심시키는 것은 어떤 경우에는 심리적 지지가 될 수 있다. 그러나 보장도 못하면서 안심을 시킨다면 신뢰성이 떨어지고, 수용거부를 의미한다. 남편의 음주가 자신이 원인일지도 모른다고 말하는 부부 불화문제를 가지고 상담하러 온 부인에게 남편의 음주는 그의 성격 탓이며 또한 직장에서의 불안을 없애려는 것뿐이라고 사회복지사가 말하면서 안심시켜 준다면 그 부인은 자기의 감정을 말하기를 주저할 것이며 수용거부를 느낄 것이다.

여섯째, 수용과 시인의 혼동이다. 사회복지사는 다른 사람들과 같이 인간행동의 도덕적 선악에 대한 확신, 사회적으로 바람직한 것과 바람직하지 못한 것에 대한 견해 등이 내포된 인생철학(a philosophy of life)을 가지고 있어야 하며, 이러한 인생관이 생활의 지표가 되고 이것들을 더 깊이 인식하여 전문적 관점을 정립하여야 한다. 사회복지사의 역할은 클라이언트가 바람직하지 못한, 용납할 수 없는 상태에서 바람직하고 용납할 수 있는 상태로 진행할 수 있도록 원조해 주는 데 있다. 따라서 옳고 그른 것이나 선악의 표준이 모든 사례에 관련되어 있다고 하겠다. 사회복지사가 클라이언트의 모든 행위를 시인하는 것은 큰 잘못이다. 클라이언트는 자기 생활에 있어서 무언가 어려움을 당해서 도움을 받으러 온 것이다. 그 자신도 자신의 생활 전부를 시인하고 있는 것은 아니다. 그러나 사회복지사는 클라이언트나 클라이언트에 관련된 시인할 수 없는 것까지도 받아들여서 있는 그대로 바라보아야 한다. 예를 들면 어머니가 자식의 양육을 거부한다는 것은 사회적 · 도덕적으로 시인할 수 없는 일이지만 어머니의 그러한 부정적 감정을 있는 그대로 이해하여야 한다. 따라서 수용과 시인은 별개의 것으로 이것이 혼동될 때 사회복지사의 수용에는 장애가 오게 된다.

일곱째, 클라이언트에 대한 존중심 결여다. 클라이언트의 약점, 실패와 과오문제를 표명할 때 그는 자신을 열등시하고 비굴해질 가능성이 많다. 만일 사회복지사가 이러한 경우에 클라이언트를 열등시하거나 경멸한다면 이러한 가능성은 더 현실적인 것이 된다. 클라이언트를 한 인간으로서 존경심을 가지고 수용하지 못한다면 어떠한 전문적 기술도 발휘하지 못하게 될 것이다.

2) 비심판적 태도 전달의 장애요인

사회복지사가 클라이언트에게 비심판적 태도를 전달할 때 선입관은 다음과 같은 장애를 일으킨다.

첫째, 사회복지사가 비심판적 태도를 갖거나 전달할 때 선입관은 장애가 될 수 있다. 사회복지사도 인간이므로 인간관계에 있어서 여러 선입견이나 편견을 갖기 쉽다. 사회복지사가 의식적이든 무의식적이든 어떤 성격의 소유자를 싫어하게 되면 그 사람에 대하여는 비심판적으로 되기가 무척 어렵다. 이러한 경우에 사회복지사는 자신의 선입견을 제거하도록 노력해야 하며 클라이언트를 객관적으로 보도록 노력해야 된다.

둘째, 사회복지사가 클라이언트의 보조를 맞추지 않고 성급히 결론으로 이끄는 것은 클라이언트의 발언을 가로막는 것이 되며 또한 클라이언트에게 심판적인 태도의 사람이라는 인상을 주게 된다.

셋째, 비슷한 문제를 가진 사람이다. 예를 들어 참고하는 것은 사회복지사가 클라이언트를 어떤 규범 속에 넣으려는 인상을 주게 된다. 즉, 분류화한다는 것은 어떤 틀에 박힌 심판을 받는 인상을 갖게 된다.

넷째, 사회복지사에 대한 클라이언트의 부정적 감정의 표현이다. 클라이언트가 과거에 자기와 특별한 관계가 있었던 사람에게 가진 감정을 사회복지사에게 전이(transference)하는 것이다. 사회복지사도 이러한 방어기제를 알고 이해하여야 비심판적인 태도를 유지할 수 있다. 이 감정도 클라이언트를 이해하는 데 도움이 된다는 것을 사회복지사가 알면 두려움 없이 여유 있게 비심판적 태도를 유지·전달할 수 있는 것이다.

3) 클라이언트의 자기결정에서의 장애요인

사회복지사는 다음과 같은 활동이 클라이언트와의 관계에 장애요인이 된다는 것을 인식하여야 한다.

첫째, 사회복지사가 문제해결에 중요한 책임을 지고 클라이언트에게는 부차적인 역할만 하도록 허용하는 것이다.

둘째, 클라이언트가 요구하는 서비스는 무시하고 클라이언트의 사회적·정서적 생활에 사소한 조사를 강조하는 것이다.

셋째, 사회복지사가 직·간접적으로 조정(manipulation)하는 것이다. 조정이란 클라이언트가 원조의 과정을 알지 못하게 하고 사회복지사의 방법에 따라 행동의 방법을 선택하거나 결정하며 교묘하게 클라이언트를 조정하는 것이다. 조정은 금물이다.

넷째, 강제적인 방법으로 설득하는 일이다. 강제적으로 설득하여 클라이언트로 하여금 사회복지사의 결정을 일방적으로 받아들이게 한다면 클라이언트의 선택의 자유나 결정을 악화시키게 된다.

5

의사소통론

상호관계를 맺고 있는 두 사람 사이에 올바른 지식과 이해를 위하여 필요한 기술이 의사소통기술이다.

인간은 일반적으로 수면 외의 시간의 70% 이상을 의사소통(communication)으로 시간을 보낸다. 인간발달의 영역 가운데 학업영역, 개인-사회적 영역 그리고 직업의 성취를 위해서 또는 인간의 삶의 질을 높이기 위해 효율적인 의사소통기술이 반드시 필요하다.

특히 사회복지사는 그들의 원조대상인 클라이언트, 기관의 동료와 상사 또는 기관의 관련 인사들, 그리고 회의나 세미나를 통해 청중들에게 자신의 생각과 감정을 정확히 전달하고 상대방이 표현하는 생각과 감정을 받아들일 수 있는 전문적인 의사소통기술이 필요하다.

이 장에서는 사회복지실천과 의사소통에 관한 것을 설명하고 사회복지실천 대상에 관계없이 모든 클라이언트에게 사용되는 일반적인 의사소통과 원조기술을 중심으로 전개한다.

전문적 상호작용의 목적에 따라 사회복지사가 발달시키고자 하는 관계와 클라이언트에게 전달되는 메시지의 유형이 결정된다. 그러므로 개인이나 가족에게 직접적 서비스를 제공하는 사회복지사는 원조과정에 긍정적인 영향을 미치는 관계를 발전시키기 위하여 수용, 감정이입, 온화함, 진실성을 전달하여야 한다. 이와 같은 종류의 의사소통은 비공식적인 경향이 있는 반면에 위원회나 조직의 대표, 그리고 법률입안자들과의 상호작용과 같은 간접적 서비스 영역에서의 사회복지사는 다소는 공식적인 관계를 갖게 되며, 의사소통에서도 정확성, 명확성, 그리고 목적지향성이 달성되어야 한다.

1. 의사소통의 개념과 원리

의사소통이란 두 사람 이상의 사이에서 언어, 비언어적 수단을 통해 감정상태, 사실, 신념, 생각 등을 전달하는 과정이며 한 사람이 다른 사람의 언어적 · 비언어적 행위에 의미를 부여할 때 일어난다. 의사소통은 의사전달이라고도 하며 학자들에 의해 여러 가지로 정의되기도 한다.

애플리(Appley,1953)는 상호작용이란 한 사람의 사상, 감정을 다른 사람에게 알리는 과정 특히 한사람이 다른 사람에게 영향을 주는 주요수단이라고 정의하였으며, 알버스(Albers,1977)는 상호작용이란 상호이해 가능한 표시나 신호, 그리고 상징을 통해 한사람으로부터 다른 사람에게 의미를 전달하는 것이라고 정의하였다.

또한 벨로우(Bellow,1977)는 사회봉사기관에서 상호작용을 다음과 같이 정의하였다. 상호작용이란 기관의 과업이나 목적과 관련된 생각, 계획, 명령, 보고 그리고 제안 등을 모든 직원과 이사회에서 전달하기 위한 상호의 경로(two-way chanel)라고 하였다.

의사소통의 여러 정의들이 내포하고 있는 의사소통의 원리는 다음과 같다.

첫째, 의사소통은 송신자와 수신자 사이에서 양방적이고 순환적으로 지속되는 과정이다.

둘째, 의사소통에는 언어적·비언어적 수단이 사용된다.

셋째, 메시지는 메시지를 받아들이는 망을 통과하면서 왜곡된다.

다시 말하면 상대방이 보내는 메시지를 수신자는 자신의 고유한 자아체계와 관련된 자신의 경험, 욕구, 가치, 신념 그리고 사적인 세계에 비추어 수용하기 때문에 보내는 사람의 의미를 그대로 파악하기 어렵다.

넷째, 의사소통에는 내용과 관계의 두 가지 측면이 있다.

이와 같이 인간의 의사소통에는 한계와 복잡성이 있으며 또한 인간 개인은 독특한 인성과 삶의 경험이 있으므로 메시지가 전달되고 수신되는 방법에 영향을 미치는 다양한 사고구조와 인지적인 여과장치가 발달되고 있다. 그러므로 인간은 다른 사람이 간과한 메시지를 인식할 수도 있고 누군가에게는 매우 중요한 메시지가 다른 사람에는 중요하지 않은 것으로 보일 수도 있다. 또한 메시지를 정확하게 주고받는 능력은 감정 상태나 기대 등에 의해서도 왜곡될 수 있다. 우리는 보통 듣고 싶은 것, 듣기를 예상하던 것, 그 순간에 관심을 가지고 있는 것 등을 듣는 성향을 가지고 있다. 우리는 정서적 욕구를 충족하고 불편함을 피하기 위해서 메시지를 종종 왜곡하기도 하며 그리고 특정한 성격장애를 가진 사람은 특성상 자기만족적인 유형으로 메시지를 왜곡하기도 한다. 또한 상황적·사회적 상호작용 요인도 말이나 상징들이 어떻게 해석되는가에 큰 영향을 준다. 그러므로 언제, 어디서, 어떻게 메시지가 전달되는가 등이 말의 언어적 의미만큼이나 중요하다.

가족, 조직, 기타 사회적 체계들에게서 발생하는 여러 문제들의 공통적 원인은 의사소통이 명확하지 않은 것에서 비롯된다. 대부분의 의사소통 문제는 다음과 같은 상황 하에서 발생한다.

첫째, 다른 사람이 스스로 말하게 두지 않고 우리가 대신 말해줄 때

둘째, 다른 사람이 말하는 것을 듣기 위해 시간이나 노력을 기울이지 않을 때

셋째, 다른 사람이 말하는 것을 해석하면서 그에 대한 편견이나 선입견이 영향을 미치도록 방치할 때

넷째, 믿고 느끼는 것을 남들이 거부할 것 같아 말하지 않고 혼자 담아둘 때

다섯째, 느끼고 생각하는 것을 남들이 이미 아는 것 같아서 이야기하려 하지 않을 때

여섯째, 지시나 위협, 설교, 판단, 비난, 비웃음 등으로 의사소통을 억누를 때

일곱째, 스스로에 대한 부정적인 느낌, 즉 낮은 자존감 때문에 내가 남들에게 할 말도 없고 남들도 내 이야기를 들으려 하지 않을 것이라 여겨 말하지 않을 때 등이다.

이외에도 인종, 성(gender), 종교, 사회경제적 계층 등의 요인과 도움을 구하는 활동, 문제를 규정하는 방식, 전문적 원조에서 기대하는 것 등도 의사소통에 많은 영향을 준다.

2. 의사소통의 구성요소

의사소통 과정에는 송신자(sender), 메시지(message), 수신자(receiver) 그리고 피드백(feedback) 등 4가지 요소가 작용하게 된다.

1) 송신자

송신자란 생각, 감정, 정보 등의 메시지를 전달하는 사람을 의미한다. 송신자의 목소리나 말투, 분명하지 않은 음성이나 감정 상태 등으로 인하여 메시지가 잘못 전달될 가능성이 있으므로 전달 과정에서 메시지의 내용이 왜곡되거나 변형, 삭제 및 소멸 등의 현상이 나타나 정확한 내용의 전달을

어렵게 할 수 있다.

2) 메시지

메시지는 송신자의 생각, 의도, 감정, 정보의 내용으로 의사소통의 주제가 되며 직 · 간접적 경로를 통해 전달된다.

의사소통 과정에서 주제가 되는 메시지는 언어적 또는 비언어적 형태이며 내용과 관계라고 하는 두 가지 요소가 포함된다. 내용 요소는 전달하고자 하는 메시지의 주제를 가리키며, 관계 요소는 송신자의 수신자에 대한 관계, 즉 소속 · 통제 · 애정 등의 욕구가 내재된 형태를 의미한다. 마음에 드는 이성을 보고 곁에 가서 "시간 있으세요?"라고 할 때 상대방의 시간이 있는지의 여부 그 자체보다는 함께 시간을 보내고 싶다는 의미를 갖는다는 것이 관계 메시지의 예다. 또한 "아니요. 저 바쁜데요."라는 대답을 할 때는 '할 일이 많아서 시간을 내기 어렵다', '당신을 만나고 싶지 않다' 또는 '좀 더 적극적으로 시도해 보세요' 하는 의도에서 나온 말이 될 수도 있다. 이와 같이 관계 메시지는 친화형, 존중형 그리고 지배형의 형태로 나타난다.

친화형이란 서로 좋아하고 친밀한 관계를 형성하고자 할 때 사용하는 메시지이며, 존중형은 상대방에 대한 긍정적 평가, 즉 인정과 존중에 대한 메시지다. 그리고 지배형이란 상대방에게 영향력을 행사하는 정도와 관련된 메시지를 의미한다.

이와 같이 대인관계에서의 의사소통을 효과적으로 하기 위해서는 상대방이 전달하고자 하는 메시지의 내용 요소는 물론 관계 요소까지 정확히 간파할 수 있어야 한다. 이러한 메시지는 언어적 표현을 직접적으로 전달하거나, 이메일이나 문자메시지, 또는 다른 사람을 통한 대리 전달 등 간접적인 경로를 통한 방식으로 전달된다. 이 때 메시지의 내용이나 메시지 전달의 의도나 목적, 또는 수신자의 상황 등을 고려하여 어떤 매체나 경로를 통하여 전달하는 것이 효과적인지 고려할 필요가 있다. 부탁하기, 사과하기, 애정을 표현하기, 감사 표시하기 등 목적과 상황에 따라 적절한 매체는 다를 수 있으며, 그에 따라 전달 효과에서도 차이가 나기 때문이다.

3) 수신자

수신자란 송신자가 전달하는 생각, 감정, 정보 등의 메시지를 받아들이는 사람을 의미한다. 수신자는 전달된 메시지의 종착점이라 할 수 있으며, 청취, 이해, 기억, 반응의 요소가 포함된다.

4) 피드백

피드백은 송신자와 수신자를 연결하여 송신자의 메시지가 수신자에게 제대로 전달되고 정확히 이해될 수 있게 한다. 송신자는 수신자의 피드백을 통해 자신의 의사소통 방법을 수정하거나 보완함으로써 메시지가 보다 정확하게 전달되도록 한다. 상대의 이야기에 대해 추가적인 질문을 한다거나 이해한 것이 맞는지를 확인해 보는 것과 같은 언어적 방법이 사용될 수 있으며, 표정이나 무언의 행동을 통한 비언어적 피드백도 있다.

의사소통의 구성요소는 〈그림 5-1〉과 같다.

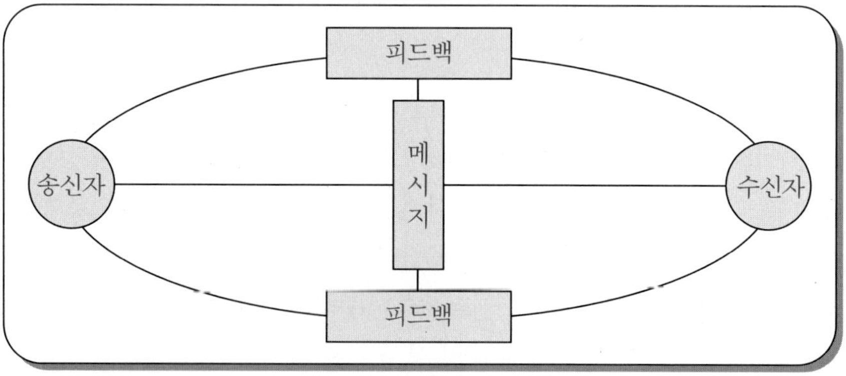

[그림 5-1] **의사소통 구성요소**

3. 언어적 의사소통

의사소통을 연구하는 학자들은 언어 이외의 신호, 기호, 상징 등의 비언어적인 것들도 의사소통에 포함시키고 있으며, 언어 형태로 의미를 전달하는 표현방법은 인간이 할 수 있는 의사소통 방법 중에 아주 적은 부분에 지나지 않음을 보고하고 있다.

그러나 사회복지실천에서 언어적 의사소통은 매우 중요하므로 언어적 의사소통과 비언어적인 의사소통으로 나누어 설명하고자 한다. 자주 사용하는 의사소통기술은 대인상호 간 원조를 촉진하기 위한 것과 기관 내, 기관 간, 전문분야 간의 정보교환을 촉진하기 위한 것 등 두 가지로 구분할 수 있다. 하나는 개인, 가족, 치료집단과의 대면적 활동과 같은 직접적인 실천활동에서 사용되는 의사소통기술이며, 다른 하나의 기본적 의사소통기술은 사회복지사가 다른 사회복지사, 다른 전문직, 기관의 슈퍼바이저나 행정가, 위원회의 성원이나 다른 과제집단의 성원 등과의 의사소통을 할 때 자주 사용되는 기술이다.

다음과 같은 태도는 바람직한 의사소통의 기술이 된다.

첫째, 모든 인간은 독특하므로 누구나 독특한 방법으로 사건을 인식하고, 경험하고, 상호 간에 교환한다. 그러므로 어느 정도의 오해가 있음을 예상하여 의사소통에서의 문제를 줄여나가려는 자세를 가져야 한다.

둘째, 남들이 이해하기 쉬운 방법으로 사고를 조직하고 메시지를 전달하려는 의지가 있어야 한다.

셋째, 남들이 말하는 것에 주의를 기울여 듣고 이를 이해할 수 있도록 자신의 방어를 줄이려는 의지가 있어야 한다.

넷째, 자기 자신의 언급과 행동에 책임을 지려는 의지가 있어야 한다.

다섯째, 효과적으로 의사소통하기 위해서 필요한 시간을 가지려는 의지가 요구된다.

모든 의사소통은 메시지 전달자와 메시지 수신자를 모두 포함하므로 메시지 전달자는 자신의 메시지가 쉽게 수신되고 오해 받지 않는 방법으로 전달되도록 할 책임이 있다. 또한 수신자는 전달자가 의도한 대로 정확하게 메시지를 수신하고 왜곡하지 않을 책임이 있다. 메시지를 수신할 때 수신자는 다음의 규칙을 기억하면 도움이 될 것이다.

첫째, 말하는 것을 멈춘다. 왜냐하면 말하는 동안에는 들을 수가 없기 때문이다.

둘째, 메시지 전달자를 편안하게 해 주고 전달자의 불안을 줄이기 위해 할 수 있는 모든 노력을 해야 된다. 예를 들면 문을 닫는 등 산만하게 하는 요인 등을 의미한다.

셋째, 주의를 집중하면서 말이나 행동으로 당신이 듣고 싶어한다는 것은 표현하여야 한다.

넷째, 말하는 사람에게 참을성 있게 대하고 말을 끊지 않는다.

다섯째, 전달자를 더욱 잘 이해하기 위해서 또는 전달자가 자신의 메시지를 명확히 하도록 돕기 위해서 질문을 한다.

여섯째, 의사소통에 장애를 일으키거나 비판하거나 논쟁하지 않기 위해 감정을 통제한다.

메시지를 전달할 때는 다음의 규칙을 염두에 두고 해야 한다.

첫째, 명확하고 단순한 말을 사용하되 분명하고 너무 빠르지 않게 말한다.

둘째, 자신의 몸짓에 주의해야 하며 몸짓은 메시지 내용과 일치해야 한다. 그리고 적절한 눈의 접촉과 몸짓을 사용한다.

셋째, 너무 많은 정보로 수신자를 압도하지 않으며, 길고 복잡한 메시지는 몇 개의 부분으로 나누어 보다 쉽게 이해되고 다루어질 수 있게 한다.

넷째, 수신자가 잘 이해했는가를 알 수 있도록 질문이나 코멘트 등 피드백을 요구한다.

사회복지사가 효과적으로 의사소통하도록 도와줄 수 있는 기술은 다음과 같다.

첫째, 메시지를 계획(planning a message)하는 기술이다. 이 기술은 사회복지사가 의사소통할 이야기에 대해서 생각하고 질문을 통해 메시지에 대한 계획을 세우는 것을 의미한다. 메시지에 대한 계획을 하기 위한 질문은 다음과 같다.

- 이 교환에 어느 정도의 시간을 쓸 수 있는가?
- 메시지를 받는 사람의 주의를 언제 어디서 가장 잘 집중시킬 수 있는가?
- 내 메시지의 핵심적인 내용은 무엇인가?
- 내 메시지의 어느 부분에 오해의 소지가 있고 혼란스러운가?
- 수신자에게 잘 이해되고 받아들여질 수 있도록 내 메시지를 어떻게 조직할 것인가?
- 나는 이 메시지를 전달할 신뢰성과 지위를 가지고 있는가? 또는 다른 사람이 이 메시지를 전달해야 하지 않는가?

메시지의 가운데 부분은 수신자에 의해 왜곡될 가능성이 높으므로 메시지의 가장 중요한 부분은 전체의 앞과 끝부분에 두는 것이 바람직하다.

둘째, 자신을 밝히는(identifying self) 기술이다. 이 기술은 의미 있는 의사소통의 중요한 첫 단계이며, 당신이 누구이고, 원하는 메시지나 정보의 교환에서 당신의 역할이나 책임이 무엇인지 간단하게 묘사하는 기술이다.

셋째, 의사소통의 목적을 설명(explaining the purpose of the communication)하는 기술이다. 이 기술은 전달자가 메시지의 이유를 언급하는 것이며, 이를 통해 수신자가 메시지를 적절한 맥락 안에서 파악할 수 있다.

넷째, 비언어적 의사소통을 염두에 두는(following up on nonverbal communication) 기술이다. 이 기술은 수신자가 메시지에 대해서 동의하지 않거나 혼란스러워하면서 이를 나타내는 비언어적 의사소통을 보이기도 하는데 이에 반응하는 것이다. 수신자가 메시지에 동의하지 않음을 비언어적 의사소통을 통해 나타낼 때도 이를 염두에 두어 반응하는 시도가 필요하다.

다섯째, 메시지 수신을 검토(checking for message reception)하는 기술이다. 이 기술은 수신자들이 자신의 메시지를 완전히 그리고 정확하게 받아들였는지 확인하기 위해서 다양한 질문과 탐색을 하는 것이다.

여섯째, 자신의 메시지 수신을 확인(checking one's receipt of a message)하는 기술이다. 이 기술은 자신이 메시지를 받았고 전달자가 의도한 것을 오해하지 않았다는 것을 입증하기 위해 여러 가지의 탐색과 질문을 사용하는 것을 의미한다.

일곱 번째, 초점화된 질문하기(asking a focused question) 기술이다. 이 기술은 명확한 답변을 얻기 위해 매우 정확하고 초점이 잡혀있는 질문을 하는 것을 의미한다. 명확하고 간결한 방식으로 답변이 나올 수 있도록 질문한다는 것은 매우 어렵다. 우리는 자주 질문의 초점을 흐릴 수 있는 불필요한 말이나 관계없는 주제들을 첨가하기도 한다. 너무 많은 질문이 동시에 제기되거나 또는 애매모호한 의사소통에서는 명확한 답을 기대할 수가 없다.

여덟 번째, 질문에 답변(answering a question)하는 기술이다. 이 기술은 질문에 대해 직접 부합하는 말을 확정적으로 하는 것이다. 이것은 단순해 보이지만 사람들은 이따금 질문을 제대로 듣지 못하는 경우가 있다.

질문에 대답할 경우에 대답하는 사람은 질문자가 물어보는 것의 의미를 예측하거나, 또는 질문자가 어떤 것을 물어보려는 것이 틀림없다고 추측해서는 안된다. 질문을 주의 깊게 듣고 나서 불필요한 부가사항을 첨가하지 않고 질문에 대답하여야 한다.

아홉 번째, 단어의 의미를 확인(checking for message reception)하는 기술이다. 이 기술은 의사소통하는 사람들이 주요한 단어들을 같은 의미로 생각하는지 확인하기 위한 질문을 의미한다. 사람들이 단어나 말을 서로 다른 방법으로 사용하기 때문에 의사소통의 문제가 많이 일어나므로 반드시 단어의 의미를 확인하여야 한다.

4. 비언어적 의사소통

일상생활에서 북미인들은 30%가 언어적 의사소통이며 나머지는 비언어적 의사소통이라고 한다. 또한 연구에 의하면 발표자가 집단 앞에서 발표를 하였을 때 신체언어가 55%, 음성이 38% 그리고 발표내용은 7%의 영향을 준다고 하였다.

이와 같은 사실은 대면적인 교류에서 비언어적 의사소통이 많은 부분을 차지하고 있음을 의미하는 것이다. 비언어적이라는 것은 메시지가 얼굴표정, 눈의 움직임, 몸동작, 음성, 그리고 시간을 통한 것 등의 방법으로 전달되는 것을 의미한다. 비언어적 의사소통의 대부분은 우리가 의식하지 못하는 채로 발생하므로 언어적 메시지와 행동이나 표정으로 이야기하는 것이 일치하지 않는 경우도 발생한다.

따라서 사회복지사는 클라이언트에게 비언어적 표현을 통해 의도하지 않았던 메시지를 보내지 않도록 주의해야 한다. 그리고 클라이언트의 비언어적인 의사소통에 집중함으로써 사회복지사는 자신의 메시지가 어떻게 수신되었는지를 알 수 있다. 또한 클라이언트의 비언어적 행동을 관찰함으로써 클라이언트가 말하는 것이 진실된 그의 사고나 감정인가를 알 수 있다.

눈 마주침(eye-contact)은 의사소통의 중요한 수단이다. 눈은 우리의 감정상태와 아울러 당면한 상황에 대한 우리의 이해와 민감성에 대해 많은 것을 전달해 준다. 북미나 유럽과 같은 서구 문화권 대부분에서는 눈 마주침이 개방성의 지표이고 의사소통에 참여하겠다는 뜻의 표시다. 반면 눈 마주침을 피하는 것은 불안하거나 의사소통을 중지하겠다는 것으로 받아들여지며, 경우에 따라서는 진실성이 없다는 것을 보여주게 된다. 그러나 인디언이나 아시아, 중동과 같은 다른 문화권에서는 직접적인 눈 마주침이 위협이나 무례하거나 또는 성적인 공격성으로 받아들여지기도 한다.

인간은 자신의 눈을 통해서 타인과 접촉하며, 타인과 어떤 형태의 눈 마주침을 갖느냐에 따라 신뢰와 믿음의 형태도 다르게 나타난다.

환영의 몸짓(gesture of greeting)도 관계형성에 중요하다. 북미와 유럽에서는 남성과 여성 모두에게 적절한 환영의 몸짓으로 굳게 악수하는 것이 받아들여진다. 그러나 사회복지사는 문화적 차이에 민감해야 한다. 예를 들어 아시아나 중동 사람들에게는 힘있는 악수가 공격성을 의미하기도 하고, 일본이나 태국, 인도 등에서는 머리 숙여 인사하는 것이 적절한 몸짓으로 받아들여지고 있다. 서열이 낮은 사람이 먼저 인사하며, 그리고 머리를 숙이는 정도가 인사받는 사람의 지위를 나타내기도 한다. 러시아나 중동, 남미에서는 남자들끼리 포옹하는 것이 공통된 환영법이다.

개인적인 공간(personal space) 또한 사람 간의 의사소통에서 하나의 중요한 비언어적 요소다. 일반적으로 누군가에게 가까이 있는 것은 신뢰와 몰두한다는 의미를 주지만 지나치게 가까이 가는 것은 위협적으로 받아들여질 수 있다. 북미 사람들은 서로 간에 한 팔 정도의 거리를 두는 것을 선호하지만 아시아 문화권에서는 더 많은 거리를 둔다. 중동이나 남미 사람들은 이야기하는 동안 거의 발끝을 마주 대곤 한다. 모든 클라이언트는 사회복지사가 얼마나 가까이 있어야 좋은가 하는 자신만의 '편안한 구획'(comfort zone)이 있다. 사회복지사는 비언어적 의사소통이나 신체언어를 잘 파악해서 클라이언트의 개인적 공간을 침해하지 않도록 주의해야 한다.

홀(Hall)은 인간이 자신의 공간에 설정해 놓은 구역이나 영역에는 친밀한 거리, 사적인 거리, 사회적 거리, 그리고 공적인 거리 등이 있다고 결론지었다.

친밀한 거리(intimate distance)는 자신과 타인사이에서 가장 근접한 거리로 약 0~46cm 정도의 거리에 해당하며, 사랑을 나누는 남녀 간의 관계나 부모나 자식 간의 관계와 같이 친밀한 관계에서 있을 수 있는 거리에 해당된다.

사적인 거리(personal distance)는 보통 46cm에서 122cm 정도의 거리를 의미하며 친한 친구들 간에 있을 수 있는 거리다.

사회적인 거리(social distance)는 약 122cm에서 213cm 정도의 거리로서 사람들이 사회적인 상황에서 맺게 되는 관계를 의미한다.

공적인 거리(public distance)는 약 213cm에서 762cm 정도의 거리를 의미하며 큰 목소리로 강의를 하고 있는 강사와 청중들 간의 거리유지다.

어떤 사람이 타인에 대해서 보다 더 친하고 가깝게 느낄수록 그 사람은 더 가깝게 선다. 친구들은 낯선 사람들보다 가깝게, 친하게 지내고 싶은 사람이나 성적인 매력을 느낀 사람들은 보다 더 가까이 선다. 서로가 가까이 선다는 것은 대개 우정이나 관심을 나타내는 하나의 신호가 된다. 친밀한 거리와 사적인 거리는 친구, 가족 혹은 친한 동료들 간의 비공식적 상호작용에서 나타나며, 사회적인 거리와 공적 거리는 우연히 알게 된 사람 또는 낯선 이들 간의 보다 공식적인 상호작용 형태에서 나타난다(김혜숙 외, 2009: 139-140).

몸의 자세(body positioning)는 여러 가지의 태도와 의도를 나타낸다. 사회복지사는 클라이언트를 90도의 각도로 대하는 것이 좋다. 왜냐하면 이 정도의 각도이어야 안전성과 개방성을 나타내기 때문이다. 클라이언트를 똑바로 쳐다보는 것은 공격성을 전달할 수도 있으며, 클라이언트와 사회복지사가 책상을 사이에 두고 마주 앉는 것은 밀접성과 개방성을 저해하고 사회복지사가 우월한 위치에 있음을 보여주는 것이다. 약간 클라이언트 쪽으로 기대어 앉는 것은 관심과 수용을 나타낼 수도 있다. 미소, 얼굴 찌푸리기, 고개를 끄덕거리는 것, 흔드는 것, 입을 우물거리는 것, 인상 쓰는 것 등의 얼굴표정(facial expressions)도 생각과 감정을 전달하는 것이다. 얼굴은 우리의 신체 중에서 가장 표현적인 부분이고 다른 사람에게 가장 생생하게 노출되는 부분이다. 얼굴 표정은 말하는 것과 생각하는 것이 일치하지 않는다는 것을 나타낼 수도 있다. 따라서 사회복지사가 아무리 비심판적 태도를 위해 노력하더라도 얼굴 표정으로 클라이언트에 대한 비난을 나타내게 되는 경우가 종종 있다.

팔과 손의 동작(arm and hand movements)은 강한 감정을 나타낸다. 다리를 꼬는 것은 부정적이거나 방어적인 태도를 나타내는 신호이며, 팔을 가슴에 교차시키는 것은 불리한 상황을 피하려는 시도를 의미한다. 몸을 경직시키는 것도 대부분 방어적 태도를 나타내는 것이다. 반면에 팔과 손이 몸의 가장자리에 있거나 뻗으면 타인에 대한 개방성을 나타내는 것이며, 주먹을 쥐면 분노나 불안의 표시다. 손발을 까딱이거나 다리를 떠는 등의 안절부절 못하는 동작은 불안과 신경질적인 태도 또는 무언가에 몰두해 있음을 나타내는 것이다.

목소리의 음조(tone of voice)도 감정을 나타낸다. 크고 힘이 있는 음조는 공격성, 통제, 힘을 나타내며, 약하고 잘 들리지 않는 음조는 철회나 두려움, 약함을 나타낸다. 그리고 단조로운 음조는 흥미가 없다는 것을 나타낸다.

옷차림과 외모(dress and appearance)또한 비언어적 의사소통의 중요한 형태다. 우리는 옷차림을 통해 그 사람의 직업이나 연령, 성격, 환경 그리고 현재의 기분을 짐작하기도 한다. 그러므로 클라이언트 외모나 옷차림으로 정보를 얻기도 한다. 의상과 장신구, 머리모양의 선택은 자신이 어떤 사람인지 또는 어떤 사람이고 싶은지에 대한 메시지이며 사회적 계층, 집단, 하위문화권에 대한 자신의 정체성과 소속의 정보를 밝혀주는 것이다. 사회복지사는 자신의 의복이나 머리모양에 신경을 써야 한다. 단정한 차림새는 자신의 전문적 역할과 책임에 대한 진지함을 의미한다. 아동복지기관에서 알맞은 복장이 병원이나 법원에서는 적절하지 않을 수도 있다. 이처럼 청소년 클라이언트에게는 받아들여질 수 있는 의복이 나이 든 클라이언트에게는 공격적으로 느껴질 수도 있다. 어떤 기관은 정해진 의복 규정이 있다. 신참 사회복지사는 슈퍼바이저에게 적절한 의복의 선택 등에 대해 조언을 받을 필요가 있다.

6 면접론

1. 면접의 개념

면접(interview)은 사회복지실천에서 가장 중요한 수단이며 기법이다. 사회복지사와 클라이언트 간의 관계형성은 이러한 면접과정을 통해서 구체화될 수 있는 것이다. 면접은 사회복지사와 클라이언트 사이의 일련의 의사소통(communication)으로 사회복지개입의 주요한 도구다.

사회사업사전(The Social Work Dictionary)에 의하면 면접이란 특별하고 그리고 예정된 목표를 위해 일어나는 상호작용 속에서의 사람들의 만남이다. 면접이 사회복지사와 클라이언트 사이에서 이루어질 때 대부분의 목적은 어떤 문제를 해결하기 위한 것이다. 이러한 목적을 달성하기 위하여 사회복지면접에는 지시적 치료(directive therapy)와 비지시적 치료(nondirective therapy), 사실정보수집면접(fact-gathering interview) 그리고 접수(intake) 등이 있다. 면접은 개인, 집단, 가족, 지역사회가 대상이 될 수 있다. 대부분의 면접은 연속적인 접촉(contact) 가운데 여러 가지 형태가 혼합되어 있다.

지시적 치료란 사회복지사나 정신건강 제공자가 충고, 제시, 자원에 대한 정보 그리고 더욱 효과적인 행동을 위한 처방 등을 하는 일종의 상담접근방법이다. 비지시적 치료란 클라이언트가 자유롭게 문제를 이야기하도록 격려할 수 있는 따뜻하고 허용적이고 수용하는 분위기에서의 상담접근방법이다.

어떤 전문가들은 비지시적 치료를 클라이언트중심치료(client-centered therapy)라 부르기도 한다. 사회복지사는 충고나 제시는 거의 제공하지 않으며 질문도 거의 하지 않는다. 오히려 사회복지사는 클라이언트가 자신의 감정과 생각을 추적하고 탐험하도록 격려하고 촉진시킨다.

사실 수집면접은 사회복지사가 예정된 특별한 자료를 클라이언트로부터 수집하는 면접이다. 사회복지사는 특별한 질문을 하고 대답과 관련된 것을 양식에 기록한다.

이 목적은 기본적으로 치료적인 것은 아니며, 문제를 다룬다거나 클라이언트의 감정을 정화시키는 기회도 거의 없다(Barker, 1995: 129).

접수는 클라이언트와의 초기 접촉에서 생산적인 원조를 하기 위하여 사회기관에서 사용되는 절차다. 이러한 절차는 기관에서 제공되는 서비스에 관하여 클라이언트에게 알려 주는 것이다. 상담비와 약속시간과 같은 서비스의 조건, 클라이언트에 관한 적절한 자료를 얻는 것, 문제의 성격을 사전에 파악하기 위한 상담, 기관에서 제공되는 서비스에 대해 클라이언트의 자발적인 동의를 얻고, 필요한 서비스를 적합하게 제공할 수 있는 사회복지사에게 클라이언트를 할당하는 것 등이다(Barker, 1995: 190).

사회복지실천과정에서 면접은 전문적 관계에 바탕을 두고 정보수집, 과업수행, 클라이언트의 문제나 욕구해결 등과 같은 목적을 수행하는 시간제한적 대화다.

2. 면접의 특성

면접은 특정한 종류의 의사소통으로 간주될 수 있다. 로버트 칸(Robert Kahn)과 찰스 코넬(Charles Connel)에 의하면 면접은 언어적 상호작용의 특수한 형태로 정의되며, 면접은 특정한 목적을 가지고 특정한 내용에 초점을 맞춤으로서 불필요한 자료들을 제거한다. 그리고 면접은 상호작용의 한 형태로서 면접의 목적과 특성에 따라 면접자나 피면접자의 역할관계가 특정화된다. 사회복지면접은 일종의 의사소통으로 네 가지 특성을 가지고 있다.

첫째, 맥락(context)이나 장(setting)을 가지고 있다. 즉, 클라이언트에게 서비스를 제공하는 특정한 기관이 있고 면접의 내용은 특정 상황에 한정되어 있어 관련되지 않는 요인들은 제거된다는 것이다.

둘째, 목적과 방향이 있다. 다시 말해서 면접은 우연히 만나 정보를 교환하는 것이 아니라 구체적인 목표를 달성하기 위해 수행되는 과정이다.

셋째, 계약에 의한다. 다시 말해서 면접은 클라이언트와 사회복지사가 목적달성을 위한 일련의 과정을 밟기로 상호 합의한 상태에서 진행함을 의미한다.

넷째, 면접에서는 관련자들 간의 특정한 역할관계가 규정된다. 즉, 면접자와 피면접자에게 각각 정해진 역할이 있고 그 역할에 따라 상호작용을 한다(Compton & Galaway, 1984: 274).

그러므로 사회복지실천에서 면접은 사회복지사와 클라이언트가 특정 상황에서 특별한 목적을 가지고 계약에 의해서 행하여지는 의사소통이라고 할 수 있다.

3. 면접의 종류

사회복지면접의 목적은 사회복지기능에 따라 다르다. 대부분의 사회복지면접은 사회조사를 하기 위한 정보적인 것, 평가하기 위한 조정적인 것 그리고 변화를 위한 치료적인 것이 있다(Kadusin, 1972: 15-21). 이러한 분류는 분석을 하기 위한 구분이지 실제 면접에서는 여러 가지 목적을 동시에 가지게 되는 것이 일반적이다.

1) 정보수집면접 또는 사회조사

이 면접의 목적은 클라이언트와 그의 상황에 대한 필요한 정보를 수집하거나 사회조사를 하기 위한 것이다. 즉, 클라이언트의 개인적 · 사회적 문제와 관련된 인구사회학적 배경 그리고 개인발달사에 관한 정보를 수집한다. 이와 같은 것들은 클라이언트를 그의 상황 속에서 이해하는 데 필요한 조건들이다. 이해는 변화를 가져오는 효과적인 중재를 위하여 필요한 조건들이다. 클라이언트에 대한 모든 것을 알기 위한 것이 아니고 효과적인 도움을 주기 위하여 필요한 것만 알면 되는 것이다.

정보수집면접 또는 사회조사에 필요한 요인들은 다음과 같다.

첫째, 인구사회학적 요인으로 나이, 성별, 학력, 결혼상태, 주소 등이 포함된다.

둘째, 현재의 문제를 조사하는 것이다. 즉, 현재문제 상황, 과거에 유사한 문제의 존재 유무, 치료경험 및 형태, 치료기관 등과 같은 과거력이 포함된다.

셋째, 가족력이다. 클라이언트의 원가족을 중심으로 부모와의 관계, 형제-자매와의 관계, 가족문화 등과 핵가족을 중심으로 부부관계, 자녀와의 관계 등이 포함된다.

넷째, 개인력이다. 성장배경, 발달단계상의 문제, 학교생활, 교우관계,

직장생활, 결혼생활 등이 포함된다.

다섯째, 사회적 · 직업적 기능 정도에 관한 정보수집이다. 클라이언트의 사회적 · 직업적 기능에 관한 것이다.

모든 면접에서 이전에 밝혀지지 않았던 새로운 정보를 얻게 된다. 초기면접은 사회조사가 주요 목적이므로 가능한 많은 정보를 얻는 데 기여한다. 그 이후의 면접에서는 어떤 목적을 성취하는 과정에서 자연히 얻어지게 된다.

2) 사정면접

사정면접의 목적은 서비스를 위한 평가와 적격성(eligibility)의 결정을 하기 위한 것이다. 이 면접은 행정적인 결정을 하는 데 도움이 된다. 예를 들면 입양신청자의 면접에서 그에게 아동을 입양시켜도 되는지의 여부를 결정하기 위한 것이며, 기초생활 수급 신청자의 면접에서는 그가 자격이 있는가를 결정하기 위해 이루어진다.

이 면접은 클라이언트가 특별한 서비스를 받기 위한 적격성이 있는가를 사정하기 위해 실시된다.

정신장애인의 경우에는 사정면접은 어떤 치료를 사용할 것인지를 결정하기 위한 것이다. 어느 정도의 장애인지, 정신장애의 진단과 유형은 무엇인지, 약물치료와 재활치료의 효과는 예측이 가능한지를 판단하고, 그 결과에 초점을 맞추어 클라이언트의 기존의 자원과 능력을 평가한다. 정신장애인의 현재 문제상황, 문제해결 목표, 그리고 목표 달성을 위한 개입방법의 결정 등이 사정면접에서 이루어진다.

사정과정은 기관이 어떤 서비스를 제공할 것인가를 결정하게 해 준다.

3) 치료면접

치료면접의 목적은 면접을 통하여 클라이언트와 클라이언트의 상황을 변화시키거나 모두를 변화시키는 것이다.

클라이언트 개인에게 사회적 기능향상을 도모해 보다 더 효과적인 사회 적응을 하게 변화시키기 위한 것이므로 클라이언트의 감정, 태도 및 행동상의 변화가 일어나야 한다. 환경변화를 목표로 한다면 클라이언트에게 중요한 다른 사람들과 면접이 이루어지며 이때 사회복지사는 중재자나 대변자로 관여하여 클라이언트를 대신해서 그들에게 영향을 미쳐야 한다. 클라이언트의 권리와 이익을 옹호 및 대변하기 위하여 사회복지기관, 지역사회, 관련 공무원, 때에 따라서는 정책변화와 관련되어 활동이 이루어진다.

4. 면접의 조건

사회복지실천에서의 면접은 문제를 가지고 그것을 해결하려고 고통스러워하는 클라이언트에게 도움을 주기 위하여 이루어지는 것이므로 클라이언트가 그의 욕구를 충족하기에 가장 편리한 환경을 제공하여야 한다. 또한 면접의 물리적 조건들은 면접자들의 태도, 감정, 반응 등에 중요한 영향을 준다고 할 수 있다.

헵워스와 라슨(Hepworth & Larsen, 1989: 35)은 생산적인 면접의 물리적 조건들을 다음과 같이 제시하고 있다.

첫째, 적당한 채광과 조명

둘째, 쾌적한 온도

셋째, 답답하거나 갇힌 느낌이 들지 않을 정도의 넓은 공간

넷째, 면접공간에 어울리는 가구와 실내장식

다섯째, 등을 편안히 받쳐 주는 의자

여섯째, 비밀을 이야기할 수 있을 정도의 독립적인 공간

일곱째, 방해받지 않는 분위기

여덟째, 참여자들 사이의 개방적 공간 등의 물리적 조건

이외에 면접을 위한 대기실도 고려해야 한다. 대부분의 클라이언트들은 고통 받는 사람들이므로 기다리는 동안에 짜증 등의 부정적 감정은 면접에 도움이 되지 않는다.

맨골드와 자키(Mangold & Zaki)도 면접의 물리적 환경이 면접의 전체적 잠재력을 결정하는 중요한 요소로 보고 어느 정도의 사생활이 보장되는 편안하고 긴장완화적인 분위기가 중요하다고 하였다(김연옥, 최해경 역, 1994: 70). 그러므로 면접 시 시계 소리나 전화벨 소리 등의 소음을 최소화하여야 바람직한 면접이 이루어질 수 있다.

면접의 물리적 환경 외에 면접할 날짜와 시간을 사전에 약속하는 것도 중요하다. 시간약속의 장점은 면접 중 방해받을 염려가 없고 시간도 유효하게 사용할 수 있어서 클라이언트나 사회복지사에게 서로 주어진 시간에 자기들의 목적하는 바를 이루려고 하는 적극적인 참여와 노력을 집중시킬 수 있다.

면접의 시간적 길이는 목적에 따라 좌우되지만 사회복지실천에 있어서 클라이언트에게 면접약속을 할 때 시간이 얼마나 걸릴 것이라는 것을 미리 알게 하여 클라이언트가 그 시간을 모두 사용하든지 않든지는 그에게 달렸다고 미리 알려 주는 것이 매우 유익하다.

면접시간은 45분 내지 50분 정도가 가장 적당하다. 10분이나 15분 정도의 너무 짧은 면접은 클라이언트가 하고 싶은 말을 충분히 표현하지 못하거나 또는 사회복지사가 듣고 싶은 이야기를 못 듣거나 관계형성도 못한 채 중도에서 끝나는 의미 없는 면접이 되기 쉽다. 반대로 너무 긴 면접, 즉 1시간 반이나 2시간 또는 그 이상의 시간을 갖는다면 양자 모두 피로에 지쳐 의미 없는 말만 교환하는 가운데서 이야기의 초점에서 벗어나는 무의미한 면접으로 끝날 가능성이 있다.

사회복지사들은 능률과 성과를 올리기 위해서는 면접시간을 적절히 활용하여야 한다.

5. 면접의 방법

사회복지실천을 위한 면접에서 기본적으로 활용하는 방법들이 있다. 즉, 클라이언트의 문제와 치료의 목표와 관계없이 모든 면접의 공통적인 기본방법을 의미한다(이장호, 1989: 85).

기본 방법으로는 관찰, 경청, 질문, 반영, 명료화, 직면, 해석이 있다.

면접은 사회복지사가 클라이언트의 이야기를 듣고 그가 처해 있는 시점에서 시작하여야 한다. 그러므로 첫 단계는 클라이언트가 긴장을 풀고 편안히 느끼도록 도와주어야 한다. 효과적인 원조관계의 핵심은 인간을 돌보는 것이다. 그러므로 사회복지사는 원조적인 관계의 조건과 특성인 감정이입, 긍정적인 고려, 개인적 온화함, 진실성 등을 갖추어야 한다. 그리하여 면접을 위해 심리적으로 편안한 분위기를 조성하는 기술을 갖추어야 한다.

1) 관 찰

관찰은 클라이언트가 이야기하고 행동하는 모든 것에 주의를 기울여 클라이언트와 그의 문제를 이해하는 데 필요한 정보를 얻는 것이다. 그러나 관찰은 한계가 있으므로 사회복지사가 알고자 하는 것을 선택하여 관찰하는 의도적이고 계획적인 활동이라고 할 수 있다(Loewenberg, 1977: 178-179).

관찰은 클라이언트가 상담실 문을 열고 들어오면서부터 시작된다고 할 수 있다. 즉, 초기면접 이전에 대기실에서의 클라이언트 모습은 그가 일상생활에서 자기 자신을 어떻게 통제했는가를 알 수 있는 정보를 주는 것이다.

면접에 있어서 클라이언트가 이야기하는 것은 물론이고 클라이언트가 말하지 않는 것과 의미 있는 침묵 등도 똑같이 주의를 기울여야 한다.

또한 신체적인 긴장, 얼굴 붉힘, 홍분, 낙담 및 클라이언트가 이야기할 때의 태도나 모습에도 주의를 기울여야 한다. 언어적 표현과 비언어적 표현이 일치하는가 등도 포함된다. 예를 들면 클라이언트가 아버지의 죽음을 이야기하면서 웃는 것 등은 클라이언트의 표현과 감정의 차이를 밝히는 데 매우 중요한 것이다.

비언어적 표현 중에 사회복지사가 가장 다루기 힘든 것이 침묵이다. 침묵은 언제, 어떤 대화 도중 발생했는가를 파악하여야 한다. 대부분 이야기할 주제가 클라이언트에게 위협적이거나 말하기 어려운 것일 때 침묵이 나타난다. 또한 개인에 대한 관찰이 항상 정확하다고 볼 수 없다. 예를 들어 어떤 사람에게는 상냥하고 애교스럽게 보이는 것이 다른 사람에게는 적개심으로 인식될 수도 있다.

사회복지사는 관찰대상을 자신의 흥미, 편견, 태도 및 훈련 등에 따라 선택하고 개인적인 해석을 첨가하기도 한다.

따라서 사회복지사는 자신의 관찰이 정확하다고 생각해서도 안 되며 또한 쉽게 속단하여서도 안 된다. 그러므로 관찰을 통해 얻은 정보가 다른 정보와 일치되는지를 판단하며 사용해야 한다.

저자의 경우 첫 면접에서 클라이언트를 진단하고 그것이 심리검사를 통한 결과와 맞을 때 본인의 관찰기술을 다시 한 번 점검하고 항상 객관성을 유지하려고 노력하고 있다.

2) 경 청

면접의 기본적인 활동 중의 하나가 경청이며 훌륭한 면접자는 훌륭한 경청자이어야 한다. 사회복지사는 클라이언트가 무엇을 말하는지, 사회복지사의 질문에 어떻게 반응하는지를 듣는 것이다. 사회복지사는 가능한 면접시간을 더 많이 경청하는 데 활용하여야 한다. 초보자의 경우 너무 많은 이야기를 하여 클라이언트에게 이야기할 수 있는 기회를 거의 주지 않는 실수를 범하기도 한다. 사회복지사가 클라이언트의 어려움에 공감하고 그가 원하는 반응을 하면서 잘 듣는 것이 경청이다. 사회복지사가 지나친 충고와 제안을 한다거나 한 주제가 끝나기도 전에 다른 주제로 넘어간다든지 하는 것은 전문적인 관계형성에 해로울 뿐 아니라 클라이언트가 사회복지사를 신뢰하지 못하는 결과를 초래한다. 경청도 단순히 클라이언트의 이야기를 듣는 것이 아니고 그가 지금 무엇을 표현하는지, 그의 감정과 사고는 어떠한지를 이해하면서 듣는 것이다. 공감적 태도 속에서의 경청은 그 자체로서도 클라이언트가 감정정화(catharsis)를 하고 마음의 안정을 찾게 하는 효과가 있다.

격한 감정, 분노 등의 부정적 감정을 표현함으로써 감소시키려는 클라이언트에게는 사회복지사의 경청은 클라이언트를 변화시킬 수 있는 개입방법이 된다.

3) 질 문

사회복지사가 클라이언트로부터 필요한 정보를 얻기 위하여 그리고 클라이언트의 생각과 느낌을 표현하도록 돕기 위해서 사용되는 방법이 질문이다. 질문은 면접의 중심이 되는 기술로서, 유능한 사회복지사는 몇 마디 질문으로 클라이언트에게 많은 것을 이야기하도록 해야 된다.

사회복지사는 클라이언트의 보조에 맞추어 질문해야 한다. 면접 진행속도가 지나치게 느리면 클라이언트는 자신에게 관심이나 이해가 없는 것으로 느끼며, 면접을 급히 서두르면 중요한 실마리를 놓칠 우려가 있다. 또한 너무 많은 질문은 클라이언트에게 혼돈을 주고 너무 적은 질문은 클라이언트에게 부담을 준다.

사회복지사와 클라이언트와의 면접이 바람직하게 진행되기 위해서는 적절한 질문요령에 달려 있다. "당신은 몇 살입니까?" 와 같은 질문은 폐쇄형 질문(closed-ended question)이다. 이 질문은 클라이언트가 대답할 수 있는 방법을 제한한다. 반대로 "당신에 관한 이야기를 해 주십시오." 와 같은 질문은 클라이언트가 중요하다고 생각하는 것은 무엇이든 다 말할 수 있는 개방형 질문(open-ended question)이 된다. 상담 도중에 사회복지사는 대개 개방형 질문을 사용할 것이다. 폐쇄형질문은 사회복지사가 구체적인 정보를 필요로 하거나 클라이언트가 너무 당황하고 혼란스러워서 방향과 초점을 유지하기 위하여 특정한 구조가 필요할 경우 적절하다.

질문하는 기술에서 일반적인 실수는 폐쇄형 질문을 너무 많이 사용하거나 질문을 한꺼번에 너무 많이 하거나, 유도하는 질문을 하거나 '왜' 라는 질문을 너무 많이 하는 것이다.

사회복지사도 종종 클라이언트로부터 질문을 받을 때가 있다. 클라이언트의 사회복지사에 대한 호기심일 수도 있고 사교상 예의에서 비롯된 질문일 수도 있다. 이런 경우에는 사회복지사는 예의 있게 대답하고 다시 초점을 클라이언트에게 옮기는 것이 바람직하다. 만약 클라이언트의 질문에 사회복지사의 답이 길어지면 문제의 초점이 흐려질 수 있고, 클라이언트로 하여금 자신의 문제를 회피할 수 있는 기회를 제공하여 전문적 관계에 손상이 되는 결과가 된다.

4) 반영 · 명료화 · 직면과 해석

(1) 반영

반영은 클라이언트의 말과 행동에서 표현된 기본적인 감정 · 생각 및 태도를 사회복지사가 다른 참신한 말로 부연해 주는 것이다.

사회복지사는 클라이언트의 감정 및 태도 중 어떤 것을 반영할 것인가를 선택한다. 이 선택의 기준은 일반적으로 클라이언트가 표현한 말에 담긴 감정과 생각 중 가장 중요하고 강력한 것이 어떤 것이냐에 따른다. 중요한 것은 클라이언트가 말로 표현한 수준 이상으로 깊이 들어가지 않는다는 것이다. 클라이언트가 분명히 표현하지 않은 것을 언급하는 것은 명료화나 해석이 되기 쉽다.

(2) 명료화

명료화는 클라이언트의 말 속에 내포되어 있는 것을 내담자에게 명확하게 해 주는 것을 의미한다. 다시 말해서 클라이언트의 실제 반응에서 나타난 감정이나 생각 속에 암시되었거나 내포된 관계 또는 의미를 보다 분명하게 말해 주는 것이다.

클라이언트에게 언급해 주는 내용의 의미와 관계는 어디까지나 클라이언트의 표현 속에 포함되어 있다고 사회복지사가 판단한 것이다. 즉, 명료화의 자료는 내담자 자신이 미처 자각하지 못하는 의미 및 관계이다. 클라이언트가 애매하게만 느끼던 내용이나 자료를 사회복지사가 말로 표현해 준다는 점에서 클라이언트에게 자기가 이해를 받고 있으며 면접이 잘 진행된다는 느낌을 갖게 해 준다. 또한 클라이언트로 하여금 미처 생각하지 못했던 측면을 생각하도록 하는 자극제가 되는 것이다.

(3) 직면

직면(confrontation)이란 클라이언트가 모르고 있거나 인정하기를 거부하는 생각과 느낌을 규명하는 것이다. 예를 들면 클라이언트가 모르고 있는 과거와 현재의 연관성, 행동과 감정 간의 유사점 및 차이점 등을 지적하고 그것에 주목하는 것이고, 직면은 사용하기 어려운 기법으로 클라이언트의 감정, 경험 및 왜곡된 면을 규명하는 것이다.

(4) 해석

해석이란 클라이언트가 이야기한 경험 내용에 사회복지사가 새로운 의미와 관련성을 부여하여 언급하는 것이다. 즉, 클라이언트가 미처 자각하지 못하고 있는 의미와 관계성을 사회복지사가 지적해 주는 것이라고 말할 수 있다.

면접에서의 해석은 클라이언트에게 어떤 의미를 전달하고자 하는 상담자의 시도라고 볼 수 있다. 해석은 클라이언트가 보이는 행동들 간에 관계 및 의미에 대한 가설을 제시하는 것이다. 즉, 클라이언트로 하여금 과거의 생각과는 다른 각도에서 자기의 행동과 내면세계를 파악하게 하는 것이다.

해석의 의미나 범위는 전문가들에 따라 다르게 설명된다. 예를 들면 고전적 정신분석가들은 반영과 명료화도 해석의 범주 속에 포함하는 경향이 있고, 어떤 분석적 치료자는 주로 클라이언트를 저항의 본질에 직면시키려 하는 언급만을 해석으로 간주한다. 또한 인간중심치료의 전문가는 일반적으로 해석은 피하고, 주로 명료화나 감정의 반영을 사용한다. 이들은 해석이 저항을 조장하며 사회복지사에게 너무 많은 치료적 책임을 갖게 한다고 주장한다. 그러나 실제로는 감정의 반영도 대부분 온화한 해석이라고 볼 수 있는 것이다. 감정을 반영할 때에는 항상 클라이언트가 제시한 자료 중에서 선택하되 클라이언트가 표현한 것 중에서 가장 정서적인 색채를 띤 감정들을 반영한다. 감정반영에서는 어느 감정이 가장 클라이언트에게 중요하고 의미가 있는가를 판단하여야 하고, 감정의 명료화에서는 클라이언트가 원래 제시한 것보다 더 많은 의미를 추가하여 반응한다. 따라서 사회복지사나 클라이언트의 감정을 반영하고 명료화하는 것은 해석적인 반응과 별개의 것이라고 볼 수 없고, 모두가 하나의 연속체에 속한다고 보아야 할 것이다. 클라이언트의 내면세계에 접근하는 깊이의 정도는 반영 → 명료화 → 직면 → 해석 순이라고 말할 수 있다. 또한 해석은 클라이언트가 의식하지 못하는 의미까지 지적 및 설명해 준다는 면에서 가장 어렵고 무의식에 관한 분석적 전문성이 요구되는 것이다.

(5) 반영 · 명료화 · 직면 및 해석의 비교

다음은 클라이언트의 꿈 이야기에 대해서 반영 · 명료화 · 직면 및 해석이 어떤 방식으로 다르게 나타낼 수 있는지를 예를 들은 것이다.

> 클라이언트: 지난밤에 저는 꿈에 아버지와 사냥을 갔는데, 제가 글쎄 사슴인 줄 알고 쏘았는데, 나중에 가까이 가 보니까 아버지가 죽어 있었습니다. 그래서 깜짝 놀라 잠을 깨었습니다. 『디어헌터(Deer Hunter)』라는 영화를 본 지 며칠 안 돼서 그런 꿈을 꾸었는지 모르겠어요.

- 반영: 그런 끔찍한 꿈을 꾸어서 몹시 당황했겠군요!
- 명료화: 꿈이었지만, 총을 잘못 쏘아서 아버지를 돌아가시게 한 죄책감 같은 것을 느끼는지도 모르겠군요.
- 직면: '너무 권위적이고 무관심한 아버지가 혹시 일찍 사고로 세상을 떠났으면 하는 생각이 마음 한구석에 있었는지도 모르겠군요!
- 해석: 부모에게 효도해야 된다는 우리나라 문화권에서 볼 때 그런 꿈을 꾸었다는 사실에 마음이 심란하기도 하겠어요. 그리고 한편으로는 권위적 존재에 대한 적개심을 간접적으로나마 인정하고 표현했다는 점도 중요하겠지요!

6. 면접의 기록

사회복지실천에서 면접과 함께 사용하는 중요한 것이 사례기록이다.

1) 기록의 목적

사례를 기록하는 것은 여러 가지 목적이 있을 수 있다. 사회복지실천에서 기록(recording)은 사회복지사가 수집한 정보와 개입 과정의 진행상황을 문서화하는 것이다. 이렇게 문서화된 기록의 목적을 캐글(Kagle)은 다음과 같이 제시하였다(홍순혜, 한인영, 1997: 18-22).

(1) 클라이언트의 욕구 확인

관심의 초점이 되는 것이 무엇인지를 분명히 알게 해 주는 것이 기록이다. 또한 기록은 다양한 서비스와 클라이언트가 연결될 때 클라이언트의 세부적인 사항과 욕구를 확인할 수 있도록 도와준다. 즉, 사회복지실천 기관에서 구체적 서비스 제공이 구체적인 목적이 되는 경우, 기록에서 클라이언트의 욕구를 확인하게 된다.

(2) 서비스 내용 보고

서비스가 진행된 상황과 과정에 대한 기록은 과정에서의 주요한 사건들을 알게 해 주고 서비스가 클라이언트의 욕구에 적절한 것이었는지를 검토할 수 있는 자료로 활용된다.

(3) 전문가 사이에서 의사소통의 활성화

다학문적 접근법을 사용하는 최근의 견지에서 볼 때 전문적 과정에서의 사례회의나 토론을 대신하여 기록이 사례에 관한 의사소통의 도구로 활용되어 집단적 의사결정을 도울 수 있다.

(4) 클라이언트와 정보 공유

클라이언트에게 어떤 개입 방법을 실천하고 있는가를 기록하여 클라이언트와 그를 둘러싼 중요한 사람에게 기록을 보여 주기도 하고 때로는 그것에 대해 토론할 수도 있다.

(5) 지도감독, 자문, 동료검토 활성화

사회복지사들은 자신의 개입과정과 진행에 대해 지도감독을 받기도 하고 또는 다른 전문가들로부터 자문을 받기도 한다. 이때에 기록을 활용한다. 그리고 동료들과 사례를 검토할 때에도 기록을 활용한다.

(6) 사례의 지속성 유지

사회복지사의 신병, 휴가 및 전근 등으로 부득이 교대해야 될 경우나 또는 클라이언트가 다른 기관으로 의뢰될 때를 대비하여 기록은 매우 중요하다. 기록을 통해 클라이언트의 욕구, 개입의 목적, 진행과정을 검토할 수 있게 해 주어 사례가 유지 및 연결되도록 도와준다.

(7) 서비스 과정과 효과의 점검

서비스 과정이 유용한 것이었는지 그리고 원하던 목표를 달성하였는지를 평가하기 위한 증명자료가 기록이다.

(8) 학생과 다른 전문가들에 대한 교육

초보 사회복지사의 훈련, 학생들, 사례연구회, 기타 전문교육에 있어서, 그리고 사회복지실천과정에 있어서 가장 중요한 자료로 사용되는 것이 기록이다.

(9) 행정적 과업을 위한 자료 제공

클라이언트를 계속적으로 추적하고, 클라이언트의 욕구, 서비스의 유형, 직무관리, 직원의 직무수행, 자원의 분배에 관한 행정적 결정을 위한 자료를 제공하기 위해 기록이 활용된다. 예를 들면 서비스의 수급자격(eligibility)을 입증할 문서를 구비하기 위하여 기록이 활용된다.

(10) 조사를 위한 자료 제공

기관의 정책과 사회복지실천 방법에 관한 연구를 위해 조사자료 기록을 활용한다.

7. 기록방법

기록은 탄력성을 지닌 도구이며, 사례의 종류, 기관의 기능, 사회복지실천상의 실제적 조건, 기록을 활용하는 사람의 취향 등에 따라 기록방법이 달라질 수 있다. 예를 들면 공적부조 대상자를 기록하는 데는 전문적 용어나 기술을 한다는 것은 불필요한 것이다. 사례를 기록하는 양식으로는 이야기체기록, 요약기록, 과정기록, 문제중심기록 등이 있다.

어떤 기록양식을 취하든 간에 모든 사례기록은 다음과 같은 내용을 포함하여야 한다. 즉, 클라이언트가 요청하는 문제의 성격, 클라이언트가 자신의 문제 상황에 대해 무엇을 생각하고 어떻게 느끼고 있는가? 또는 과거에 원조를 받은 경험이 있는가의 여부, 문제에 대한 사회복지사의 생각, 클라이언트와 관계 있는 가족, 집단, 지역사회의 조건 등을 명확히 기록해야 된다.

1) 이야기체기록

가장 오래된 기록의 형태는 일기형식으로 씌어진 것이다. 즉, 사회복지사에 의해 취해진 단계적(step by step)인 기술이다.

사례가 장기간 계속될 경우에는 사건을 요약한 부분도 있다. 원칙으로는 이야기체기록(Narrtive Recording)의 내용은 객관적 사실이나 사건을 그대로 서술하는 것이다(Hamilton, 1946: 21).

다시 말해서 이야기체기록은 객관적 사건이나 사실을 그대로 기술하는 것으로, 일기형식으로 기록하는 것이다.

2) 요약기록

요약기록(Summary Recording)은 사실별, 인물별 등을 표제별로 요약 · 기술하는 것으로서 요약을 사용할 때는 반드시 자료의 출처를 밝혀야 한다. 또한 요약은 사례의 중요한 부분을 집약한 것이어야 한다. 그리고 요약기록은 기록의 분량을 절약하며 사례의 진행방향을 명확하게 하여 사회복지사의 시간을 절약하게 해 준다.

요약기록은 사회복지기관에서 가장 많이 사용되는 것이며, 이것은 사례의 전체적 자료, 사회조사, 행동계획, 시간의 흐름에 따라 변화된 상황, 개입활동, 중요한 정보 등을 요약하여 기록하는 것이다. 사례가 장기간 진행되는 경우에는 시간의 흐름에 따라 일정한 기간을 정하여 기록하는 것으로서 매우 유용하다(Johnson, 1989: 391. 재인용).

요약기록은 날짜와 클라이언트의 기본적인 사항을 기입하고 클라이언트에게 일어난 변화에 초점을 두어 기록한다.

요약기록의 장점은 복잡한 사례의 움직임에서 사례의 통일성과 방향을 정확하게 간추림으로써 사례기록의 내용을 강조하는 점이라고 한다.

이에 반해 요약기록은 제한적이고 불투명하므로 시간의 흐름에 따라 현상을 기록해야 한다는 주장도 있다.

3) 문제중심기록

문제중심기록(Problem-Oriented Recording: POR)은 병원 또는 의료적 프로그램에서 사용되는 기록 형식의 한 방법이며 사회복지기관에서도 널리 사용되고 있다.

문제중심기록은 네 가지 요소로 구성되며, 이 요소들은 문제해결과정의 기본적 단계와 관련이 있다.

첫째, 데이터베이스 구축으로 접수단계 동안 수집한 정보, 즉 나이, 성별, 결혼관계 등의 클라이언트와의 면담에 관련된 기본적 자료들에 대한 기록이다.

둘째, 초기단계에서 클라이언트와 클라이언트와 관련된 사람들 그리고 사회복지사가 보는 문제가 문제 목록이 된다. 문제 목록은 사례 계획과 개입의 초점을 제공하게 된다.

셋째, 각 문제에 대한 목표와 계획이다.

넷째, 사회복지활동을 통해 달성된 것이다. 결과에 대한 진행기록 등의 계획의 실행을 의미한다.

개입시작부터 클라이언트의 조건을 분명하게 보여 주고, 계획을 기록하고, 무엇이 수행되고, 클라이언트가 어떻게 반응하는지를 서술하며, 종결단계에서는 클라이언트의 상황을 서술하게 되는 기록방법이다. 이 방법은 초점을 극대화하고 효율성을 향상시킨다.

문제중심기록은 SOAP 방식을 사용하며 행동계획을 설명하는 것이 도움이 된다.

주관적 정보(Subjective information: S)는 클라이언트가 상황을 어떻게 느끼고 있는가를 나타낸다. 클라이언트의 자기보고에서 나오며 따라서 독립적이거나 외적 타당도는 없다.

객관적 정보(Objective Information: O)는 사회복지사의 직접적 관찰, 임상적 실험, 체계적 자료수집 등에 의한다. 주관적 정보와 비교하여 보면 이 자료는 독립적으로 검증될 수 있다.

사정(Assessment: A)은 주관적 · 객관적 정보의 검토를 통한 사회복지사의 문제에 대한 개념화와 결론을 말한다.

계획(Plan: P)은 사회복지사가 특정한 문제를 제기하거나 해결하는 방법을 말한다.

문제중심기록은 SOAP 형식을 필요로 하지만 SOAP 형식은 문제중심기록과는 독립적으로 사용할 수 있다.

SOAP기록의 예는 〈표 6-1〉과 같다.

4) 과정기록

과정기록(Process Recording)이란 사회복지사와 클라이언트가 면접 전개 과정을 시간적 흐름에 따라 기술하는 방법이다. 구체적으로 사회복지사가 어떻게 말했으며 이에 반해 클라이언트는 어떤 태도로 어떻게 반응했는가, 그것을 사회복지사가 어떻게 해석했으며 어떻게 반응했는가 등과 같이 면접이 진행되는 과정을 단순한 문답체로 기록하는 것이 아니고 사회복지사의 판단이나 해석을 가해 가면서 쓰는 방식이다. 이러한 기록은 교육 및 지도감독 시에는 유용하게 사용될 수 있지만 시간이 너무 소모된다는 한계를 가지고 있다.

과정기록은 면접 후 사회복지사가 모든 과정을 기억하여 기록해야 되므로 기록의 유용성은 사회복지사의 기억력에 달려 있다고 할 수 있다. 그러

〈표 6-1〉 SOAP 기록의 예

S	8개월 동안 병원에 있어서 친구들도 못 만나고, 친구가 있긴 하지만 유흥업소에 다닌다고 누나가 좋아 하지 않아서 친구들과는 두절되었다. 병원에 있는 것이 무척 답답한데 아직 다리가 낫지 않아서 괴로워하고 있다. 누나는 동생이 지나치게 말을 안 한다고 걱정을 하면서 동생의 위축과 우울에 민감한 반응을 보인다.
O	동생은 자기표현을 쑥스러워는 하지만 사회복지사에게는 자기표현을 당당하게 하고 있다. 누나는 걱정을 하며 인상을 찌푸리고 있다.
A	동생이 느끼는 위축감과 우울함은 성격이라고 보기보다는 사고로 인한 입원이 필연적이었다고 생각되고, 이러한 점으로 볼 때 동생은 본래 성격이 명랑하고 대인관계가 넓고 원만하였으므로 퇴원한다면 위축감과 대인관계의 소원함은 해결할 수 있다고 생각된다.
P	동생과 규칙적 면담 실시: 입원 전 넓었던 대인관계를 지지하면서 개입한다. 자신의 강점과 장점을 찾아서 퇴원 후 대인관계와 사회활동에 대한 긍정적 사고를 갖도록 지지한다.
누나 및 가족	가족교육을 실시하여 동생의 상황을 이해 및 보호한다.

나 사회복지사가 면접에 집중력을 발휘한다면 45분 정도의 내용은 거의 기억해 낼 수 있다고 한다.

따라서 시간의 소모는 많지만 사회복지사가 객관적으로 면접상황을 기억해 내어 지도감독에 활용한다면 면담기술의 발달에 매우 유용하게 사용될 수 있는 기록방법이다.

5) 보조기록

(1) 메모

면접 중 메모(Memos)는 세션(session) 후에 기록을 작성하는 데 보다 편리하게 해 준다. 이때의 메모는 면접의 흐름을 방해하지 않아야 하며 면접보다 더 중요하여서도 안 된다. 그러나 실제 면접 도중 메모를 하다 보면 클라이언트의 말에 주의가 덜 되고, 또한 잊지 않으려는 생각에 모든 것을 메모하느라 면접보다 메모에 더 신경을 쓰게 된다. 메모를 적게 하면서 모든 것을 기억할 수 있는 메모를 사용하면서 클라이언트의 이야기에 집중하여야 바람직하다.

메모가 필요할 경우 클라이언트에게 양해를 구하는 것이 바람직하다. 양해 없이 메모할 경우 클라이언트가 모르게 하려고 노력하게 되므로 이것은 클라이언트에게 오해와 불신의 씨가 되기 쉽다. 메모를 하는 이유는 클라이언트를 더 많이 이해하고 면접에 대한 평가 또는 지도감독을 받기 위한 것이라고 반드시 양해를 구하여야 한다.

(2) 녹음 및 녹화하기

녹음이나 녹화는 면접의 전 과정을 기록해 주므로 메모에 비해 훨씬 더 효과적이다. 특히 녹화는 언어적 · 비언어적 표현까지 기록해 주므로 사회복지사나 클라이언트로 하여금 자신들의 말과 행동을 되돌아보게 해 주고 상호작용 과정상의 문제를 파악하도록 도움을 준다.

녹음이나 녹화 역시 클라이언트나 사회복지사가 의식하여 면접에 방해가 된다면 바람직하지 못하다. 녹음 및 녹화 역시 클라이언트의 사전 동의하에 클라이언트나 사회복지사가 방해받지 않는 상황에서만 가능하다.

8. 기록의 실제 작성방법

알코올중독자인 A씨의 사례를 통해 SOAP 작성방법, 가계도(Genogram), 생태도(Eco-map)의 기록 작성방법을 설명하고자 한다(한국정신보건사회사업학회편, 2000: 119-125).

A씨의 사례: A씨는 알코올중독을 앓고 있는 34세의 환자로서 6년 전 8개월

된 딸 사망 이후 매일 저녁 남편과 함께 술을 마셨고, 2년 전에는 남편이 간경화로 사망하였다. 남편 사망 이후 지속적인 우울감과 불면증으로 매일 소주를 2~3병씩 마셨고, 최근에는 이와 같은 음주문제로 다니던 식당 주인에게 여러 차례 충고를 받았으나 음주문제가 지속되어 직장(식당)에서도 쫓겨나게 되었다.

환자의 가족구성원을 살펴보면 아버지, 배 다른 오빠와 친 남동생이 있으며, 남편 집안으로는 시부모가 사망하였고 시누이만 한 명 있다. 과거 그녀의 아버지는 사업에 실패한 후 술을 심하게 마시며 가족들을 구타하고 외도를 일삼았던 적이 있었고, 이 때문에 부인 및 환자와 매우 사이가 좋지 않았다. 환자의 어머니는 환자와 남동생을 매우 끔찍이 여기고 아꼈으나 자신의 의붓자식에게는 냉담한 편으로 서로 사이가 좋지 않았다. 현재 부모는 생활보호대상자이며 환자의 배다른 오빠는 노동을 하고 있고, 유일하게 공부를 잘해 의과대학에 입학하여 온 가족의 희망이 된 남동생은 본과 2학년인데, 경제적인 이유로 휴학 중이다. 그녀는 현재 같은 식당에서 근무했던 정○○ 여인과 친하게 지내지만, 주로 술을 마시는 일로 함께 시간을 보내고 있다.

1) SOAP 작성방법

(1) 방법

일반적으로 SOAP는 문제지향식기록(POR)에서 나왔으나 문제지향식기록(POR)체계와는 독립적으로 사용될 수 있다.

① 주관적 정보(Subjective Information: S)

환자 또는 직계가족이 자기보고하는 것으로서 주로 호소, 증상, 병력 등을 기재한다. 즉, 주관적 정보는 클라이언트가 상황을 어떻게 인식하고 느끼는가를 나타낸다. 여기에 기록되는 내용은 다음과 같다(김효순, 1998: 10-12).

- 환자의 병력
- 환자의 생활양식이나 가정생활
- 환자의 정서나 태도
- 환자의 목표
- 환자의 치료에 대한 반응
- 환자의 사례나 현 상태에 관련된 다른 정보

② **객관적 정보**(Objective Information: O)

전문가의 직접적인 관찰, 임상적 실험, 체계적인 자료수집 등에 의해 얻어지며, 주관적 정보와 비교하여 볼 때 이러한 자료는 독립적으로 검증될 수 있다. 여기에 기록될 수 있는 내용은 다음과 같다.

- 의료기록지에서 나온 환자의 병력이나 현 문제와 관련된 환자의 병력
- 객관적인 검사 또는 측정이나 관찰의 결과
- 이미 환자에게 제공되는 치료

③ **분석평가**(Assessment: A)

분석평가란 주관적 · 객관적 자료의 중요성을 분석 · 정리하고 그 결과에 의하여 환자의 문제에 대한 전문가의 생각을 말한다. 즉, 치료 전의 견해(impression), 해석(interpretation), 사정(assessment) 등이 포함된다. 여기에 기록될 수 있는 내용은 다음과 같다.

- 주관적 정보와 객관적 정보 사이의 관계
- 단기목표 혹은 치료계획에 대한 정당화
- 환자의 주요 문제들에 대한 명확화
- 치료에 대한 정당화
- 치료에 있어서 환자의 진전(혹은 비진전)에 대한 토의
- 환자의 재활 가능성과 이유에 대한 토의

• 처음의 면담과 검사 동안 정보 획득에 있어서의 어려움에 대한 설명

④ **계획**(Plan: P)

앞으로의 진단과 치료에 대한 계획, 환자나 가족에 대한 교육계획 및 추적계획이 포함된다. 즉, 전문가가 특정한 문제를 제기하거나 해결하는 방법을 나타낸 것이다. 이러한 계획은 행동으로 도울 수 있는 것이어야 한다. 일반적으로 여기에 기록될 수 있는 내용은 다음과 같다.

• 하루 혹은 일주일에 환자가 치료받아야 할 횟수
• 치료의 장소
• 치료의 진전
• 평가나 재평가에 대한 계획들
• 퇴원 계획
• 다른 기관에의 의뢰

(2) SOAP 기록의 예

앞의 사례에서 나타난 문제 영역은 지속적인 음주와 병식 없음, 우울, 경제적인 문제, 사회적 지지망의 부족을 들 수 있다.

① **주관적 정보**(S)

환자는 남편의 사망 이후 무력감과 남편 생각, 딸의 생전 모습 생각에 머리가 복잡하여 잠자는 것이 힘들었고, 이를 잊기 위해 술을 마실 수밖에 없었다. 환자는 최근 직장을 잃었기 때문에 경제적으로 심한 압박감을 느끼고 있으나 친정도 경제적으로 어렵기 때문에 도움을 청하는 것이 망설여진다. 그리고 아직까지는 알코올중독은 아니라고 생각하지만 단주하려는 생각은 있다.

② **객관적 정보(O)**

알코올중독으로 첫 입원한 환자는 아버지가 알코올중독자였던 가족력을 가지고 있다. 그녀는 길게 파마한 머리, 큰 키의 매우 마른 모습의 소유자다. 기타 의료적으로는 지방간의 문제를 가지고 있으며, 현재 보증금 50만 원과 월 8만 원의 월세방에 거주하고 있다. 그녀는 수입이 없으며 친정부모 역시 생활보호대상자다. 처음에 환자는 사회복지사를 경계하고 면접에 매우 거부적이었으나 차츰 협조적으로 변화되었다. 그녀는 딸과 남편의 사망을 이야기할 때에 고통스러운 표정으로 "자식을 가슴에 묻는다는 말이 뭔지 아세요?" 라고 반복해서 말하며 울먹이는 모습을 보였다.

③ **분석평가(A)**

환자가 자녀와 남편을 잃은 상실감을 극복하지 못하고 우울해 하는 것은 사실이나 이를 반복적인 음주의 핑계로 합리화시키고 있으며, 알코올중독이라는 것을 인정하지 않는다. 경제적인 문제 해결은 환자의 친정도 경제적으로 어렵기 때문에 지지자원이 되지 못할 것으로 보이며, 한시적 생활보호대상자의 자격요건에 해당되는지를 알아본다면 좀 더 좋은 결과가 있을 것이다.

④ **계획(P)**

- 알코올중독에 직면할 수 있도록 알코올교육 프로그램에 참여시킨다.
- 상실감을 극복하고 감정을 정화하며, 삶의 의지를 고취시킬 수 있도록 지지적 상담을 주 1회 실시한다.
- 환자의 관할 동사무소에 전화하여 한시적 생활보호대상자의 자격이 되는지 확인한다.
- 생활보호대상자의 자격요건에 해당되면 신청서류를 준비하도록 돕는다.
- 퇴원 후 익명의 알코올중독자 모임(AA)에 참여하도록 환자에게 정보를 제공하고 의뢰한다.

- 퇴원 후 적합한 직업을 가질 수 있도록 지도하고 그 방법을 모색해 본다.

2) 가계도

가계도(Genogram)는 가족과의 상호작용적 자료를 그림으로 나타낸 것이며, 2~3세대에 걸친 가족관계를 설명할 수 있는 사정도구다.

(1) 가계도 작성방법

① 가계도에 기록되어야 할 중요 정보

가계도상의 정보는 중요한 사항만을 기재한다. 중요 사건, 가계도 작성 후에 일어난 가족구조의 변화, 가족의 문제나 변화에 대한 가설이나 메모도 여기에 포함된다. 메모에는 반드시 날짜를 기록하도록 한다. 자세한 내용들로는 다음과 같은 것들을 기록한다.

- 병력: 주된 질병이나 만성 질환만을 기록하도록 하며, 필요하다면 괄호 속에 날짜를 첨가할 수도 있다. DSM-IV에 의한 진단명이나 공인된 약어(암이라면 CA, 심장발작이라면 CVA)로 기록하고, 다음과 같은 정보 등을 기록한다.
- 나이
- 학력
- 직업(실업이나 퇴직 상태 등도 기재)
- 종교
- 병역관계
- 범법행위
- 신체적 학대 또는 근친상간
- 기타(가족의 중요한 정보)

② 가계도의 상징들

• 가계도에 쓰이는 약어

약 어
'div'=divorce(이혼) 'm'=married(기혼) 's'=separation(별거) 'd'=death(사망)

• 가계도에 쓰이는 상징기호

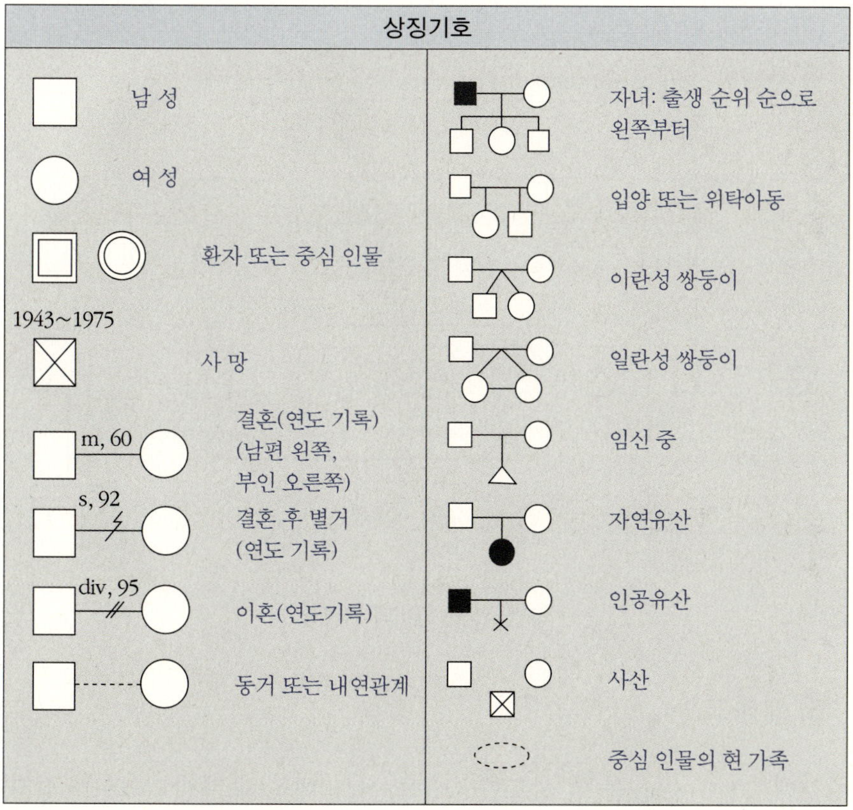

• 가족 상호작용의 상징들

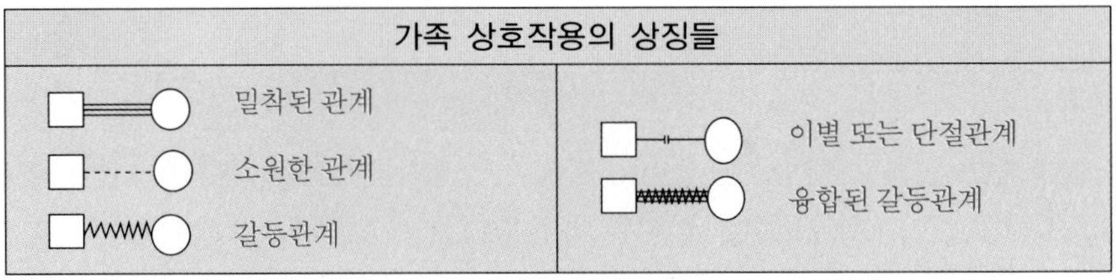

(2) 가계도의 예

앞 사례의 가계도(Genogram)는 다음 [그림 6-1]과 같다.

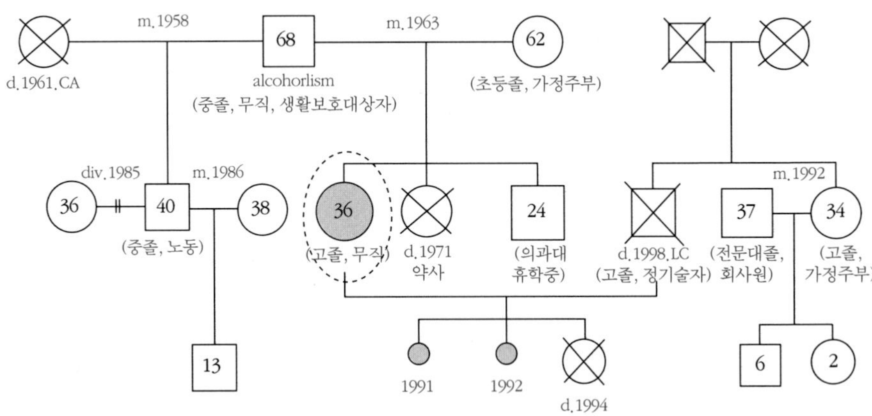

[그림 6-1] A씨의 가계도

3) 생태도

생태도(Eco-map)는 앤 하트만(Ann Hartman)에 의해 개발되었으며 클라이언트의 사회적 사정을 유용하게 만들어 주는 것으로, 사회적 맥락에서 개인이나 가족의 위치를 나타낸 그림이다.

생태도는 클라이언트와 함께 작성하며 함께 논의할 때 좋은 개입효과를 얻을 수 있다(권진숙, 전석균 역, 1999: 102-110). 생태도는 가족이나 클라이언트의 삶에 영향을 주는 조직이나 요인을 원을 사용하여 나타내며, 관계를 상징하는 단어와 기호는 가계도와 공통으로 사용한다. 생태도를 작성하는 방법은 다음과 같다.

- 지도의 중앙에 있는 원을 클라이언트로 잡는다.
- 클라이언트와 그의 환경에 있는 중요한 요소들에 대해서 대화한 후, 그 요소들을 원을 사용하여 중앙의 원 주변에 배치한다. 배치 시 원의 크기가 크고 중앙과 가까울수록 클라이언트에게 중요한 환경적 요소가 됨을 의미한다.
- 각각의 요소에 대한 클라이언트의 경험에 대해 클라이언트와 이야기한다.
- 각각의 요소에 대한 클라이언트의 관계를 나타내는 선을 지도 위에 그린다.
- 지도가 완성되면 클라이언트와 함께 그것을 확인한다.
- 결과를 평가하고 클라이언트에게 전체 인상을 물어 본다.
- 클라이언트와 함께 계획을 세우기 위해 상호 평가를 한다.

이러한 방법으로 작성된 생태도의 예는 다음 [그림 6-2]와 같다.

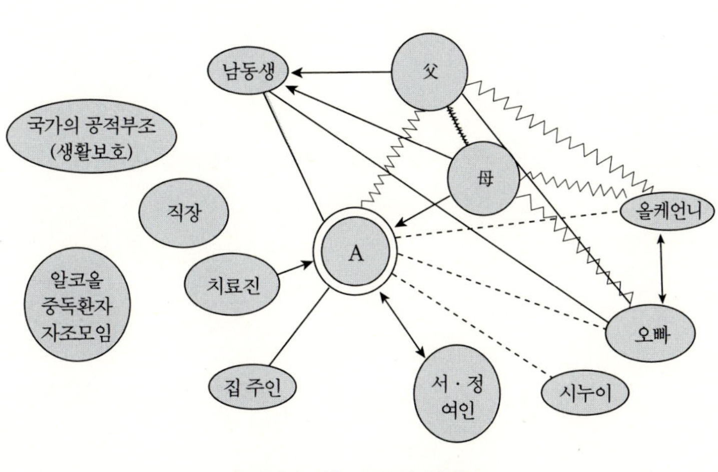

[그림 6-2] A씨의 생태도

7 사회복지실천의 과정론

사회복지실천에서의 원조과정 또는 문제해결과정은 인간의 논리적 · 체계적 사고단계와 공통점이 있으므로 거의 비슷한 구조를 이루고 있다. 이와 같은 클라이언트의 원조단계는 시간, 문제의 성격, 사회복지사의 행동양식 또는 논리적 사고단계에 따라 원조과정의 명칭이 다르게 표현되고 있다.

펄만은 시간에 따라 개시기, 중간기, 종료기로 나누어 설명하고, 홀리스는 문제의 성격에 따라 조사, 진단, 치료단계로 구분하였고 콤튼과 갤러웨이는 인간의 논리적 사고구조에 따라서 관여, 사정, 평가, 행동단계로 구분하고 있다. 또한 전통적인 개입방법, 즉 심리사회적 접근에서는 조사, 진단, 치료, 종결로 이루어져 있다.

일반적으로 사회복지실천이란 개인, 집단, 가족 그리고 지역사회를 대상으로 이들의 문제와 욕구를 스스로 해결하도록 도와주어 사회적 기능을 향상시키고 나아가서는 이들의 삶의 질을 높이는 데 목적을 둔 종합적이고 전문적인 실천 활동이다. 따라서 사회복지사는 원조를 원하는 클라이언트와 클라이언트를 둘러싼 환경 내의 체계들을 변화시키기 위해 자신의 전문적 가치와 지식에 기반하여 개입하여야 한다. 이러한 과정을 클라이언트가 사회복지기관 및 정신건강센터에 찾아오면 처음으로 접촉하는 접수단계를 거친 후 이어서 클라이언트와 사회복지사가 관계형성을 하고 클라이언트의 정보를 수집 및 사정하여 목표설정 및 계약을 한다. 그 다음은 계획된 대로 원조활동을 하기 위하여 개입하여 진행하고, 그리고 원조활동이 효과적인 것인가를 평가하여 적당한 시점에서 종결하는 과정으로 이루어지고 있다.

1. 접수 및 관계형성

접수(intake)란 문제를 가진 사람이 전문가의 도움을 받고자 사회복지기관에 찾아왔을 때 사회복지사가 그의 문제와 욕구를 확인하여 그것이 기관의 정책과 서비스에 부합되는지의 여부를 판단하는 과정을 뜻한다. 즉, 원조를 요청하는 사람이 기관에 찾아오면 사회복지사는 그 사람의 문제와 욕구를 조사하여 어떤 종류의 도움이 가능한지를 설명한다. 또한 사회복지사는 기관의 정책과 자원에 대하여 설명하고, 도움을 요청하는 사람이 방문한 그 기관에서 적합한 서비스를 줄 수 있다고 판단될 때 그때 비로소 클라이언트가 되는 것이다. 다시 말해서 접수과정을 통해서 서비스의 적합성이 판단될 때 사회복지사를 찾아온 사람은 클라이언트가 되고 사회복지사와 관계형성을 이루어 자료수집 및 사정단계를 거치는 사회복지실천과정이 시작되는 것이다.

접수는 원조과정의 가장 초기에 이루어지며 기관에 따라 접수만을 전문적으로 담당하는 사회복지사를 인테이크 사회복지사(intake worker)라고 한다. 그러나 우리나라는 사회복지기관의 인력수급상 접수만 분리하여 담당하는 사회복지사를 두기가 어려우므로 현재 인테이크 사회복지사가 채용된 기관은 거의 없는 실정이다.

접수과정은 세 가지의 구체적인 활동과 결정을 수반한다.

첫째, 클라이언트의 문제와 욕구를 분명하게 확인하는 것이며, 둘째, 문제 확인 후에 클라이언트와 사회복지사는 원조의 목적을 분명히 하고, 셋째, 클라이언트 욕구가 기관의 자원과 정책에 부합되는지의 여부를 판단해야 된다. 이와 같은 활동을 기초로 클라이언트에 대한 서비스를 종결시키든지, 다른 기관으로 의뢰하든지 또는 계속하여 다음 단계의 원조과정을 시작하든지가 결정이 된다.

또한 접수는 앞으로 계속될 전문적 관계를 결정하는 중요한 초기 접촉이다. 첫 만남에서의 클라이언트의 느낌이나 감정으로 그가 다시 올 것인지의 여부가 결정된다. 따라서 사회복지사는 원조를 요청하는 사람이 자발적인 기관과의 접촉인지의 여부에 관심을 두어야 한다.

자발적인 결정이라면 이러한 결정에 어떤 사람들이 관여했는지도 고려해야 된다. 이러한 정보는 그 시점에서의 원조를 요청한 사람의 기분을 설명해 줄 수 있는 것이 되며 그 사람이 어떤 목적을 어떻게 성취하려고 하는지에 관한 것을 설명해 줄 수 있기 때문이다.

만약 비자발적으로 기관에 찾아온 경우라면 그 사람은 긍정적인 감정보다는 부정적인 감정이 많을 것이다. 즉, 자신의 문제가 해결되지 않을 것이고, 사회복지사가 자신을 수용할 수 없을 것이라든지 심지어는 그들의 상황을 더 악화시킬 것이라는 생각도 할 수 있다. 또한 도움을 구하는 것에 대해 비난받을까 봐 두려워할 수도 있다. 그러므로 사회복지사는 이러한 생각들과 느낌을 긍정적인 방향으로 바꾸어서 그들을 계속적인 원조과정에 참여시키는 것이 매우 중요하다.

또한 클라이언트가 자발적으로 기관에 찾아온 경우에는 변화에 대한 동기는 부여되어 있지만, 변화에 대한 두려움이 있으므로 관계형성이 쉽지가 않다. 그러므로 사회복지사와 클라이언트 사이에 관계의 원리가 전통적으로 강조되어 왔다. 사회복지실천에서 사회복지사와 클라이언트가 상호작용을 원활하게 하기 위한 관계형성의 개발이 필수적이다. 제5장의 면접론에서 다룬 비에스텍의 관계의 원리가 사회복지실천의 관계형성의 본질이라고 할 수 있다. 접수에서 사회복지사가 주의할 또 다른 것은 클라이언트를 유형화하지 않아야 한다는 것이다. 예를 들면 정신질환자, 비행청소년, 가정폭력자 등을 문제유형에 따라 '그 클라이언트는 어떠할 것이다' 등으로 정형화해서는 안 된다. 모든 클라이언트를 개별화하여 그들이 가질 수 있는 양가감정, 두려움, 열등감 등을 이해하고, 관심과 존중으로 클라이언트가 안정과 평안을 느껴 자신의 문제를 털어놓을 수 있게 사회복지사는 주의를 기울여야 한다.

1) 접수단계의 과제

접수 시, 사회복지사의 과제를 헵워스와 라슨(Hepworth & Larsen, 1986: 26)은 문제확인과 라포형성으로 보았고, 김융일(2000, 167) 등은 클라이언트의 문제확인, 의뢰결정, 원조관계수립, 클라이언트의 동기화, 클라이언트의 양가감정 해소와 저항감 등으로 보았다. 또한 시포(Sheafor)는 클라이언트의 편안한 분위기 조성, 클라이언트의 두려움, 오해를 탐색하고 양가감정을 극복하기, 서비스 자격요건, 서비스 기관 및 횟수, 비용 등의 설명, 기관서비스 설명 등이 접수 시에 사회복지사가 해야 할 과업이라고 하였다(서울대학교 사회복지실천 연구회, 1998: 32).

이 단계에서 접수 시의 과제들에 관한 일반적인 공통성을 강조하는 것은 문제확인, 의뢰결정, 원조관계 수립, 클라이언트의 동기화로 보았다.

(1) 문제확인

문제확인이란 클라이언트가 놓여 있는 체계에 대한 심층적인 분석이 아니라 현재 명백하게 드러나는 문제를 확인하는 것이다. 여기서의 문제란 클라이언트가 기관에 찾아와서 호소하는 어려움을 의미한다.

그 사람은 무엇에 상처받고 두려워하며 어떠한 욕구불만에 빠져 있는가, 그는 무엇을 변화시키고 싶어하며 무엇으로부터 도피하고 싶어하는가, 그의 눈으로 본 문제의 상세한 설명, 현재 문제의 원인과 결과, 문제의 범위, 문제의 명확화를 위한 사회복지사의 질문과 코멘트 등은 클라이언트가 다시금 자신의 문제를 객관적으로 지각하는 데 도움이 된다.

이와 같은 문제의 확인과 명확화는 복잡하게 얽혀 있는 문제에 대한 클라이언트의 정서, 감정, 주관적 반응을 표현하게 하는 것이다. 문제 확인의 목적은 닫힌 마음을 여는 일이며, 감정의 표현이나 수용에 의해서 관계의 유대를 확립하는 일 및 주관적 사고로 문제 속에 잠겨 있는 클라이언트와 사회복지사 양자의 지각을 증진시키는 것이다.

(2) 의뢰

클라이언트의 문제와 욕구를 확인해 본 결과 그 기관에서 문제를 해결할 수 없을 때, 다른 적합한 기관으로 클라이언트를 보내는 것을 의뢰(referral)라 한다. 기관의 인력 부족, 필요한 전문기술을 가진 인력의 부재, 클라이언트의 문제가 기관의 목적과 기능에 부합되지 않을 때, 그 기관보다 다른 기관이 클라이언트의 문제해결에 더욱 적합하다고 판단될 때, 클라이언트의 문제에 우선적 책임을 지는 기관 등이 있을 때 의뢰하게 된다(Epstein, 1980: 155).

의뢰할 경우에는 클라이언트가 말하는 문제를 재확인하여 치료나 서비스가 부여될 수 있는 다른 기관을 소개해 준다. 이때 클라이언트에게 다음 단계의 수속절차, 필요한 자료, 약속시간 및 목적 또는 다른 기관을 찾아가는 데 필요한 준비 등을 쉽게 이해할 수 있도록 도움을 주어야 한다.

적절한 의뢰를 하기 위해서는 사회복지사는 자신의 기관 및 다른 기관의 정책과 자원, 지역사회의 제반 자원에 대한 정보를 자세히 알고 있어야 한다. 이를 통해 사회복지사는 클라이언트로 하여금 모든 가능한 서비스를 받을 기회를 제공할 수 있어야 한다.

의뢰란 원조를 적절하게 받게 하는 최고의 선택이므로 사회복지사는 의뢰 시 세심한 주의를 기울여야 한다. 또한 다른 기관으로의 의뢰가 모든 임무의 완성이 아니므로 클라이언트에게 관심을 보여 주고 그가 원하는 서비스를 적절히 받고 있는지를 반드시 확인하여야 한다.

(3) 관계형성

처음으로 기관에 찾아온 사람에게 그가 원하는 욕구가 무엇인가를 파악하기 위해서 무엇보다도 클라이언트와의 친화관계(rapport)를 성립하는 것이 우선이다. 즉, 자유롭게 자기문제를 표현할 수 있는 관계를 조성해야 한다. 사회복지사와 클라이언트 사이에 상호 긍정적인 좋은 관계를 강조하는 것이다.

사회사업사전(The Social Work Dictionary)에 의하면 친화관계란 사회사업 면접에서 사회복지사와 클라이언트 사이에 상호이해와 일하는 관계를 허용하는 조화롭고, 일치하고, 감정이입(empathy)적인 상태를 의미한다 (Barker, 1995: 314).

친화관계란 클라이언트가 가지는 두려움을 감소시키고, 클라이언트는 사회복지사를 신뢰하고, 사회복지사는 진정으로 자신을 도우려는 사람임을 클라이언트가 스스로 느낄 때 형성된다. 다시 말해서 사회복지사는 원조적 관계의 특성과 조건인 감정이입, 긍정적 고려, 개인적 온화함, 진실성을 갖추어야 클라이언트가 심리적으로 편안하여 사회복지사와 긍정적 관계를 형성하게 되는 것이다(김형태, 2000: 237-241).

① **감정이입**

감정이입(empathy)이란 사회복지사가 클라이언트의 주관적 경험과 감정을 정확하게 인지하는 능력이고, 클라이언트가 이것의 의미를 잘 포착하는 것을 의미한다. 감정이입은 클라이언트의 입장이 되는 것이며 클라이언트처럼 보고 느끼는 것이다. 감정이입을 잘하는 사회복지사는 비록 자신에게는 비슷한 삶의 경험이 없더라고 클라이언트의 경험의 의미를 느낄 수 있는 것이다. 또한 감정이입은 주로 클라이언트에게 주의를 집중하고, 비언어적 단서에 민감하게 반응하는 것을 통하여 전달된다. 이와 같은 능동적인 과정은 정확한 감정이입을 위해 매순간 필요한 접촉의 틀을 제공할 뿐 아니라 클라이언트가 의사소통하는 것에 대한 사회복지사의 인지나 이해에서의 실수를 확인하게 해 준다(Fischer, 1978: 192).

사회복지사의 감정이입을 표현하기 위하여 바꿔 말하기(paraphrasing), 반영(reflection)과 같은 적극적 경청의 기법이 필수적이다.

② 긍정적 고려

긍정적 고려(positive regard)란 모든 클라이언트는 가치 있는 존재이며 외모나 행동, 환경에 관계없이 존엄하게 대우받아야 한다는 믿음을 의미한다. 이것은 사회복지사가 클라이언트의 파괴적인 행동까지도 받아들이고 승인한다는 것이 아니고 클라이언트를 내재적 가치를 지닌 존재로 보아야 한다는 뜻이다. 타인을 비판하는 성향은 효과적인 의사소통을 방해하는 주요 요인인데, 이것은 감정이나 느낌이 혼란스러울 때 많이 나타난다. 우리가 타인을 심판하려 할 때 우리는 클라이언트 관점이 아닌 우리의 관점으로 상황을 보게 된다. 클라이언트의 행동, 동기를 판단하는 것을 중지하고 클라이언트의 사고, 감정, 행동을 비난하거나 용서하는 것을 피하는 능력(Cormier & Cormier, 1991: 29), 즉 비심판적인 태도를 유지해야만 의사소통이 증진될 수 있다.

③ 개인적 온화함

개인적 온화함(personal warmth)이란 클라이언트들이 편안해하고, 수용되며, 이해되고 있다는 것을 사회복지사가 느끼도록 해 주는 것이다.

온화함이 없다면 사회복지사의 말은 공허하고 성의없게 들려서 치료 효과를 얻지 못할 것이다. 온화함은 말로 전달되는 것이 아니라 미소, 부드러운 목소리, 편안하고 관심 있는 자세, 눈의 접촉, 수용 그리고 개방성을 나타내는 몸짓으로 표현된다.

④ **진실성**

진실성(genuineness)이란 자기 자신이 되는 것이며 가슴으로부터 말을 하는 것이다. 진실성이란 가식이 없고, 방어적이지 않으며, 일치성 있고, 자발적인 것으로 이해하는 것이 바람직하다. 최소한의 진실성이 없는 사람과는 감정이입이 된다거나 온화한 의사소통을 하기가 어렵다. 진실성이란 정직함과 완전 동의어는 아니다. 그러므로 사회복지사는 자신을 모두 드러낼 필요는 없지만 나타나는 부분은 자기 자신의 솔직한 부분이어야지 자기방어에서 나온 것이거나 학습되고 반복된 전문적 반응이어서는 안 된다. 이것은 사회복지사가 부정적이거나 방어적인 반응을 가져서는 안 된다는 것이 아니며, 이러한 반응을 가질 경우에 클라이언트에게 솔직하게 표현하되 비파괴적으로 표현하는 것이 진실성에서 주의해야 할 점이다.

이와 같은 네 가지의 관계의 조건과 특성은 사회복지사의 자질로 갖추어져 있어야 한다. 이러한 사회복지사의 자질을 바탕으로 관계의 원리를 활용한다면 접수단계에서 원조에 대한 클라이언트의 저항감(resistance)과 양가감정(anbivalence)을 해결할 수 있다.

(4) 클라이언트의 동기화

관계형성이 어려운 사람들이 있다. 다시 말해서 비자발적인 클라이언트의 경우에는 변화하려는 동기가 약하거나 거의 없으므로 원조관계에 어려움이 있다. 협조도 하지 않고, 상황에 대해 분노하며 사회복지사에게는 부정적 감정을 가지고 있다.

성공적인 원조활동의 필수적인 요소는 문제 확인이며 그리고 그 문제를 해결하기 위한 클라이언트의 동기다. 원조활동의 성공은 변화에 대한 클라이언트의 동기에 달려 있으므로 클라이언트를 변화과정에 적극적으로 참여시키기 위하여 클라이언트를 동기화(enhancing motivation)시키는 것이 초기단계의 주요과제다.

기관에 찾아오는 대부분의 클라이언트들은 문제발생 즉시 찾아오는 것이 아니라 처음에는 스스로 해결하려고 노력하다가 그 다음에는 주변 사람들의 도움도 찾다가 실패하면서 좌절하고 실망하여 기관에 오기 때문에 희망을 잃은 상태다.

또한 비자발적인 클라이언트에 대한 원조서비스를 제공하는 경우에는 이들이 사회복지사를 만나기를 원하지 않는다. 예를 들면 아동학대자, 교호감독을 받는 사람들, 성폭행자, 아내 구타 등의 사회적 문제에 관여된 개인이나 가족들이다. 이러한 클라이언트에게 변화에 대한 노력을 기대하기 어렵지만 사회복지사와 클라이언트 사이의 상호작용으로 성공적인 동기부여가 이루어진 사례가 많다(Hepworth & Larsen, 1990: 32).

의기소침하거나 냉담한 클라이언트에게 동기를 부여하기 위한 사회복지사의 기술은 용기를 심어 주는 것이다. 이와 같은 클라이언트에게 사회복지사의 자질 위에 관계의 원리를 활용한다면 동기부여가 용이할 것이다. 그러나 원조관계에 협조할 것인지의 여부는 클라이언트의 결정에 따른다. 사회복지사가 클라이언트를 원조관계에 참여시키기 위해 최선의 노력을 한 뒤에는 클라이언트의 결정에 의해 관계형성이 된다. 그러므로 사회복지사는 클라이언트의 결정에 수반되는 긍정적 · 부정적 결과를 알려주어야 한다.

비자발적 클라이언트에 대한 동기부여는 더욱 어려운 과제다. 다음은 비자발적 클라이언트인 경우에 필요한 사회복지사의 행동지침들이다(Kirst-Ashman & Hull, Jr, 1993: 72-74).

첫째, 비자발적 클라이언트들은 그들이 원해서 사회복지사를 찾아온 것이 아니라는 사실을 명심해야 한다. 그들에게 원조관계를 긍정적으로 받아들이게 만들려고 무리하게 노력하기 보다는 이 사실을 인정하고 관계를 시작한다.

둘째, 서비스에 대한 저항의 실체를 그대로 이해한다.

셋째, 클라이언트의 부정적인 감정을 표출하도록 유도한다. 예를 들면 "여기에서 나를 만난 것을 무척 싫어하고 있군요, 지금 당신 기분이 어떤지 알고 싶어요."라고 말을 하면 클라이언트에게 자신의 기분을 솔직하게 표현할 좋은 기회를 주는 것이다.

넷째, 비자발적 클라이언트가 원하는 것을 어느 정도 해결해 줄 수 있는지를 생각해 본다. 클라이언트에게 필요한 구체적인 서비스를 해 줌으로써 관계형성이 시작될 수도 있다.

다섯째, 희망을 갖게 하고 용기를 준다. 이것을 위해 사회복지사가 개입함으로써 긍정적인 결과에 대해 미리 알려 주는 것도 효과적인 방법이다.

여섯째, 비자발적 클라이언트에게서 사회복지사에 대한 신뢰감이 즉시 형성될 것이라는 기대는 무리다. 점진적인 관계형성을 통해 클라이언트의 신뢰감이 형성되기를 인내로서 기다려야 된다.

이와 같은 사회복지사의 행동지침들은 바람직한 관계형성에도 유용한 것들이다.

2) 접수 시 필요한 정보

문제를 가진 사람이 사회복지기관이나 정신건강센터를 찾아오면 그 기관에서 발행된 양식인 초기 면접지(intake sheet)에 그 기관에서 원하는 정보에 관한 내용을 기재하여야 한다. 대부분의 기관에서는 사회복지사의 접수면접과 함께 이루어지기도 하고 때에 따라서는 접수면접 전에 개인의 정보를 기재하기도 한다.

클라이언트의 문제가 무엇인지 그리고 그 문제를 기관에서 도와줄 수 있는지 여부를 결정하기 위한 것이 접수 목적이다. 그러므로 클라이언트의 인구학적 배경, 도움을 요청하는 문제 및 문제의 성격, 서비스 수혜자격과 관련된 경제적 · 사회적 · 가족적 상황 그리고 기타 다른 기관으로부터 받은 서비스가 있었는가에 대한 클라이언트에 대한 정보가 필요하다.

첫째, 기본 정보로서 이름, 성별, 나이, 결혼관계, 주소, 전화번호, 종교, 직업, 월 소득 등이다.

둘째, 주요 문제로서 클라이언트가 사회복지사의 원조를 요청하게 된 문제가 무엇이며 문제가 언제 발생했으며, 어떤 과정 속에서 지속되어 왔는가 등이다.

셋째, 기관에 오게 된 동기다. 즉, 누구로부터 기관을 소개받았는지, 광고를 보고 왔는지 또는 다른 기관으로부터 의뢰되어 왔는지 등이다.

넷째, 의뢰 이유다. 클라이언트가 스스로 왔는지 아니면 가족이나 다른 기관에서 의뢰되어 왔는지 그렇다면 의뢰된 이유는 무엇인지 등을 포함한다.

다섯째, 이 기관을 방문하기 전에 사회복지서비스를 받은 경험의 여부다. 이전에 현재 이 문제나 다른 문제로 사회복지기관을 방문한 경험이 있는지, 만약 있다면 어떤 기관으로부터 어떠한 서비스를 받았는지 등을 포함한다.

여섯째, 기본적인 가족관계다. 현재 동거 중인 가족을 중심으로 한 가족 구성원의 이름, 나이, 직업, 교육 정도, 가족관계 등이다.

2. 자료수집 및 사정

자료수집 및 사정이란 클라이언트와의 관계형성이 이루어진 후에 클라이언트의 문제를 이해 · 분석 · 해결하는 데 필요한 자료를 수집 · 관찰하여 이것을 기초로 해석하고 추론하는 지적인 활동을 의미한다. 이 과정은 문제해결을 위한 필수 불가결한 것이다. 자료수집과 사정은 원조과정 전체를 통해 계속되는 활동이지만 이 단계에서 가장 집중적으로 이루어지며, 자료수집과 사정은 동시에 이루어지며 구별하기는 어렵지만 동일한 개념은 아니다.

클라이언트가 개인, 가족, 집단, 조직이나 지역사회가 되든지 간에 자료수집과 사정은 원조과정에서 중요한 단계로서 모든 개입과 문제해결 노력에서 주요한 요소다.

자료수집은 정보를 수집하는 것이고 사정은 자료를 해석하고 자료로부터 추론하는 지적인 활동이다. 사정이란 사회복지사의 지적인 활동으로 그의 실무경험, 가치, 이론적 정향 등 전문적 지식에 근거하여 이루어진다. 즉, 사정이란 클라이언트의 문제와 상황을 이해하여 이로 인하여 개입을 위한 계획에 연결시키는 것으로, 클라이언트의 문제가 무엇인지 이해하고 문제의 원인을 규명하여 이것을 해결하거나 감소시킬 수 있는 방법에 대해 전문적 판단을 하는 것이다(Kirst-Ashman & Hull, Jr, 1993: 148).

1) 자료수집

(1) 자료수집의 내용

자료수집의 내용은 클라이언트의 현재 상황과 생활력이다.

① 현재 상황

클라이언트의 현재의 상황과 클라이언트가 기관에 오기 이전까지 어떻게 해 왔으며 그리고 기관과 사회복지사에게 무엇을 원하는지를 이해하는 것이 중요하다. 이와 같은 사실에 관한 충분한 자료를 얻기 위하여 다음과 같은 내용을 밝히는 것이 중요하다.

첫째, 문제의 직접적인 요인과 상황을 급격히 악화시킨 요인이다.

둘째, 클라이언트가 과거에는 이 문제에 대해 어떻게 대처하고 있었는가다.

셋째, 문제에 관련되어 있는 중요한 타자에 대한 정보다.

넷째, 클라이언트가 환경 속에서 어떤 영향을 받거나 주었는지에 관한 것이다.

다섯째, 사회적 · 경제적 · 심리적인 제 요인이 클라이언트나 가족에 대하여 영향을 주는 사실이다.

이와 같은 내용은 클라이언트의 현재 상황을 판단하는 데 도움이 된다.

② **생활력**

인간의 생활은 연결이 없는 단편적인 사건으로 이루어진 것이 아니고 연속적인 흐름이므로 생활력은 사례를 이해하는 데 매우 중요하다.

첫째, 개인력이다. 클라이언트가 살아온 역사로 유아기, 학령기, 청소년기, 성인기, 노인기 등 인간의 주기에 따른 인간관계, 생활 사건, 클라이언트의 감정 등이 포함된다.

둘째, 가족력으로 가족상황과 가족관계, 현재의 가족구성, 가족관계 등이다.

셋째, 클라이언트의 생활 속에서의 기능이다. 즉, 지적 · 정서적 · 행동적 · 신체적 기능은 어떠한지 또한 대인관계, 업무능력, 문제해결 능력은 어느 정도인지 알아보아야 할 내용이다.

넷째, 클라이언트의 자원이다. 생활 속에서 현재 이용하고 있는 서비스는 무엇인지 그리고 현재 활동 가능한 자원은 무엇인지를 조사할 내용이다.

다섯째, 클라이언트의 한계, 장점 그리고 동기다. 문제를 해결하는 데 클라이언트의 한계는 무엇이며, 그의 장점 그리고 문제를 해결하려는 동기부여는 되어 있는지 그리고 그를 둘러싼 환경의 한계, 장점, 동기 등도 조사할 내용이다.

(2) 자료수집의 정보원

자료수집의 정보원은 매우 다양하다. 이 가운데 헵워스와 라슨(Hepworth & Larsen, 1990: 196-198)과 재스트로(Zastrow, 1995: 78)의 자료의 출처를 참고하였다.

첫째, 클라이언트의 자신에게서 얻는 자료다. 이것은 클라이언트의 이야기 및 클라이언트가 보이는 태도나 반응 등에서 사회복지사가 관찰로 얻는 것이다.

클라이언트의 이야기는 주요한 정보원이며 경우에 따라서는 유일한 것이기도 하다. 클라이언트의 문제, 그의 감정, 문제를 해결하기 위한 개인적 자원, 문제해결 노력, 문제의 역사, 원인 등에 대한 의견 등이다. 그리고 이야기 뒤에 있는 비언어적 행동, 즉 얼굴표정, 손동작, 목소리 톤 등에서 클라이언트의 감정과 사고가 더 정확하게 전달될 수 있다.

사회복지사는 관찰로서 비언어적인 행동의 의미를 파악하여야 한다. 그러나 클라이언트의 자신에게서 얻는 자료는 왜곡되는 경우도 흔하다.

예를 들면 미혼인 30대 중반의 여자가 직장에서의 대인관계 문제로 사회복지사를 찾아왔는데 그것은 대인관계 문제가 아니라 직장의 사장과의 10년 이상의 불륜이 문제였다. 직장 내 사원들과 사장과의 인간관계에 클라이언트가 지나치게 예민한 반응을 하므로 이러한 민감성이 클라이언트와 직장동료들과의 대인관계에 나쁜 영향을 주어 자신의 대인관계에 문제가 발생한다는 것을 모르고 있었다. 그러므로 사회복지사는 클라이언트의 이야기의 객관성을 정확히 인지하여야 한다.

둘째, 클라이언트가 작성한 양식이다. 초기 접촉 시에 작성하는 가정환경서나 인테이크 시트 등에 이름, 성별, 나이, 직업, 주소나 전화번호, 학력, 종교, 주요문제, 가족구성원 등을 작성한다. 이것이 클라이언트를 이해하는 주요한 정보원이 되기도 한다.

셋째, 부수적인 정보로서 가족, 이웃, 친구, 친척, 다른 기관, 고용주, 학교 등으로부터의 정보를 말한다. 이것들은 클라이언트로부터 얻지 못한 소중한 정보를 제공하기도 한다. 사회복지사는 이와 같은 정보를 얻기 위해 정보의 정확한 소재지를 파악하여야 하며, 부수적인 정보를 얻을 경우 사전에 클라이언트의 동의를 얻어야 한다. 부수적인 정보를 얻을 경우 서로 상반된 정보를 얻을 수가 있다. 자녀에 대한 문제에 대해 어머니와 아버지의 상반된 진술은 관점의 차이에서 올 수가 있다. 따라서 사회복지사는 각 정보의 정보제공자의 신뢰도에 주의를 기울여야 하며 어떤 인간관계에서 이와 같은 관점에 차이가 있는가에도 주의를 기울여야 한다.

넷째, 심리검사다. 전문가에게서 받은 성격 및 지능검사에 대한 정보다. 이와 같은 검사는 클라이언트가 자기보고식의 응답한 결과를 전문가가 해석한 것이므로 매우 중요하다. 현재 임상 사회복지사가 활용하는 검사로는 자아존중감, MMPI, 간이정신진단검사, 사회성숙도, 자아개념검사 등이 있다.

다섯째, 중요한 타자와의 상호작용 및 가정방문이다. 사회복지사는 클라이언트와 그의 삶에 중요한 타자와의 상호작용을 관찰하는 것에서도 많은 정보를 얻을 수 있다. 가정방문의 경우 일상적인 생활 속에서 클라이언트의 행동과 상호작용을 볼 수 있으므로 환경이 그에게 미친 영향을 보다 더 이해하기가 쉽다. 가족 이외의 가까운 타자들과의 상호작용을 관찰하는 것도 좋은 정보원이 된다.

여섯째, 클라이언트에 대한 사회복지사의 개인적 경험이다. 클라이언트가 사회복지사와 상호작용하는 패턴은 그가 다른 사람과 어떻게 상호작용하는지를 보여 주는 것이다.

즉, 클라이언트가 사회복지사에게 수동적이거나 공격적, 또는 수동-공격적, 의존적, 불안정한 경우에는 그가 다른 사람과 상호작용을 할 때도 마찬가지일 것이라는 예측을 하게 된다. 이와 같은 사회복지사의 경험이 문제행동의 실마리를 제공하여 준다.

2) 사 정

사정(assessment)이란 클라이언트의 관심과 상황을 이해하고 이것을 기반으로 활동계획을 개발하기 위한 활동이다. 즉, 클라이언트의 문제가 무엇인지, 어떤 원인으로 발생했는지, 그 문제를 해결하거나 감소시키기 위하여 무엇이 변화되어야 하는지에 대한 방법을 알아 가는 과정이다.

사회복지실천 초기에는 사정(assessment) 대신 진단(diagnosis)이라는 용어를 사용하였다. 진단이라는 용어는 리치몬드 여사가 1917년 개별사회사업에서 처음 사용하였으나, 의학적인 색체가 강하다는 비판을 받고 있는 가운데 1970년 바틀렛(Harriett Bartlett)에 의해 사정이라는 용어를 사용하기 시작하였다(NASW. 1995: 260-262).

한편 핀커스와 미나한은 사정의 내용으로 문제의 규정과 서술, 사회적 상황의 역학분석, 목표와 표적의 설정과업과 전략의 결정, 변화 노력의 안정화(문인숙 외, 1998: 125)를 강조하였다.

이와 같은 사정의 내용은 클라이언트의 개인적 상황뿐 아니라 클라이언트가 처해 있는 사회적 환경 그리고 구체적 개입 방향과 이후까지도 예상하는 것을 포함하고 있어 사정이 사회복지사의 개입 활동에서 매우 포괄적임을 시사하고 있다.

(1) 사정의 특성

사정이란 클라이언트의 문제와 상황을 이해하여 이것을 근거로 개입을 위한 계획에 연결시키는 것으로, 클라이언트의 문제가 무엇인지 이해하고 문제의 원인을 규명하고 이것을 해결하거나 감소시킬 수 있는 방법에 대해 전문적인 판단을 하는 것이다. 즉, 사정을 통해 목표를 설정하고 개입하게 되므로 개입의 효과란 사정의 정확도에 달려 있다고 할 수 있다.

사정의 특성은 다음과 같다(Johnson, 1989: 272-274. 재인용).

첫째, 사정은 지속적인 과정이다. 사정은 원조과정 전체를 통해 계속되는 활동이다. 클라이언트와의 초기 접촉에서 가장 많은 정보가 발견되기도 하지만 돕는 과정 내내 새로운 정보가 발견되기도 하여, 정보에 대한 이해가 심화되는 사정은 계속 진행되는 작업이다.

둘째, 사정은 이중 초점을 가진다. 클라이언트를 사회 · 환경적인 맥락에서 이해하는 데 강조점을 두는 사회복지의 독특한 기여의 하나다. 이중적 관점은 이 개념을 활성화시킨 것이다.

셋째, 사정은 클라이언트와 사회복지사의 상호과정이다. 사정을 하기 위해서는 자료수집을 해야 한다. 자료수집은 클라이언트와 사회복지사와의 상호작용 과정에서 이루어진다.

넷째, 사정에는 사고 전개과정이 있다. 사정은 원조과정 전체를 통해 필요한 정보를 수집하고, 그 정보를 근거로 클라이언트의 상황을 이해하며, 이것을 전체적인 과정에서 통합하여 사고하는 전개과정이 있다.

다섯째, 수직적 · 수평적 탐색 모두가 중요하다. 초기 과정에서는 현재의 관계, 능력, 기능 등의 수평적 정보를 중심으로 클라이언트의 욕구를 발견하고, 원조과정이 진행됨에 따라 수직적 탐색으로 문제해결에 필요한 정보를 수집한다. 사회복지사는 상황과 필요에 따라 수평적 · 수직적 탐색을 적절히 사용하는 기술을 갖추고 있어야 한다.

여섯째, 클라이언트를 이해하는 데 지식적 근거가 필요하다. 사정을 위한 클라이언트의 상황을 이해하기 위해서는 전문적 지식이 필요하다. 인간행동에 대한 이해, 인간의 다양성, 가족관계, 집단 및 지역사회, 정책, 행정 등 사례에 따른 개별적인 지식이 필요하기도 하다.

일곱째, 사정은 생활 상황 가운데서 욕구를 발견하고 문제를 정의하며 그 의미와 유형을 설명한다. 즉, 사정은 욕구를 발견하고 욕구만족을 방해하는 것이 무엇인지를 생활 상황과 관련시켜 명확히 하는 과정이다.

여덟째, 사정은 개별적이다. 인간의 상황이 같다는 것은 불가능하다. 그러므로 사정은 각 클라이언트의 독특한 상황과 관련되어 있으므로 개별적이다.

아홉째, 판단이 중요하다. 사정은 여러 가지를 결정해야 한다. 어떤 문제에 어떤 가설을 세워야 하는지, 어떤 부분을 고려해야 되는지, 어떻게 문제를 정의할 것인지 등의 결정을 해야 된다. 이런 결정들은 사정의 내용과 해석에 많은 영향을 미친다.

열째, 클라이언트를 완전히 이해한다는 것은 불가능하다. 어떤 사정도 완전할 수 없다. 어떤 상황에 대한 완전한 이해도 불가능하다. 또한 완전한 이해란 바람직하지도 않으므로 클라이언트를 완전히 이해하는 데는 한계성이 존재한다.

(2) 사정의 내용

사정의 범주는 세부분으로 구분할 수가 있다. 즉, 욕구와 문제의 발견, 문제해결을 위한 정보의 발견 그리고 문제형성이다(양옥경 외, 2000: 151-156).

① 욕구와 문제의 발견

욕구와 문제를 발견하는 것은 기초적인 단계다. 클라이언트와의 최초의 접촉에서 클라이언트가 제시한 문제(presenting problem)가 문제다. 그 문제는 클라이언트가 가장 시급하게 느끼고 있는 문제이며 이것으로 인해 원조를 요청했기 때문이다. 또한 제시된 문제는 사회복지사가 좀 더 깊이 탐색해야 할 영역이 무엇인지를 알려 주기도 한다.

문제정의는 클라이언트 중심으로 그의 가치, 상황 속에서 정의되는 것이므로 사회복지사는 클라이언트의 문제에 대한 이해를 도와주고 그가 문제정의를 잘 하도록 원조해야 한다. 문제정의는 클라이언트의 과업이다.

② 정보의 발견

브라운과 레빗(Brown & Levitt)은 사정이 정보를 수집하는 유용한 지침으로 다음의 질문을 제시하였다(Brown & Levitt, 1979: 408-415, 재인용).

첫째, 문제체계에 관여된 사람은 누구인가에 대한 질문이다.

'문제체계에 관련된 사람이 누구인가?'라는 질문의 답은 클라이언트가 제시한 문제에서 찾을 수 있다. 예를 들어 청소년이 가장 친한 친구와의 갈등 때문에 학교에 가지 않는다고 하는 문제에 관련된 사람은 친한 친구이다. 그러나 자세히 탐색해 보면 그 친구와의 갈등이 선생님의 편애와 또 다른 친구로 확대된다. 이와 같이 처음에 제시된 문제에 따라 문제에 관여된 주요 인물들은 쉽게 나타나지만 사례가 진행되면 문제의 범위는 클라이언트의 문제에 관여된 개인, 집단 또는 조직으로 점차 확대되기도 한다.

둘째, 참여자들이 어떻게 관여하고 있는가에 대한 질문이다.

참여자들의 관여에 대한 질문은 문제체계에 관련된 사람들이 어떻게 상호작용하며 문제가 발생했나 하는 것에 관한 것이다. 다시 말해서 문제행동의 발생 전, 발생되는 동안, 발생 후에 관련된 참여자들이 각각 어떻게 행동하였고, 이것이 서로에게 어떤 영향을 주어 문제행동이 발생하였는가 하는 것이다.

셋째, 클라이언트가 문제에 어떤 의미를 부여하고 있는가에 대한 질문이다.

문제에 대한 클라이언트의 지각과 개념이 행동을 동기화한다. 예를 들면 알코올중독자인 남편은 기분이 안 좋을 때마다 술을 마신다. 그가 술을 먹는 이유는 과음을 하면 잠을 잘 수 있으므로 술을 마신다고 한다. 이 사람은 알코올중독을 가정의 평화를 위한 것이라고 의미를 부여한다. 이와 같이 문제행동에 의미부여는 그 행동을 한 동기를 이해하게 하며 또한 변화가 되지 않는 이유를 알게 된다. 가정의 평화를 위한 음주는 중단할 수 없는 것이기 때문이다. 경우에 따라서는 클라이언트가 문제행동에 의미부여하는 것 그 자체가 변화의 표적이 될 수 있다.

허비츠(Hurvitz, 1975)는 변화를 방해하는 의미부여 형태를 사이버과학적 설명, 심리적 낙인, 다른 사람에게 변화의 능력이나 동기가 없다는 믿음, 변화될 수 없는 외적 요인, 변화될 수 없는 내적 속성에 대한 잘못된 믿음, 무력함에 대한 비현실적 감정, 고정된 철학적 · 종교적 원칙, 인간 본질에 대한 가정 주장, 문제에 관련된 다른 사람의 한계점을 주장 등으로 제시하고 있다.

넷째, 문제행동이 어디서 일어나는가에 대한 질문이다.

문제행동의 원인에 대한 질문은 문제행동을 야기한 상황적 요인을 발견하는 데 도움이 된다. 학교에서 과잉행동을 보이는 아이가 집에서는 이런 행동이 보이지 않는다면 집과 환경적 차이에서 과잉행동을 유발하는 요인을 발견할 수 있을 것이다. 즉, 집에서는 부모의 관심 하에 있지만 학교에서는 선생님의 관심이 분산되어 있으므로 선생님의 관심을 끌기 위한 행동일 수 있다. 이와 같이 문제행동을 보이지 않는 장소와 보이는 장소의 차이를 통해 문제행동이 야기되는 요인을 밝힐 수가 있다.

다섯째, 문제행동이 언제 일어나는가에 대한 질문이다.

문제행동이 일어나는 시간에 따라서 문제행동을 촉발시키는 요인을 발견할 수 있다. 공포반응이 있는 청소년이 엄마와 함께 있을 때 더욱 심각한 공포반응이 일어난다. 문제행동이 일어나는 시기와 줄어드는 시기와의 차이를 통해 문제행동의 촉진요인을 발견할 수 있다. 이와 같은 상황에서는 이 요인에 관련된 사람의 행동을 관찰함으로써 인과관계를 밝힐 수 있다.

여섯째, 문제행동의 빈도는 어느 정도인가에 대한 질문이다.

문제행동이 일어나는 빈도를 알아내는 것은 문제행동이 클라이언트의 생활에 얼마나 많은 영향을 미치는지에 관한 이해를 도와준다. 어떤 사람은 종종 분노와 적개심이 일어나 고통을 받고 있는데 어떤 클라이언트는 거의 매일 분노와 적개심이 일어나 가까이에 있는 가족이나 친지들과의 언쟁 및 폭력사태에 시달린다. 이와 같이 문제상황의 빈도가 잦은 경우에 가족과 친지들에게 많은 피해를 줄 수 있으므로 이런 질문을 통해 문제행동의 심각성을 알 수 있다.

일곱째, 문제행동이 시작된 시점의 질문이다.

문제행동이 시작된 시점을 안다는 것은 그 문제행동의 역사를 알아보는 것이다. 즉, 처음으로 문제행동이 발생한 시기는 언제이며, 어떤 과정을 거쳐 현재까지 진행되었는가를 알게 되는 것이다. 제일 처음 문제행동이 발생했던 상황에 대한 탐색은 문제행동의 초기 유발사건을 알아내는 데 중요한 단서가 된다.

문제행동의 시작에 대한 질문은 또 다른 질문과 연결되기도 한다. 즉, 왜 이제서 도움을 요청하는가에 대한 질문이다.

결혼 초부터 가정폭력에 시달린 부인이 20년이 된 현재 도움을 요청하는 이유는 그동안은 자녀들이 사춘기이므로 참고 있다가 자녀가 성장해 모두 대학에 진학했기에 더 이상은 인내하기가 어려워 이혼을 원하는 것이었다는 예에서 알 수 있다.

여덟째, 문제와 관련하여 불만족한 욕구는 무엇인가에 대한 질문이다. 여기에 대한 질문은 사회복지사의 공감과 직관력으로 발견해야 된다. 클라이언트는 자신의 통찰의 결여로 피상적으로 이야기하게 된다. 성격차이로 항상 갈등관계에 있는 부부의 경우 좀 더 깊이 탐색하여 보면 그 부부는 서로에 대한 의존적 욕구로 인해 의존성을 만족하지 못해 갈등으로 표현되는 것을 발견하게 된다. 이러한 불만족한 욕구는 두 부부가 해결해야 될 목표가 된다. 이와 같은 치료의 목표는 그들의 욕구에 초점을 두는 것이므로 클라이언트의 변화동기를 자극할 수 있다. 인간의 욕구(need)란 개인이나 사회체계가 현존하는 상황에서 합리적으로 기능하는 데 필요한 것이다. 이것은 갖고 싶은 것에 대한 필요가 아니고 발달에 필요한 것을 뜻한다(Johnson, 1989: 4).

아홉째, 문제에 대한 클라이언트의 정서적 반응에 관한 질문이다.

클라이언트가 문제에 대하여 정서적으로 어떤 반응을 하고 있는가에 대한 질문은 클라이언트의 감정의 정도에 따라 문제가 악화되기도 하고 이러한 감정이 문제행동을 일으키는 요인이 되어 문제행동 뒤에 가려지기도 하므로 중요하다. 불안이 심한 어머니는 딸의 늦은 귀가에 교통사고를 상상하며 불안이 최고조에 달한다. 딸이 들어오자마자 소리를 지르며 난리를 친다. 이러한 문제로 딸은 어머니와 갈등관계에 있게 되어 가출을 하게 된다. 이 사례에서 가출보다는 어머니의 불안이 문제행동의 요인이 된다. 따라서 사회복지사는 문제에 대한 클라이언트의 정서적 반응을 탐색해야 한다.

열째, 클라이언트가 이전의 문제에 어떻게 대처해 왔으며, 이것을 해결하기 위해 어떤 기술을 사용해 왔는지에 관한 질문이다. 이와 같은 질문은 지금까지 클라이언트가 스트레스에 대처했던 수준과 그의 문제해결 및 대처기술 방법을 파악하는 데 도움이 된다. 그리고 과거에 이와 유사한 어려움에는 어떻게 대처해 왔으며, 지금은 무엇 때문에 이전과 같이 대처하지 못했는가에 대한 실마리를 제공해 준다.

열한째, 클라이언트의 장점과 기술에 관한 질문이다. 이 질문은 클라이언트의 문제를 해결하는 데 활용 가능한 자원이 무엇인지를 알게 해 주고, 클라이언트의 장점과 잠재력을 최대한 발휘하여 클라이언트가 문제를 해결하기 위한 에너지를 얻고 자기 자신에 대한 부정적인 평가에서 벗어나도록 도와준다(박미은, 1996: 58).

이와 같은 방법은 클라이언트가 문제해결을 하는 데 용기를 얻게 되고, 변화동기가 강화되며, 긍정적 효과를 기대할 수 있다. 그러므로 사회복지사는 클라이언트가 스스로 깨닫지 못했던 자신의 장점을 알도록 도와주고, 또한 클라이언트가 문제해결에 필요한 기술을 적극적으로 찾아내어 활용하도록 도와주어야 한다.

열두째, 필요한 외적 자원이 무엇인가에 대한 질문이다.

사회복지사는 클라이언트에게 필요한 외적 자원을 알아내어, 클라이언트가 필요한 자원을 얻을 수 있는 자격과 과정에 대한 정보를 제공하여, 자원과 클라이언트를 연결해 주는 중재자, 사례관리자, 조정자 또는 옹호자의 역할을 할 수 있다.

③ 문제형성

문제형성(formulation of problem)이란 이제까지 얻은 정보를 분석하여 사회복지사가 전문적인 시각에서 문제를 판단하는 것이다. 즉, 클라이언트가 호소하는 문제와 욕구 그리고 욕구충족을 방해하는 요인들이 무엇인가를 탐색하여 문제의 정의를 내리는 것이다. 이와 같은 과정을 통해 목표달성과 개입계획을 세우게 되는 것이다. 문제형성을 하기 위해서는 무엇보다도 충족되지 못한 욕구가 어떤 것인가를 발견해야 하고, 어떤 요인들이 클라이언트의 욕구충족을 방해하였는지를 고려해야 한다.

충족되지 못한 욕구를 구체적으로 밝혀 내는 것이 문제형성에서 가장 중요하다. 다시 말해서 클라이언트가 제시한 문제를 충족되지 않은 욕구와 결핍(wants)으로 바꾸어 재진술해야 클라이언트를 도와주기가 쉽다 (Hepworth & Larsen, 1995: 180).

욕구의 의미는 인간이나 사회체계가 현존하는 상황에서 합리적인 기대에 맞게 기능하는 데 필요한 것이며 이것들에는 기본적인 자원, 심리사회적 발달욕구, 인간관계상의 욕구, 적절한 역할수행상의 욕구들이 포함된다. 결핍이란 욕구와는 구별되는 것으로 행동을 유발하는 강한 욕망으로 만족과 안녕을 증대시키기 위한 것이며, 이러한 결핍은 반드시 충족되어야만 하는 것은 아니다. 그러므로 결핍보다는 욕구가 인간 생존에 더 기본적인 것임을 나타내고 있다.

욕구가 분명히 규정되면 그 욕구를 충족시키지 못하고 있는 요인이 무엇인지 파악하여 문제를 형성하는 것이다.

3) 사정의 도구

사정에 유용한 도구로는 가계도(genogram), 생태도(ecomap), 사회적 관계망 지도와 사회적 관계망 도표가 있다.

가계도는 2~3세대의 가족관계를 도표로 작성하여 현재 제시된 문제의 원인을 규명하는 것으로 사회복지사와 클라이언트가 함께 작성해야 한다(Zastrow, 1995: 227). 또한 가계도는 각 가족구성원의 한 세대에서 다음 세대까지 생물학적 · 법적 · 정서적 관련성을 도표로 나타내는 것이다.

가족들 스스로 세대 간 반복되는 관계 유형을 찾고, 이에 대한 통찰을 하는 데 매우 중요한 도구가 가계도다.

생태도는 클라이언트의 상황에서 의미 있는 관계와 체계들을 그림으로 나타내어 특정 문제와 이에 대한 개입을 계획하는 데 중요한 도구로, 가계도와 마찬가지로 사회복지사와 클라이언트가 함께 그리는 것이다.

가계도와 생태도는 제6장 기록의 실제 작성방법([그림 6-1]과 [그림 6-2] 참고)에 상세히 기록되어 있다.

또 다른 사정의 도구로 트레시(Tracy)가 개발한 사회적 관계망 지도(social network map)와 사회적 관계망 도표(social network grid)가 있다.

클라이언트의 문제해결을 위해 개입한 영역과 동원 가능한 자원에 관한 정보수집을 위해서 필요한 것이 사회적 지지에 대한 사정이다.

사회적 지지(social support)란 사회적으로 가까운 관계에 있는 사람들, 즉 친지, 친구, 이웃 등으로부터 언어적 · 비언어적 정보와 조언, 구체적 원조와 행동으로서 심리 · 사회적인 도움을 의미한다. 사회적 지지란 한 개인이 가지고 있는 사회적 관계망(social network) 구성요소의 한 부분이고, 사회적 관계망은 한 개인이 지속적으로 관계를 맺고 있는 사람들의 집단을 뜻한다.

사회적 관계망이 일부는 클라이언트에게 스트레스를 가중시키거나 해로운 영향을 주기도 한다. 대부분의 클라이언트들의 공통점은 사회적 지지가 부족하다. 그러므로 클라이언트가 사회적 지지를 유효적절하게 활용하도록 도와주기 위하여 사회복지사는 개발 가능한 사회적 지지를 찾아내고 평가하도록 클라이언트를 격려해야 한다.

작성방법은 사회복지사와 클라이언트의 상호작용에 의해 필요한 정보

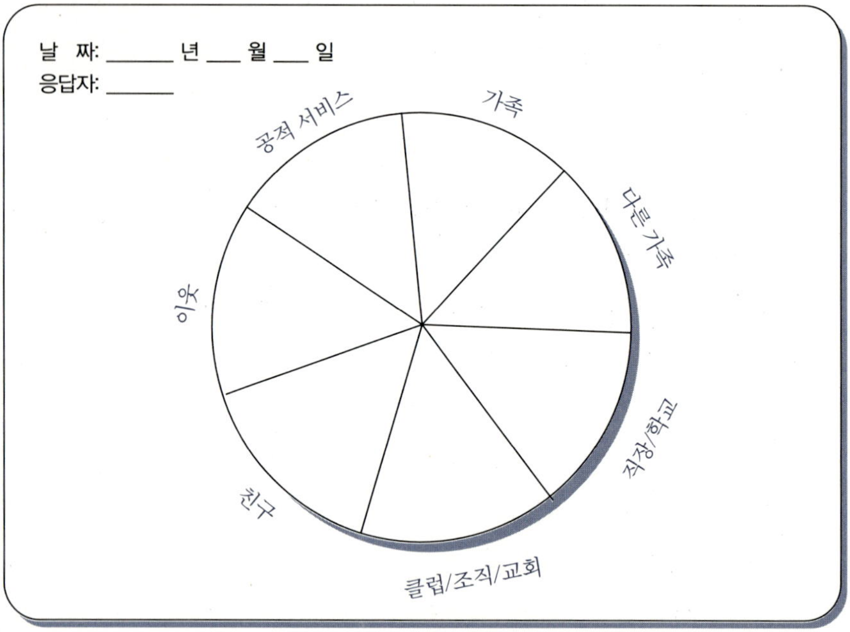

[그림 7-1] 사회적 관계망 지도

를 수집하여 구성한다. [그림 7-1]은 사회적 관계망 지도다.

사회복지사는 클라이언트에게 다음과 같은 질문을 하여 사회적 관계망 지도에 확인된 사회적 지지원의 이름을 기록한다. 사회복지사는 클라이언트에게 지난 한 달 동안에 그에게 중요했던 사람들이 누구인지 생각해 보도록 권한다. 즉, 클라이언트를 기쁘게 하거나 마음 상하게 한 사람, 클라이언트의 의사결정에 도움을 준 사람 등의 클라이언트의 생활에 직·간접

적으로 영향을 준 사람을 생각하도록 한다. 떠오른 사람들은 가족, 다른 가족 구성원, 직장이나 학교, 사회적 모임이나 종교모임, 친구, 이웃사람, 동사무소와 같은 공식적인 조직들을 조직별로 기록한다.

사회적 지지에 대한 사정은 클라이언트의 주관적 인식에 근거한 것이므로 객관성은 결여되어 있다. 따라서 클라이언트에 의해 지지내용이 과장되거나 과소평가되기도 하며 또는 중요한 사람이 누락될 수도 있다는 것을 사회복지사는 알아야 한다.

또한 사회적 관계망 지도가 완성된 후 사회적 지지의 활용방안에 대하여는 클라이언트와 논의하여야 한다. 왜냐하면 사회적 지지의 활용방안은

3. 개입목표 설정과 계약

클라이언트의 의지에 달려 있기 때문이다.

클라이언트와 사회복지사가 자료로 수집하고 클라이언트의 문제나 상황에 대한 초기 사정에 동의하게 되면 개입목표 설정과 계약단계에 이르게 된다. 이 단계에서도 사회복지사와 클라이언트와의 공동적인 노력이 강조된다. 특히 개입대상이 되는 문제와 개입방법을 설정하는 단계이므로 사회복지사와 클라이언트 사이에 의견 불일치는 문제해결에 미치는 영향이 크므로 사소한 의견차이라도 개입단계로 도달하기 전에 충분한 토의를 거쳐 합의점을 찾도록 해야 한다.

1) 목표 설정

효과적인 개입을 하기 위해서는 목표가 분명하여야 한다.

목표가 분명하지 않다면 원조과정은 방향을 잃을 것이고 바람직한 결과는 결코 얻지 못할 것이다.

대부분 목적(goal)과 목표(objective)를 비슷한 개념으로 사용하지만 두 개념은 서로 다른 의미를 가지고 있다.

목적은 추상적인 개념인 데 반해 목표는 세분화되고 구체적이며 추정 가능하다. 그러므로 목적에 도달하기 위한 많은 측정 가능한 단계들 중의 하나를 목표로 보면 될 것이다.

사회복지실천과정에서 목적은 클라이언트의 삶의 질 향상이다.

이러한 목적을 달성하기 위한 구체적인 목표로는 직업을 구하기 위해 1달 이내에 4번 이상의 이력서를 경비직 모집에 제출한다는 것을 예로 들 수가 있다.

목표는 개입을 통한 바람직한 변화 또는 문제가 해결된 상태를 의미한다. 어떤 상태로의 변화가 가장 바람직한가가 목표이며, 사회복지사와 클라이언트는 반드시 합의된 목표를 창출하여야 한다. 목표가 불일치한 상태에서의 사회복지실천과정은 사회복지사와 클라이언트 모두에게 만족스럽지 못한 결과가 된다.

사회복지실천과정의 목표영역으로 관계유지, 구체적 행동변화, 관계변화, 방향변화로 나누기도 하고(Johnson, 1989: 39) 또는 필요한 자원을 얻는 것, 주요 결정을 하는 것, 환경변화로 설명하기도 한다(Zastrow, 1995: 302).

목적이란 클라이언트가 달성하기 원하는 것들을 상세히 기록한 부분들이다. 목적의 근본은 문제를 탐험하고 사정하면서 밝혀진 클라이언트의 욕구(needs)와 결핍(wants)에 부합되기 위해 클라이언트의 삶의 상황을 바람직하게 변화시키는 것이다. 여기서는 목표를 목적의 하위개념으로 사용하여 상세한 영역은 목표영역이며, 목적은 상위개념으로 사용하고 있다.

목적이란 일반적인 개별적 목표와 계속적이거나 전진적 목표로 구분할 수 있다. 개별적인 목표란 해결하거나 개선될 이전의 행동(actions)이나 변화를 의미한다. 예를 들면 공적부조나 의료보호와 같은 필요한 자원획득, 장래에 아이를 가질 것인지 또는 입양을 할 것인가와 같은 중요한 의사결정, 또는 환경을 변화시키는 것 등이다. 이와는 대조적으로 계속적인 목표란 계속적이고 반복적인 활동(actions) 그리고 진전되는 것으로서 결과적으로 목적이 증가되는 것을 포함한다. 예를 들면 갈등을 효과적으로 관리한다든가, 감정을 표현하고, 자신의 권리를 주장하고, 자녀들과 한계점을 설정하고, 분노를 조절하고, 집단토론에 참여시키는 것을 포함한다.

목적의 또 다른 형태는 체계나 하위체계의 변화로 구분할 수 있다. 개별 클라이언트 사례에서의 변화표적(the targets of change)은 사회적 · 물리적 환경과의 상호작용과 성격 내적인 하위체계들을 포함한다. 개별 클라이언트의 목적은 명백한 행동과 비밀스런 행동(covert behavior) 모두를 포함한다. 예를 들면 자기경시(self-depreciating)의 빈도를 줄이는 등의 인지기능 변화, 우울감의 강도와 빈도를 감소시키는 등의 정서기능, 알코올 소비의 감소 내지 제거 등의 행동기능을 포함한다. 또한 목표는 여자가 데이트할 때 질문하거나 다른 사람과의 대화에 참여하는 등의 대인관계적 행동도 포함된다.

표적체계가 부부, 가족 또는 집단일 때 목표란 체계 내의 관련된 참여자들의 부분을 변화시키는 것이다. 더 큰 체계에서의 목표는 체계의 성원들이 공통적으로 유지하거나 (공유된 목적) 또는 여러 가지 행동의 일치된 교환일(상호적 목적) 수도 있다.

공유목적(shared goals)이란 부부가 의사결정을 하기 위해 어떤 전략을 채택한다거나 아무런 방해 없이 서로 주고받으며 동의하는 것 등을 의미한다. 가족구성원이나 집단구성원들이 다른 사람에게 비평적이고 품위를 떨어뜨리는 메시지 대신에 긍정적이고 정서적으로 지지적 메시지를 추구하는 공유목적에 동의할 수도 있다.

공유목적을 구별하는 방법은 모든 성원들이 같은 방법으로 그들의 행동을 변화시키는 데 전념하는 것이다.

상호적 목적(reciprocal goals)이란 체계의 성원들이 여러 가지 행동들을 주고받을 때 발생되는 상호작용적 문제들을 해결할 대안을 모색하는 것이다. 예를 들면 부부가 상호작용을 드물게 하는 것으로 인해 정서적인 거리가 멀어져 도움을 청할 수 있다. 아내는 그의 남편이 거의 그녀와 이야기하지 않는다고 불평을 하고 그의 남편은 자신의 의견을 표명하면 거의 듣지도 않고, 조소하고, 비판하기 때문에 이야기를 중단하는 것이라고 맞서고 있다. 그들의 문제를 탐색한 후에 부부는 그들의 언어적 교환을 증가시키는 것에 동의하고 더 나아가서는 아내의 주의 깊은 청취와 남편의 공유할 수 있는 언어를 증가시키는 것에 동의할 수 있다.

상호목적은 성격에 있어서 보상적일 수 있다. 각 개인이 상대방의 변화에 대응하여 부수적으로 개인적인 행동을 수정하는 데 동의하는 것이다.

이와 같이 클라이언트들이 제시하는 목표들은 다양하다. 그러므로 원조과정에서 사회복지사들이 목표들을 설정할 때 그들의 능숙함을 더해 줄 지침들을 다음과 같이 제시한다(Hepworth & Larsen, 1993: 367–371).

첫째, 목표는 클라이언트들이 추구하는 바람직한 결과와 관련되어야만 한다.

클라이언트가 동기화되기 위하여 달성되어야 할 선택된 목표가 그의 문제를 해결하여 그의 생활상황이 향상될 것이라는 믿음이 있어야만 한다.

둘째, 목표는 명백하고 측정 가능한 용어로 정의되어야만 한다.

원조과정에서 방향을 제시하기 위하여 목표가 바람직한 결과로 정의되어야만 모든 참여자들이 문제체계 내에서 달성되어야 할 변화를 명백하게 인식한다. 바꿔 말하면 각자(actor)가 변화될 환경적인 요소가 무엇이고 그가 다르게 해야 될 것이 무엇인지를 상세히 알아야만 된다. 이와 같이 목표는 일반적인 것이 아닌 명확한 용어로 정의되어야만 한다.

셋째, 목표는 실행 가능한 것이어야 한다. 달성하지 못할 목표 설정은 클라이언트에게 용기를 잃게 하고, 패배감과 환멸을 느끼게 한다. 그러므로 목표를 설정할 때는 사회복지사는 목표를 달성할 수 있는 클라이언트의 능력과 목표 달성에 영향을 미치는 환경적 압력 이 두 가지를 기본적으로 고려해야 한다. 대부분의 클라이언트들은 그들이 자신을 위해 설정된 목표를 달성하기 위한 능력을 소유하고 있다. 그러나 그들 목표의 타당도를 확인하고, 그 목표를 성취하기 위한 그들의 능력에 대한 믿음을 표현하게 하는 것이 바람직하다.

사회복지사들은 때때로 과장된 클라이언트나, 또는 다른 사람들에게는 명백하게 드러나는 자신의 개인적 한계점을 부정하는 클라이언트들을 만나게 된다. 이러한 사례들에서는 사회복지사는 클라이언트들의 목표를 현실적으로 성취 가능한 상위의 영역으로 낮추도록 원조하는, 재치 있고 민감한 가치 있는 서비스를 수행할 수 있다.

넷째, 목표는 사회복지사의 기술과 지식에 상응해야만 한다.

설정된 클라이언트의 목표는 사회복지사의 기술과 지식 내에서 달성된다는 것을 모든 사회복지사들은 인식하고 있다.

어떤 문제나 목표는 사회복지사들이 아직 성취하지 못한 높은 수준의 숙련성을 필요로 하는데 사회복지사는 그의 능력 부족으로 개입하지 못한다는 것은 전문가로서 클라이언트에 대한 사회복지사의 책임이다. 예를 들면 어떤 문제는 가족치료, 성치료, 행동수정, 그리고 정서장애에 대한 특별한 지식과 치료기법 등의 능력을 필요로 한다.

다섯째, 목표는 가능할 때마다 성장을 강조하는 긍정적인 용어로 진술해야만 한다. 목표 달성은 클라이언트가 목표 성취의 결과로서 그의 생활에 일어날 유익한 변화나 이득에 중점을 둔 성장을 강조하는 방법으로 해야 된다.

목표 설정 진술에서 클라이언트가 포기하기 위하여 주의를 기울여야만 감소시킬 수 있는 부정적인 행동을 규정하여야 한다.

클라이언트들이 눈물을 흘리고, 싸우고, 과식이나 알코올 섭취와 같은 역기능적 행동을 철회하기를 바라지만 이와 같은 행동들이 스트레스를 주고 문제를 발생시켰더라도 일상생활에서 그것들에 익숙해져 있으므로 역기능적 행동을 철회 시에 클라이언트들은 절박한 상실감을 느낄 수 있다. 심리학적으로 상실감보다는 이득에 관해서 목표를 정의하는 것이 변화에 대한 저항감을 감소시키고 동기를 향상시켜 준다.

예를 들면 부정적 목표달성으로 가족성원들의 비판의 빈도를 줄이는 것이다. 이와 대조적으로 가족성원들이 서로의 강점 자각을 증진시키며 그리고 긍정적인 메시지의 빈도를 증가시키는 것이 긍정적인 목표 설정이다.

여섯째, 중요한 조건에 관한 동의는 피하여야 한다.

예를 들면 때때로 어떤 목표를 달성하기 위하여 동의하는 것은 윤리적이지도 현명하지도 않을 것이다.

클라이언트들은 사회복지사의 중요한 가치에 부합되지 않는 목표를 추구하는 데 사회복지사의 원조를 청할 수 있다. 가치란 누구에게나 있는 것이지만 사회복지사들은 생활철학, 도덕적 가치 또는 성적 행동에서 현격한 차이를 갖는 클라이언트들과 활동하는 데 심각한 제한이 있다. 심오한 종교적 또는 도덕적 믿음 때문에 어떤 사회복지사는 동성애적 관계 증진이나 낙태를 고려하는 클라이언트들과 효과적으로 활동할 수가 없다. 만약 어떤 클라이언트가 강력한 조건적 목표를 제시한다면 그와 같은 목표달성을 향해 활동 가능한 다른 전문가에게 의뢰하는 것이 바람직하다.

일곱째, 목표는 기관의 기능과 일치하여야 한다.

문제의 탐색과 클라이언트의 결핍(wants)은 때로는 기관의 기능과 부합되지 않은 변화목표일 때도 있다.

예를 들면 가족서비스 기관에서 부부문제를 탐색한 결과 그 부부의 일차적 욕구는 직업적인 상담과 관련된 것이 명백하다. 그러므로 서비스는 그 기관에서 제공될 수가 없다. 이와 같은 사례는 다른 기관에 의뢰하여 필요한 서비스를 클라이언트가 받도록 원조하는 것이 적절하다.

위에 제시한 지침대로 목표 설정이 잘 되었을 경우에도 목표가 다양한 경우가 발생한다. 이러한 때는 목표에 우선순위를 정하여 사용하는 것이 바람직하다.

첫째, 클라이언트에게 가장 시급한 문제다.

둘째, 가장 단기간에 성취하여 만족감을 느낄 수 있는 것이어야 한다.

셋째, 클라이언트가 목표 달성에 전력을 다할 동기를 가지고 있는 것이다.

넷째, 기관의 기능에 적합하고 사회복지사의 능력에 준해서 달성 가능한 것이다.

최근에는 다양한 욕구를 가진 클라이언트가 증가함으로써 사회복지사는 다양한 목표에 개입할 경우가 허다하다. 다양한 목표에 개입할 때는 가능하면 우선순위가 높고 달성 가능한 것부터 개입한다. 어떤 목표는 달성과 동시에 부수적으로 또 다른 목표 달성이 가능한 것도 있으며, 두 가지 목표를 동시에 달성하기도 한다.

2) 계 약

계약(contract)이란 목표 설정이 끝나면 문제의 정의, 목표, 클라이언트의 역할과 사회복지사의 역할, 미팅시간, 장소, 비용, 개입기법, 평가방법 등에 대해 사회복지사와 클라이언트가 동의를 하는 것이다.

헵워스와 라슨은 계약의 요소로 달성될 목표, 참여자 역할, 사용될 개입기법, 세션(session)의 길이, 빈도 그리고 시간, 진행에 대한 평가방법, 계약의 재협상에 대한 계약 조항, 시작 날짜, 세션 취소 및 변경, 비용 등을 제시하고 있다(Hepworth & Larsen, 1995: 381).

목표 협상이 끝나면 계약을 하게 된다. 계약은 원조과정의 첫 단계의 구체적인 활동이지만 계약은 전 과정을 통해서 계속된다. 목표는 계속적인 것이지만 상황의 변화와 새로운 정보 유입으로 확장되거나 수정될 수도 있다. 시간제한, 사용될 개입방법, 세션의 횟수, 원조과정 참여자들은 각 사례의 상황변화에 따라서 변화될 수 있다.

계약은 서면으로 이루어지나 구두계약을 선호하는 경우에는 구두로도 이루어지고 있다.

서면계약을 할 때는 사회복지사와 클라이언트 사이에 가능한 한 오해를 최소화하면서 양쪽의 동의 하에 이루어져야 된다. 서면계약은 법적 효력은 없으나 계약조항은 명확히 해야 된다. 그렇지 않으면 클라이언트들은 계약의 목표를 달성하지 못하면 사회복지사의 잘못된 개입실천에 대한 소송을 제기할 수도 있다.

구두계약은 비공식적 계약으로 개인적이고 자발적인 교환에 근거하므로 사회복지사들이 선호한다.

서면계약과 구두계약에서 원조과정과 결과측정을 비교한 결과 어느 것이 더 좋다는 것은 나타나지 않았다는 연구결과가 보고되고 있다(Klier, Fein, & Geneno, 1984: 298).

계약의 요소들을 자세히 설명하면 다음과 같다. 달성될 목표에 대하여는 앞 절에 이미 설명하였으므로 이 절에서는 참여자의 역할, 활용될 기법, 시간의 조건 등을 설명하려 한다.

(1) 참여자의 역할

문제해결과정의 성격과 마찬가지로 사회복지사의 역할과 클라이언트의 역할은 중요하므로 계약에서 이를 명확히 밝혀야 한다.

단순한 클라이언트, 특히 사회경제적인 지위가 낮은 사례는 원조과정에 대한 이해가 거의 없으며 그리고 원조과정을 해롭게 할 수 있는 사회복지사와의 불일치된 기대감을 가지고 있다. 그러므로 원조과정에 대한 클라이언트의 기대감과 개념을 표현하게 하고 기대감과 현실 사이의 불일치를 명확하게 밝혀야 한다.

클라이언트의 역할을 명확히 하기 위해서는 클라이언트의 비현실적 기대감과 긴급감을 인정하고, 돕는 의도를 밝히고, 클라이언트의 비현실적 기대감은 충족되지 못할 것이라는 것을 설명하고, 그리고 돕는 과정과 한정된 활동은 협력관계이므로 클라이언트가 문제해결과정의 개입을 선택하고 적극적으로 참여해야 한다는 것을 밝혀야 한다.

또한 문제해결자는 사회복지사가 아닌 클라이언트 자신임을 인식시켜 주어야 하며, 사회복지사는 클라이언트의 어려움을 깊이 이해하는 원조 파트너라는 것을 강조하는 것이 바람직하다. 사회복지사는 외부의 유리한 위치에 있으므로 클라이언트의 어려움에 대한 해결을 고려하고, 그리고 클라이언트의 어려움을 새로운 시각으로 볼 수 있으므로 클라이언트들을 원조할 수 있다.

사회복지사가 치료활동에서 적극적인 파트너이지만 최종의 결정은 클라이언트에게 있다. 사회복지사는 대안들에 초점을 두고 클라이언트를 도와줄 수 있지만 사회복지사는 클라이언트의 강점을 개발하여 알게 해 주고, 가능한 영역까지 독립적인 활동을 하게 하기 위하여 그들의 능력을 훈련시켜야 한다.

또 하나의 사회복지사의 기능은 클라이언트의 강점에 초점을 맞추어 집중적인 성장을 하도록 원조해 주는 것이다.

사회복지사의 역할의 또 다른 면은 클라이언트들이 목표를 성취하는 데 장애물이 있을 때 그들이 장애물을 이겨 내기 위한 전략을 결정하는 데 도움을 주어야 한다. 사회복지사의 역할을 명확히 함으로써 변화하는 데 따른 어려움은 있지만 사회복지사는 지지와 방향을 제공하면서 클라이언트 뒤에서 클라이언트와 함께 있다는 현실을 강화시켜 준다.

(2) 활용될 기법

계약에는 목표를 성취하기 위한 기법들과 개입을 상세히 기록해야 된다.

초기 접촉에서 단지 개별, 공동 또는 가족 세션과 같이 보편적 수준의 개입을 구체화시킨다. 그러나 문제상황에 대해 토론하고 활동의 치료적 대안코스에 대해 고려하면서 궁극적으로 문제해결 노력을 하게 된다.

대체로 사정에 따라 개입이 구체화된다. 즉, 이완훈련, 비합리적인 신념, 사고, 공포의 확인 및 제거 등의 인지 재구조화, 역할극과 행동시연(beha-vioral rehearsal), 자기관리기술 그리고 의사소통, 자기주장, 문제해결 및 갈등해결 등의 발달기술이다. 이행될 개입과는 관계없이 클라이언트와 개입방법들에 관한 토의가 가장 중요하다. 개입방법에 대해 간결하게 설명하고, 클라이언트의 반응을 이끌어 내고 그리고 클라이언트의 동의를 얻어야 한다.

계약이란 하나의 진행되는 활동(activity)임을 마음속에 새겨야 한다.

(3) 시간의 조건(Temporal Condition)

계약의 또 다른 부분은 원조과정의 기간 그리고 세션의 길이와 빈도다.

개입기간에는 기본적으로 단기서비스로 알려진 시간제한서비스(time-limited service)와 시간제한이 없는 서비스(open-ended service)가 있다.

시간제한서비스 형태는 최대한의 세션 횟수를 정하는 것이며 시간제한이 없는 서비스 형태는 시간을 구체화시키지 않는다.

두 가지 기간 형태는 수십 년을 통해서 사용되어 왔다. 시간제한이 없는 서비스 형태는 프로이트의 정신분석이론에 뿌리를 둔 개별사회사업의 진단학파에서 사용되었으며, 시간제한서비스는 오토랑크가 소개했으며 1930년 출현한 기능주의 사회사업에서 채택한 것이다.

최근에는 1972년에 출현한 실천모델인 과업중심체계 사회사업의 중요한 구성요소로 시간제한서비스가 활용되고 있다. 많은 연구결과들은 시간제한서비스를 지지하고 있다. 사회복지사들이 시간제한서비스를 채택했을 때의 장점은 다음과 같다.

첫째, 시간제한서비스는 비용면에서 효과적이다. 즉, 시간제한이 없는 서비스와 똑같은 결과를 적은 비용으로 달성할 수가 있다.

둘째, 시간제한서비스 형태 하에서는 많은 클라이언트들이 서비스를 받을 수 있다. 기관에서 시간제한서비스를 선택했을 때는 대기명단이 줄어들게 된다.

셋째, 시간제한서비스 형태는 사회복지사가 단기간 내에 향상될 것이라는 확신을 보여 줄 때 클라이언트를 안심시켜 낙관적으로 만든다.

넷째, 시간제한서비스는 초기 계약단계에서 시간제한을 알려 줌으로써 종결과정을 쉽게 만든다.

다섯째, 시간제한서비스는 문제해결과정을 초기 · 중기 · 종결단계로 구별하게 만든다.

시간제한서비스 형태는 개인, 집단, 가족 등에 폭넓게 사용되고 있다. 그러나 모든 클라이언트 집단에 적절하지는 않다. 개입목표가 역기능적 성격문제이거나 심각한 역기능적 성격과 관련된 문제의 클라이언트들은 장기치료가 필수적이다. 이외에 시설에 있는 정신질환자, 만성질환자 그리고 교도시설에 있는 클라이언트 등에게는 생활의 한계를 가진 문제 이외에는 부적절하다(Hepworth & Larsen, 1995: 382–389).

시간제한서비스는 한정된 목표를 달성하고자 하는 클라이언트들에게 선택적으로 원조해 줄 수 있는 서비스 형태다.

이외에도 세션의 빈도는 일주일에 1회가 적절하지만 필요에 따라서 더 많은 세션을 가질 수도 있다. 세션의 길이는 개인 클라이언트에게는 45분 정도가 적절하나 초기면접이나 클라이언트가 가족, 집단일 경우에는 1시간 내지 1시간 반이나 2시간이 될 수도 있다.

이 모든 사항은 클라이언트의 상황과 기관의 상황을 고려하여 결정하나 가능하면 클라이언트 상황에 적합하게 결정하는 것이 바람직하다.

이 장 서두에서 언급하였듯이 문제의 정의, 목표, 클라이언트와 사회복지사의 역할, 미팅시간, 장소, 비용, 개입기법, 평가방법 등에 대한 계약은 반드시 사회복지사와 클라이언트의 동의 하에 이루어져야 한다.

4. 개입단계

개입과정은 사회복지사와 클라이언트가 계약 시 상호 합의하여 결정한 문제를 해결하기 위하여 구체적인 행동을 실천하는 것이다. 이 과정을 통해 의도된 변화가 일어나는 단계다.

사회복지사의 원조활동이란 개입을 의미하며, 개입단계가 사회복지실천과정의 핵심적인 단계다. 개입활동과 동시에 중요한 것은 사회복지사가 변화 과정에 대한 클라이언트의 반응을 관찰하고 동의된 목표에 맞게 진행되는가를 점검하는 것이다. 만약 진전이 되지 않는다면 개입계획을 재평가하여 이전에 사용한 개입방법을 수정하여 새로운 방법을 제시하고, 문제의 성격과 이 문제를 다루는 최선책을 클라이언트와 재론할 수도 있다.

개입방법은 문제와 목표에 직접적으로 관련된 것이어야 한다. 직접적으로 관련되지 않은 사회복지사의 개입은 실패할 가능성이 크다. 개입방법에는 직접적인 개입방법과 간접적인 개입방법으로 구성되어 있다. 직접적인 개입방법은 개인, 집단, 가족 대상으로 클라이언트에게 직접 개입하는 기술과 기법이며, 간접적 개입방법은 클라이언트 욕구에 반응하도록 환경을 변화시키는 실천방법을 의미한다.

1) 직접적 개입방법

개입단계에서 필요한 기술과 기법은 초기면접을 포함한 원조과정의 전체과정에 공통적으로 활용될 수도 있고, 이 단계에서만 적용할 수 있는 것에 이르기까지 다양하다. 면접방법에서 기술했던 방법은 전 과정에 사용되는 대표적인 것이라고 할 수 있다.

클라이언트의 문제와 관련되어 변화목표를 달성하기에 가장 적합한 개입방법을 선택하여야 한다.

또한 개입방법은 개인, 가족, 집단 등의 개입 대상에 따라 달라지며, 또한 개인의 문제와 목표설정에 따라 다르게 접근하여야 한다. 그러나 이 장에서는 기법의 특성에 따라 문제해결 능력 향상, 행동변화, 자기감정 및 자아인식 증진, 대인관계 향상 등으로 나누었다. 이러한 구분은 각 기법의 특성을 부각시킨 것에 불과하며 실제 개입 과정에서 기법들이 상호배타적으로 구별되어 사용되는 것은 아니다. 이와 같이 구분된 기법들은 개입 과정에서 서로 혼합되어 적용될 것이다.

(1) 문제해결 능력을 향상시키는 기법

① 정보제공

정보제공(informing)은 클라이언트에게 의사결정이나 과업수행에 필요한 정보를 제공하는 것을 의미한다. 즉, 클라이언트가 어떤 결정을 내리고 과제를 수행하는 데 필요한 정보를 제공하는 기법이다.

슐만(Shulman, 1981)은 자료제공(providing data)이라는 용어를 사용하면서 이를 사회복지실천 기술 중 가장 중요한 기법이라고 강조하였다. 정보

제공에서 중요한 것은 제공되는 정보의 사용 여부가 클라이언트의 자유의사에 달려 있다는 것을 클라이언트가 느끼도록 분위기를 조성하는 것이다.

사회복지사는 클라이언트에게 정보를 제공할 때 다음과 같은 지침을 명심해야 한다.

첫째, 클라이언트의 현재의 심리상태를 주의 깊게 고려한 후 정보를 제공한다. 클라이언트의 교육배경, 지적 수준, 언어구사력, 공포감 등을 고려하여 정보를 제공하여야 한다. 만약 클라이언트가 잘못 이해하면 클라이언트에게 중요한 타자에게도 똑같은 정보를 제공할 수도 있다.

둘째, 정보나 지시는 논리적 · 체계적 · 단계적으로 제공하여야 한다. 사회복지사가 두서없이 정보를 제공하면 클라이언트는 혼동될 것이다. 사회복지사가 말한 것에 대하여 클라이언트가 생각할 시간을 주고 명확하지 않은 것을 분명하게 하기 위하여 질문을 하도록 한다. 잘못 이해하고 있다는 비언어적 신호를 주의 깊게 살피고, 메시지를 정확히 이해했는지를 점검하는 것이 중요하다.

셋째, 복잡하고 다단계적인 지시사항은 서면으로 하는 것이 좋다.

넷째, '이것, 저것, 그들' 등의 대명사는 조심해서 사용해야 한다. 혼란을 주지 않게 정확한 단어를 사용하고 충분한 설명을 하여 실수가 없도록 최선을 다하여야 한다.

다섯째, 분명하게 말한다. 빠르게 말하거나 어려운 단어 사용은 피한다.

② 조언

조언이란 클라이언트가 해야 할 것을 추천하거나 제안하는 사회복지사의 진술을 의미한다. 조언이 적당하다고 느끼면 클라이언트는 사회복지사의 선호를 분명히 알아차릴 수가 있다. 조언은 반드시 클라이언트가 요구할 때 주어야 한다. 조언을 주는 것에는 많은 함정이 있으므로 사회복지사가 이 기술을 사용할 때는 매우 신중해야 한다.

③ 격려

격려(encouragement)란 클라이언트의 가능성에 대한 확신을 표현하는 사회복지사의 진술 형태를 띠고 있으며 클라이언트의 강점을 인정하고 지지하는 수단이 된다. 즉, 클라이언트의 행동, 태도, 감정을 칭찬하거나 인정해 주는 사회복지사의 언어적 표현이다.

이 기법은 자신들의 문제를 해결할 능력과 자질 그리고 지식을 보유하고 있는 클라이언트에게 문제해결 능력과 동기를 최대화시켜 주는 방법으로 매우 효과적이다(Compton & Galaway, 1984: 465).

또한 어려운 과제를 눈앞에 두고 자신감이 부족한 클라이언트에게 유효한 기법이다. 격려는 성찰, 환기, 재보증, 클라이언트에 대한 신뢰감 표명 등과 같은 여러 다른 기법과 병행하여 사용할 수 있다. 사회복지사가 이 기법을 활용할 때 주의할 점은 격려의 내용이 클라이언트의 행동과 태도에 직결되어야 하며 그 의미가 분명하게 전달되어야 한다는 것이다. 예를 들면 "당신은 두려워하고 있지만 지난 6개월간의 당신의 업무수행도를 본다면 새로운 책임을 질 수 있다고 생각해요."와 같이 구체적이고 분명하여야 한다.

이 기법은 클라이언트가 스스로 자신의 능력과 진도 그리고 기대 정도에 맞추어 문제를 해결해 나가도록 자유롭고 독립적인 분위기를 조성해 주는 것이다. 또한 사회복지사는 클라이언트의 기분과 생각, 행동을 존중하는 반응을 보여 주어야 하는 조심스러운 기법이다.

④ 재보증

재보증(reassurance)이란 클라이언트를 안심시키는 것으로 사실상은 합리적이고 현실적인 생각과 결정에 대해 클라이언트가 의구심을 갖고 있을 때 사용한다. 즉, 클라이언트의 능력에 대해 사회복지사가 신뢰를 표현하여 자신감을 주는 것이다.

예를 들면 아내, 엄마, 며느리, 직장인 등 여러 역할을 동시에 수행하면서 어느 하나도 제대로 해내지 못하고 있다고 자책하는 클라이언트에게

"당신은 지금까지 이 모든 일을 혼자서 무리없이 해 온 것을 보니 얼마만큼 성실하게 살았는지 알겠군요." 하면서 클라이언트의 능력과 성실함 등을 격려하며 인정해 주는 기법이다.

사회복지사가 클라이언트의 불안감 때문에 또는 관계형성을 위해 재보증을 지나치게 사용한다면, 클라이언트는 사회복지사를 불안이나 죄책감의 원인을 제대로 이해하지 못하였거나 도덕적인 분별력이 부족하여 사물을 판단할 능력이 없는 사람으로 느끼게 된다.

재보증을 통해 클라이언트가 직면하고 있는 문제는 부정하되, 그 문제에 따른 감정은 부정해서는 안 된다.

⑤ 보편화

보편화(universalization)란 클라이언트의 생각, 느낌, 행동 등이 그와 비슷한 상황에 있는 다른 사람과 같다는 사회복지사의 진술을 의미한다. 부모를 요양시설에 보내고 죄책감에 괴로워하는 클라이언트에게 "나는 부모님을 요양소에 보내야만 했던 많은 사람들을 알고 있습니다. 그들도 당신처럼 똑같은 감정을 이야기했습니다."라는 예를 들 수 있다. 이 기법은 자신이 다른 사람과 다르다고 느끼는 클라이언트의 감정을 중단시키고, 클라이언트의 긍정적인 인간적 특성, 강점, 성과물 등을 인식시켜 주는 기회를 마련한다.

(2) 행동변화를 위한 기법

클라이언트의 문제행동을 수정하거나 새로운 행동학습이 목표로 설정되었을 때는 행동주의적 기법이 사회복지사가 활용할 수 있는 기법 중의 하나다.

① 강화와 처벌

강화(reinforcement)와 처벌(punishment) 기법은 스키너(Skinner)의 조작적 행동학습이론(operant learning theory)을 기초한 기법이다. 강화란 표적

행동이 과거보다 빈번하게 일어날 가능성을 증가시키는 사건이나 행동을 의미한다. 초등학교 학생이 숙제를 해 왔을 때 선생님이 칭찬을 한다거나 상품을 줌으로써 숙제하는 행동을 계속 유지시키는 것이 좋은 예다. 이때 칭찬이나 상품을 강화물이라고 한다. 강화에는 정적강화(positive reinforcement)와 부적강화(negative reinforcement)가 있다. 정적강화란 강화물을 제공하는 것이며, 부적강화는 행동자가 원하지 않거나 싫어하는 것을 제거해 주는 것이다. 즉, 선생님의 칭찬이나 상품은 정적강화이고, 숙제를 해 옴으로써 청소를 면제해 주는 것은 부적강화이다.

강화와 관련된 기법으로 소거(extinction)가 있다. 소거란 문제행동을 증가 혹은 유지시켰던 강화물을 제거시킴으로써 행동이 계속되는 것을 막는 방법이다. 울면서 떼를 쓰면 엄마가 군것질할 돈을 주는 것을 몇 번의 경험을 통해 배운 아동의 행동은 돈이라는 강화물로 떼쓰는 행동이 학습된 것이다. 이러한 행동을 변화시키기 위해 아무리 떼를 써도 엄마가 못 본 척하기를 몇 번 계속하면 돈에 의해 강화되었던 떼쓰는 행동이 사라지게 되는데 이것이 바로 소거의 좋은 예다.

행동변화를 위한 기법으로서 처벌은 표적행동을 제거시키거나 그 강도를 감소시키기 위해 클라이언트가 표적행동을 행할 시에 고통스럽고 불쾌한 자극을 주는 기법이다. 아주 간단한 예로 학생이 지각을 자주하는 경우 지각할 때마다 교실청소를 시킨다면 이것은 지각이라는 문제행동을 제거하기 위해 청소라는 불쾌한 자극을 주는 것이다. 그러나 처벌기법은 윤리적, 법적, 서비스효과 등의 이유로 인해 사회복지사에게 권장되지 않으며 기관에 따라서는 엄격히 금지되기도 한다.

처벌기법 적용을 제한하는 이유는 구체적으로 다음과 같다.

첫째, 처벌로 인한 효과는 매우 단기적이어서 처벌이 없어지면 표적행동이 재현되는 경우가 대부분이다.

둘째, 사회복지사가 처벌적 개입을 하면 이러한 행동이 클라이언트에게 부정적인 행동모델이 된다.

셋째, 특히 화가 났거나 좌절한 클라이언트에게 처벌기법을 적용할 경우 매우 위험한 결과를 유발한다.

넷째, 처벌은 클라이언트의 바람직한 행동을 오히려 억압하기 쉽고 클라이언트에게 두려움을 주어 적절하게 반응하는 것을 방해한다.

다섯째, 잘못되면 처벌기법으로 인해 사회복지사가 민사 · 형사상의 법적 고소를 당하게 된다(Sheafor, Horejsi, & Horejsi, 1994: 325).

② 행동연쇄

행동연쇄(chaining)란 옷 갈아입기와 같이 여러 단계를 거쳐야 하는 복잡한 행동을 몇 개의 분리된 단계나 요소로 나누어, 한 번에 단 한 개씩만 가르치는 절차를 의미한다. 즉, 하나의 행동을 배우게 하는 데 있어 전체 행동을 보다 작은 단위행동으로 분리하여 연쇄적으로 배워 가는 과정을 말한다. 즉, 서로 연결된 단위행동들은 각각 선행된 단위행동에 대해 일종의 강화물로 작용함으로써 하나의 완성된 행동을 배워 나간다는 것이다.

③ 용암법

한 행동이 다른 상황에서도 발생할 수 있도록 그 상황을 점차적으로 변경하여 가는 방법을 말한다. 대인관계에 미숙한 클라이언트에게 대화법을 학습시키고자 할 때 우선은 사회복지사와의 관계에서 대화법을 익힌 후에 점차 다른 상황의 대인관계에까지 확대시켜 나가는 방법이 바로 용암법을 적용한 행동학습이다.

④ 모델링

모델링(modeling)이란 클라이언트가 유사한 행동을 할 수 있도록 특정 행동의 예를 제시하는 절차를 의미한다. 즉, 타인이 하는 행동을 보고 모방하도록 하는 방법이다. 클라이언트에게 이 기법을 적용하여 의도하는 행동을 학습시키기 위해 비디오테이프 같은 자료를 활용하기도 한다.

⑤ 타임아웃

문제행동이 어떠한 상황으로 인해 강화되는 경우 행위자를 상황으로부터 격리시키는 방법을 의미한다. 예컨대 청소년집단에서 본드흡입이 일종의 용감함, 남성다움으로 간주되는 경향이 있기 때문에 일탈행동이 지속되는 경우가 있는데 이럴 때 행위자를 또래집단에서 분리시켜 놓는 것을 타임아웃(time-out)이라고 한다.

⑥ 행동시연

행동시연(behavioral rehearsal)은 행동주의치료로부터 도출된 기법으로 클라이언트가 특정한 상황에 놓이게 될 경우 그 상황에 맞추어 다른 사람과의 상호작용에서 적절한 행동을 할 수 있도록 미리 연습시키는 기법이다. 이러한 연습을 통하여 직면할 상황에 대한 클라이언트의 두려움을 해소시키고 상황에 적절히 대응할 수 있는 자신감을 향상시키는 효과가 있다.

이것은 역할극의 형태를 띠며 사회복지사의 직접적인 행동시범과 지시로 구성된다. 클라이언트는 역할극이라는 가상의 상황에서 상황에 대처하는 새로운 행동을 시도해 보는 것이다. 이 기법이 빈번히 적용되는 예로 취업면접을 들 수 있다. 즉, 클라이언트가 취업을 위한 면접을 앞두고 있을 때 성공적인 면접을 할 수 있도록 사회복지사와 클라이언트가 가상의 면접을 연습해 보는 것이다. 이러한 과정에서 사회복지사는 클라이언트의 행동에 대해 평가하고 행동을 수정하거나 혹은 새로운 행동을 제시한다. 행동연습기법의 과정은 일반적으로 다음과 같은 순서를 밟아 진행된다.

첫째, 클라이언트가 문제를 설명하고 그러한 상황에서 그가 흔히 하는 행동양식을 보여 준다.

둘째, 사회복지사는 좀 더 효과적으로 상황에 임하는 방법을 제시한다.

셋째, 처음에 사회복지사는 역할극을 통해 자신이 클라이언트의 역을 맡아 클라이언트에게 제시한 행동을 보여 준다. 다음에 클라이언트가 제시된 행동을 이해하고 준비가 된 후에는 자신이 그 행동을 수행한다.

넷째, 역할극이 시행된 후, 사회복지사는 역할연습의 효과에 대해 설명해 준다. 효과적인 실행을 위해 첨가될 제안이 있으면 역할극을 다시 실시하여 가장 바람직한 행동을 모색한다.

다섯째, 클라이언트가 어떻게 행동할 것인지를 명확히 이해하고 난 후에는 이러한 행동을 반복 연습하여 익숙하게 하는 과정이 필요하다.

마지막은 사회복지사와의 역할극을 통해 습득한 행동을 면접이 끝난 후에 계속 연습하도록 과제를 준다.

이러한 역할극을 통한 행동연습기법은 예견된 상황에 대해 클라이언트로 하여금 미리 준비하도록 하여 다른 사람과 적절한 상호작용을 하게 하는 효과가 있으나 나름대로의 한계도 지닌다. 즉, 클라이언트가 사회복지사 앞에서는 행동실행이 성공적일지라고 실제상황에서는 실패하는 경우가 있기 때문이다. 이것은 클라이언트가 사회복지사 앞에서는 긴장을 덜 하기 때문이기도 하고 사회복지사와의 연습상황에서는 미처 예상하지 못한 변수가 실제상황에서 도출하기 때문이기도 하다. 따라서 이것이 효과적이기 위해서 사회복지사는 클라이언트가 직면하게 될 실제상황의 모든 측면에 대해 충분히 고려하여야 한다.

⑦ 행동계약

행동계약(behavioral contract)이란 클라이언트의 행동변화가 일어나도록 고안된 서면화된 동의를 의미한다. 계약은 두 사람 이상의 사람들 사이에서 일어나는 보상 또는 정적강화의 교환을 포함한다.

데리시와 부츠(Derisi & Butz, 1975: 1-2)는 행동계약이란 과정에 필요한 각 요소들을 분명하고 명확하게 만들고 관여된 모든 사람이 이해할 수 있고 수용할 수 있는 방식으로 행동변화에 대한 합의를 서면화함으로써 행동상담을 구조화하는 데 사용하는 기법이라고 하였다.

행동계약에는 조건부계약(contigency contract)과 상호적 행동계약(reciprocal behavioral contract)이 있다. 조건부계약은 한 사람이 다른 사람의 행동과 관련된 결과를 설정하여 동의를 얻는 것이다. 예를 들면 아버지가 아들에게 일주일을 연속으로 일찍 일어나면 일요일에 만화영화를 보여 주겠다고 하는 것이다.

상호적 행동계약은 행동계약 2개 군(남편과 아내) 사이의 동의를 말하며, 각자는 상대방의 바람직한 특정 행동에 대한 보상을 동의한다. 예를 들면 남편은 아내가 자신의 차를 세차해 주면 아내가 좋아하는 목걸이를 사 주겠다고 하고, 한편 아내는 남편이 집을 청소해 주면 남편이 좋아하는 요리를 하겠다고 동의하는 것이다.

행동계약은 사회복지사와 클라이언트 사이에서 이루어질 수 있으며, 또는 사회복지사가 아내와 남편, 부모와 자녀와 같이 2명 이상의 클라이언트에게 그들 자신의 행동계약이 이루어지게 원조할 수 있다.

이때 행동을 분명하게 기술해야 하며, 계약에 의해 영향받는 사람이 동의한다면 어떤 행동이라도 계약의 표적이 될 수 있다.

계약이란 하지 말아야 할 것 보다는 해야 할 것을 설명하는 긍정적 용어로 설명하여야 한다. 또한 성공할 수 있는 방법으로 계약을 해야만 동기를 유지시켜 준다.

조건부계약을 할 때는 계약 불이행에 대한 반대결과와 이행에 따른 강화, 즉 보상을 명확히 기술하고 참여한 클라이언트들이 모두 이해할 수 있어야 한다. 불이행이 클라이언트에게 심각한 결과를 초래할 경우에는 서면으로 작성하고 그 이외의 상황에서는 구두계약으로도 충분하다.

⑧ 과제부여

과제부여란 클라이언트가 상담 세션들 사이에서 수행할 구체적인 과제나 활동을 부여함으로써 새로운 행동을 학습하도록 하는 것이다. 새로운 기술을 습득하고 새로운 행동패턴을 개발하는 것은 사회적 기능상의 많은 문제들을 해결하는 데 중요하다.

과제란 상담 세션들 사이에 클라이언트가 수행하도록 부여된 것을 의미한다. 과제는 클라이언트와 사회복지사의 계약, 개입과 목표 등과 직접 관련된 것이어야 하며, 클라이언트와 사회복지사는 함께 과제를 선택하고 계획하여야 하며, 또한 과제는 반드시 클라이언트가 이해 가능한 것이 바람직하다.

과제를 부여할 때는 사회복지사는 클라이언트에게 정확한 지시사항을 제공해야 하며, 지시상항은 기록하여야 한다. 과제와 지시사항은 복사하여 클라이언트와 사회복지사가 한 부씩 나누어 갖는 것이 바람직하다.

과제는 클라이언트의 훈련과 기술습득에 많이 활용되는 기법이지만 모든 클라이언트에게 적절한 것은 아니다. 과제의 활용은 클라이언트가 사회복지사의 지시를 수용하고, 세션 밖에서 새로운 행동을 연습하려는 의지가 있어야만 가능하다. 따라서 클라이언트가 독립적으로 활동하려 하고, 할 수 있어야 한다.

(3) 자아인식 및 자긍심 향상을 위한 기법

자아인식 및 자긍심 향상을 위한 기법으로는 자기대화, 직면, 도전, 자아존중감 향상 그리고 환기법 등이 있다. 직면은 제5장의 면접의 방법에서 이미 소개되었으므로 이 절에서는 다루지 않는다.

① 자기대화

자기대화(self-talk)란 우리가 스스로에게 주는 메시지를 의미하며 우리가 우리 자신에게 말하는 것은 우리가 경험한 것에 대한 독특한 해설을 반영하는 것이다. 인지치료를 고수하는 사회복지사들은 자기대화는 감정적 반응을 일으키고, 이후에 행동을 야기한다고 강조한다.

인간은 자신의 경험을 어떻게 생각하고 평가하느냐에 따라 감정반응이 결정된다고 보는 것이 인지치료의 기본원칙이다. 즉, 자신이 어떤 것을 상실했다고 생각한다면 그는 슬퍼질 것이라는 것이다. 인간의 생각하는 방식이 습관적이며, 습관적으로 자신의 경험을 왜곡하고 불합리한 방식으로 생각한다면 내면의 갈등과 대인관계에 문제가 발생하게 된다.

다음은 인간의 공통적인 왜곡의 유형이다.

첫째, 전부가 아니면 전무하다. 즉, 경험은 극단적인 흑백논리로 평가되므로 회색지대나 중간지대는 없다. 한 번 실수가 완전한 실패라고 결론을 내리는 것이 한 예다.

둘째, 결론으로 건너뛴다. 충분한 증거도 없이, 증명되지도 않은 비현실적인 결론을 내린다. 어떤 것을 바람직하지도 않고 실행도 불가능하다고 결론 내리고 시도하지도 않는다.

셋째, 선별적 관심이다. 자신이 이미 알고 있는 사실에만 관심을 가지며 다른 결론을 지적해 주는 사실은 간과하거나 기각해 버린다.

넷째, 비극화(catastrophizing)다. 가장 최악의 결과를 예측하고 기다리고, 항상 나쁜 일이 일어날 것이라고 기대한다.

다섯째, 실패의 과대화다. 실패나 실수의 의미나 중요성을 과장한다. 어떤 일을 하는 가운데 일반적으로 성공이 10이고 실패가 1일 때 오로지 실패에만 관심을 두는 것이다.

여섯째, 성공의 과소화다. 긍정적 경험이나 성공을 경시한다.

자신이 운이 좋아서 성공했다고 하는 것이 한 예다.

일곱째, 자신, 타인, 세상에 대한 부정적 믿음이다. 자신을 비롯한 모든 인간이나 사물은 나쁘고, 변화되지 않으며, 희망이 없다는 부정적 믿음을 지속적으로 고수한다.

여덟째, 개인화(personalization)다. 모든 문제나 부정적인 사건들은 자신의 부족함에서 비롯된다고 생각한다.

아홉째, 외적 통제소(external locus of control)다.

자신의 삶에 대한 통제권이 없다. 즉, 다른 사람이 자신의 삶을 통제한다고 믿으며 어떤 일이 일어나는 것은 운명이라고 믿는 것이다. 많은 역기능적 정서반응이나 문제행동은 분명하지 못한 생각이나 잘못된 믿음의 결과다. 예를 들면 "나는 모든 사람들의 가치와 행동에 맞추어야 한다. 그렇지 않으면 외톨이가 되고 다른 사람들이 나를 따돌릴 것이다." 등이다

사회복지사는 클라이언트들이 좀 더 정확하게 생각하고, 그들에게 문제가 되는 감정이나 행동을 좀 더 효과적으로 통제하도록 도와주어야 한다.

사회복지사가 자기대화에서 왜곡을 수정하기 위한 5단계 접근방법은 다음과 같다.

첫째, 현재 자신의 생각과 느낌을 명확히 하게 한다.

둘째, 자신의 자기대화를 되뇌어 본다. 극단적인 사고에 주의를 집중하고, 절대 아니다, 할 수 없다, 완전히, 모든 사람 등의 단어 사용에 주의를 기울인다.

셋째, 자신의 상황을 객관적인 현실로 보게 한다. 사실이 확인되면 긴장을 풀고 깊은 호흡을 하게 하고 사실들을 3번 큰 소리로 반복한다.

넷째, 자신의 현실을 직시하고 부적절한 용어를 피한다. 그리하면 다르게 느낄 것이며 상황이 전처럼 나쁘지 않다는 것을 알게 될 것이다.

다섯째, 상황에 대한 사실을 명심하고 자신이 할 수 있는 것이 무엇인가 고려한다.

클라이언트가 자신의 부적절한 자기대화의 유형을 잘 설명하게 되면 자기지시(self-instruction)나 가시화(visualization)와 같은 인지적 재구조화 기법이 유용하다.

자기지시는 정기적으로 하루에 3번 정도, 특히 고통스러울 때 클라이언트가 반복하는 진술이다. 자기지시를 긍정적 자기대화, 또한 은밀한 말(covert speech), 또는 맞서기(countering)라고도 한다.

자기지시는 거울 앞에서 큰 소리로 말하게 하며, 이러한 메시지는 역기능적 유형에 대항하여 자기수용과 자기 확신을 키우는 것이다. 자기지시는 효과적이지만 효과가 빨리 나타나는 것은 아니다.

1년 이상 자기지시를 지속적으로 사용하는 것이 바람직하다. 가시화기법이란 클라이언트가 걱정을 야기하는 특정한 사건을 반복적으로 상상해 보고, 이것을 효과적으로 처리하는 데 필요한 단계들을 마음속으로 연습해 보는 것이다. 이 연습을 통해 사건을 처리하도록 자신을 준비시키는 것을 습득한다. 상상하는 것도 행동과 활동의 하나다. 생생하고 자세하게 상상할수록 더욱 좋으며 가시화는 사건에 대한 공포심을 감소시켜 주고, 해야만 된다고 알고 있는 것을 할 수 있다는 능력으로 키워 준다. 클라이언트가 어떤 질문을 받고 그것에 대해 분명하고 적절한 대답을 하도록 가시화함으로써 두려워하는 취업면접을 준비할 수 있다. 가시화는 면접 전에 수십 번쯤 연습하면 좋다.

② 도전

도전(challenge)이란 자기패배적이고 타인에게 해로운 내적 또는 외적 행동을 검토하고, 이러한 행동을 변화시키는 것이다(Egan, 1994: 158).

도전은 클라이언트의 자기기만이나 회피에 초점을 둔다. 즉, 합리화, 회피, 왜곡, 게임, 자신의 행동결과인식 회피, 클라이언트의 언행불일치, 문제를 교정하려는 조치를 회피, 또는 중요한 이슈를 다루려 하지 않는 것 등에 초점을 둔다.

도전은 클라이언트의 감정과 인식에 관심을 갖고 행동해야 효과가 있으며 사회복지사가 좌절하거나 화가 났을 때는 사용을 금하여야 한다. 우울한 클라이언트는 도전을 받게 되면 관계를 철회하기도 한다.

도전기법을 사용하는 데 필요한 지침은 다음과 같다.

첫째, 화가 났을 때는 도전하지 않는다. 진실한 관심 하에 사용해야 한다.

둘째, 깊이 관여할 수 없다거나 관여하지 않으려면 도전하지 않는다.

사회복지사는 클라이언트가 비방어적으로 메시지를 처리 · 이해하고 미래의 선택을 위해 메시지가 주는 의미를 고려하도록 원조할 책임이 있다. 클라이언트가 정보를 활용하도록 도와줄 시간이 없다면 이 기법은 사용하지 말아야 한다.

셋째, 긍정적인 감정을 가진 사람만이 이 기법을 사용하여야 한다.

클라이언트가 사회복지사로부터 관심과 보호를 받고 있다고 느끼고 있을 때 효과적이다.

넷째, 클라이언트에 관한 긍정적 관찰과 함께 도전적인 메시지를 제공한다. 즉, 클라이언트의 강점을 인정하고 지지하는 맥락에서 메시지를 제공한다.

다섯째, 메시지가 기술적이고 비심판적인지를 확인한다.

기술적인 메시지는 문제해결에 필요한 정보를 제공하고, 판단적인 말은 분노를 폭발시키는 경향이 있으므로 금하여야 한다.

사회복지사는 클라이언트의 자기파괴적이거나 부정적인 행동에 대해 자세히 설명을 하고, 이러한 행동이 어떻게 문제를 일으키는지에 대해 구체적인 예를 제시한다. 모호하고 일반적인 말들은 오해를 일으킬 수 있으므로 주의한다.

여섯째, 사회복지사의 추론이 근거하는 자료와 관찰을 제시한다. 추론은 관찰에 근거한 결론이며, 실제의 의견이므로 언급해야 한다. 즉, '내가 당신을 보아 온 바에 의하면 나는 당신이 ……하다고 이해하고 있다.' 등이다.

자기패배적인 행동에 초점을 두었다면 행동이 어떻게 클라이언트에게 역효과를 냈는지를 설명하기 전에 행동에 대해 기술하고, 클라이언트가 사회복지사의 관찰과 추론 사이의 차이를 이해하였는지 확인한다.

일곱째, 도전하는 동안에 나-전달법(I-message)을 사용한다.

나-전달법이란 의사소통의 효과성을 증진하는 메시지의 유형으로 분명하고 직접적인 메시지를 보낼 수 있도록 하고, 메시지를 받는 사람이 방어적이 되지 않도록 하는 방법을 의미한다.

특히 갈등이나 논쟁이 벌어지는 상황에서 무익한 말싸움이 되지 않도록 하면서 실망이나 분노, 좌절을 표현할 수 있는 방법이다.

나-전달법은 비난하거나 책임을 묻는 대신에 '난 당신이 당신 행동에서 변화가 필요하다는 결심을 할 것을 믿는다.' 라는 것을 암묵적으로 전달한다.

나-전달법은 세부분으로 구성되는데 다음과 같다.

첫째, 특정 행동에 대한 간결하지만 분명한 묘사를 한다.

둘째, 특정 행동으로 인해 경험한 감정을 묘사한다.

셋째, 특정 행동으로 인한 명백한 영향을 묘사한다.

나-전달법의 예로 "당신이 우리의 예정된 약속에 나타나지 않았을 때(구체적 행동), 나는 놀라고 당황했습니다(감정). 왜냐하면 난 기다리는 것을 좋아하지 않고 또 내 작업스케줄이 어렵게 되었거든요(명백한 영향)." 등을 들 수 있다.

나-전달법은 사회복지사가 클라이언트를 원조하는 기법으로 아주 많이 사용되고 있다.

③ 자아존중감 향상

자아존중감(self-esteem)이란 자기 자신에 대한 개인적 가치이며, 자신의 상(self-image)을 좋아하는 것이다(Hjelle & Ziegler, 1981: 295). 낮은 자아존중감은 불행과 사회적 기능상의 문제를 초래하는 중요한 원인이 된다. 자신에게 가치를 부여하지 않거나 자신을 존중하지 않은 사람은 자기 확신이 결여되어 있으며, 스스로 부여한 많은 장애와 한계로 고통 받고 있는 사람이다. 자아존중감 향상은 시간이 많이 필요하다.

다음과 같은 지침들로 사회복지사는 클라이언트들을 도울 수 있다.

첫째, 자아존중감은 클라이언트의 개인적 가치감이라는 것을 인식시켜 준다. 즉, 자기 자신에 대한 주관적인 개인적 견해라는 것을 이해하도록 도와준다.

둘째, 자기인식과 자기수용이 자아존중감을 형성하는 기본적 요소라는 것을 이해하도록 도와준다. 인간은 다른 사람의 지지나 격려 없이는 자신을 수용할 수 없으므로 다른 사람과의 관계가 필요하다는 것을 이해시키고 클라이언트가 새로운 관계를 형성하도록 도와준다. 자기수용을 위해서는 자신의 장·단점, 상처, 능력 부족을 인식하는 것이 필요하다. 자아존중감은 자신이 불완전함에도 불구하고 우리의 삶은 가치가 있고 평가받을 만 하다는 것을 믿기 시작할 때 증진되기 시작한다.

셋째, 자아존중감의 변화는 자신의 내부에서부터 시작되는 것이며, 자아존중감은 학습될 수 있으며 경험을 통해 촉진되고 성장한다. 또한 자기에 대한 생각을 재평가하려는 의지는 자아존중감을 향상시키는 첫 단계다.

넷째, 클라이언트가 자신의 자아존중감을 향상시킨다고 생각하는 구체적인 조건과 상황이 있다면, 그것을 확인하고 원조해 준다. 구체적인 조건과 상황을 검토하고 이런 가치들이 진정 가치가 있는 것인지 그리고 가치 있는 사람임을 나타내는 적합한 영역인지 검토하고 격려한다.

다섯째, 낮은 자아존중감은 자기 자신을 다른 사람과 적합하지 않게 비교하는 데서 발생한다. 클라이언트들은 비합리적 비교로 고통받고 있다. 이러한 사고유형은 파괴적인 것이라는 것을 이해시킨다. 그리고 클라이언트가 보다 현실적인 태도로 다른 사람을 보도록 돕는다.

여섯째, 클라이언트가 다른 사람에게 수용되고, 존중받을 수 있는 지지집단, 인간 성장 집단, 교회 집단에 참여하여 다른 사람과 공통점이 많다는 것과 인간은 누구나 강점과 한계를 갖고 있다는 것을 학습하도록 격려한다.

일곱째, 클라이언트가 새로운 상황에 처할 때 필요한 단계를 거치도록 격려한다. 이와 같은 단계에서 클라이언트는 자신의 능력을 발견하고 개발할 기회를 갖게 될 것이며, 자기 자신에 대한 가정과 믿음을 재사정하게 될 것이다.

여덟째, 클라이언트로 하여금 자신의 사고방식을 검토하도록 격려한다. 특히 어떻게 해서 긍정적인 것보다는 부정적인 경향을 갖게 되었는지 그리고 다른 사람이 행동하고 말하는 것에서 어떻게 과도하게 영향을 받았는지를 검토하도록 한다.

아홉째, 분리나 상실 경험과 관련된 낮은 자아존중감을 소유한 클라이언트에게는 그와 같은 상황을 인식하고 슬퍼하도록 도와준다.

열째, 클라이언트에게 삶의 목적의식과 의미와 같은 비전을 개발하도록 격려하고 도와준다. 자기가치감은 이상과 가치에 부합된 삶을 살고 있다는 것을 아는 것으로부터 성장한다. 그러므로 클라이언트는 생각하고 느끼는 것이 행동하기에 올바른 것이라면 행동하도록 원조해 준다.

④ 환기법

환기법(ventilation)이란 클라이언트의 문제와 상황에 관련된 감정을 클라이언트로 하여금 표출하도록 하는 기법이다. 클라이언트는 대부분 문제와 관련되어 다양한 감정을 경험하게 되는데, 어떤 경우에 분노, 증오, 슬픔, 죄의식, 불안 등의 감정이 제대로 표출되지 않거나 혹은 강하게 억압되어 그것 자체가 문제이거나 혹은 문제해결을 방해하는 경우가 있다. 사회복지사는 클라이언트가 미처 의식하지 못하거나 혹은 억압하려는 이러한 감정들을 인식하고 클라이언트가 자신의 감정을 자유롭게 표출하도록 격려함으로써 감정의 강도를 완화시키거나 정서적 분출을 바람직한 방향으로 유도할 수 있다(Woods & Hollis, 1990: 116). 예를 들면 분노를 억제하고 있는 클라이언트에게 "내가 그 입장에 있다면 무척 화가 났을 거예요. 당신도 화가 났지요?" 하면서 억압되는 분노의 정서를 자연스럽게 표출하도록 유도하는 것이다.

(4) 대인관계 향상을 위한 기법

① 역할전환

역할전환(role revesal)이란 한 사람이 다른 사람의 역할을 맡아 다른 사람의 관점에서 사물을 보도록 하는 방법이다.

이 기법은 특히 성원 간의 갈등이 문제인 가족을 대상으로 면접을 실시할 때 활용하기에 적당하다. 이 기법을 통해 동일 상황에 대해 다른 가족 구성원의 이해와 느낌에 대한 이해를 증진시킬 수 있다. 예를 들어 남편과 아내, 자식과 부모가 갈등상황에 놓여 있으며 사회복지사가 판단하기에 양자가 서로의 감정에 대해 전혀 모르고 있는 경우, 이 기법을 통해 서로에 대한 이해를 높일 수 있다. 이 기법을 적용하기에 가장 적절한 시점은 양자의 갈등이 최고점에 달해 더 이상의 탈출구가 없을 정도로 막다른 상황에 놓였을 때나 서로의 견해를 완강히 고집하여 변화의 여지가 없을 때다. 구체적인 활용방법은 다음과 같다(Johnson & Matross, 1975).

첫째, 사회복지사는 클라이언트의 문제에 관련된 사람들을 확인한다. 관련된 사람은 현재와 과거의 시제를 모두 포함한다. 즉, 현재의 부모나 혹은 과거의 사람, 예를 들면 클라이언트가 10살 때의 아버지도 모두 가능하다.

둘째, 사람이 확인되면 사회복지사는 클라이언트로 하여금 확인된 사람의 입장과 태도를 취해 보도록 이끈다. 사회복지사의 지도에 따라 클라이언트는 자신이 마치 확인된 사람인 것처럼 행동과 태도 그리고 견해를 취한다.

셋째, 클라이언트로 하여금 본래 자신과 다른 사람의 입장 사이를 번갈아 가며 역할을 하도록 하는 것이 효과적이다. 이럴 경우 의자를 두 개 준비하여 역할이 바뀔 때마다 의자를 바꾸어 앉게 함으로써 역할전환을 좀 더 효과적으로 실시할 수 있다. 또한 문제관련자로 확인된 다른 사람이 클라이언트가 행하는 역할을 관찰하여 잘못된 곳을 수정하도록 한다면 다른 사람에 대한 클라이언트의 이해도와 정확도를 극대화시킬 수 있다.

역할전환을 할 때 각자가 앉았던 자리에서 일어나 자신이 행할 역할자의 자리로 옮겨 앉게 하면 역할전환이라는 것에 대해 좀 더 분명히 이해시킬 수 있다. 역할전환은 보통 사회복지사가 "다른 사람의 입장을 이해하기 위해 역할을 바꾸어 보면 어떻겠습니까? 자, 일어나 서로의 자리를 바꾸어 앉으세요."라고 시작하는 것이 일반적이다. 역할전환자들이 좀 더 용이하게 역할을 수행하도록 처음 시작하는 말을 사회복지사가 제시하는 것도 바람직한 방법이다. 사회복지사가 시작하는 말은 확인된 클라이언트의 문제와 관련된 것이어야 한다. 예를 들어 부부갈등의 경우 남편으로 하여금 아내의 역할을 하도록 지도한 다음 사회복지사는 남편에게 "당신은 밤낮 술만 퍼마시고 생활에는 전혀 무관심 하군요."라는 아내의 입장에서 할 수 있는 말을 제시해 주는 것이다.

역할전환은 사회복지사 앞에서 실시하는 것이지만 간혹 집에 돌아가서 가족들끼리 실행해 보도록 과제로 제시할 수도 있다. 이러한 과제수행을 통해 다른 사람에 대한 이해의 증진은 물론 다른 사람에 의해 시연되는 자신의 행동을 바라보며 자신에 대해 되돌아볼 기회를 갖게 한다.

② 빈의자

빈의자(empty chair)기법은 게슈탈트치료(Gestalt Therapy)에서 도입되었으며, 이중의자기법(double-chair technique)이라고도 한다.

이 기법은 현재 치료 장면에 나와 있지 않은 사람과 상호작용할 필요가 있을 때 사용되며 이때 클라이언트는 그 사람이 맞은편 빈 의자에 앉아 있다고 상상하고 그와 대화한다. 의자는 클라이언트와 갈등상태에 있는 사람이다.

빈 의자와의 대화는 그 사람에 관해서 말하는 것보다 훨씬 효과적이다. 왜냐하면 막연히 어떤 사람에 대하여 기술하는 것보다 그 사람과 직접 대화를 나누는 형식을 취함으로써 자신과 그 사람과의 관계를 직접 탐색해 볼 수 있는 장점이 있기 때문이다. 또한 어떤 행동적 상호작용을 통해 문제해결까지도 가능하다. 또한 이 기법을 통해 클라이언트는 다른 사람에 대한 자신의 감정을 명료화시킬 수 있고, 새로운 행동도 시도해 볼 수 있다. 역할을 바꾸어 가며 대화를 해 봄으로써 상대편의 시각과 감정을 이해하고 공감할 수 있는 장점도 있다. 그리고 이 기법을 통해 타인과의 관계뿐만 아니라 자기 자신의 억압된 부분 또는 개발되지 않은 부분들과도 접촉이 가능하다. 이때 클라이언트는 자기 내면의 어떤 측면에 대해 추상적으로 말하는 것보다 그것을 빈 의자에 앉혀 놓고 직접적인 대화를 함으로써 자신의 내면세계에 대해 더욱 깊이 탐색할 수 있다(윤순임 외, 2000: 392–393).

③ 가족조각

가족조각(family sculpting)이란 집단 세션 내에서 클라이언트나 클라이언트의 가족이 가족행동의 중요한 측면을 재연하여 완화시키도록 돕기 위해 고안되었으며 치료뿐만 아니라 사정의 도구가 된다.

가족조각기법은 공간을 이용하여 가족성원들을 다양한 신체적 자세로 배열시킴으로써 가족 구조를 시각적으로 묘사하는 기법이다(Goldenberg & Goldenberg, 1985), 즉 이 기법은 가족 갈등의 형태를 공간 속에 행동적인 형태로 드러내는 것이다. 가족 간의 애정, 정서적 관계, 갈등 등을 말로 표현하기는 매우 어려운 경우가 많다. 그러나 조각기법은 가족 구조나 관계 등에 대한 성원들의 견해를 시각적으로 쉽게 표출할 수 있는 방법이다. 이를 통해 사회복지사를 포함한 가족 전원이 가족문제와 상황에 대한 이해를 보다 용이하게 할 수 있다.

조각기법은 3명 내지 4명의 가족성원에게 적용하기 적합하며 만일 성원 중 결원자가 있을 때는 의자나 그 밖의 기물을 대신 사용하여 가족관계를 표현할 수 있다. 조각은 가족성원에 의해 행해지기도 하고, 특히 치료적인 개입기법으로 활용할 때는 사회복지사가 가족들을 대상으로 조각을 실시한다. 즉, 기존의 관계에서 벗어나 새로운 가족관계를 시각적으로 전시해 보일 수 있는 것이다. 예컨대 어머니가 지나치게 딸과 밀착되어 있고 아버지는 가족 모두에게서 소외되어 있는 경우, 사회복지사는 아버지와 어머니를 가까이에서 서로 마주 보게 하고 딸을 부모체계로부터 거리를 두도록 이 가족을 새롭게 조각함으로써 가족이 지향해야 되는 가족관계를 시각적으로 보여 주는 것이다.

이 기법은 가족성원 중 한 명이 대화를 독점하여 다른 성원이 자신들의 느낌과 견해를 피력할 기회가 없을 경우나, 혹은 언어적 표현에 익숙지 않거나 불편해 하는 클라이언트 집단에게 매우 효과적이다. 또한 조각기법은 가족성원들이 감정을 폭발시키거나 힘들게 말로 표현하지 않고도 가족문제에 대한 자신들의 견해를 솔직하게 드러낼 수 있게 하는 것이 장점이다.

④ 재구조화

재구조화(reframing)란 클라이언트가 특정 사건, 행동 또는 인생 경험에 부여하는 의미를 수정하기 위하여 사용되는 기법이다. 이 기법을 통해 클라이언트는 다양하고 긍정적 시각으로 사건이나 행동을 볼 수 있다.

1세기경의 철학자인 에픽테투스(Epictetus)는 우리에게 문제를 일으키는 것은 사물 그 자체가 아니라 그 사물에 대해 갖고 있는 견해 때문이라고 주장한 것을 기초로 재구조화는 치료기법으로 등장했다.

재구조화는 재부여(relabeling) 또는 재규정화(redefining)라고도 불리며 부부와 가족 간에 대인갈등을 갖고 있는 대상에게 유용하다.

사회복지사는 사람들의 문제 규정, 다른 사람이 행동하는 이유에 대한 자신의 생각 등을 재검토하도록 도와준다. 이것은 대인관계에 대한 이해를 촉진시키고 타인에 대해 좋은 느낌을 갖도록 도와준다.

사회복지사가 재구조화를 사용하는 예는 다음과 같다.

> 입양 부모: 저는 영아(입양아)에게 지쳤어요. 계속 짜증내고 화를 내요. 그렇지만 저는 그 아이에게 어떤 화나는 행동도 하지 않았어요.
>
> 사회복지사: 당신이 그 아이의 화내는 대상이 아닌데 얼마나 힘드시겠어요. 당신이 알고 있다시피 그 아이는 작년에 심한 학대경험 때문에 화가 난 아이예요, 그렇지만 당신을 믿는 것입니다. 그 아이가 화를 낼 대상이 있고 또 함께 있다는 안전감과 믿음이 있다는 증거예요. 자신을 해치지 않을 거라는 믿음이 있으니 화를 내는 겁니다.

사회복지사가 클라이언트에게 새로운 관점과 몇 가지 대안을 제공하면 클라이언트는 생각해 본 후 자신에게 위로가 되고, 자신의 상황을 해석하는 다른 방법이 있다는 사실을 인정하게 된다.

또 다른 재구조화의 방법은 클라이언트의 문제나 무책임한 행동을 긍정적인 행동으로 재정의하는 것이다. 즉, 문제를 통제의 방법이 잘못된 강점으로 재정의하는 것이다.

예를 들면 공부 안 하는 자녀에게 화가 나서 책을 던졌는데 얼굴을 다치게 한 아버지의 사례다. 아버지의 행동에 대한 논의는 자녀에게 적절한 행동을 가르치려고 했으나 그 상황에서 좋은 아빠가 되려는 동기는 빗나갔거나 감정통제를 할 수 없었다는 것을 인식시킨 후 접근한다.

사회복지사가 문제를 강점으로 재정의하였을 때, 즉 감정통제력 상실 및 빗나간 긍정적 행동으로 볼 때 클라이언트는 덜 방어적이고 희망을 느낀다. 문제행동을 제거하거나 역기능적 행동을 교정하기 보다는 강점을 사용하는 것이 더 쉬울 수 있다.

(5) 기타

클라이언트가 지나치게 불안하거나 긴장되었을 때는 그들을 안정되도록 도움을 주어야 한다. 안정된 상태이어야만 문제를 발전적으로 생각할 수 있고 사회복지사의 기술이나 기법을 수용할 수 있게 된다. 클라이언트가 지나친 불안이나 긴장상태일 때 사회복지사는 근육이완기법을 사용하는 것이 바람직하다.

이완훈련(relaxation training)은 클라이언트들이 중요한 근육 부위를 집중적으로 이완시킬 수 있도록 사회복지사가 원조하는 것이다.

이완훈련은 아주 간단한 방법에서부터 교육 후에 사용하는 방법 등 다양하다. 사회복지사가 사용할 수 있는 방법으로는 클라이언트가 눈을 감게 한 후 천천히 복식호흡을 하게 한다. 즉, 천천히 코로 숨을 들여마시고 내쉴 때는 천천히 입으로 내쉬게 하고, 이것을 몇 분 동안 계속하면 긴장 및 불안이 완화된다. 만성적인 긴장상태의 클라이언트에게는 4~8시간의 근육이완과 관련된 강의를 받은 후 조용한 환경에서 깊고 규칙적인 호흡과 함께 근육을 이완시키며 동시에 즐거운 상상이나 생각을 하는 과정을 반복한다. 그 다음에 매일 20~25분 정도 훈련하면 습관적 유형이 형성된다. 이러한 이완훈련 연습기간 동안에 클라이언트는 근육의 긴장에 주의집중하며, 이 긴장을 충분히 느끼고 경험하며, 긴장상태와 이완상태 간의 차이점을 인식하게 되어 스스로 조절이 가능하다(Elkin, 1999: 55-59).

2) 간접적 개입방법

간접적 실천(indirect practice)이란 사회복지사가 클라이언트와의 개인적인 접촉이나 즉각적인 개입을 하지 않는 행정(administration), 연구조사(research), 정책개발(policy development), 교육(education) 등과 같은 사회복지사의 활동이며, 간접적 치료(indirect treatment)는 클라이언트를 대신해서 환경을 변화시키는 개념이며, 조정(mediation), 교육, 옹호(advocacy) 그리고 자원개발(locating resources) 등을 포함한다. 이와 같은 활동들은 사실상은 직접치료에서 필요한 똑같은 기술과 기법들이 필요하다고 할 수 있다(Barker, 1995: 184-185).

이와 같이 간접적 개입방법은 광범위하고 수많은 다양한 방법이 존재하므로 사회복지사의 폭넓은 지식과 기술을 요한다고 할 수 있다. 또한 간접적 서비스 모델에는 지역사회조직(community organization), 재정 및 인력관리, 정책분석, 사회행동(social action) 그리고 슈퍼비전 등이 있다(Sheafor, Horejsi, & Horejsi, 1994: 77).

간접적인 개입방법으로 프로그램 평가, 교육과 훈련, 계급옹호, 사회정책개발 그리고 사회행동 등을 살펴보기로 한다.

① 프로그램 평가

프로그램은 원하는 개인적 · 사회적 변화를 달성하기 위한 계획된 활동절차이므로 프로그램 활용 시 그 목적과 목표들을 성취하고 있는지의 여부와 어떻게 성취하고 있는지를 판단하기 위하여 시험하는 것이 프로그램 평가다.

프로그램 평가는 세 가지 차원에 초점을 둔다.

첫째, 프로그램 노력(program effort)이다. 즉, 활동의 양과 유형, 서비스를 받는 사람의 수, 직원 채용 유형, 기타 내용에 대한 서술이다.

둘째, 프로그램 효과성(program effectiveness)이다. 즉, 프로그램 목표가 달성된 정도를 판단하는 것이다.

셋째, 프로그램 효율성(program efficiency)이다. 즉, 목표달성에 기초된 비용을 사정하는 것이다.

프로그램 평가는 대부분 기관 외부의 자문에 의해 설계되고 실시된다. 이렇게 해야만 객관적인 평가가 이루어진다. 그러므로 외부 자문위원에게 기관직원들이 성취하려는 것이 무엇이고, 이것을 어떻게, 왜 성취하려고 하는지를 정확하게 설명하여야 한다. 그래야 프로그램 평가가 적절하게 이루어진다.

다음은 사회복지사들이 프로그램 평가에 참여할 때 유용한 지침들이다

(Sheafor, Horejsi, & Horejsi, 1991: 461-3).

첫째, 평가자료와 보고서 이용자들, 즉 행정가, 사회복지사, 프로그램 계획자, 모금자, 입법부 의원 등을 확인한다.

이 평가에서 그들이 진짜 원하고 필요로 하는 것은 무엇인가? 그들은 어떠한 정보를 이해하고 사용할 수 있는가? 평가절차가 이 프로그램의 계속, 변경, 종결에 영향을 줄 것이라고 믿는 것은 합리적인가? 그 평가결과가 프로그램 운영과 제공되는 서비스 측면에서 정말 차이를 줄 수 없다면, 프로그램 평가를 시작하지 말아야 한다.

둘째, 평가실시 가능성 여부를 판단하는 것이다.

당신은 필요한 시간, 금전, 기술을 획득할 수 있는가? 당신이 필요한 자료를 실제로 얻을 수 있는가? 모든 핵심 직원들이 평가에 적극적인가? 프로그램은 평가를 할 가치가 있을 정도로 오래 운영되어 왔는가?

셋째, 프로그램의 목적과 목표들을 진술하는 것이다.

프로그램의 목적과 목표에 대한 명확한 진술을 확보하는 것은 평가를 하는 데 가장 중요한 단계다. 목표들은 측정이 가능해야 한다. 프로그램이 성취하려고 하는 것이 무엇인지를 정확히 알 때까지는 프로그램이나 개입을 평가할 수 없다. 더욱이 개입활동은 목적 및 목표들과 논리적으로 연결되어 있어야 하며 통제력을 갖고 있는 요인들에 초점을 두어야 한다. 프로그램을, 개입활동들의 영향력을 벗어난 것에 대해 책임을 지는 위치에 처하게 해서는 안 된다.

넷째, 평가하려는 프로그램의 개입들을 기술하는 것이다.

개입이나 서비스의 단위를 분명히 기술하여야 한다. 예를 들면 언제 개입활동이 일어나는지를 기술하기 위해 그것이 언제 시작되고 끝나는지를 물을 수 있다. 사회복지사가 개입시작 시기를 정했는가? 또는 클라이언트나 다른 누군가가 정했는가? 개입을 클라이언트와 직원 간의 상호작용과 구별할 수 있는가? 서비스 이용기간으로 이용 여부를 결정할 수 있는가? 예를 들면 클라이언트가 계획된 5회의 부모교육교실 세션 중 2회만 참석했다면 그는 부모교육을 받은 것인가?

다섯째, 측정 가능한 변화지표들을 선택하는 것이다.

프로그램이 변화시키려는 특정한 태도, 행동, 조건에 대해 분명해지고 변화를 위해 사용되는 개입에 대해 분명해지면, 측정될 수 있는 변화지표를 선택할 필요가 있다. 이 지표들은 합리적으로 프로그램 개입의 탓으로 돌려질 수 있는 것들이어야 한다. 또한 바라는 개입효과가 일정기간 안에 일어날 것을 믿는 것이 합리적인가를 판단해야 한다. 장기효과를 재기 위해 기다릴 수 없는 처지라면, 더욱 즉각적인 변화를 나타내는 지표들을 선택해야 한다.

여섯째, 적합하고 실시 가능한 자료를 수집하고 측정도구를 선택하는 것이다.

타당도와 신뢰도가 있는 도구의 개발은 복잡하고 시간과 돈이 많이 드는 과정이므로 기존의 이용 가능한 도구를 사용하도록 노력하여야 한다. 유사한 프로그램에 대해 이루어진 평가를 조사하고 다른 사람들이 유용하게 사용한 도구들을 이용하여야 한다.

일곱째, 자료의 수집, 도표화, 분석의 방법들을 계획하는 것이다.

관리할 수 있고 사용할 수 있는 것 이상으로 많은 자료를 수집하지 말아야 한다. 원하는 자료가 실제로 획득 가능해야 한다. 예를 들면 사례 철에서 자료를 수집할 계획이라면 모든 사례에 원하는 정보가 포함되어 있는가? 원하는 정보가 클라이언트가 없어도 얻어질 수 있는가? 평가설계가 옛날의 서비스 소비자와 접촉을 해야 하는 것으로 되어 있다면 그들을 찾을 수 있는가?

여덟째, 평가결과를 해석하는 것이다.

노력의 최종 산물은 결과를 보고하는 것이며, 이를 통해 서비스의 질에 대한 적절한 인정을 받을 수 있고, 프로그램의 변화가 이루어질 수 있다. 이 해석과정에서 주의가 필요한데 그 까닭은 개입이 아닌 다른 요인들이 프로그램의 성패를 설명할 수 있기 때문이다. 예를 들면 성공적인 프로그램의 배경에는 지도적 위치에 있는 아주 헌신적이고 철저하게 동기화되어 있는 사람이 있는 경우가 많다. 이와 같은 개인들은 여러 가지 장애물이 있음에도 불구하고 프로그램이 정상적으로 진행되게 만든다. 반면에 잘 설계된 프로그램임에도 불구하고 직원의 사기 저하와 같은 요인들은 빈약한 결과를 만들어 낸다.

프로그램 평가에 관한 자세한 내용은 이창호와 최일섭의 『사회계획론』(1993: 287-343)을 참조하면 많은 도움을 얻을 수 있을 것이다.

② **교육과 훈련**

사회복지사는 교육과 훈련을 통해서 클라이언트에게 정보, 지식, 기술의 습득을 지도하고 원조하는 것이다.

사회복지사들은 자녀양육, 대인간의 의사소통, 스트레스 관리, 직업을 구하는 것, 일상생활 등의 기술들을 가르치고, 클라이언트, 자원봉사자, 동료 또는 관심을 가진 시민에게 직접 교육하기도 한다. 이것은 공식적인 교육, 워크숍 또는 일대일의 관계를 통해서 이루어진다. 또한 사회복지사가 클라이언트와 직접 활동도 가르침(teaching)이다. 그러므로 사회복지사에게는 교사로서 효과성을 높이는 지침들이 필요하며, 그것들은 다음과 같다.

첫째, 배우는 것과 가르치는 것의 차이를 알아야 한다.

학습은 학습자 내부에서 일어나는 것이며, 이것은 동기, 능력, 준비 같은 요소와 결합된다. 교사의 임무는 학습자가 학습할 내용을 검토하고, 이것에 관해 사고할 수 있도록 그를 몰입시키고 동기화시키는 방법을 찾는 것이다.

둘째, 가르치고 배우는 것은 지식, 신념과 가치, 기술 등 3개의 광범위한 범주 안에 있다. 지식은 사실, 개념, 이론을 설명하는 언어에 동의하는 것이므로 가르치기가 쉽다. 그러나 가치나 태도와 기술은 직접적으로 가르치기가 불가능하다. 그러므로 교사가 바람직한 가치나 태도, 기술 등을 모델링하거나 시범을 보인다면 잘 학습될 수 있다.

셋째, 교육의 첫 단계는 사람들의 학습법의 차이를 고려해서 계획하여야 한다.

듣기, 보기, 동작 등과 같은 감각의 선호성, 구조와 방향에 대한 욕구나 저항, 협동이나 경쟁의 욕구, 추상적인 것에서 일반적인 것으로 또는 그 반대의 경우에 대한 경향, 개념형성 또는 분석에 대한 경향성, 읽기와 쓰기에 대한 욕구, 개별학습 또는 집단학습에 대한 상호성과 같은 학습법의 독특성을 고려해야 한다.

또한 효과적인 교사는 동일한 주제를 여러 가지 다른 방법으로 가르칠 준비를 해야 하고, 학습자의 학습방법을 확인하여 그가 더 잘 이해하도록 도와주고 개인적 유형에 적절한 학습기회를 찾도록 도와주어야 한다.

넷째, 필요한 용어와 개념을 설명하고 가르친다.

언어는 학습의 기초이며 전문화된 단어를 습득하는 것은 새로운 것을 학습하는 기본적인 단계다. 사회복지사의 업무를 습득하려면 맨 먼저 직업의 가치와 역할, 원리, 실천이론과 기본개념과 전문용어를 익혀야 하는 것이 한 예다.

그러나 교사는 학습자가 한 번에 너무 많은 새로운 내용으로 부담을 느끼지 않도록 신중하게 계획을 세우면서 새로운 개념을 소개해야 한다.

다섯째, 학습자들이 스스로 학습을 촉진시킬 수 있는 기술과 기법을 개발하도록 도와준다. 읽기, 쓰기, 경청, 언어구사, 시간관리, 문제해결, 목표설정, 의사결정 등을 포함한다.

여섯째, 집단을 기획하거나 훈련할 때는 우선 학습자의 특징을 분석한다. 즉, 발달단계, 학력, 직업경력, 생활사, 성원들이 학습하기 원하는 지식, 기술 또는 가치 등을 미리 확인한 후 학습자에게 가장 적합한 방법을 고안하고 선택한다.

일곱째, 현재의 교과과정이나 교재의 활용을 점검 및 고려한다.

현재의 학습자에게 적합한 교재인지 또는 수정 및 교체될 필요가 있는지 확인한다.

여덟째, 인간은 사고하고 느끼며 행동하는 존재이므로 학습자의 신체와 정신이 모두 사용되는 기법을 가르친다.

아홉째, 기술을 가르칠 때는 학습자가 기술을 수행하는 것을 지켜보게 한 후에 그것을 직접 행하게 하고, 마지막으로 그 방법을 다른 사람에게 가르쳐 보게 하는 모델을 활용한다.

열째, 지식이나 기술 및 정보를 즉각적으로 사용해 볼 것을 강조한다. 학습자에게 '나는 왜 이 주제에 흥미를 느끼는가? 다른 문제를 해결하는 데 이것이 어떤 도움이 될 수 있는가?' 등의 질문을 스스로에게 해 보도록 격려한다.

열한째, 자신의 교수법을 평가하는데, 교사의 효과성을 사정하는 네 가지 단계는 다음과 같다.

- 1단계: 수업을 좋아했는지를 학습자에게 질문해 본다. 교수법 평가에 가장 많이 사용하는 방법이다. 그러나 강의는 좋았지만 거의 아무것도 배우지 않을 수 있다는 것이 문제다. 또한 학습은 항상 즐거운 경험만은 아니라는 것도 문제다.
- 2단계: 학습자가 실제로 새로운 것을 배웠는지 검토한다. 사전 · 사후 회합평가가 필요하다.
- 3단계: 새로운 내용을 학습하고 이후에 지식이나 기술이 사용되는지에 대한 질문을 한다. 이 사정평가를 위해서는 학습자의 행동을 모니터링할 수 있는 추수관리가 필요하다.
- 4단계: 학습자의 새로운 지식이나 기술을 적용하는 것이 그들의 실제 삶이나 일에 긍정적인 영향을 미쳤는지 알아본다. 만약 실제적이고 긍정적인 영향을 주지 못했다면 아무리 즐거운 학습이라도 그 회합은 가치가 없는 것이다.

③ 계급옹호

계급옹호(class advocacy)란 클라이언트 옹호와는 대조되는 것으로 전체 집단이나 계층의 사람을 대신하는 행동을 의미한다.

계급옹호는 지역이나 국가 수준에서 법적 변화 그리고 공공정책에서 변화를 추구하기 때문에 고급행정가와 선출된 관리들의 의사결정에 영향을 미치는 것을 목적으로 하는 정치적 과정이다. 이것은 사회적 쟁점에 관해 관심을 공유하는 기관과 여러 조직들과의 연합구축을 요구한다. 이때 사회복지사는 독립된 실천가라기보다는 조직의 대표로서 참여한다.

옹호의 목적이 변화를 유도하는 것이므로 저항, 대립, 갈등이 수반된다. 권력자들은 변화를 저지하기 위해 권력을 사용할 수 있고, 사용할 것이다. 어떤 경우 친구를 잃고 적들을 만들기도 하고, 문제아라는 낙인이 찍힐 수도 있다. 따라서 이런 종류의 옹호에 모든 사람이 다 만족할 수는 없다. 더욱이 각 조직들은 계급옹호의 역할수행에 대한 찬반론을 점검해야 하며, 이 조직의 목적에 적합한 역할을 수행하는 대표성을 가지는지를 결정해야 한다.

계급옹호에 개입하는 사람들의 경우, 다음의 지침들을 활용한다면 보다 성공적으로 이를 수행할 수 있게 될 것이다.

첫째, 당신이나 당신의 조직이 차이를 만들 수 있다는 것을 이해하여야 한다.

당신은 법이나 정치, 프로그램에서 필요한 변화를 일으킬 수 있다. 변화를 일으키는 것은 어렵지만 불가능한 것은 아니다.

둘째, 당신 혼자서 할 수 없다는 것을 명심하여야 한다. 사회복지사 개인은 다른 사람과의 연계가 필요할 것이다. 집단은 개인보다 강력한 힘을 가지고 있다. 또한 당신의 조직은 관심사를 공유하고 있는 다른 조직들과 연계할 필요가 있다. 함께 일하는 여러 조직들이 단독으로 일하는 하나의 조직보다는 더 큰 힘을 가지게 된다.

셋째, 다른 조직과 협력한다는 것은 당신의 조직이 자원을 공유해야 하고, 타협하고, 어쩌면 원하는 것과는 다른 일을 해야만 하는 것을 의미할 것이다. 그러나 장기적으로 볼 때 단독으로 일할 때보다 연합체의 일부로서 행동할 때 더 많은 것을 성취하게 된다.

넷째, 인간서비스체계에는 개선되어야 할 점이 많이 있지만 해야 할 필요가 있는 것을 모두 할 수는 없기 때문에 어느 것이 가장 우선순위를 가지는지를 결정해야 한다. 이때 신중히 우선순위를 검토·선택해야 하며,

한꺼번에 많은 것을 얻으려 하면 모두 다 잃을 수도 있다.

여러 가지 영역에서 조금씩 얻거나 완전히 실패하는 것보다 한 영역에서라도 확실한 승산을 만드는 것이 더 좋다.

다섯째, 성공 가능한 것을 선택하는 것도 중요하다. 현실적이어야 한다. 잃어버린 것에 조직의 에너지와 시간을 낭비해선 안 된다. 그것은 오직 좌절만을 낳게 될 것이다. 인생의 다른 측면에서 성공적인 경험은 다른 성공이 가능하다는 희망과 느낌을 갖게 한다. 조직의 성원들이 사소한 성공까지도 중요하게 여긴다면 성공적인 경험은 더욱 동기화될 것이고 장래의 옹호활동을 위해 아낌없는 투자를 할 것이다.

여섯째, 문제해결을 위해서 일어날 수 있고 계획되는 수많은 문제들을 예상하여야 한다. 변화를 위한 옹호를 할 때 겪게 되는 일반적인 문제점을 다음과 같이 제시할 수 있다(Sunley, 1983: 154–155).

- 옹호를 위해 충분한 시간을 가지지 못한다면, 제안된 행동들이 뒤로 미뤄지게 된다.
- 옹호자나 지지자가 진행을 한 후에 행동에 대해 의문을 갖거나 재고하기 시작한다.
- 목적이 명료하지 못하거나 공동의 목적을 공유하지 못한 사람들 때문에 옹호자의 노력이 수포로 돌아가기도 한다.
- 행동체계 내에서 분열된 논쟁이나 권력투쟁이 일어난다.
- 옹호자들 중에 불만족하고, 비전문적이고, 비협조적인 개인들이 도덕적 또는 인사문제에 관한 마찰을 빚어내기도 한다.

일곱째, 성공적인 옹호활동은 신중한 분석과 계획이 기초가 된다. 무엇을 할 것인가를 결정하기 전에 무엇을 문제로 볼 것인가와 문제에 대한 면밀한 연구가 중요하다. 변화되어야 할 대상과 왜 변화되어야 하는지, 그 변화를 만들어 내기 위해 어떤 노력이 필요한지에 관해 정확히 알기 전까지는 어떠한 시도도 하지 말아야 한다.

여덟째, 행동을 취하기 이전에 목적 달성에 필요한 시간, 에너지, 자금, 기타 자원에 대해 조사한다. 자원 여부에 따라 목표를 낮추거나 목표를 달성할 수 있을 정도로 보다 조직력을 갖출 때까지 기다리는 것이 최선이다.

아홉째, 저항세력을 이해하려고 노력하여야 한다. 변화에는 저항이 따르기 마련이다. 변화되는 상황에 대한 분석은 저항의 이유가 포함되어야 한다. 따라서 옹호자들은 변화를 요구받을 때 반대자들이 어떻게 생각하고 느끼는지를 알 필요가 있다. 또 상대방의 입장에서 보는 공감의 자세도 필요하다. 사람들은 항상 변화에 저항하는 근거를 가지고 있다. 당신은 그들의 근거에 동의하지 않을 수도 있지만 그 저항들을 성공적으로 극복하려면 그들을 이해해야 한다.

열째, 성공적인 옹호에는 자기규율이 있어야 한다. 행동하기 전에 생각하는 것은 매우 중요하다. 계급옹호에는 상호 간의 신뢰와 상호관심을 기반으로 만들어지는 연대형성이 필요하다. 옹호활동에서 빚어지는 가장 심각한 오류 중의 하나가 바로 충동적으로 행동하는 것이다. 충동적 행동이 발생할 경우 연대를 형성했던 조직이나 연합체가 커다란 손실을 입을 것을 우려하여 철수하거나 협력을 꺼리게 된다. 당신이 충동적으로 행동하면 당신을 반대하는 사람은 당신의 조직을 불신하기가 쉽다.

열한째, 옹호활동에는 권력의 사용이 포함된다. 원하는 만큼의 권력을 갖고 있지 않는 경우도 있지만 가지고 있는 힘을 간과해서도 안 된다. 본질적으로 권력이란 다른 사람들을 자기가 원하는 방법으로 행동하게끔 만드는 능력이다. 특정한 목적을 위해 사용될 수 있는 자원으로서 권력에 대해 생각해 보면, 거기에는 다양한 종류의 권력들이 존재한다. 따라서 자기 조직이 소유하고 있는 조직과 구성원에 대한 연구가 중요하다.

사회복지사가 소유하고 있는 권력은 지식과 전문성에서 비롯된다. 예를 들어 당신이 아동을 대신하여 옹호활동을 하는 경우 당신은 아동과 문제를 겪고 있는 가족에 대한 상세한 정보를 가지고 있는 것이며, 그 가족체계가 가족과 아동을 위해서 제대로 기능하고 있는지 혹은 부적절한지를 알고 있다. 신중하게 수집되고 제시된 정보들은 입법가와 기관행정가 그리고 대중에게 강력한 영향력을 행사할 수 있게 한다.

의심할 여지없이 조직의 몇몇 성원들은 지역사회 내에서 높은 존경을 받는다. 그들은 과거의 업적 때문에 대중에게 높은 지지를 얻는다. 그들은 신뢰라는 권력유형을 가지고 있다. 존경받는 개인들은 입법가와 행정가들에게 중요한 영향력을 미칠 수 있다. 따라서 대중의 존경을 받는 개인들을 조직의 대변인으로 만들 필요가 있다.

개인적 공약이나 시간, 에너지 등도 권력의 유형임을 기억해야 한다. 많은 부분이 과제를 고수하고 끝까지 지켜나감으로써 이루어질 수 있다. 조직의 결속도 권력의 한 형태가 된다. 만일 입법가와 의사결정자가 조직 성원들이 결속되어 있다는 것을 알 수 있다면 그들은 조직의 지도자가 주장하는 바를 귀 기울여 들을 것이다.

조직 안에서 자연적 지도자가 되는 구성원이 있고, 일부는 카리스마적이고 아주 역량이 뛰어나기도 하다. 그들은 대중들을 자극할 수 있으며 그들이 함께 일할 수 있도록 힘을 규합할 수 있다. 카리스마는 아주 흔하지는 않지만 권력의 한 유형이다. 조직 안에 그러한 사람이 있는지를 파악하고 그들이 당신들의 대의명분을 위해 나설 수 있도록 한다.

열두째, 옹호활동에는 소송이 따르기도 한다(Morales & Sheafor, 1995).

많은 변화와 개혁은 소송과 법원의 판결 없이는 불가능하다고 할 수 있다. 옹호활동을 위임받은 조직은 때때로 필요한 변화 창출을 위해서 소송을 권장하고 지원할 필요도 있다.

열셋째, 대부분의 사람들은 정보 획득을 텔레비전과 신문에 의존한다.

활동을 공론화시키기를 원한다면 언론매체를 이용하는 것도 중요하다. 만일 광고나 언론에 대해 잘 알고 있는 사람이 있다면 그 사람을 이용한다. 그러나 광고나 기타 언론에의 접근이 수월하지 않다면 텔레비전이나 신문에 당신의 기사를 실을 수 있도록 요청한다.

④ 사회정책 분석

사회정책의 분석은 어렵고 시간이 많이 소요된다. 여러 가지 훌륭한 분석 모델들이 사회사업 문헌들에 나와 있으나 사회복지사의 역할과 분석을 위한 준비 여하에 따라서 접근이 가능하다. 지역사회 변화활동에 전임으로 종사하고 있지 않은 사회복지사들은 대부분 복잡한 모델들을 적용할 시간이나 자원이 없다. 복잡한 정책분석 모델을 사용하든 단순한 모델을 사용하든 간에 중요한 것은 정확한 자료를 사용하는 데 대해 양심적이어야 하고 결론을 도출해 내는 데 신중해야 한다는 점이다. 사회복지사들이 사용하는 사정모델이 한계가 있는 경우보다는 도전을 받았을 때 결론이 충분한 지지를 받지 못하는 경우가 더 많다.

비교적 간단하고도 직접적인 공공정책 분석법은 다음과 같다(Chambers, 1993: 7-49).

첫째, 사회문제 분석이다. 사회정책이나 사회 프로그램 분석의 첫째 단계는 기존의 정책을 필요로 하는 상황을 만들어 낸 사회문제를 명확하게 이해하는 것이다. 이 문제를 사정하기 위해 다음의 활동들이 수행된다.

- 문제가 어떻게 정의되는가를 확인하고 그 규모의 추계치를 찾아내어야 한다: 예를 들면 빈곤, 정신질환, 실직에 대해 공통적으로 사용되고 있는 정의는 무엇인가? 더욱 적절하게 사용될 수 있는 다른 정의들이 있는가? 공통적인 정의에 따른다면, 이 문제를 경험하는 사람들의 수는 얼마나 되는가? 또한 이 문제에 부딪칠 가능성이 가장 많은 특정 하위 인구집단들은 누구인가?
- 문제의 원인과 결과를 판단하여야 한다: 어떠한 사회적 요인들이 이 문제를 야기했는가? 그 결과는 무엇인가? 다수원인들이 있는가? 단일원인에서 다수결과가 생겼는가?
- 문제기술에 담겨 있는 이념적 신념이나 기본적 원칙들을 찾아내어야 한다: 문제의 정의는 존재해야만 하는 것이나 가치에 대한 신념들에 의해 많은 영향을 받는다. 문제의 심각성에 대해 의견의 차이가 있는가? 어떠한 인구집단들이 이 문제의 성격에 대해 다른 관점들을 갖고 있는가?

- 문제와 관련하여 이익을 보는 사람과 손해를 보는 사람들을 찾아야 한다: 문제가 있음으로써 누가 이익을 보는가? 무슨 이익을 보며 무슨 손해를 보며 또한 얼마나 보는가? 부정적 결과들이 손해를 보는 사람들의 삶에 얼마나 심각한 영향을 주는가?

둘째, 사회정책과 프로그램 분석이다. 문제가 이해되고 나면 다음 단계는 문제 피해자들에게 구제를 제공하는 수단으로 간주되고 있는 사회정책이나 프로그램을 사정하는 것이다. 이 분석을 위해 아래의 활동들이 수행된다.

- 관련 프로그램과 정책역사를 찾아내야 한다: 이것은 새로운 문제인가? 이 문제가 왜 지금 일어났는가? 이 문제를 해결하려는 과거의 노력들과 무엇이 다른가? 조건이나 가치 또는 이 두 가지 모두는 현재 이 문제와 관련되기 위해 변화했는가?
- 제안된 정책이나 프로그램의 필수요소나 운영 특성을 찾아내야 한다: 제안의 목적과 목표들은 무엇인가? 이 계획으로부터 득이 될 자격자는 누구인가? 이 제안이 승인되면 어떠한 급부나 서비스들이 전달되는가? 어떠한 행정구조가 요구되며 그 구조는 어떻게 작동하는가? 프로그램의 재원은 어떻게 마련되며 얼마나 많은 돈이 요구되는가? 위에 언급한 특성들 간의 상호작용에서 초래되는 어떤 바람직하지 않은 결과들이 있는가?

셋째, 결론 도출이다.

앞에서 확인된 정보가 수집되고 나면 분석 중인 정책이나 프로그램의 장점들을 심사하는 것이 필요하다. 결국 그것은 사회 성원들을 위해 삶의 질이 어떠해야 하는가에 대한 본인의 신념에 증거를 가중시킨 것이다. 그 결과로 제안에 찬성하거나 반대하는 또는 수정을 제안하는 추천을 하게 된다. 아래의 질문들에 대한 응답은 이 프로그램이나 정책제안에 대한 결론에 도달할 때 고려해야 하는 사항들이다.

- 그것은 확인된 문제를 해결하는 데 적절한가?
- 제안된 해결책은 문제의 결과와 원인을 적절하게 해결하는가?
- 그것은 과거에 시도된 것들과 다른 결과를 산출할 것인가?
- 제안된 해결책과 관련된 비용은 가능한 성과를 정당화하는가?
- 제안될 수 있는 더 좋은 해결책이 있는가?

현재의 정책이나 프로그램에 대해 깊이 있게 분석함으로써 사회복지사는 고려 중인 사회문제에 영향을 줄 입법부에 영향력을 행사할 준비를 갖춘다. 사회복지사는 이 결정들에 영향을 주기 위해 위원회나 다른 집단들을 통해서 일할 것이다. 다른 경우에는 입법의원들을 직접 만나서 제안에 대한 의견을 피력하는 것이 더욱 좋다.

⑤ 사회행동

사회행동(social action)이란 사회복지사가 사회복지의 목적 달성을 위하여 행하는 합법적이고 조직적인 여론 환기와 정치적 활동으로서 입법조치 및 사회운동의 과정을 의미한다.

사회행동을 실행하기 위한 효과적인 전략은 다음과 같다(최일섭 외, 1997: 240-250).

첫째, 대상 집단을 이기기 위한 힘을 갖기 위한 전략으로 현재 일어나고 있는 사태에 관한 지식을 정부당국이나 정치인들에게 제공하거나, 반대하는 집단에 불편과 손해를 입힐 수 있는 힘이 있음을 과시할 수 있다. 또한 상대방의 약점을 들추어 내거나 집단행동에 많은 사람을 동원해 힘을 과시하여 대상 집단을 이기려 할 수도 있다.

둘째, 사회행동 캠페인의 합법성을 확보하는 전략으로 자체의 조직원과 일반 주민은 물론 때로는 상대 조직에게 일반적으로 수용될 수 있는 전략을 선택하는 것이다. 그러나 어떠한 전술도 기존의 법질서를 해치는 것이어서는 안 되는 것이다.

셋째, 지역사회의 타 조직과 협력하는 전략으로 한 사회행동조직이 수직으로 힘을 얻기 위해서는 다른 조직들과 협조 · 연합 · 동맹하는 것이다.

넷째, 캠페인에 있어 전술을 연결시키는 전략으로 압력전술, 법적 전술, 항의전술 등이 개별적으로 혹은 여러 가지가 동시에 함께 사용된다.

다섯째, 협상을 전개하는 전략으로 협상에 성공하기 위해 충분히 협상을 준비해야 한다는 것이다. 그러기 위해서는 갈등이나 쟁점의 범위를 어느 정도로 할 것인가에 대한 결정이 필요하다. 즉, 갈등의 범위를 저소득층의 특정 임대아파트의 난방 공급 문제로 볼 것인가 아니면 저소득층의 주택문제로 확대하여 볼 것인가 하는 것이다. 갈등의 범위가 좁을수록 협상은 쉬우나 여러 번 협상해야 하는 번거로움이 있다. 따라서 해결이 가능할 정도로 적절하게 갈등의 범위를 정해야 할 것이다.

3) 점 검

목표 달성을 위한 개입이 시작되면 사회복지사는 이러한 활동이 목표달성을 위해 진전되고 있는지 여부를 평가해야 한다.

개입과 동시에 지속적으로 이루어지는 이러한 평가는 개입활동의 타당성, 정확성, 효율성을 검토하는 것이다(Wood, 1978: 454).

사회복지사의 점검에 의해 계획된 개입활동의 지속 또는 변경 여부가 결정된다. 점검의 목적을 구체적으로 살펴보면 다음과 같다(Hepworth & Larsen, 1993: 34).

첫째, 점검의 목적은 개입전략이 의도한 대로 변화를 야기하는지의 여부, 즉 효과성을 평가하기 위한 것이다. 만약 개입에 의해 예상한 효과가 발생하지 않는다면 사회복지사는 그것의 원인을 찾아내어 제거하거나 다른 대안적인 개입방법을 강구해야 한다.

둘째, 목표 달성을 향한 클라이언트의 노력을 평가하여 개입활동의 초점을 지속시키고 투입되는 시간의 효율성을 높인다.

셋째, 개입의 진전 상황에 대한 클라이언트의 반응을 평가하여 진전 상황이 미미할 때 흔히 보일 수 있는 클라이언트의 부정적인 태도와 느낌에 즉각적으로 대처함으로써 개입에 저해되는 요인을 사전에 통제할 수 있다.

넷째, 개입의 효과를 지속적으로 평가하여 줌으로써 원조과정에 대한 클라이언트의 동기와 자신감을 고양시킨다.

진전과정에 대한 평가와 관련하여 사회복지사가 명심해야 되는 것은 치밀하게 의도된 계획이 차질 없이 수행되도록 노력하면서 동시에 계획이 수정될 수 있다는 것을 염두에 두어야 한다.

진전과정에 대한 평가는 사회복지사나 클라이언트의 주관적인 의견 수집이나 측정도구에 이르기까지 매우 다양한 방법에 의해 가능하다.

5. 종결과 평가

1) 종 결

사회복지실천과정의 최종단계는 종결이다. 종결은 개입을 끝마치는 것이므로 간단하게 보이지만 사실은 사회복지실천과정에서 매우 중요한 단계다. 종결작업은 클라이언트의 사회적 기능을 강화시키는 동시에 사회복지사와 클라이언트가 개입의 전 과정을 통해 같이 발전시켜 온 성과를 이해시키는 과정이기도 하다. 어떤 관계이든 관계의 종결은 강렬한 정서적 반응을 동반하게 되는데 이러한 감정들은 성장의 수단으로 쓰이기도 하고 거부되거나 억압되어 차후의 사회적 기능을 방해할 수도 있다. 그러므로 사회복지사는 최종단계에서 종결을 잘 다룰 수 있는 기술이 필요하다.

즉, 클라이언트가 목표를 성취하여 종료하는 것인지, 목표를 성취하지 못하여 서비스에 대한 비판적인 생각을 가지고 있는 경우인지 또는 워커가 기관을 떠나게 되는 경우인지, 아니면 서비스의 예정된 시간이 끝나게 되는 경우인지 등에 따라 다를 수 있다. 그렇기 때문에 앞에서 언급한 것처럼 사회복지사는 클라이언트가 원조관계를 무리 없이 종료하는 데 상당한 기술이 요구되는 것이다.

종결과정에서 목표는 클라이언트를 도와서 그가 당면하고 있는 문제를 해결하는 것뿐만 아니라 앞으로 그를 괴롭힐 어쩔 수 없는 곤란들을 극복할 수 있도록 클라이언트를 강화시키는 것이다.

또한 종결에서 사회복지사는 종결 시기를 결정하고, 이별과정 중 공통적으로 경험되는 정서적 반응을 상호 해결하고, 제공된 서비스의 목표 달성 정도를 평가하고, 얻어진 이득을 유지하며 계속적 성장계획을 수립하는 과업들을 수행해야 한다(Hepworth & Larsen, 1993: 650).

(1) 종결 시기 결정과 종결의 유형

클라이언트가 종결을 준비하도록 돕기 위해 사회복지사는 초반부터 종결 날짜에 대해 명백히 해 두는 것이 좋고 클라이언트의 진전 사항에 대해 정규적 검토를 하는 것이 좋다. 또한 실제 종결 몇 주 전에 종결에 대해 인식시켜 주어야 한다. 단기치료에서 종결 날짜를 미리 정해 놓은 경우에는 클라이언트들이 잘 적응하는 반면, 종결단계를 오픈해 놓은 경우에는 종결에 대해 부정적인 의사를 표현한 것을 발견했다(Reid & Shyne, 1969: 201).

종결이 가까울수록 만나는 빈도수나 회합의 길이를 짧게 하는 것도 때로는 유용하다. 간단한 파티 등을 하게 하여 종결 의식을 행함으로써 종결이 실제로 일어나고 있다는 현실감을 심어 주는 것도 좋은 방법이다.

셰퍼와 호레이시(1991)는 종결할 때가 되었는지를 판단할 때 고려해야 할 몇 가지 기준을 다음과 같이 제시하였다.

- 개입목적의 달성 정도

- 서비스의 시간 내 제공 완료 여부
- 클라이언트 문제 상황의 해결 정도
- 사회복지사와 기관의 투자 노력
- 이득체감에 대한 사회복지사와 클라이언트의 합의 여부
- 클라이언트의 의존성
- 클라이언트에 대한 새로운 서비스의 적합성 여부

초기에 설정한 개입목표가 달성되어 계획된 기간 안에 문제해결이 거의 이루어졌다고 생각되고, 사회복지사와 클라이언트가 더 이상의 만남이 큰 도움이 되지 않으리라는 것에 합의하게 되면, 종결을 할 만큼 다 제공하였다고 판단되며, 더 이상의 개입 연장이 클라이언트의 의존심을 자극할 뿐, 큰 도움이 되지 못한다고 생각되는 경우도 종결이 필요할 때다. 경우에 따라서는 종결이 지금과는 다른 새로운 서비스가 더 적합하리라고 생각해서 의뢰로 이어지기도 한다. 따라서 종결단계에서의 의뢰는 또 하나의 중요한 종결과업인 것이다.

이를 좀 더 자세히 나누어 보면 종결의 유형에는 크게 세 가지가 있다.

첫째, 시간제한적 종결로, 대부분의 사회복지실천기관이 한 사례에 대한 개입에 일정한 시간제한을 두는 것이다. 또한 사회복지사가 개입을 결정할 때 시간제한을 염두에 두고 계획을 세우게 되며, 이를 개입 초부터 클라이언트에게 통보한다. 시간제한은 실천 현장의 현실적 조건 때문에 사회복지사와 클라이언트 양쪽이 보다 열심히 개입에 임하게 되는 결과를 가져오기도 한다. 시간제한이 없는 서비스가 제공될 수 있다는 생각은 클라이언트의 의존심을 조장할 수 있다. 원조관계에 의존하고 싶어하는 증상 때문에 독립적으로 생활에 대처할 수 없게 되거나 개입현장 외부에서 잘 기능하지 못하는 것은 바람직하지 못하기 때문에 제한된 시간 내에 종결하는 것이다. 그러나 시간제한적 종결에도 나름대로의 반응은 있다. 사회복지사는 이러한 반응에 민감하게 대처하여 적절히 다루어야 한다. 시간제한적 종결에서 사회복지사의 업무는 클라이언트가 개입기간에 얻는

것을 분명히 하고, 문제에 대한 개입계획이 필요한 경우 다음을 계획하고, 개입기간에 습득한 것을 클라이언트가 생활 속에서의 적용 여부를 확인하고 그리고 사후 세션을 계획한다.

둘째, 목적 달성으로 인한 종결로, 정해진 기간 내에 개입의 목표가 달성되었으므로 만족스러운 종결 유형이다. 개입과정이 순조롭고 클라이언트가 과업수행을 잘 해내어 의도된 목표대로 효과를 달성하여 종결하는 것이 가장 바람직하다. 목적 달성으로 인해 종결을 하는 경우에도 정서적 반응을 다루는 것은 여전히 중요하다. 개입 기간이 길면 길수록 두 사람 사이에서 일어나는 인간관계의 정서적 반응이 친밀하고 밀접하므로 더욱 주의해야 한다. 일부 클라이언트는 종결이 가까워 온다고 예고한 시점부터 새로운 문제를 제기하거나 문제가 재발하였다고 보고하는 경우가 있는데, 이는 종결에 대한 두려움과 저항 때문에 관계를 연장시키고자 하는 소망의 표현으로 볼 수 있다.

셋째, 시기상조의 일방적 종결이다. 이러한 종결은 목적 달성에 이르지 못한 채 시간이 다 되기 전에 종결되는 것을 말하는데, 클라이언트가 일방적으로 종결을 선언하고 더 이상 오지 않는 경우와, 클라이언트에게는 더 이상의 개입이 아무런 변화를 가져오지 못할 것이라고 판단하는 사회복지사가 일방적으로 종결하는 경우가 있다. 클라이언트가 종결을 선언하는 경우는 약속된 면접에 나타나지 않거나 피상적인 종결 이유를 제시하거나 문제를 논의하기를 거절하거나, 더 이상 오지 않겠다고 선언하는 것이다. 이런 종결은 종종 저항감의 표현일 수가 있으므로 저항감의 해소가 종결 전에 반드시 필요하다. 클라이언트가 저항감을 느끼는 이유는 자기 문제를 제3자에게 논의하고 원조를 청한다는 사실에 대한 굴욕감일 수도 있고, 사회복지사의 어떤 면에 기분이 상했을 수도 있으며, 사회복지사의 원조능력을 의심하거나 자기문제에 대한 절망감 때문일 수도 있다. 사회복지사는 가능하면 종결 이전에 이러한 문제들에 접근해서 관심을 표명하고 정리를 해 주어야 한다. 사회복지사 편에도 중단의 이유가 있을 수 있다. 직업 자체를 그만둔다거나, 다른 곳으로 이동하게 되었거나 하는 경우와 개입과정에서 클라이언트의 비협조와 동기의 부족 등으로 개입이 아무런 도움이 되지 못한다고 생각될 때 사회복지사에 의한 종결이 결정된다. 사회복지사의 떠남으로 개입이 중단될 때 클라이언트는 버림받은 감정, 배신감, 거부당한 느낌 등으로 자존심에 상처를 입을 수 있으므로 각별한 주의가 필요하다. 사회복지사는 가능한 이런 부정적 감정들을 표현할 기회를 주고 극복할 수 있도록 도와준 후 다른 사회복지사에게 의뢰하는 데에 대한 준비를 시켜야 한다. 사회복지사에 의한 종결의 다른 이유로 사회복지사가 자신의 개입이 효과가 없을 것이라고 판단하는 경우가 있는데 이는 클라이언트가 비협조적이고 냉소적이며 변화에 대한 동기나 기대가 전혀 없어 개입 노력이 무의미하다고 생각될 때다. 클라이언트가 사회복지사에게 신체적 위해나 위협을 가할 때, 클라이언트가 공식적으로 사회복지사에 대한 불만을 제기했을 때, 클라이언트가 뚜렷한 이유 없이 서비스 이용료의 납부 의무를 위반했을 때도 중단될 수 있다.

(2) 정서적 반응의 상호 해결

헤어진다는 상실감 때문에 클라이언트는 물론 사회복지사 자신도 종결에 대한 슬픈 감정을 가질 수 있다. 사회복지사가 클라이언트의 진전에 대해 기쁜 감정을 갖는 것도 당연하지만 또한 의미 있는 관계를 가지고 있던 사람들과 이별하는 데 대해 상실감을 가질 수도 있다. 내가 최선을 다했는가 하는 죄의식을 갖기도 한다. 사회복지사는 클라이언트의 진전을 의심하고 세션을 늘리려고 할 수도 있다. 그러므로 사회복지사는 자신의 감정에 대해 검토하여야 하며, 자기 인식도 필요하다. 사회복지사가 종결에 대한 자신의 감정에 대한 인식이 부족하다면 클라이언트의 종결에 대한 반응에 쉽게 휩싸여 버리게 된다. 사회복지사는 종결이 갖는 전문적 가치와 적절성을 인식하여야 할 것이다.

① 사회복지사가 떠나갈 때 생기는 정서관리

사회복지사가 기관을 그만두기 때문에 일어나는 종결에서 클라이언트가 슬픔을 경험하기 전에 다른 반응들을 보일 때가 있다. 종결이 계획된 것도 아니고, 사전에 알려 준 것이 아니므로 다른 갑작스러운 위기유형에서 나타나는 반응과 유사할 때도 있다. 그래서 클라이언트는 상실을 거부함으로써 아무것도 일어나지 않은 것처럼 반응한다. 클라이언트가 평소와 똑같이 처신하는 것을 클라이언트가 종결을 쉽게 극복하고 있는 표시로 해석할 수도 있는데, 그 까닭은 평온한 외모가 폭풍전야의 정적을 나타내는 것일 수 있기 때문이다. 클라이언트의 일시적 감정 거부는 직면해야 하는 고통스러운 현실과 관련된 정신적 고통을 피하려는 시도다. 때때로 클라이언트들은 사회복지사의 떠남에 대한 분노와 고통을 사회복지사를 거부하는 것으로 표현한다. 청소년집단성원들이 사회복지사를 무시하거나 더 이상 필요가 없다고 주장하는 것은 결국 '최선의 방어는 훌륭한 공격'이라는 전략을 사용하고 있기 때문이다. 개별 클라이언트들은 종종 약속을 지키지 않는 것을 통해 똑같은 거부감을 표현한다. 이와 같이 클라이언트가 사회복지사를 거부할 때에는 그들을 적극 찾아 나서는 것이 중요하다. 그렇게 하지 않는다면 클라이언트들은 사회복지사가 그들에게 전혀 관심을 갖고 있지 않다는 증거로 이를 해석하는 경향이 있으므로 전화나 가정방문을 통한 개인적 접촉은 필수적이다. 그러나 이와 같은 개인적인 접촉이 성공적일 수도 있으나 어떤 클라이언트는 사회복지사와의 더 이상의 접촉이나 치료를 거부하기도 하고 비난하기도 한다.

② 실패 결과에 대한 종결

사회복지사가 어려움을 극복하기 위해 최선의 노력을 함에도 불구하고 클라이언트가 절망적으로 궁지에 빠져 있을 수 있다. 이와 같은 클라이언트에게 시간제한이 없는 서비스에서도 사회복지사는 종결을 강요해야 한다. 실패 결과로 집단들도 종료될 때가 있으며, 이로 인해 성원들은 지도자나 다른 성원들에 대해 좌절감이나 실망감, 또는 분노를 느낄 수 있다. 돕는 과정이 실패로 끝났을 때의 종결 시에, 첫째 개인, 집단이 더욱 바람직한 성과를 성취하지 못하게 하는 요인들에 대해, 둘째 앞으로 추가 도움을 구하는 데 대한 클라이언트의 감정에 대해 토의해야 한다.

③ 긍정적인 종결 반응

개인, 부부, 가족 및 집단 치료에서 대부분의 클라이언트들은 종결단계에서 긍정적인 정서를 경험하게 된다. 성취된 이득의 혜택은 대개 '돕는 관계의 상실' 이 주는 충격보다 훨씬 크다. 클라이언트들은 종종 주인의식이 증가되었음을 느낀다고 말하며, 사회복지사와 클라이언트 모두 성취의 즐거움을 경험할 가능성도 있다. 이러한 가능성은 특히 사회복지사가 강점 중심적이고, 문제해결 접근법을 사용했을 때 그러하다. 더욱이 참여자들이 깊이 있고도 개인적이며 신뢰할 만한 인간적 만남일 경우 서로가 만족감과 성숙을 경험한다. 진정한 의미에서 각자의 자아는 타인과의 접촉에 의해 성장하고 발달하기 때문이다.

(3) 사후관리

사회복지사는 클라이언트가 변화를 유지할 수 있도록 여러 방법으로 도울 수 있다. 즉, 사회복지사는 클라이언트의 변화들을 명확히 확인하며, 그리고 실제 환경 속에서 클라이언트가 여러 사람들과 부딪치면서 발생하는 문제를 어떻게 극복할 것인지를 계획하는 일을 한다. 또한 사회복지사는 클라이언트가 개입을 통해 얻은 변화들을 유지 · 강화할 수 있는 방법을 찾도록 도와줄 수 있다. 또한 서비스를 종결하기 전에 클라이언트가 새로이 얻은 유익한 기술을 한 번 더 연습해 보도록 고무할 수도 있다.

사후관리란 개입을 통해 클라이어트가 얻은 이득을 강화하기 위해서는 클라이언트로 하여금 문제해결의 기본 원칙을 파악하도록 도와주는 것이다. 개입과정에서 얻은 이득을 유지 · 강화하기 위해 시도되는 또 다른 방법은 사후관리다. 사후관리는 종결이 이루어진 후 일정 기간이 지나서 클라이언트가 잘 적응하고 있는지를 점검하는 과정이다. 대개 1개월에서 6개월 사이에 진행하는데 전화로 확인하기도 하고, 면접을 실시하기도 한다. 종결 시에 사후관리를 언급하는 것은 클라이언트에게 종결의 충격을 완화시켜 주는 이득도 있다. 사후관리를 통해 클라이언트는 자기의 노력에 대한 확인과 격려를 받을 수 있어 강화를 경험하게 되고, 사회복지사는 필요한 경우에는 추가적인 원조를 제공할 수도 있는 것이다.

(4) 의뢰

종결이 서비스의 완전한 중단을 뜻하는 것이 아닐 때도 종종 있다. 사회복지실천 현장에서 개입과정은 한시적인데, 그 제한된 기간 동안 클라이언트의 문제나 욕구가 충분히 해결되기를 기대하기도 어렵고, 한 기관이 클라이언트가 요구하는 서비스를 다 제공하지 못하는 경우도 많다. 이런 경우, 사회복지사의 중요 임무 중 하나는 다른 기관이나 외부의 자원들과 클라이언트를 연결시켜 주는 것이다. 이를 의뢰서비스라 한다. 사회가 복잡해지고 클라이언트의 문제 상황도 복잡해짐에 따라 점차 의뢰서비스의 중요성이 부각되고 있다.

다른 자원과 연결시켜 줄 때에 주의해야 할 점이 있다. 우선 클라이언트에 대한 배려인데, 다른 곳에서 서비스를 받으라고 했을 때 클라이언트가 거부되었다는 느낌이나 불안감을 갖지 않도록 배려해야 한다는 점이다. 클라이언트에 의뢰를 권하는 것은 사회복지사가 더 이상 개입하고 싶지 않아서가 아니라 클라이언트의 문제해결에는 다른 자원이나 다른 사람이 더 적합하기 때문임을 설명할 필요가 있다. 동시에 클라이언트의 자기결정권이 존중되어야 한다. 클라이언트에 대해 사회복지사가 최선의 결정을 내려 줄 수 있다고 생각할 수도 있으므로 사회복지사는 클라이언트에게 어떤 것이 가장 도움이 될 것인지를 추천하되 결정은 클라이언트 스스로 하도록 하는 것이 바람직하다. 그렇다고 해서 클라이언트에게 마음대로 하도록 결정권을 완전히 넘기는 것도 전문가로서 책임 있는 행동은 아니다. 의뢰의 여러 가지 대안들을 검토한 후 어느 대안이 가장 도움이 될 것인지를 추천하고, 클라이언트의 선택을 원조해야 한다.

2) 평 가

평가란 사회복지실천에서 개입활동의 결과가 효율적 · 효과적이었나를 사정하는 것을 의미한다.

종결에는 개입활동 전반에 걸친 마지막 평가가 병행된다. 평가는 사회복지실천의 전 과정에서 계속적으로 일어나는 일로서 사회복지실천의 목적과 목표의 달성 정도를 결정하며, 동시에 목적과 목표를 성취하기 위해 사용된 수단의 적합성을 심사하는 과정이기도 하다. 평가는 개입의 전 과정에서 지속적으로 시행되지만 특히 개입이 끝날 때 더욱 중요하다. 종결 단계에서의 평가는 일어나도록 기대되었던 일들이 정말로 일어났는가를 보는 것이다. 즉, 완성된 개입과정을 관찰하고 사용된 특정 수단과 전략들이 왜 선택되었고 실제로 효과가 있었는지를 보는 것이다. 평가는 사회복지사와 그들을 고용하고 있는 사회복지기관들이 클라이언트와 지지자원, 그리고 사회구성원에게 책임성을 증명하기 위한 필수 불가결한 작업이다.

최근 사회복지 분야에서는 책임성이 강조되고 있다. 사회복지사의 책임성이란 클라이언트에게 계약 내용대로의 서비스를 제공할 책임이며, 사회사업전문직의 윤리와 가치를 서비스 전달 과정에서 잘 지켜낼 책임이며, 기관에 대해 기관의 프로그램과 정책 및 지침에 맞는 서비스를 제공할 책임이다. 사회복지사는 자기 클라이언트와 기관에 대해 책임성이 있어야 하고, 사회복지기관은 지역사회에 대해 책임성이 있어야 하는데, 여기에는 제공하는 서비스 프로그램의 효과성과 효율성을 지속적으로 평가하는 방법이 중요한 기준이 된다. 따라서 서비스 목적의 확인과 서비스 프로그램에 대한 평가는 책임성을 측정하는 두 가지 열쇠라고 할 수 있다. 즉, 평가는 사회복지사업 실천과정뿐 아니라 사회사업기관의 기능 발휘를 위해서도 중요한 개념이다.

평가는 결과평가, 과정평가 그리고 사회복지사(The Practitioner) 평가로 구성되어 있다(Hepworth & Lasen, 1995: 661-663).

(1) 결과평가

결과평가란 설정된 목표에의 달성 여부를 사정하는 것을 의미한다. 결과를 사정하는 방법은 사정단계 동안 사용된 방법에 의해 결정된다. 기초선을 측정할 수 없다면 면접이나 질문지가 사용되는 것이 한 예다. 결과평가에는 질문지 척도 사용이나 기초선(baseline)을 비교하는 객관적 방법이 있다.

① 일반적 진전평가

일반적 진전(general progress)을 사정하기 위해서는 클라이언트들이 각자가 성취해야 할 진전 정도에 관하여 클라이언트의 의견을 유도해 내고, 동의했던 목표를 참조하는 것이다.

이 방법은 클라이언트의 인식에 근거하므로 현명한 평가라고 할 수는 없지만 클라이언트의 목표 달성을 설명하는 실질적인 것이므로 클라이언트의 목표 달성에 관한 의문을 줄여 줄 수 있다.

사회복지사는 클라이언트에게 다음과 같은 척도를 사용하여 목표 달성의 정도를 질문한다.

5. 완전 성취했음.
4. 거의 성취했음.
3. 보통 정도 성취했음.
2. 어느 정도 성취했음.
1. 진전 없음.

이러한 척도를 사용한 후 결과를 간단히 토론한다. 이것은 사회복지사와 클라이언트들이 성취를 증명하는 기회가 되므로 높은 만족감과 신뢰를 얻게 된다.

② 사전-사후(Pretest-Posttest) 비교

개인이나 집단에 대한 결과평가로서 문제나 표적행동의 빈도를 측정할 수 있다면 최근의 측정치에 기초선을 비교하는 객관적 방법인 사전-사후

비교 방법이 있다. 이 방법은 사회복지실천과정을 평가하는 데 흔히 사용되고 있으며, 개입하기 전에 문제나 표적행동 그리고 측정도구를 정확히 밝혀야 된다. 개입하기 전에 문제나 표적행동에 대한 기초선을 측정하고 개입 후에 다시 반복 측정하여 비교한 후 그 결과를 개입의 효과로 측정하는 것이다.

사회에 적응하는 데 어려움이 있는 개인을 대상으로 개별원조를 하기 위하여 표적행동을 조사해 보니 우울과 낮은 자존감 그리고 의사소통기능이 조사되었다. 6개월간 개별원조 후 세 가지 척도로 다시 측정하였다. 개입 전의 측정치와 개입 후의 측정치에 의미 있는 변화가 일어났다면 이 사례에 대한 개별원조는 목표를 달성하였다고 볼 수 있다.

③ **통제집단 전후비교**(The before-after control group design)

통제집단 전후비교는 실험집단과 통제집단의 차이를 전후 비교하여 그 차이를 변화로 측정하는 것이다.

실험집단이란 사회복지개입을 하는 집단이며, 통제집단이란 사회복지개입을 하지 않은 집단을 의미한다.

실험집단에는 자기주장 프로그램을 실시하고 통제집단에는 실시하지 않는다. 실시하기 전에 실험집단과 통제집단에 자기주장척도 수준을 조사하고, 실시한 후에 다시 두 집단의 척도를 조사하여 차이를 개입의 결과, 즉 변화로 보는 것이다.

통제집단 전후비교방법은 그다지 많이 사용한다고 할 수가 없다. 통제집단도 사회복지개입이 필요한데 개입을 하지 않고 있다는 것은, 사회복지의 윤리와 가치에 부적절하며 또한 두 집단 사이에 사회복지개입 이외에는 다른 영향을 배제하여야 하는데 인간의 생활은 복잡하므로 다른 영향을 최소화하기가 어렵기 때문이다.

(2) 과정평가

과정평가란 원조과정에 대한 클라이언트의 인식(client's perception)을 의미한다. 즉, 원조과정이 클라이언트에게 유용하였는지 또는 손해를 보게 했는지에 대한 클라이언트의 평가다. 다시 말해서 사회복지사의 기법, 어떤 기술이 진전을 시켰고 또 어떤 기술은 효과가 없었는지, 또 다른 기술은 문제를 제거했는지, 그리고 어떤 특별히 구별된 기법을 사용했는지에 관한 클라이언트의 피드백(feedback)이다. 예를 들면 자기주장적인 클라이언트에게 유용한 기법이 우울증의 클라이언트에게는 역효과를 줄 수도 있다. 사회복지실천에서 윤리적으로 중요한 것은 사회복지사의 개입수행에 대한 클라이언트의 인식을 체계적으로 수용 및 적용하여 개입효과를 끊임없이 향상시켜야 하는 것이다. 사회복지사는 클라이언트의 피드백에 따라서 바람직하지 못한 기법은 포기하고, 도움이 되었던 기법은 자신 있게 실행함으로써 더 많은 긍정적 결과를 얻을 수 있다.

(3) 사회복지사 평가

사회복지사에 대한 평가는 긍적적이거나 부정적인 원조과정에 영향을 받는 클라이언트 태도, 행동, 특질에 대한 피드백에서 보여 주는 평가다. 사회복지사는 이와 같은 피드백에서 비판을 받게 된다. 사회복지사는 비판을 기꺼이 수용하면서 건설적으로 반응할 준비를 해야 한다.

피드백 결과는 가치가 있는 것이며 클라이언트들은 부정적 요인보다는 긍정적 요인을 언급한다. 이와 같은 피드백은 사회복지사에게 자신의 강점에 더 많은 인식을 하게 해 주고, 미래에 이러한 강점을 많이 개발하게 자극한다. 부정적인 피드백은 때로는 고통을 주지만 주의를 산만하게 하거나 비치료적일 수 있는 사회복지사의 버릇, 태도, 행동들에 대한 자각을 하게끔 해 준다. 사회복지사에 대한 비판은 사회복지사가 성장하는 지름길이 되기도 한다.

8

사회복지실천의 모델

1. 클라이언트중심모델

1) 등장 배경

클라이언트중심모델은 미국의 심리학자인 칼 로저스(Carl Rogers)에 의해 1940년대에 체계화된 것으로 당시 개인치료의 중심 기류였던 지시적이고 정신분석적인 접근법에 대한 반동으로 생겨난 것이다. 초기에는 로저스의 접근법이 비지시적 치료라 불렸으나 1951년 로저스의 『클라이언트중심치료(Client-Centered Therapy)』가 발간된 이후 클라이언트중심이라는 명칭으로 불려 왔다. 최근에는 로저스와 그의 동료들은 인간중심모델이라고 명명하기도 한다.

클라이언트중심모델에서는 정상이든 비정상이든 모든 인간은 각자의 계속적인 성장에 궁극적 관심을 갖고 있으며, 인간은 누구나 이와 같은 계속적인 성장을 위한 잠재능력을 갖고 있다는 인간관을 가정하고 있다. 따라서 상담 혹은 심리치료란 개인 속에 이미 존재하고 있는 잠재능력을, 제약되고 왜곡된 상태로부터 해방시킴으로써 충분히 기능을 발휘할 수 있는 인간으로의 성장을 원조하는 것으로 보고 있다(Rogers, 1961: 46).

모든 인간은 각자의 계속적인 성장에 궁극적 관심을 가지고 있으며, 인간은 누구나 이와 같은 계속적인 성장을 위한 잠재능력을 갖고 있다는 인본주의를 그 사상적 바탕으로 하고 있다.

클라이언트중심모델의 주된 틀은 사회복지사가 솔직한 태도, 인간적 존중, 공감적 이해를 경험하고 이러한 태도를 클라이언트에게 전달하여 신뢰성 있고 허용적인 분위기를 조성하게 되면, 클라이언트의 성장 잠재력이 발현된다는 것이다.

이 모델의 중심이 되는 치료원리는 첫째는 치료면접의 내용을 클라이언트가 일관성 있게 주도해 나가는 것이며, 둘째는 사회복지사가 자신의 관점을 소개하기 보다는 클라이언트의 준거틀에 철저하게 맞출 수 있도록 원조하는 역할을 담당하는 것이다.

2) 이론적 배경

(1) 철학적 관점

클라이언트중심모델은 정신분석과 행동주의접근의 이론적 대안으로서 인본주의이론에 기초하고 있다. 인본주의이론은 심리학의 제3세력으로서 일종의 운동으로 불리며, 여기에는 실존치료, 형태치료, 클라이언트중심치료 등이 포함된다.

인본주의에서는 인간이 긍정적인 방향으로 자발적인 성장을 할 수 있는 잠재력을 지녔다고 본다. 클라이언트중심모델은 시간이 흐름에 따라 실존주의 경향을 좀 더 띠게 되는데, 실존주의적 접근의 근간을 이루는 현상학이 클라이언트중심모델의 이론적 기초가 되었다. 클라이언트중심모델을 발달시킨 로저스는 치료활동과 연구활동에 있어 인간행동을 이해하기 위해 현상학적 접근방법을 사용하였는데, 이에 따라 로저스의 인간관은 인간주의적 현상학이라 일컬어지기도 한다.

현상학이란 눈에 보이는 객관적 세계가 아니라 어떻게 받아들이는가의 주관적 세계가 행동의 원천이 된다고 보는 견해이며, 이와 같은 주관적 세계가 현상적 장이다.

로저스는 현상학적 세계가 곧 실재라고 본다. 그리고 특히 자기에 대한 현상학적 세계를 중시한다. 자아개념에 따라 객관적으로는 고정된 세계라도 주관적 세계는 달라지고 또 그것이 인간행동을 좌우한다. 개인의 행동양식은 자극적 조건들, 즉 외적 현실에 의하여 결정되는 것이 아니라 오히려 주관적 현실, 즉 현상적 장에 의하여 좌우된다고 본다(Hjelle & Ziegler, 1981: 406).

(2) 인간에 대한 관점

클라이언트중심모델에서는 인간을 합목적적이고 전진적이며 건설적이고 현실적인 존재인 동시에 아주 신뢰할 만한 선한 존재로 본다. 인간은 스스로 자신의 문제를 해결하고 이해할 수 있는 능력을 가지고 있으며 또한 인간의 발달은 고정된 것이 아닌, 되어 가고 있는 진행 중의 단계로 보고 있다.

개인으로서의 인간은 심리적 부적응 요인들을 자각하는 능력과 부적응의 상태에서 벗어나서 심리적 적응의 상태로 향하는 능력과 경향성을 갖고 있다. 이런 경향과 능력은 치료관계에서 길러진다. 적응하려는 경향은 자기실현을 하려는 경향성이다. 따라서 상담은 이미 개인에게 존재하는 능력을 해방시켜 주는 것이라고 보고 있다. 즉, 개인에게 성장할 수 있는 합리적인 조건들이 제공되면 씨앗이 성장하여 가능성을 발휘하는 것처럼 타고난 잠재능력을 건설적으로 발달시킬 것으로 본다. 그래서 상담진행의 책임을 클라이언트에게 맡긴다. 사회복지사는 치료과정에서 최선의 해결책을 다 알고 있는 권위적인 존재로 임하지 않으며, 따라서 클라이언트 역시 사회복지사의 지시에 따르는 수동적인 존재라는 생각을 가지지 않는다(Barrett-Leonard, 1979: 190).

이와 같이 클라이언트중심모델은 인간에 대한 긍정적인 시각을 가지고 클라이언트의 능력에 대한 신뢰를 기반으로 하고 있다. 클라이언트중심모델은 클라이언트에게 해석을 내리는 권위주의적 관계구조에 반대하며 클라이언트와 사회복지사와의 인간적인 관계를 중시한다. 이 모델은 클라이언트의 자기 성장을 향한 잠재력이 발현될 수 있는 분위기를 조성하는 데 목적을 두고 있으며, 개입방향에 대한 일차적인 책임이 클라이언트에게 있도록 클라이언트의 문제에 대해 과거사보다는 '지금-여기'를 강조한다.

3) 주요 개념

(1) 자아개념

자아개념(self-concept)은 자아구조(self-structure)를 의미하는 것으로서 각성될 수 있는 자아지각들의 조직된 틀을 말한다. 따라서 자아개념은 개인의 여러 특성들과 능력에 대한 지각들, 다른 사람들이나 기타 환경과 관련된 자신에 대한 지각과 개념들, 경험과 대상들과의 관련 하에서 지각되는 가치관, 그리고 긍정적 혹은 부정적인 유인성을 갖는 것으로서 지각되는 목표 및 이상과 같은 요소들로 구성된다. 또한 자아개념은 자신의 현재의 모습에 대한 지각뿐만 아니라 자기가 되고자 하고 또한 되어야 한다고 생각하는 것까지 포함한다. 후자의 성질을 지닌 자아를 이상적 자아(ideal self)라 한다(Hjelle & Ziegler, 1981: 408).

자아개념은 성격이나 행동양식의 결정 요인이므로 성격변화를 원한다면 자아개념을 변형시켜야 된다. 이 자아개념은 후천적, 즉 타인의 평가를 받아들여 조성되는 것이다.

자아개념은 건강한 사람에게 있어서 일관된 행동양식을 나타낸다. 그러나 정서적 장애가 있는 사람에게서는 그렇지 못하다.

(2) 실현 경향성

실현 경향성(actualizing tendency)이란 유기체 자신이 갖고 있는 고유한 가능성들을 건설적인 방향으로 성취하고자 하는 경향성을 의미한다. 실현 경향성은 인간에게 생득적이며 행동의 최상 동기다. 이는 또한 긴장을 감소 또는 증가시킨다. 이는 자율성을 향한 발달이며 타율성이나 외부세력에 의한 통제로부터 벗어나려는 것이다.

실현 경향성은 인간의 성장과 발달의 모든 면에 영향을 미친다. 낮은 수준에서는 실현 경향성이 음식, 물, 공기와 같은 기본적인 욕구를 충족시키도록 작용한다. 이것은 기본적인 신체적 욕구들을 지지하고 유지시킴으로써 유기체의 생존을 보장한다. 그러나 실현 경향성은 유기체의 긴장 감소만을 목적으로 하지 않고, 때로는 긴장을 증가시키기도 한다. 즉, 발달을 위한 것이라면 그것이 비록 일시적 고통을 안겨 준다 하더라도 이를 회피하지 않고 오히려 고통을 감수하고 이겨 내려 한다는 것이다.

(3) 자아실현

자아실현(self-actualization)은 평생을 지속하는 과정으로서 한 인간이 자신이 되는 과정이며 그 개인의 독특한 특성들과 잠재력을 발달시켜 가는 과정이다. 즉, 좀 더 유능한 인간으로 되어 가는 과정이다. 자아실현은 경험이나 학습에 의하여 도움을 받을 수 도 있고, 또는 방해될 수도 있다. 로저스는 자아실현이란 완전한 최종의 상태를 말하는 것이 아니라고 보며, 죽을 때까지 지속되는 과정이라 한다.

(4) 긍정적 관심

긍정적 관심(positive regard)의 욕구는 타고난 것이며, 따라서 몇몇 타인들은 상당히 중요한 위치를 차지하게 된다. 필요로 하는 사랑과 애정을 얻고 인정받기 위해 인간은 성장과정에서 부모와 중요한 타인들을 기쁘게 하고 자신의 내적 경험은 무시하게 된다. 즉, 점차로 자기 자신에게 덜 맞추고 타인의 평가에 더 맞추어 행동하게 된다.

(5) 조건적 가치

조건적 가치(conditions of worth)는 중요한 타인들의 긍정적인 관심이 조건적으로 주어짐에 따라 인간이 어떤 측면에서는 자신이 존중되고 있지만 다른 면에서는 그렇지 않다고 느낄 때 일어난다.

4) 클라이언트중심모델 실천

(1) 모델의 목적과 개입 원칙

첫째, 클라이언트중심모델은 개인의 독립과 통합을 목적으로 한다.

둘째, 인간의 문제보다는 인간의 성장 자체에 초점을 둔다.

셋째, 클라이언트가 현재 직면하고 있는 문제들과 앞으로의 문제들을 극복할 수 있도록 성장과정을 도와준다.

넷째, 로저스는 이상적인 삶을 사는 사람을 충분히 기능하는 사람이라고 기술하고 있으며, 클라이언트중심모델에서의 개입을 통한 목표는 이를 추구하는 것이다.

(2) 개입과정

클라이언트중심모델은 그 특성상 개입과정이 명확히 구분되지 않는다. 단지 편의상 구분하여 이해하는 것이다(김형태, 2000: 71-72).

클라이언트중심모델은 사회복지사와 클라이언트와의 관계를 통해 클라이언트의 성장적 변화를 추구한다. 로저스의 강조점은 개입과정에서 개인이 어떻게, 왜 변화하는가를 이해하는 데 있다.

① 제1단계

경직된 경험의 상태에 있는 개인이 자발적으로 상담하러 오기가 그리 쉽지 않다. 따라서 이 단계에서의 의사소통은 피상적이다. 곧, 자신에 대해 기꺼이 털어놓지 않는다.

② 제2단계

첫 번째 단계에서 클라이언트가 자신이 충분히 수용되고 있음을 경험하게 되면, 개입과정은 제2단계로 발전한다. 여기서는 가끔 감정들이 표출된다. 자신이 어떤 문제나 갈등을 갖고 있다는 인식을 보이기는 하지만 그 문제나 갈등이 하나의 객관적인 다른 사람의 문제처럼 지각되고 있다.

③ 제3단계

제2단계에서 약간 느슨해지고 유동적으로 된 태도의 변화가 방해받지 않고, 자신이 타인에게 있는 그대로 수용되고 있다고 느낄 수 있게 되면, 보다 많은 감정들과 사적인 표현들을 하게 된다. 그러나 지금 여기서 자기가 느끼는 감정이나 경험이 아니고, 하나의 객체로서 자기와 관련된 경험들의 표현들이다. 개념 구성체가 경직되어 있지만 때때로 그것들의 타당성에 의문을 가지고서 생각해 보기도 한다. 문제가 개인의 외부가 아닌 내부에 있다는 사실을 인정하기 시작한다.

④ 제4단계

자신이 지속적으로 수용되고 있음을 느낄 때, 보다 자유로운 감정의 흐름이 가능해진다. 그래서 전에는 의식하기를 부인하던 감정들이 그대로 표현되기도 한다. 그러나 아직은 이러한 표현에 두려움을 느끼고 있다. 또한 문제에 대한 자기 책임의식이 약간씩 나타나기도 한다. 아직까지 극렬한 감정들이 적나라한 자신의 감정으로 표출되지는 않는다.

⑤ 제5단계

수용적인 분위기 속에서 감정들이 지금 여기의 느낌의 상태대로 표현된다. 전에 부인되었던 감정들이 두려움을 가지면서도 의식 속으로 흘러나온다. 자신이 갖고 있는 문제들에 대하여 자신이 분명하게 책임을 가지고 있음을 인정한다.

⑥ 제6단계

전에는 부인되었던 감정들이 그때그때 현재의 경험들로 수용된다. 이제까지 객체로서의 자아는 사라지고 경험의 과정은 현실적인 것이 된다. 클라이언트는 자신의 문제를 주체적으로 대처해 갈 수 있게 된다.

⑦ 제7단계

이젠 사회복지사의 도움이 필요하지 않게 된다. 치료세션 바깥에서도 개인은 새로운 감정들을 즉시 그리고 충분히 느긋하게 경험할 수 있다. 자아는 경험과정에서 신뢰롭게 된다. 그리하여 개인은 자유롭게 경험하면서 만족스럽게 역할수행하는 인간으로 성장한다.

이 단계에선 클라이언트가 치료과정을 어떻게 지각하느냐 하는 것을 중요하게 여기고 있다. 그 이유는 치료적 변화는 클라이언트가 경험을 어떻게 지각하는가와 사회복지사의 성격, 태도, 기술 등에 달려 있기 때문이다. 상담과정에서 클라이언트가 어떻게 치료를 경험하는가를 살펴보면 다음과 같다(장혁표 외, 1995).

- 책임감의 경험: 클라이언트는 자기가 치료관계에서 책임감이 있다는 것을 발견하며, 고독감, 괴로움, 분노, 책임감이 증가되고 이를 수용하는 등의 여러 가지 감정을 갖기도 한다.
- 탐색의 경험: 치료가 진전됨에 따라서 클라이언트는 자기의 태도와 감정을 탐색한다. 그는 모순성이 자기 자신에게서 발견될 때 불안한 마음이 일어나는 동시에, 긍정적 관심이 생기기도 한다. 위협이 없는 치

료관계에서 클라이언트는 자신을 드러내는 데 있어서 정직해진다.

- **부정적 태도의 발견**: 탐색한 결과 경험은 했으나 자각되는 것을 거부하는 태도가 발견된다. 긍정적 태도와 부정적 태도가 생긴다. 전에 부정되었거나 왜곡된 자아개념과 모순되는 경험들이 상징화되어 지각이 된다.
- **자기를 재조직하는 경험**: 부정된 경험을 자각하게 하는 데는 자아를 재조직하는 것이 필요하다. 자아의 재조직은 자신에 관한 지각과 태도의 변화로 시작된다. 클라이언트는 자신을 더욱 긍정적으로 보고 자신을 점차 더 많이 수용한다. 이렇게 자아를 지각하는 것이 변화되면서, 자기가 부정했던 경험들을 자각하고 수용할 수 있게 된다. 경험적인 자료를 왜곡 없이 자각함에 따라, 자신과 자기의 환경과의 관계를 한층 현실적으로 평가하게 되고, 자기 안에 준거의 기초를 두게 된다. 자아의 변화는 클 수도 있고 작을 수도 있으며, 혼란을 많이 수반하기도 하고 적게 수반하기도 한다. 재조직하는 과정에 있는 정서들은 주로 두려움, 불행, 우울의 정서로 나타난다.

자신을 재조직하는 과정, 자기 자신이 되는 과정, 또는 인간이 되는 과정은 여러 면을 포함한다. 한 가지 과정은 가면 뒤에서 얻어지는 것이다. 치료관계의 자유스런 분위기에서 클라이언트는 자기의 거짓된 역할, 가면 등을 없애기 시작하여, 거짓 없이 스스로 자기를 발견하려고 시도한다. 그는 자신과 자신의 경험들을 탐색할 수 있고, 자기가 발견한 모순들과 숨겨 왔던 면을 대면할 수 있다. 그에게는 자신의 자아가 없는 것 같으며, 오직 타인의 가치와 요구와 관련해서만 존재했다는 사실을 발견하기도 한다. 그러나 자신을 탐색하여 자신이 되려는 충동적 욕구가 있다. 진실한 자아가 되는 부분은 인간에게 있는 두려움, 분노, 사랑 등에 한계를 느끼는 경험이다. 따라서 경험을 자기와 지나치게 관련시키지 않고 유기체가 실제 감각과 내면의 반응들을 자유롭게 경험하는 것이다. 이런 자료는 자아에 속하지 않으며, 자아로 조직될 수 없다는 신념을 수반하는 경우가 흔하다. 과정의 최종점은 자아 경험의 다양성과 모순성을 직면할 수 있도록 하는 것과, 경험 가운데서 자기 자신을 클라이언트가 찾을 수 있게 하는 것이다. 이런 모든 경험은 잠재적인 자신의 일부분이며 계속해서 발견된다.

- 진전의 경험: 거의 처음부터 클라이언트는 진전되고 있다는 것을 느낀다. 이와 같은 진전은 심지어 혼란과 우울이 존재할 때에도 느끼게 된다. 논쟁점에 직면하여 해결하고, 성격의 요소를 재구성하는 것은 진전을 나타내며, 탐색이 계속 곤란해져도 클라이언트가 자신을 계속 탐색하는 데 자신감을 가지게 한다.
- 종결 경험: 클라이언트는 종결을 결정한다. 때때로 이것은 면접 간의 시간이 길어진 후에 이루어진다. 가끔 상담을 끝마치는 것을 두려워하거나 혐오하는 감정이 있을 수 있다. 이런 경우에는 면접의 횟수를 한두 번 연기하기도 한다.

(3) 개입기법

클라이언트중심모델에서는 개입기법보다는 사회복지사의 철학이나 태도를, 그리고 사회복지사의 언행보다는 오히려 치료관계를 강조한다. 개입 기술에 있어서 사회복지사의 태도에 나타나야 할 적절한 조건과 상담자의 역할을 보면 다음과 같다(Corsini, 1979: 152-153).

① 진실성

진실성(genuineness)이란 사회복지사가 클라이언트와의 치료관계에서 순간 경험하는 자신의 감정이나 태도를 있는 그대로 솔직하게 인정하고, 경우에 따라서는 솔직하게 표현하는 태도를 의미한다.

사회복지사의 진실한 태도는 클라이언트와 더불어 탐색함이 없이 순수한 인간적 만남을 가능하게 하고 클라이언트의 개방적인 자기 탐색을 촉진 · 격려하게 된다.

치료과정 중 사회복지사가 클라이언트와의 관계에서 경험하는 부정적인 감정을 표현할 때는 클라이언트가 사회복지사를 비난하고 있는 것으로

가 아니고, 사회복지사 자신의 문제로 인정하고 표현해야 한다. 왜냐하면 그러한 감정은 클라이언트와의 관계에서 발생한 것이지만 문젯거리로 여기고 있는 것은 사실상 사회복지사 자신이기 때문이다.

② 무조건적인 긍정적 관심

무조건적인 긍정적 관심(unconditional positive regard)이란 사회복지사가 클라이언트를 평가 · 판단하지 않고 클라이언트가 나타내는 어떤 감정이나 그 밖의 행동 특성들도 그대로 수용하며 그를 소중히 여기고 존중하는 태도를 의미한다.

로저스는 클라이언트가 어떤 상태에 놓여 있는 존재이든 간에 그에 대해 무조건 긍정적이고 수용적인 태도를 경험하게 되면, 치료적 변화가 일어날 가능성이 더 커진다고 주장한다.

그래서 클라이언트중심모델 접근에서 사회복지사는 실현 경향성을 갖고 있는 유기체에 대한 신뢰를 근거로 충고나 지시, 해석 등과 같은 방법 대신에 비판단적인 이해와 진실한 반응으로, 그리고 가끔은 무조건적인 긍정적 관심을 클라이언트에게 전달하려 한다.

③ 공감적 이해

공감적 이해(empathic understanding)란 사회복지사와 클라이언트가 상호작용하는 동안에 발생하는 클라이언트의 경험들과 감정들, 그리고 그러한 경험과 감정들이 치료과정 순간순간에 클라이언트에게 갖는 의미를 민감하게 그리고 정확하게 이해하려고 하는 노력을 의미한다.

공감적 이해는 클라이언트로 하여금 있는 그대로의 자신에게 보다 더 가깝게 접근해 갈 수 있도록 격려하고, 보다 깊이 있게 그리고 강한 경험을 할 수 있도록 도와서 클라이언트 자신 내에 존재하는 자아와 유기체적 경험 간의 불일치성을 인지하고 해결할 수 있도록 하는 것이다. 이와 같은 이해의 방법에 진단이나 평가 같은 방법은 포함되지 않는다.

2. 권한부여모델

1) 등장 배경

사회복지실천에서 권한부여 접근방법은 사회복지사들이 빈곤자, 여성, 성적인 태도로 인하여 억압 받는 사람, 신체적 · 정신적 문제, 청소년, 노인 등의 실체를 연구 가능하게 하며, 계급, 인종 등으로의 장애물에 대항하게끔 원조하여 줄 수 있다(Turner, 1996: 219).

권한부여라는 용어는 사회적 · 조직적 환경에 관한 클라이언트의 통제력을 증가시키고자 하는 임상실천의 과정, 개입, 기술을 의미한다.

이 용어가 비교적 새롭기는 하지만, 사실 클라이언트에게 권한을 부여하고자하는 것은 사회복지의 오랜 전통이었다. 1957년 펄만은 사회복지실천을 위한 모델로서 문제해결과정을 제시하여 최초로 일반사회복지모델을 개념화함으로써, 문제해결모델이 사회복지실천의 주류를 이루게 되었다. 문제해결모델은 사회복지사와 클라이언트에게 문제해결을 위한 협상, 계획, 행동전략을 제시함으로써 오랫동안 사회복지실천에서 많은 사회복지사들에 의해 논리적 · 실제적인 개입 준거틀로 활용되었다.

1970년대에는 일반체계이론과 생태이론이 사회복지의 주요 이론 틀로 활용되면서, 생태체계관점에 근거한 강점 지향 혹은 해결중심 접근의 중요성이 대두되었고, 이는 학자들에 의해 1970년대 중반에 권한부여모델로서 새롭게 나타나게 되었다. 따라서 이 모델은 완전히 새로운 것이 아니라 일반사회복지에 오랫동안 내재되어 있는 강점 중심 개입의 재부상이라 할 수 있다.

클라이언트를 문제 중심이 아니라 강점 중심으로 봄으로써 클라이언트의 잠재력 및 자원을 인정하고 클라이언트가 건강한 삶을 결정할 수 있도록 권한 혹은 힘을 부여하고자 하는 것이다. 그러므로 이 모델에서 클라이언트와 사회복지사는 협력적인 파트너십을 기반으로 문제해결과정에 함께 참여한다(장인협, 1999: 39).

2) 이론적 배경

(1) 생태체계관점

생태체계관점은 인간과 물리적 · 사회적 환경 사이의 상호교환을 개념적 기반으로 하는 많은 이론들의 공통된 관점이다. 이 관점에서 인간과 환경은 서로 분리되어 있는 것이 아니라 지속적으로 상호 교류하는 하나의 체계다. 따라서 생태체계관점은 인간과 환경이 어떻게 서로 영향을 주고받는지를 보는 준거틀을 제공해 준다. 또한 이 관점은 상황적 · 환경적 맥락에서 클라이언트 체계를 봄으로써 사정과 계획단계에 매우 유용하다.

① 인간관

인간에 대한 낙관론적 시각을 가지고, 인간과 환경은 지속적인 상호작용과 상호교환을 통하여 서로에게 영향을 미치고 서로를 형성하며 상호적응하는 호혜적 관계를 유지한다고 본다.

② 행동 및 부적응에 대한 관점

모든 개인과 사회체계는 자원과 욕구 사이의 상호이익을 달성할 수 있는 균형점에서 동기가 유발되어 행동이라는 실체로 구체화된다. 모든 인간행동은 내적 욕구와 환경적 욕구 사이의 조화를 찾기 위한 적응과정이므로 어떤 행동도 부적응행동으로 규정하지 않는다. 따라서 생태체계관점에서 부적응이란 존재하지 않는다. 부적응적인 결과 혹은 수용되기 어려운 행동이 나타난다 하더라도, 적어도 그 환경 안에서는 적응적인 것이며, 모든 행동은 그 상황 안에서는 의미가 있는 것이다. 클라이언트의 부적응에 대한 낙인이나 비난을 하지 않고, 문제행동은 물리적 · 사회적 환경과 클라이언트 간의 상호작용의 산물이기 때문에 변화 가능한 것으로 간주한다.

③ 변화에 대한 관점

생태체계관점은 변화에 대해 매우 개방적이다. 클라이언트의 문제행동이 환경과의 상호작용, 특히 클라이언트의 내적 욕구와 환경적 자원 간의 불일치에서 비롯되므로, 변화를 위한 다양한 가능성이 존재하는 것으로 본다. 생태체계관점을 가진 사회복지사는 클라이언트의 병리보다는 강점에 초점을 두고 클라이언트와 파트너십을 형성하여 개인과 환경 간의 상호작용에 개입함으로써 변화를 위한 가능성을 확대해야 한다.

④ 사회체계에 대한 이해

사회체계는 다음의 4체계로 구성된다. 생태체계관점에서는 클라이언트 개인을 도울 경우라도 다음에서 제시된 4체계 내부 및 체계들 간의 관계의 질을 고려하지 않고는 클라이언트를 완전히 이해할 수 없다. 따라서 개인의 생활공간에서 사회적 관계망을 중요한 변인으로 보고, 클라이언트의 문제행동은 개인, 가족, 집단, 조직, 지역사회, 문화체계 등 다차원적으로 이해되어야 한다.

- 미시체계: 가족과 같은 직접적인 환경 내에서의 활동, 역할 그리고 대인관계 유형이다.
- 중간체계: 학교 및 가족, 이웃, 종교단체와 같은 개인과 긴밀하게 직접 상호작용하는 두 가지 이상의 환경과의 사이에서 일어나는 과정과 관련성을 의미한다.
- 외적체계: 외부환경이 영향을 미치는 과정 및 관련성으로서 부모의 직장이나 사회정책과 같이 개인과 직접 상호작용을 하지는 않지만 개인의 생활에 간접적 영향을 미치는 체계다.
- 거시체계: 사회제도, 문화, 환경과 같은 보다 광범위한 사회적 맥락을 의미한다.

⑤ 생태체계

생태학적 관점은 우리가 기능하는 환경은 점차로 변화하며 개인과 지역사회, 전체 사회는 이러한 변화에 적응해야 한다는 것을 제시한다. 또한 생태학적 사고는 사회복지사가 디스트레스(distress)의 원인을 단지 심리적인 과정이나 외부환경에만 돌리는 극단적인 사고를 배제한다. 저매인과 기터만은 생태학적 관점으로부터 인간의 욕구와 문제 등은 인간 혹은 환경 자체의 산물이 아니라 상호교환의 산물로서 보는 것을 강조한다. 분명하게 생태체계관점은 사회복지적 사고를 가지고 있으며, 사회복지사가 그들의 관심과 클라이언트를 새로운 방식으로 바라볼 수 있도록 하는 데 유용하다는 것이 입증되어 왔다.

(2) 강점관점

① 정의

강점관점이란 클라이언트를 독특한 존재로서 다양성을 인정하고 존중하면서 클라이언트의 결점보다는 강점에 초점을 두고 가능한 모든 자원을 활용하여 클라이언트의 역량을 실현해 나가도록 돕는 것이다.

이러한 강점관점은 인간의 존엄성과 사회정의라고 하는 사회복지의 기본 가치와 맥을 같이하는데 이러한 맥락에서 샐리베이(Saleebey, 1996)는 강점관점이 사회복지의 전문적 가치를 실천하는 데 필수적이라고 보았다. 이는 인간의 존엄성, 가치, 자기결정을 증진시키고자 하는 사회복지의 가치가 클라이언트의 내재된 잠재력, 능력, 강점을 인지하여 이를 실현할 수 있도록 하고자 하는 강점관점의 가치와 일치하기 때문이다.

② 강점관점 대 병리관점

사회복지실천에서 강점관점으로의 변화는 몇 가지 양상으로 나타난다.

첫째, 문제에서 도전으로의 변화다.

사회복지사가 클라이언트의 문제를 도전, 전환점, 성장을 위한 기회로 간주할 때, 클라이언트의 문제를 바라보는 시각도 의미 있게 된다는 것이다. 문제를 하나의 도전으로서 재개념화하는 것은 사회복지개입의 새로운 방법을 제시하는 중요한 사고의 전환이다.

둘째, 병리관점에서 강점관점으로의 변화다.

강점에 초점을 둔다는 것은 클라이언트가 가져오는 어려움을 무시한다는 것이 아니다. 여기에서의 초점은 문제가 돕는 과정의 일부인가 아닌가가 아니다. 단지 사회복지사가 병리적인 부분에 초점을 두다 보면, 문제 중심의 부정적인 준거틀을 갖게 되어 사회복지사와 클라이언트 모두의 강점을 발견하지 못할 것이라고 보는 것이다.

셋째, 과거로부터 미래지향으로의 변화다.

병리관점에서 강점관점으로의 변화는 과거로부터 미래에 대한 방향으로 사회복지개입의 시각을 변화시킨다. 병리관점의 의료적 모델은 왜, 언제, 어떻게 클라이언트체계가 잘못되었는지에 대한 것을 조사하기 위해서 과거에 대한 탐색이 필요하다. 그러나 강점 중심의 개입과정은 현재 시점에서 클라이언트체계가 가지고 있는 자원을 발견하고자 한다.

3) 주요 개념

권한부여모델은 강점관점, 권한부여과정, 역량강화에 대한 충분한 이해가 있어야 하며 이들은 서로 연속적이고 상호 밀접한 연관성을 갖는다.

강점관점은 권한부여과정을 활용하여 클라이언트의 역량을 강화시키고자 하는 사회복지사에게는 중요한 준거틀이 된다.

(1) 권한부여

권한부여는 클라이언트의 상황을 환경 안에서 이해하며 자원과 강점을 찾고자 하는 것이다. 권한부여실천에서는 클라이언트의 욕구를 하나의 도전으로 보며 병리학적 진단기준이 아닌 전인적인 관점에서, 클라이언트의 결점에 대한 진단보다는 권한부여를 기반으로, 문제를 없애려고 하기보다는 해결책을 찾아내는 데 역점을 둔다.

① 정의

권한부여(impower)란 힘을 주거나 권위를 주는 것, 능력을 주는 것, 가능성, 허용하는 것이며, 또한 힘을 받을 수 있는 것을 의미한다(Turner, 1996: 224).

권한부여는 전통적인 힘(power), 통제력 소유 또는 다른 사람에 대한 영향력, 법적 또는 행정적 권위, 능력 또는 권위, 물리적인 힘에 대한 개념으로 다른 사람들에 대한 통제력, 권위, 영향력의 소유일 뿐 아니라 스스로의 삶에 대한 통제력을 갖는 것을 의미한다(Browne, 1995). 특히 개인의 자기확신, 변화의 가능성 향상, 개인의 진전과 같은 심리학적 경험 등을 강조한다.

사회복지실천에서의 권한부여 정의는 개입 및 산출, 기술 과정으로 헤가와 훈즈커(Hegar & Hunzeke, 1988)에 의해 사회복지실천 개입 및 전략으로 정의되기 시작하였으며, 권한부여는 억압당한 인구집단에 효율적 전략으로 사회복지사에게 중요한 기술로 정의되기도 한다.

권한부여를 클라이언트를 돕는 하나의 과정으로 보는 정의(Gutierrez, 1990)는 개인의 권한부여를 통해 집단의 권한이 강화된다고 보는 것으로 이러한 다양한 정의를 종합할 때 권한부여는 클라이언트를 돕기 위한 하나의 개입전략, 기술, 과정으로 정의할 수 있다.

② 차원

권한부여는 개인, 대인관계, 구조적 차원 등 모든 사회체계 수준에 적용·가능하며 클라이언트를 권한부여하고자 하는 사회복지사는 클라이언트의 낮은 기능수준이 문제가 아니라 자원의 부족, 자원에 대한 정보의 부족, 사회구조의 문제에 불과하다는 인식이 필요하다.

- 개인차원: 개인차원의 권한부여는 개인의 역량, 지배감, 변화능력을 포함하며 인성, 인지, 동기에서 자신의 삶에 대한 통제감이며 자기가치에 대해 외부세계와 차별화할 수 있는 수준, 영적인 것을 추구하게 하

는 수준까지도 나타난다(Rappaport, 1985).

- 대인관계차원: 대인관계차원의 권한부여란 다른 사람에 관한 영향력으로 상호교환하는 평형관계를 형성하는 것을 의미한다.
- 구조적 차원: 구조적 차원에서의 권한부여는 사회구조와의 관계를 의미하는데 정치적 · 사회적 상황 같은 사회구조를 바꿈으로써 사회적 수준에서의 자원의 창출은 그 사회의 모든 개인에게 힘을 부여한다.

(2) 협력과 파트너십

① 전문적 관계에 대한 시각: 협력과 파트너십

권한부여모델에서 클라이언트는 전문가적인 파트너로서 변화 과정에 능동적으로 참여하는 파트너이며, 클라이언트는 자신이 처한 환경과 능력을 가장 잘 알고 있는 사람으로 간주한다. 이는 사회복지사와 클라이언트 간의 상호협력적인 파트너십을 갖게 한다. 이러한 협력은 클라이언트와 전문가가 서로의 자원을 상호협력하여 활용하기 때문에 문제해결을 위한 자원의 범위가 넓어지며 변화책임에 대한 전문가의 부담을 약화시킨다.

② 클라이언트에 대한 시각: 소비자

클라이언트를 파트너로서 상호협력적인 관계로 규정하는 것은 사회복지의 오랜 가치인 자기결정권에 대한 신념의 실천이며, 클라이언트를 소비자로 보는 개념을 가장 잘 반영하는 것이 바로 권한부여접근이다. 권한부여접근은 클라이언트와 사회복지사의 관계를 협력과 파트너십을 강조한 수평적인 파트너로, 클라이언트를 개입의 객체가 아니라 주체로 보기 때문에 자기결정권이 가장 잘 보호되고 반영될 수 있다. 권한부여모델은 클라이언트에 대한 시각을 변화시키며, 소비자란 용어는 사회복지사와 클라이언트체계의 파트너십 내에서 클라이언트의 자기결정권 보호와 활동적인 역할을 강조한다. 오늘날 클라이언트라는 용어는 전문적 관계를 반영하는 것으로서, 적극적인 참여와 권리를 가진 사회적 서비스의 소비자로서 개인차원을 넘어서 다중체계를 가진 사람을 의미한다.

③ 역량

역량은 주위환경과 상호작용하기 위해 체계가 소유하고 있는 지식과 기술의 질(quality)로서 정의할 수 있다. 역량은 개인 특성, 대인상호관계, 사회적 · 물리적 환경에서 비롯되는데 이러한 3차원이 잘 기능할수록 각 개인은 환경에 대처할 수 있는 역량이 향상된다. 자원에 대한 정확한 사정과 활용이 매우 중요하며, 자원과 기회에의 접근 증가, 강점 확장, 역량 강조 자체가 권한부여이며, 권한부여는 우리의 삶 속에서 역동적으로 발생하는 것이며, 사회복지사와 클라이언트 간의 파트너십을 형성하여 협력을 통해 이루어져야 하며, 클라이언트의 역량이 강화되어 일상생활에서의 대처기술 향상으로 연결되어야 한다.

4) 권한부여모델 실천

(1) 권한부여모델의 목적과 개입 원칙

권한부여접근은 문제해결과정에서 강점을 부각한 것이다. 문제해결과정처럼 권한부여접근도 현재 상황에 대한 포괄적인 이해, 개입활동을 안내하는 실제적인 행동계획, 변화전략에 대한 지속적인 평가의 중요성을 인정한다. 그러나 권한부여접근은 사회복지과정의 초점을 문제로부터 이동시켜 클라이언트의 강점, 환경의 자원, 기대되는 해결방안으로 대체시킨다. 따라서 이러한 접근을 하는 실천자는 클라이언트의 강점을 강조하는 방향에서 변화 과정의 협력적인 파트너로서 클라이언트와 함께 일한다. 문제해결과정과 같이 권한부여실천에서 사회복지사는 관계 확립, 목적 정의, 상황 사정, 계획 및 변화를 위한 개입을 한다. 그러나 권한부여접근은 전통적인 문제해결과정과는 달리 문제에 초점이 있는 것이 아니라 클라이언트의 강점과 환경적 자원에 초점을 두고 클라이언트의 역량을 향상시키기 위한 해결중심의 접근을 한다. 따라서 이러한 접근에서는 약점

보다는 강점을 강조하게 되며, 전문가적 전문성보다는 협력적인 파트너십과 해결지향적 접근을 하게 된다. 권한부여과정과 전통적인 문제해결과정을 비교하면 다음 〈표 8-1〉과 같다.

〈표 8-1〉 문제해결과정과 권한부여과정의 비교

문제해결과정	권한부여과정		설 명
관여	대화단계	함께 작업하기 위한 준비	돕는 과정에 영향을 주는 클라이언트와 실천가의 준거를 가정하기
		파트너십 형성	사회복지사와 클라이언트체계 사이의 파트너십 형성하기
문제의 구체화		도전 · 탐색	클라이언트 관점에서 도전 · 탐색하기
		강점 구체화	변화에 영향을 주는 강점 구별하기
		방향 설정	초기 목적의 명확화 및 즉각적인 행동이 필요한 위기상황 설정하기
사정	발견단계	지원체계 탐색	개인, 가족, 집단, 조직, 지역사회, 사회, 정치 체계 등 잠재적 자원 사정하기
분석		자원능력 분석	수집된 정보의 의미를 분석하고 자원체계의 잠재력 분석하기
목표 설정 및 계획		해결점 형성	결과목적 확인과 해결을 위한 가능한 계획 형성하기
실행	발달단계	자원 활성화	개인, 대인관계, 가족, 이웃, 지역사회에 근거한 제도적 자원체계 이동시키기
		기회 확대	기회구조 확장을 위하여 새로운 자원 만들기
평가		성공 인정	결과목적의 성공 측정하기 및 과정의 효과성 평가하기
종결		달성 통합	과정 종결하기

(2) 개입과정

권한부여접근은 임상실제에서 대화, 발견, 발달의 세 단계로 구성된다 (Miley, O'Melia, & Dubois, 1995: 90–99).

① 대화(Dialogue)

이 단계는 사회복지사와 클라이언트체계 간의 상호 신뢰라는 협력적 관계를 확립하고 유지시킨다. 대화단계는 다음과 같은 순서가 있다. 함께 작업하기 위한 준비, 파트너십 형성하기, 도전 · 탐색하기, 강점 구체화하기, 방향 정하기 등으로 구성되어 있다.

② 발견(Discovery)

이 단계에서 사회복지사와 클라이언트는 해결에 필요한 자원 탐색방법을 추구한다. 자원체계 탐색하기, 자원능력 분석하기, 해결점 형성하기 등으로 구성되어 있다.

③ 발달(Development)

이 단계에서 사회복지사와 클라이언트는 기존의 자원을 활성화하고 클라이언트가 목적에 도달하기 위한 새로운 대안을 개발한다. 발달단계는 자원을 조직하고, 확대하고, 목적을 달성하기 위해 일하며, 공식적인 개입과정을 결정한다.

이 단계의 과정은 자원 활성화하기, 기회 확대하기, 성공 인정하기, 달성한 것 통합하기 등으로 구성되어 있다.

자세한 개입과정은 〈표 8–2〉와 같다.

〈표 8-2〉 권한부여모델 개입과정

단 계	활 동	전 략	과업들	과업달성을 위한 과정
1단계: 대화 단계–권한부여 관계 발전시키기	공유하기	클라이언트가 기존에 가지고 있는 역량 및 자원 구체화	1. 상호협력적인 관계 확립 2. 기존 지식 명확화 –클라이언트의 인지(도전과 강점) –사회복지사의 인지 3. 클라이언트가 이미 가지고 있는 것 4. 관계를 위한 계약하기 및 사정에 동의하기	1. 함께 작업하기 위한 준비하기 –권한부여 분위기 활성화를 위한 생산적인 준거틀을 만드는 과정 2. 파트너십 형성하기 –사회복지사와 클라이언트가 상호협력적인 관계 정의 및 개발 3. 도전 탐색하기 –클라이언트의 상황에 대하여 클라이언트의 시각에서 이야기하는 과정 4. 강점 구체화하기 –변화 가능한 클라이언트의 능력 강조 5. 방향 정하기 –클라이언트와 사회복지사는 초기 목적 설정 및 다음 단계 준비
2단계: 발견 단계–사정·분석·계획하기	찾기	클라이언트가 모르고 있는 자원 탐색	1. 쉽게 드러나지 않지만 클라이언트가 가지고 있는 것 확인하기 2.부가적인 정보와 사실에 대한 경험과 사고 연결하기 3. 감정을 사정·확인·표현하기 4. 대인 상호적인 정보 연결하기 –클라이언트체계로부터 –다른 사람으로부터 5. 자원체계 탐색하기 6. 그 밖에 클라이언트체계의 욕구 결정하기(목표 설정) 7. 해결로 이끌어 주는 계획 개발하기 8. 변화를 위한 계약하기	1. 자원체계 탐색하기 –개인, 가족, 집단, 조직, 지역사회, 사회적·정치적 체계 내에서 잠재적 자원을 사정 2. 자원능력 분석하기 –수집된 정보 조직화 및 합성 3. 해결점 형성하기 –사회복지사와 클라이언트는 구체적인 목적에 동의 –바람직한 결과 달성을 위한 계획 개발

단 계	활 동	전 략	과업들	과업달성을 위한 과정
3단계: 발달 단계-실행 및 변화 안정화 정화하기	강화하기	클라이언트 체계가 아직 활용하지 않은 부가적인 자원, 역량 사정 및 확립	1. 클라이언트 욕구 구체화하기 2. 클라이언트가 사용하지 않으나 존재하는 자원 사정하기 -개인적 -대인 상호관계적 -조직적 -지역사회적 3. 새로운 자원과 기회 만들기 4. 결론을 위한 계약으로 이끌어 가기	1. 자원 활성화하기 -자원을 활용할 수 있는 방향 모색 2. 기회 확대하기 -사회복지사와 클라이언트는 환경 내에서 현재는 없으나 꼭 필요한 새로운 자원 형성 3. 성공 인정하기 -목적달성 측정, 과정의 효과성 평가, 함께 일한 것 등에 대해 서로 파트너로서 인정하는 작업 4. 달성한 것 통합하기 -개입을 종결하며 클라이언트체계에 권한부여

5) 사 례

(1) 사례 개요

O 씨는 인테이크 당시 매우 절망적인 상태로 무력감을 호소하였다. O 씨의 남편 L 씨는 6개월 전에 발생한 산재로 뇌손상을 입었고 현재 회복 중이다.

그러나 남편의 회복이 너무 느려서 O 씨는 모든 것이 엉망이라고 생각하며 상황에 압도당하고 있다. 최근 남편이 영구적인 장애를 갖게 될 수 있다는 의사에 말에 완전히 소진하여 모든 희망이 사라진 상태다. 이 부부에게는 두 명의 자녀가 있으며, L 씨는 은퇴를 3년 앞두고 있는 상태에서 사고를 당하였다.

O 씨는 시간제 교사로 일해 왔으나, 현재는 부부가 모두 실직한 상태다.

(2) 개입과정

① 1단계: 대화단계-대화를 통한 관계 형성

사회복지사는 현재 O 씨의 상황이 매우 스트레스를 받을 수 있는 환경임을 인정하고, O 씨를 지지하고 정서적으로 감정이입하여 클라이언트가 이전에 생각하지 못했던 잠재능력을 드러낼 수 있는 강점을 찾아내기로 했다.

사회복지사가 O 씨 집에 도착했을 때 O 씨는 변화에 대해 강한 동기를 가지고 있음을 보여 주었다. O 씨는 6개월 전으로 되돌아가 자유롭게 이야기를 꺼내기 시작했다. 둘 다 안정된 직장을 갖고 있었으며 여유로운 삶을 살고 있었는데 L 씨가 사고를 당하고 난 후부터 문제가 시작되었다. 전 같지 않은 L 씨의 태도와 수입의 감소로 상황은 악화되어 예전의 관계로 되돌아가는 데에 불안감을 가지게 되었다.

사회복지사는 그 상황에서도 어떻게 잘 이겨 낼 수 있었냐며 놀라움을 표시하고 어떤 도움을 원하는지를 물어 보았다. 그들은 이전 상태의 복귀를 원했고 재정적 안정과 일을 원했다.

사회복지사는 개입의 목적을 설정하고 클라이언트와 합의하여 함께 해 나가기로 했다.

② 2단계: 발견단계-가능성 발견

목적이 설정된 후 사회복지사는 부부가 가지고 있는 자원을 탐색하기 시작했다. 첫 단계는 초점체계의 구체화로 사회복지사는 부부와 함께 초점체계를 선정하고, 부부 내부체계에서 어떠한 일이 발생하는가를 보기 위해 부가적인 정보를 수집하기 시작했다.

이들은 L 씨의 사고로 정체성 독립의 손상이 와서 결혼의 평등과 파트너십이 손상되었다. 그러나 이러한 어려움에도 불구하고 진정한 관심과 보호는 해 오고 있었다.

체계 내부에서는 처음에 주위 사람들이 지지와 격려를 보내 주었지만 갈수록 시들해져 갔고 결국에는 중단되었다. 그래서 사회복지사는 지지체계의 잠재력은 존재하지만 활성화가 안 돼 있어 지지 프로그램, 재활서비스와 연결시켜 주었다.

내외부의 체계는 아직 부부에게 외부와의 재연결을 시도할 수 있는 잠재적인 힘이 있다고 보았고 변화능력과 적응능력이 있다는 것을 강점으로 보았다. 함께 수집한 정보를 분석한 결과 여러 중요한 요소가 나왔고 변화를 위한 전략으로 초점이 맞추어졌다. 이러한 분석에 따라 함께 일할 수 있는 구체적인 목표와 보험문제를 해결하는 데 안정시키도록 했다.

③ 3단계: 발달단계-자원과 기회 개발

사회복지사와 부부는 상호협력하는 파트너로서 함께 행동했다. 그들은 가정원조서비스를 받았고, O 씨가 하루 종일 자신의 시간을 가질 수 있도록 1주일에 하루를 L 씨와 함께 보냈으며, O 씨는 뇌손상 환자 보호를 위한 병원의 교육에 참여하였다. 또한 친구들과 시간을 보냈으며, L 씨도 재활활동에 참여했고 뇌손상 환자 지지집단에 참여하였다. 그들은 다시 자신감을 얻을 수 있었으며 법적 문제, O 씨의 상황을 의뢰하여 단기보호서비스를 확대할 수 있도록 했다.

사회복지사와 그들은 진전을 점검한 결과 성공경험을 인정했고 미래를 계획하고 있음을 발견했다. 그동안의 많은 장애물을 극복하였고, 그들 자신을 유지할 수 있는 힘을 갖게 되었다.

3. 과제중심모델

1) 등장 배경

과제중심모델(Task-Centered Model)은 1960년대 중반에 시도된 개별사회사업모델로부터 전개되었으며 1970년 초 레이드와 엡스타인에 의해 고안된 사회사업실천모델이다.

이 모델은 단기치료형태의 일종이며 대인관계와 사회적 관계의 어려움, 역할수행, 정신적 고통 등의 생활상의 문제들을 원조하기 위하여 개발되었다.

시카고대학교의 레이드와 엡스타인이 과제중심 개별사회사업을 발표하면서 과제중심모델을 소개하였다. 모델이 발표될 당시는 심리치료 분야에서 장기간의 치료에 대한 회의와 비판이 확대되면서, 현재의 문제 상황에 개입의 초점을 두는 단기치료 방식에 대한 관심이 커지던 시기였다.

과제중심모델은 단기치료에서 사용되는 많은 방법, 즉 시간제한, 제한된 목표, 초점화된 면접과 현재에의 집중, 활동과 지시, 신속한 초기 사정 그리고 치료의 융통성 등을 이용하고 있다. 또한 과제중심모델은 이전의 장기치료와는 달리, 실천가나 다른 전문가의 진단에 의해서가 아닌 클라이언트가 표현하고 도움을 요청한 욕구를 무엇보다 우선시하며 치료과정을 통해 이를 조율해 나가는 방식을 취한다(Reid, 1978: 4).

초기의 과제중심모델은 심리사회적인 단기 개별사회사업의 기법과 시간 제한적인 구조를 활용하였다.

이와 같이 초기에는 펄만의 문제해결과정의 시각과 스투트(Studt, 1968)의 클라이언트 과제에 대한 개념의 영향을 받았다.

레이드와 엡스타인의 연구에 의한 초기의 전반적인 모델형성작업에서, 과제중심모델은 클라이언트와의 명확한 동의를 토대로 클라이언트 스스로의 행동을 통해 경감될 수 있는 특정 문제들을 다루고 있다. 일단 동의에 의해 문제가 결정되면, 사회복지사와 클라이언트는 문제해결 행동의 과정 또는 클라이언트가 행할 수 있는 과제를 정한다. 과제는 일반적인 용어로 정의되며, 앞으로의 작업을 위해 클라이언트가 동의한 목표와도 같은 것이다. 사회복지사의 노력은 대부분 클라이언트가 과제를 달성하도록 돕는 방향으로 기울어진다. 이를 위해 사회복지사는 전통적인 개별사회사업기법, 즉 문제조사를 포함해 조언, 격려, 클라이언트가 자신의 행동과 사회적 상황에 대한 이해를 증진시키도록 돕기, 환경적 개입 등을 사용한다. 서비스 기간은 2개월에서 4개월 이내의 6~12회 정도의 면접으로 제한된다.

과제중심모델은 모델의 간결성과 단기접근법으로 인하여 그동안 사회복지의 다양한 실천현장에서 다양한 사람들에게 적용되어 왔으며 미국뿐만 아니라 영국, 네덜란드 등에서 실시한 경험적 연구들을 통해 이 모델의 효과성과 효율성이 인정되었다.

2) 이론적 배경

(1) 단기치료의 영향

과제중심모델은 1960년대에 실용성(pragmatism), 간략화(parsimony), 유용성(effectiveness)이 기본 원리로 강조되고 있는 단기치료의 영향을 받아 생성된 모델이다. 단기치료는 그동안의 심리치료에서 장기간을 필요로 했던 정신분석이나 정신역동적인 치료방법에서 벗어나 현재의 갈등에 초점을 두어 단기간 동안 개입하는 방식으로 전환하게 되었다. 원래의 정신분석적 심리치료는 단기치료였던 것이 프로이트와 그의 제자들에 의해 장기화된 것으로 볼 수 있다. 치료기간에 대한 초기 정신분석학자들 간의 분쟁은 1925년에 새롭고 더 나은 결과를 위해 환자에게 통찰력을 주고, 이를 이끌어 가기 위해 분석가와 환자와의 관계에서 오이디푸스적인 상황을 충분하게 재탄생시켜야 한다는 선언과 함께 장기치료 쪽으로 기울어졌다. 환자의 성격과 정밀검사가 이루어졌고 이는 시간 연장이 필요하다는 것으로 이해되고 실천되었다. 그러나 1940년대에 들어와 정신분석의 기간을 감소하는 데 대한 관심이 새로이 나타났는데, 정신분석 지도자인 알렉산더(Franz Alexander)와 프랜치(Thomas French)에 의해 과다한 치료연장의 위험성이 지적되고 치료의 초점이 무엇이어야 하는지에 대한 새로운 견해가 제시되면서 시간제한에 대한 사상이 심리치료에서 기본적 믿음으로 자리잡게 되었다. 1960년대에 미국에서 일어난 지역사회 정신건강운동으로 많은 사람들이 혜택을 받을 수 있는 치료 기회의 균등화가 주요 쟁점으로 등장하면서 단기치료가 발전되기 시작하였다(윤순임 외, 2000: 558).

한편 사회사업가인 하워드 파라드(Howard Parad)와 그의 동료들이 사회적 문제를 풀어야 한다는 요구의 증가에 부응하여 위기개입이론을 제시하였다. 그 후에 계획된 시간과 제한적인 치료들에 대한 관심과 발전이 이루어지고 각종 실험들이 시작되었다. 장기치료에서 단기치료의 전환은 첫째는 장기치료가 반드시 단기치료보다 우세하지 않다는 점이고, 둘째는 사람들이 과거의 상처를 되풀이하지 않고도 갈등해소와 현재의 문제해결에 집중할 수 있는 능력이 있으며, 작업과정도 활동적이고 방향성 있는 과정이 될 수 있다는 점을 발견하게 되었다.

임상사회사업에서의 단기치료는 사회사업 전문분야로서 하나의 뿌리를 형성해 왔으며 과제중심모델뿐만 아니라 위기개입모델, 개인-환경 간의 부조화 및 역기능에 초점을 둔 임상적 개입 등으로 발전되어 왔다(Epstein, 1992: 86-89).

단기치료의 공통된 속성은 다음과 같다.

- 신속하게 개입한다.
- 과정은 시간제한이 있다.
- 문제는 초기에 규명한다.
- 선택된 초점을 전 과정에 걸쳐 유지한다.
- 문제해결이 체계적으로 진행된다.
- 목표가 비교적 구체적이다.
- 면접은 초점화되며 현재중심적이다.
- 면접방식은 직접적이고 활동적이다.
- 초기에 빠른 사정을 한다.
- 실천에는 융통성이 있다.
- 감정의 표출이 허용된다.
- 긍정적인 치료관계는 치료효과에 영향을 준다.

(2) 경험적 조사연구

과제중심모델은 경험적인 조사연구를 토대로 지식체계가 형성되었다.

이 모델의 경험적 기초는 대부분 장기와 단기의 개별사회사업과 카운셀링, 정신치료의 성과에 대한 연구결과를 토대로 하고 있다. 과제중심모델의 형성에 영향을 준 레이드와 샤인의 조사연구는 문제가족집단을 대상으로 한 집단에는 4개월 동안 8회의 단기치료서비스를 제공하고, 다른 집단에는 2배 정도 많은 서비스를 제공하여 비교하였다.

이들 연구로부터 얻은 결과는 다음과 같다.

- 단기의 시간제한적인 치료를 받은 사람도 장기치료를 받은 사람과 같은 지속적인 향상을 보였다.
- 장기치료와 관련된 대부분의 향상은 비교적 치료가 시작된 직후에 일어난 것이므로 단기치료에서도 기대할 수 있다.
- 의도했던 치료기간과 상관없이 대부분의 치료과정은 비교적 짧게 종결되었다.

이러한 결과는 개입의 장기적 형태보다 단기의 시간제한적인 모델을 선호하게 된 경험적 근거를 제공해 주었다. 이러한 기반 위에 진행된 레이드와 엡스타인 연구는 과제중심모델을 하나의 임상실천방법으로서 전반적인 형태를 갖추게 하였다.

레이드와 엡스타인은 시카고대학의 동료 교수진과 현장의 슈퍼바이저, 석 · 박사과정 학생들의 협력을 통해 실험설계 연구방법을 사용하여 모델을 체계화시켰다. 첫 번째 실험설계로서는 레이드와 엡스타인이 지역사회기관에 의뢰된 32명의 클라이언트를 대상으로 실험집단과 통제집단으로 나누어 과제중심모델과 전통적인 서비스 모델을 적용한 것을 볼 수 있다. 조사를 통해 과제중심모델을 적용한 클라이언트들은 약 70%가 과제를 수행한 반면, 전통적인 서비스 방법을 적용한 클라이언트들은 20% 정도밖에 과제를 수행하지 못한 결과를 얻었다. 그 밖에 이들의 과제중심모델 연구는

1970년에서 1977년 사이에 시카고에 위치한 기관에서 1,300여 개의 사례를 다룬 것을 포함하여 계속적인 모델 검증과 정교화 작업을 진행해 왔다.

결국, 이러한 레이드와 엡스타인의 연구작업을 토대로 과제중심모델이 형성되면서, 사회복지사와 연구자들 사이에 과제중심모델에 대한 관심이 일기 시작했으며, 이후 모델 검증작업과 더불어 여러 사회복지영역에서 적용되었다. 그 과정에서 과제중심모델은 사회복지의 초점을 유지해 왔으며, 학습이론과 관련된 행동기법, 인지이론과 방법, 가족치료 접근법 등을 이론에 통합시키면서 성장 · 발달해 왔다.

3) 주요 개념

과제중심모델이란 대인관계와 사회적 관계의 어려움, 역할수행의 어려움, 정서적 고통 등 생활상의 문제들을 다루기 위해 1970년대에 미국 뉴욕에서 레이드와 엡스타인에 의해 고안된 모델이다. 문제를 가진 개인이나 가족을 돕는 데 있어서는 종래와 같이 긴 개입기간을 요구하는 심리적 · 사회적 실천방법에 비해 단기간의 심리적 · 사회적 접근이 보다 효율적이라는 것을 발견하고 발전된 체계적이고 종합적이며 효과적인 단기치료모델이다.

과제중심모델에서 말하는 과제는 클라이언트와 사회복지사 간의 동의에 의해 계획되는 특정 유형의 문제해결 활동이며 면접 안에서뿐만 아니라 면접 밖에서도 행해지는 활동이다. 클라이언트의 과제는 표적문제를 감소시키기 위해 클라이언트가 수행하는 활동을 말하며 사회복지사의 과제는 같은 문제를 감소시키기 위해 면접진행 동안 클라이언트의 입장에서 사회복지사가 수행하는 활동을 말한다. 또한 클라이언트의 활동을 보완하고 클라이언트의 작업을 촉진시키는 일을 한다. 여기서 협상과 협의는 사회복지사의 주요한 과제다. 협상과 협의는 이웃, 친구, 가족과 같이 클라이언트와 가까운 사람들 그리고 지역사회 기관과 관공서와 함께 작업하는 것을 포함한다.

(1) 과제계획

① 표적문제 선정

일단 클라이언트의 문제가 어느 영역에 속하는 것인지를 알고 나면 개입의 대상이 될 문제를 선정해야 한다.

② 표적문제 상황

문제를 만들어 내는 진짜 상황으로, 중요한 인간상호관계, 역할수행상의 어려움, 재정적 곤란, 또는 사회적 환경의 다른 여러 가지 특성들이다.

③ 계약

전통적인 사회복지실천에서 개입의 가장 기초적인 요소인 클라이언트와 사회복지사 간의 동의를 현대적인 형태로 나타낸 것이며, 계약은 개입에 대한 동의로 클라이언트의 자기결정권이 강조된다.

(2) 과제의 기본적 유형

① 일반적 과제

일반적 과제는 행동의 방향을 제시하지만 무엇을 해야 하는가에 대해 정확하게 언급하지는 않는다. 일반적 과제는 항상 클라이언트의 목표를 내포하며 보통 클라이언트의 과제와 목표는 같게 된다. 이 둘은 같은 현상의 두 가지 측면으로 언급된다. 일반적 과제가 무엇이 행해져야 하는가를 말한다면 목표는 과제가 행해졌을 때 달성되어야 하는 상태를 말한다. 목표와 과제 모두를 진술하고 이해하는 것이 필수적이다.

② 조작적 과제

조작적 과제는 클라이언트가 수행해야 하는 구체적인 활동으로 명확한 활동에 대한 정보를 포함한 상위과제에 도달하기 위한 구체적인 하위과제다. 대개 조작적 과제는 일반적 과제에서 나온다.

4) 과제중심모델 실천

(1) 과제중심모델의 목적과 개입 원칙

과제중심모델의 기본 특성과 원리들은, 첫째 경험적인 기원, 둘째 통합적인 자세, 셋째 클라이언트가 인식한 문제에 대한 초점, 넷째 체계와 맥락(contexts), 다섯째 계획된 단기성, 여섯째 협조적인 관계, 일곱째 구조화, 여덟째 문제해결 행동(과제)이다.

이를 중심으로 목적과 개입원칙을 살펴보면 다음과 같다.

① 경험적 기원

과제중심모델은 경험적인 연구에 의해 지지되고 검증된 방법과 이론들을 선호한다. 클라이언트의 체계에 대한 가정과 개념은 사례 자료에 기반한다. 클라이언트의 문제와 행동에 대한 추리적인 이론화는 피한다. 사정 및 과정, 성과에 대한 자료는 각 사례마다 체계적으로 수립된다. 조사연구에 관한 지속적인 프로그램이 모델을 발전시키기 위해 사용된다.

② 통합적 자세

모델은 다양한 접근방법, 즉 문제해결, 인지행동적 · 인지적 · 구조적 접근방법 등으로부터 경험적으로 이끌어진 이론과 방법들을 선택적으로 사용한다.

③ 클라이언트가 인식한 문제에 대한 초점

클라이언트가 관심을 갖고 있는 것으로서 클라이언트가 명확하게 인식하고 있는 특정 문제에 서비스의 초점이 맞춰진다.

④ **체계와 상황**

문제들은 다양한 체계(systems)의 상황(context)에서 발생한다. 상황의 변화는 문제해결 또는 문제의 재발 방지를 위해 필요하다. 역으로 문제의 해결은 이러한 상황에 유익한 영향을 미친다.

⑤ **계획된 단기성**

서비스는 일반적으로 단기로 설계된다(4개월 내에 6~12회). 이러한 단기성은 상당한 양의 조사연구를 바탕으로 결정된 것이다.

⑥ **협조적인 관계**

클라이언트와의 관계는 보호(caring)가 아닌 협조적인 노력을 강조한다. 사회복지사는 사정정보를 공유하고, 숨겨진 목표나 의도를 피한다. 계속되는 치료전략에서 더욱 효과적인 개입을 고안하기 위해서뿐 아니라 클라이언트의 문제해결능력을 발달시키기 위해서 클라이언트를 광범위하게 참여시킨다.

⑦ **구조화**

구조화된 접근은 다섯 단계로 이루어진다. 즉, 시작하기, 표적문제의 규정, 계약하기, 실행, 종결단계를 포함한 연속적인 활동이다. 시작하기와 문제규정, 계약까지 초기단계, 실행을 중심으로 중간단계, 마지막 종결단계로 구분할 수 있다.

⑧ **문제해결행동(과제)**

변화는 기본적으로 클라이언트가 세션 내외부에서 행한 문제해결행동, 즉 과제를 통해 달성된다. 특히 클라이언트 자신의 환경 내에서 그의 행동(action)을 동기화하는 데 초점이 모아진다. 치료세션의 일차적인 기능은 그러한 행동을 위한 토대를 쌓는 것이다. 또한 사회복지사의 과제는 클라이언트의 환경적 변화에 영향을 미치는 수단을 제공한다.

(2) 개입과정

과제중심모델의 전체 개입과정은 크게 초기단계와 중기단계, 종결단계의 3단계로 나누어 볼 수 있으며 전체 기간은 4개월 이내에 6~12회의 개입으로 설계된다. 일반적으로 이 기간 동안 클라이언트가 가장 중요하다고 생각하는 표적문제 중 2~3가지의 문제만을 선택하여 집중적인 노력을 기울이게 된다.

실천은 체계적으로 수행되는데, 이러한 체계성은 클라이언트와 사회복지사가 극도의 좌절이나 당황, 무의미감에 빠지지 않도록 도와준다. 체계적인 실천은 시간, 노력, 비용의 낭비를 최소화해 주며 실천과정을 효과적으로 이끌도록 해 준다(Reid, 1992: 5-72; Epstein, 1992: 113-274).

초기단계는 어떤 사례의 경우 더 많은 시간을 필요로 하기도 하지만, 보통 1~2회의 면접으로 구성된다. 이 단계에서는 초기 과업을 결정하는 것으로 마무리한다. 중기단계는 초기면접이 끝난 다음 세션에서부터 시작되며, 중기면접의 시작 지점에서는 문제의 변동과 초기과제의 결과가 검토된다. 이때 과제를 완수한 경우에는 새로운 과제가 진행되며, 과제가 완수되지 못한 경우에는 장애요인들을 검토한다. 중기단계에서는 전형적으로 클라이언트가 과제 계획절차에 따라 과제를 진행시키는 데 노력을 집중시킨다. 종결단계는 비록 1회의 면접으로 종결되지만, 종결의 절차는 치료의 기간을 결정한 초기단계에서부터 사실상 시작되었다고 볼 수 있다. 말기면접은 특정한 목적을 달성하기 위해 구조화된 것으로, 클라이언트가 배운 것과 달성한 것들을 강조하기 위해 설계된다. 이러한 단계들을 사회복지사가 사용하는 개입기법과 함께 구체적으로 살펴보면 다음과 같다(Reid, 1992; Epstein, 1992).

① 초기단계

가. 의뢰 이유에 대한 토의

개입은 클라이언트가 독립적이고 자발적으로 기관을 찾아와서 시작되는 경우와 다른 기관으로부터 의뢰되어 시작되는 경우로 나누어진다. 클라이언트가 다른 기관으로부터 의뢰된 경우 사회복지사는 서로의 의견을 조정하거나 협상하여야 한다. 더 나아가 의뢰기관으로부터 클라이언트에게 제공할 수 있는 자원, 즉 정서적 지지뿐 아니라 실제적 물질적 자원이 있는지 알아보고 활용할 수 있다.

나. 클라이언트가 인지하고 있는 표적문제와 그 상황에 대한 탐색과 사정

과제중심접근은 표적문제에 대한 클라이언트 자신의 표현을 중요시한다. 클라이언트와 사회복지사가 논의한 후에, 클라이언트에 의해 진술되고 인식된 문제들에 주로 초점을 맞춘다. 두려움이나 혼란 등에 빠져 자신의 표적문제를 표현하지 못하는 클라이언트의 경우에는 사회복지사가 상황이 허락하는 범위 내에서 표적문제를 제안 · 권유할 수 있다. 이 경우 사회복지사는 제안하거나 권유한 표적문제를 가능한 한 명확하게 설명하고 클라이언트에게 질문하고 반응하고 생각할 수 있는 기회를 충분히 주어야 한다.

면접을 통해 사회복지사는 표적문제와 그들의 사회적 상황을 세밀하게 조사하고 문제에 영향을 미치는 클라이언트의 특성을 인식하는 데 집중한다. 사회적 맥락은 주거지와 주거지역의 주변 상황, 직업과 학교 상황, 사회경제적 지위와 재정적 한계, 건강상태, 가족과 또래관계, 문화적인 배경으로 이루어져 있다. 사회적 맥락은 문제의 의미에 대한 기초적 사정의 중요한 정보원이다. 보통 클라이언트는 자발적으로 문제 구체화의 과정 동안 사회적 배경에 관한 많은 정보를 제공한다. 이러한 탐색과 사정은 동시에 이루어진다.

다. 제시된 문제와 목적, 치료방법의 설명, 기간 제한에 대한 동의를 포함한 서비스 계약의 수립

서면 또는 구두계약 모두가 실천에서 사용된다. 서면계약은 비자발적이고 다루기 어려운 클라이언트의 경우 보편적으로 사용되며, 무엇이 이루어지고 누가 책임질 것인가를 알려 주는 지침이 된다. 비록 서면계약의 이용과 그 효과성에 대한 결과자료가 아직은 적지만, 서면계약은 실제 사회복지실천에서 널리 사용되고 있다. 계약을 하는 것은 클라이언트와 사회복지사 간의 목표 달성을 명확히 하는 중요한 수단이다.

계약에서 다루는 아홉 가지 주제들은 다음과 같다.

- 우선순위가 되는 주요 문제: 최대 3가지
- 구체적 목표
- 클라이언트의 과제(클라이언트가 수행해야 할 활동)
- 사회복지사의 과제(사회복지사가 수행해야 할 활동)
- 개입 스케줄
- 면접 스케줄
- 개입의 지속기간
- 참여자(누가 참여할 것인가)
- 장소(면접은 어디에서 할 것인가)

라. 초기과제의 발전과 이행

초기단계는 세션 사이에서 대개 클라이언트가 행해야 하는 초기의 과제를 결정하는 것으로 마무리된다.

② 중기단계

가. 문제와 과제 검토

클라이언트를 만난 이후 문제의 변화가 있는지 각 세션 내에서 검토된다. 이는 계속되는 탐색작업 및 문제 초점화 작업과 함께 행해진다. 문제에서의 변화에 대한 지속적인 기록을 하는 것이 사례계획을 위해서뿐만 아니라 개입의 효과성을 평가하기 위해서도 유용하다.

나. 실제적인 장애물의 규명과 해결

과제수행에서 방해가 되는 것은 어떤 것이든 장애물이 될 수 있다. 많은 시간을 할당해서 상황과 환경을 꾸준히 조사하는 것이 장애물을 알아내는 데 효과적이다. 장애물을 없애거나 줄이거나, 바꾸기 위해서는 과제수행에서 기술의 부족, 다른 사람으로부터의 협력과 지원의 부족, 자원의 부족 등의 실제적 방해 요소들을 개선할 계획을 체계적으로 세워야 한다. 두려움, 의심, 지식의 부족, 부정적 신념에 관한 상담과 토론을 통해 과제수행에서의 인지적인 방해요소를 완화시키도록 계획한다. 이때는 과제수행에서 장애물을 경감시키는 데 적용 가능한 지침뿐만 아니라 과제수행 시 부딪칠 수 있는 어려움에 대한 구체적인 설명을 제공해야 한다.

다. 문제 초점화

앞서 말한 바와 같이 문제에 대한 탐색과 사정, 검토는 사례 전체에 계속된다. 실제로 중기단계에서의 주된 주제는 문제에 대한 집중이다(Reid, 1978). 표적문제에 대한 초점화된 집중은 긍정적인 결과를 가져오게 한다. 문제 초점화에서 사회복지사는 현재의 이슈와 동의했던 표적문제에 명백한 연관성을 갖도록 노력한다.

라. 과제계획

- 가능한 과제 제시: 계획을 발전시키는 첫 단계는 가능한 과제에 대한 아이디어를 생성해 내는 것이다. 이러한 아이디어는 사회복지사나 클라이언트에게서 나온다. 사회복지사는 클라이언트의 아이디어를 받아들이거나 가능한 과제들을 제시함으로써 과정을 시작한다. 클라이언트에게는 문제해결을 위해 어떠한 노력을 해 왔는지 검토하고 과거의 노력에 대해 갖고 있는 생각들을 떠올리는 것이 요구될 수 있고, 단지 아이디어만 제시할 수도 있다. 아이디어는 한 번에 하나씩 이끌어 내어 토의되거나 브레인스토밍(brainstorming) 기법이 사용될 수 있다.
- 동기 형성: 과제완수를 위한 필수적인 자원은 적절한 동기(motivation)

다. 클라이언트는 노력이 가치 있는 것이며 또한 노력을 통해 문제를 경감시킬수 있다는 사실을 믿어야 한다. 이러한 믿음이 토대가 되어야 과제수행을 위한 노력을 지속할 수 있다.

- 과제이행의 계획: 대부분의 과제들은 어떤 구체화된 계획을 필요로 한다. 개별 클라이언트와의 작업에서, 계획과정은 사회복지사가 과업이 행해져야 하는 방식에 대해 생각하도록 클라이언트를 자극하는 질문을 함으로써 이끌어진다. 과제를 계획하는 클라이언트를 돕기 위해 '어떠한 계획이 자세하게 세워져야 하는가' 하는 질문이 지속적으로 주어진다.
- 예견되는 장애물의 규명과 해결: 과제완수를 위해 예견되는 장애물을 다루는 것은 모델의 핵심요소다. 이는 과제계획과 이행의 두 지점에서 이루어진다. 과제가 계획될 때 또는 과제이행에서 완전히 성공적인 시도가 이루어지지 못했을 때 필요하다. 계획단계에서는 잠재적인 장애물을 예견하기 위한 노력이 필요하다. 많은 과제들은 불확실성을 다루는 '만약 이런 경우라면…….' 하는 질문의 탐색을 필요로 한다. 이외에 사회복지사는 클라이언트로 하여금 무엇이 과제수행을 잘못 이끌 수 있는지 생각하도록 질문할 수 있다.
- 모의실험, 예행연습: 어떠한 계획이든 사전에 시도해 볼 수 있다면 성공적으로 수행할 가능성이 높아진다. 다양한 유형의 훈련은 클라이언트에게 과제수행방법을 보여주는 것으로, 정보제공과 기술훈련, 지도감독을 포함한다. 대부분의 과제계획은 과제수행 행동을 가상해 보기 위해 역할극을 사용하며 세션 내에서 예행연습을 해 볼 수 있다.
- 과제동의: 사회복지사는 과제에 착수하기 위해 클라이언트의 명백한 동의를 항상 확보해야 한다. 사회복지사는 클라이언트가 반대되는 의견을 표현하지 않는 경우 이를 받아들이는 것으로 가정하고 과제를 제안할 때가 있다. 이는 클라이언트가 제대로 듣지 못했거나 이해하지 못했을 경우에도 해당된다. 명백한 동의는 클라이언트가 과제의 시도를 인정한다는 의미에서 계약을 완성시킨다.

• 과제계획의 요약: 세션을 끝내기 전에 사회복지사는 클라이언트와 과제계획에 대한 요점을 숙지시켜야 한다. 이 단계는 과제계획이 복잡하거나, 여러 과제가 주어진 경우, 과제 이행자가 아동인 경우에 특히 중요하다. 사회복지사는 계획에 대한 클라이언트 자신의 생각을 피력하도록 충고한다.

마. 과제의 이행

이 단계는 다음 세션에 앞서 클라이언트가 과제를 이행하는 단계다. 사회복지사는 실제 상황에서 클라이언트가 과제를 실천하도록 돕는다. 대부분의 경우 클라이언트 스스로 사회복지사의 관여 없이 과제를 수행하지만, 혼란에 빠져 있거나 당황스러운 상황에서 서비스를 요청한 클라이언트의 경우에는 사회복지사가 지지를 보내거나 지시하거나 중재자 또는 대변인으로서 활동할 수 있다. 때때로 사회복지사는 클라이언트에게 과제에 대한 전화확인을 할 수도 있다. 이렇듯 많은 관여가 필요한 경우에는 클라이언트와 이에 대해 사전에 충분히 협의할 필요가 있다.

③ 종결단계

가. 표적문제와 전체 문제상황의 검토

사회복지사는 면접 때마다 현재 면접 횟수가 몇 번째이고 종결 시까지 몇 회가 남았는가를 알려 주고, 개입계획에 따라 종결하는 것이 중요하다. 종결할 때에는 표적문제로 선정한 문제들과 목표에 대하여 검토하고 완수된 목표를 점검할 뿐 아니라 문제상황 전체에 대하여 검토를 한다(Reid, 1996: 629). 목표를 달성하고 표적문제를 해결했을 때는 개입을 종결한다. 과제중심모델에 대한 연구결과들은 대부분의 클라이언트들이 단기치료 기간에 만족하는 것으로 보이지만, 어떤 경우는 한두 차례 면접을 더 하기 위한 계약을 원하기도 한다. 개입의 연장이 필요한 경우에는 클라이언트가 문제해결 의지를 가지고 있는지를 중요하게 고려하여, 계약을 연장하거나 사후지도를 할 수도 있다.

나. 클라이언트가 사용한 성공적인 문제해결 전략의 규명

사회복지사는 완수된 목표를 강조하고 목표성취 과정에서 새로이 습득된 클라이언트의 문제해결 기술을 점검하며 새롭게 확인된 능력을 칭찬함으로써 클라이언트가 문제해결 기술을 계속 활용하도록 돕는다.

다. 위에서 확인된 전략을 사용하여 남아 있는 문제에 대해 행해져야 할 것 토의

마지막 면접이나 바로 그 앞의 면접에서는 클라이언트가 달성한 것을 확인하고, 앞으로 클라이언트 혼자 수행해 나갈 수 있는 또 다른 과제를 계속하도록 돕는다. 또한 종결 시 해결되지 않은 문제들이 남은 경우 이를 어떻게 할 것인가에 대한 논의가 필요하다. 종결 후에 위에서 확인된 문제해결 기술들을 어떻게 활용하여 해결되지 않은 문제들을 해결할 수 있을 것인가에 대한 논의가 있어야 한다(Reid, 1996: 629).

5) 사 례

(1) 사례 개요

이 사례는 반복되는 가출로 인해 기관에 의뢰된 소년을 과제중심모델을 사용하여 2개월간의 단기 개입과정을 통해 문제를 해결해 나갔다.

개입 전 16세의 H는 부모님의 이혼으로 어머니와 살고 있으며 그는 할머니의 잦은 간섭과 잔소리로 인해 작년부터 가출을 반복하였다. 그는 결국 학교의 상담 선생님에 의해 기관에 의뢰되었다.

현재는 상담 선생님의 배려로 시설에 수용 중이며 집에 들어가길 거부하고 있다. 어머니의 자신에 대한 기대로 부담감이 굉장히 크다. 그리고 부모님의 이혼으로 인한 아버지에 대해 부정적 감정이 크다.

① 개입과정

<table>
<tr><td rowspan="5">초기단계</td><td colspan="3">의뢰 이유에 관한 토의: 가출, 무단결석, 학습의욕 저하, 밤늦게까지 밖에서 시간 보내기와 늦은 귀가</td></tr>
<tr><td colspan="3">표적문제에 대한 탐색과 사정: 반항적 행동</td></tr>
<tr><td rowspan="2">계약수립</td><td>표적문제</td><td>목표와 일반적 과제</td></tr>
<tr><td>1. 가족의 분리(현재 시설 수용)
2. 밤늦은 귀가
3. 무단결석
4. 가출</td><td>1. 가족과의 동거
2. 귀가시간 조정과 집에 전화하기
3. 할머니의 간섭 중단(할머니의 지나친 간섭이 집에 들어오기 힘들게 함)</td></tr>
<tr><td colspan="3">〈초기과제 결정〉
1. 학교와의 협의: 학교에 다시 다닐 수 있도록 동의 구함
2. 어머니와의 협의로 C.T.의 외출과 귀가시간에 대한 규칙 마련
3. 할머니의 협의로 간섭적 행동 줄이고 정기적 만남 규칙화
4. 시범적으로 어머니 집에 거주</td></tr>
<tr><td rowspan="5">중기단계</td><td colspan="3">문제와 과제의 검토: 사회복지사는 대안학교 탐색, 위의 상황에 대해 법원에 보고와 협조</td></tr>
<tr><td colspan="3">〈장애물의 규명과 해결〉
1. 사회복지사의 개입에 대한 할머니의 저항에 대한 어머니 염려: 이에 대해 사회복지사가 할머니와 상담
2. C.T.의 학교 적응 어려움: 학교 대신 훈련원 의뢰
3. 늦은 귀가 여전, 귀가 규칙 지키기 어려워함: 이행하지 않을 시 결과 제시, 반복하여 규칙 준수 중요성 강조</td></tr>
<tr><td colspan="3">〈문제초점화〉
1. C.T.의 학교 부적응 문제에 대해 학교 유지가 아니라 학교의 대안으로 적절한 직업훈련원 찾기와 본인과 가족의 동의 필요
2. 귀가 규칙 준수의 어려움: C.T.의 행동변화 위한 유인 필요</td></tr>
<tr><td colspan="3">〈과제계획〉
1. 직업훈련원 필요성에 대한 가족의 동의 구하기
2. 귀가 규칙 준수 위해 C.T.에 대한 계속적인 격려와 지지, 가족들의 지나친 간섭 줄이기, 계획 준수 확인 및 격려</td></tr>
<tr><td colspan="3">과제이행: 사회복지사 및 C.T.의 과제에 대한 이행</td></tr>
<tr><td rowspan="3">종결단계</td><td colspan="3">〈표적문제와 전체 문제 상황의 검토〉
1. 늦은 귀가 75% 해결
2. 할머니의 간섭 없애는 행동 거의 없어짐
3. 직업훈련원 다니기에 대한 본인 및 가족 전체의 동의
4. 시범적인 가족과의 생활의 성공적 이행으로 법원으로부터 어머니와 함께 살도록 허가받음</td></tr>
<tr><td colspan="3">〈성공적인 문제해결전략의 규명〉
1. 가족의 지나친 간섭 감소
2. 가족의 신뢰와 협조
3. C.T.의 학교부적응에 대한 부담 감소
4. C.T.의 생활리듬 회복(늦은 방황과 밖에서의 배회 감소) 및 생활 규칙 만들기</td></tr>
<tr><td colspan="3">남아 있는 문제의 토의: 직업훈련원에서의 적응</td></tr>
</table>

4. 위기개입모델

1) 등장 배경

위기개입모델(Crisis Intervention Model)은 위기상황에 즉각적으로 개입하여 단기원조를 제공하기 위한 모델이다. 자연재해나 갑작스러운 생활상의 사건으로 인해 격심한 고통의 감정을 일시적으로 경험하고 이로 인해 압도당하거나, 발달과정에서 유발되는 스트레스로 인해 일상생활 수행에 어려움이 발생하는 경우 이에 대처할 능력과 자원이 부족하여 문제가 생기는 사람들에 관한 관심으로부터 나온 것이 위기개입모델이다.

위기 개념은 주로 재난이나 극단의 상태에 있는 집단이나 지역사회에 대한 연구로 발달되어 사회학자의 심리 사회학적 관점에서 이루어 졌다.

이후 위기개입모델과 실제는, 린더만(Lindermann, 1944)의 「보스턴 코코넛(Boston Cocoanut) 숲 화재에 대한 격심한 슬픔 반응에 관한 임상연구」와 캐플란(Caplan, 1964) 및 동료 학자가 수행한 예방정신의학 연구 프로그램 등에 기초해서 1950년대 및 1960년대에 급격한 속도로 성장하였다(Roberts & Nee, 1972: 267).

위기개입의 초기모델에서는 위기에 처한 개인 및 가족을 중심으로 하는 임상접근법을 강조하였다. 그러나 캐플란이 위기해결 이후 적응과정에서의 환경자원, 특히 지역사회서비스체계의 중요성을 주장하고 인간의 위기가 사회 구조적 측면과 사회 체계적 측면에 의해 제기된다는 인식이 확산되면서 심리중심 위기개입과 함께 생태학적 측면의 환경중심 접근이 강조되는 등 통합적 측면이 더욱 강조되고 있다.

2) 이론적 배경

사회복지실천의 역사는 위기개입의 역사라고도 할 수 있을 것이다. 왜냐하면 사회복지실천은 지속적으로 구조적 빈곤, 질병 등의 사회문제의 해결과 관련이 있으며, 개인이 실업, 질병 등으로 생존의 위협을 느낄 때 사회적 서비스를 통하여 이를 중재하고, 심리적 도움을 주어 왔기 때문이다. 위기를 어떻게 이해할 것인가는 위기이론에 따라 차이가 있는데 이를 심리학적 관점, 정신의학적 관점, 생태학적 관점, 스트레스이론으로 살펴볼 수 있다(Roberts & Nee, 1972: 272-278).

(1) 심리학적 관점에서의 위기이론

1942년 미국 보스톤의 나이트클럽 화재 사건을 계기로 심리적 위기에 관심을 가지기 시작하였다. 그 후 1944년에 린더만(Lindermann)이 「급성 비탄의 조종과 징후학」이라는 논문을 발표하였다. 그는 사별 후의 비탄이란 일정하고 뚜렷한 이행단계를 거치며, 비탄은 사별에 따르는 필수적이며 자연스러운 반응이라고 보았다. 그리고 비탄에 잠긴 정상적인 반응행동이 6주 이상 지속되면 전문가의 개입이 반드시 요구된다고 보았다. 또한 전문가의 도움을 받아 위기를 극복하는 과정은 보편적으로 위기로 인한 일상생활 유지 균형의 붕괴, 단기치료를 통한 비탄 다루기, 문제 혹은 슬픔 속에서의 클라이언트의 활동 재개, 균형회복의 단계라고 하였다.

또한 캐플란은 제2차세계대전 후 이스라엘의 수용소에 있는 아동들의 위기상황에 관한 연구를 하였다. 그리고 그는 위기란 통상적인 행동을 통해 극복할 수 없는 이상의 장애라고 정의하였으며, 위기상황을 발달적 위기와 상황적 위기로 유형화하였다.

발달적 위기란 학교의 입학, 형제의 출생, 결혼 및 퇴직과 같은 발달과정상의 변화에 의해 촉진되며, 상황적 위기란 질병, 사고, 가정의 붕괴와 같은 위험한 사건에 의해 유발되는 것이다.

캐플란은 린더만의 개념과 단계에 발달적 · 상황적 위기를 결합시켰으며, 초기의 심리적 트라우마(trauma)를 발생시킨 인지적 · 정서적 · 행동적 왜곡을 인정하고 수정하거나 제거하는 것이 위기개입이라고 하였다. 그러므로 위기개입에서는 클라이언트의 정신적 건강을 고려하는 것이 중요하다고 보았다.

(2) 정신의학적 관점에서의 위기

지역정신의학에 있어 위기개입모델은 지역사회에 적응해야 하는 정신장애인에게 요구되는 과도기적(transitional)·상황적(situational) 필요에 초점을 두어, 민감하게 반응함으로써 최소한의 개입으로 최대한의 효과를 성취할 수 있다는 데 기여하였다.

지역사회 정신보건이 일반화되어 있는 현재에는 지역사회 생활에 따르는 작은 문제에서부터 긴급을 요하는 서비스까지 지역사회 내에 설치된 위기개입센터가 다학제 간 팀에 의해 운영되는 것이 일반화되어 있다.

외상 후 장애는 죽음의 위협, 심각한 상해, 신체적 위협, 어떤 사건의 목격, 가족이나 가까운 사람의 외상경험에 대해 아는 것 등의 개인의 직접적 경험인 외상적인 스트레스에 노출됨에 따라 생기는 특징적인 증상의 발전이다. 정신적 외상의 개인적인 반응은 강력한 두려움, 무력감, 공포감 등이 포함되며, 특징적인 증상은 지속적인 외상적 사건의 재경험, 외상과 관련된 자극의 지속적인 회피, 과민반응의 지속적인 증상 등을 의미한다.

(3) 생태학적 관점에서의 위기

힐(Hill, 1958)의 ABCX모델 발표로 인해 스트레스에 반응하는 가족의 역기능적 행동을 설명하고 예측하는 데 일반체계이론을 기초하였다. ABCX 모델이란 사건으로 인한 역경(A)은 가족의 위기대처자원(B) 및 가족이 사건에 부여하는 의미(C)와 상호작용하여 위기(X)를 낳는다고 보는 것이다.

파라드(Parad)에 의해 문제해결접근법과 위기개입의 접목으로 1960년대와 1970년대에 급속한 성장을 가져왔다(김기태, 1998: 57).

위기개입에 있어 생태체계이론은 전체적인 생태 내에서 개인이 주요한 재앙적 사건의 영향을 받는다고 보기 때문에, 재앙의 생존자에게 존재하는 정서적 외상을 다루는 것만으로는 부족하다고 본다.

위기 후에는 전체 생태들이 영원히 손상될 수 있는 부정적 잠재성이 있기 때문에 위기의 성격과 필요에 따라 다양한 수준에 대한 포괄적인 서비스를 위해 인간과 환경 분야의 다양한 전문가들이 안정성과 균형을 회복하도록 원조해야 하며, 이를 위해서는 다학제 간 팀을 구성하여 접근하는 것이 필요하다.

(4) 스트레스와 대처

위기이론은 스트레스 연구에서 많은 영향을 받았다. 즉, 유기체의 자연스런 상태의 한 부분의 변화로 유기체의 불균형이 초래됨으로써 질병이 유발된다고 보고 있다. 대처이론에서는 인간은 스트레스를 유발하는 근원을 변화시키려 하거나 또는 사건에 대한 자신의 정서적 반응에 영향을 미치고자 능동적이고 적극성을 띠게 된다. 에릭슨(Erik Erikson)의 사회심리적 발달이론에 따라 인생의 성장발달을 위기이론과 연결지어 볼 때 위기를 해결하는 정도에 따라 개인의 성장이 결정된다고 보았다. 그러므로 스트레스이론과 자아심리학이론의 개념들은 위기개입이론에서 상호교환적으로 사용된다(Rapoport, 1970: 273).

3) 주요 개념

(1) 기본 가정

첫째, 인간이 처한 다양한 상황으로부터 초래되는 직접적인 스트레스와 위험한 사건에 직면해서 인간이 격심한 정서적 불균형과 사회적 해체현상을 겪는 것은 정상적이다.

둘째, 위기상황으로 인해 겪는 격심한 고통은 정상적인 삶의 경험이며, 정상적인 상태에서 겪을 수 있는 일시적인 혼란이며 누구나 일생을 통해 언젠가는 겪을 수 있는 현상이다.

셋째, 정서적인 불균형을 경험하고 있는 사람들은 본능적으로 정서적 균형을 찾으려는 경향이 있다.

넷째, 사람들이 정서적인 균형을 회복하려 노력하는 과정에서 일시적이고 격심한 심리적 유약성을 경험할 수 있다.

다섯째, 이와 같이 심리적으로 현저히 약해져 있을 때 사람들은 심리적인 치료서비스를 수용하는 태도를 갖게 된다.

여섯째, 위기는 부정적인 결과를 가져올 수도 있지만 한편으로는 성장과 발전의 기회가 되기도 한다(Turner, 1996: 619–621).

(2) 주요 개념

① 위기의 정의

개인이 어떤 문제를 평상시의 해결방법으로 해결하지 못한 심각한 정서적 혼란을 경험하는 상태를 의미하며, 위험한 순간이면서도 전환점이 되는 시기라고도 한다(김기태, 1998: 17).

② 위기의 유형

- **상황적 위기**: 위기상태를 촉발하는 사건을 중심으로 심각한 질병, 사랑하는 사람과의 사별, 자연재해, 폭력범죄 등과 같이 갑작스럽게 발생하는 외부사건에 의한 위기 등이다.
- **발달적 위기**(강간, 강도 등): 발달단계에서의 성숙과정(청소년기의 진입, 결혼, 자녀의 출생, 노화 등)에서 발생하는 생활사건이나 발달단계마다 요구되는 발달과업에 의한 새로운 대처자원이 필요한 성숙위기 등이다.
- **실존적 위기**: 목적, 책임, 독립성, 자유, 헌신 등 인간에게 중요한 이슈를 동반하는 내적 갈등이나 불안과 관련된 위기다. 예를 들어 개인의 특정 전문성이나 조직에서 중요한 영향을 주지 못한다는 불안이나, 60대에 인생이 덧없다고 느끼는 허무감과 위기 등이 이에 해당한다.

③ 위기상태

위기상태는 일반적으로 혼돈, 걱정, 절망, 분노와 같은 감정을 동반하는 격심한 정서적 혼란상태를 말하며, 위기에 처한 개인은 심리적 위약성의 약화, 방어기제의 위축, 문제해결 및 대처능력의 심각한 와해를 경험한다.

④ 위기개입

개인이나 가족이 현재의 균형상태를 유지할 수 없는 위기상황에 직면했을 때 나타나는 특유한 반응과 그 위기상황을 극복해 나가는 과정에서 보이는 법칙들을 확인하고, 이것에 입각해서 원조하는 활동이다.

4) 위기개입모델 실천

(1) 위기개입의 목적과 개입 원칙

첫째, 위기개입의 제1목표는 클라이언트가 최소한 위기 이전의 기능 수준으로 회복하도록 돕는 데 있다.

둘째, 위기개입은 상대적으로 단기적 접근이다.

셋째, 구체적이고 관찰이 가능한 문제들이 위기개입의 표적이다.

넷째, 위기개입을 할 때에는 가장 적절한 치료전략을 수립해야 하며, 단순히 차선책으로 접근해서는 안 된다.

다섯째, 불균형 상태에 기여하는 촉진적 요인을 이해하여야 하며, 클라이언트와 그의 가족 및 지역사회의 자원을 통하여 가능한 치료방법을 모색해야 한다.

여섯째, 위기개입 사회복지사는 다른 어떤 실천접근에서보다 그 개입에 있어 보다 적극적이고 직접적인 역할을 수행해야 한다.

(2) 개입과정

위기상황의 개입과정은 시작단계, 중간단계, 종결단계로 분류하여 설명하고 있다(Golan, 1978: 80-95).

이러한 단계의 구분은 클라이언트와 사회복지사 사이의 상호작용 본질에 기초하여 구분한 것이지 일반 사회와 같이 조사 진단, 치료 종결 등의 명확한 단계가 있는 것은 아니다.

① 시작단계

시작단계는 클라이언트를 처음 대면하는 첫 세션으로 이루어진다. 그러므로 사회복지사는 친화관계를 형성하고 위기가 실존하는지 현재 상태를 파악한다. 클라이언트의 현재 감정상태를 사정하고 앞으로의 활동에 대한 계약을 하여야 한다. 클라이언트의 상태를 사정할 때는 사회복지사는 민감하게 경청하고 현재 감정에 대하여 적절한 질문을 하여야 한다. 특히 이 단계에서는 클라이언트의 주관적 반응을 촉진시키고, 반응에 대한 해석이나 직면보다는 클라이언트가 감정을 표현하게 원조함으로써 합리적이고, 이성적으로 위기상황에 대처할 수 있도록 도와주며, 사회복지사와 클라이언트가 이행할 계약을 설정한다. 시작단계에서의 사회복지사의 활동은 〈표 8-3〉에 제시하였다.

〈표 8-3〉 위기개입모델-시작단계: 관계형성

사회복지사의 활동	지 침
A. 위기상황에 대한 즉각적 초점	
1. '여기-지금' 에서 출발한다. 클라이언트를 의뢰하거나 찾아오게 한 사건, 즉 촉발요인에 초점을 두고 범위, 관련 인물들, 결과, 영향, 시간을 탐색한다.	클라이언트 자신이 상황에 대해 말함으로써 자신의 상황을 인지하는 것이 중요하다.
2. 시간에 대한 주관적 반응을 이끌어 낸다. 사건과 관련하여 자신 혹은 다른 사람들의 역할에 대한 정서적 반응을 알아본다.	현재 사황에 대한 정서적 반응(울음, 분노, 비난, 죄책감 등)을 표현하도록 돕는다. 이 시점에서는 해석하거나 직면하지 않도록 주의한다.

사회복지사의 활동	지 침
3. 감정이 누그러짐에 따라 위험 사건과 악화된 변화에 대해 알아본다. 이것이 가능하지 않으면, 적어도 언제부터 상황이 나빠지게 되었는지 알아본다.	이 시점에서는 해석하거나 직면하지 않도록 주의한다.
4. 취약 상태의 성격과 지속 기간을 확인한다. 문제를 다루는 능력에서의 변화, 문제에 대처하기 위한 이전의 시도, 원조를 구하려 했던 노력에 대해 알아본다.	사정을 시작한다. 클라이언트의 불안 수준, 정서 반응의 정도, 감정과 현실 인식의 적절성, 변화 동기, 사고와 감정, 행동, 생리적 능력, 기능 수준, 이전문제 해결유형, 작업 관계에 관여할 수 있는 능력 등
B. 현재 곤경에 대한 평가	
1. 무슨 일이 일어나고 있는지, 가장 중요한 문제가 무엇인지, 초점을 두어야 하는 부분이 어디인지를 결정하는 진술을 한다.	개입 초점을 일반적 · 물질적 지원에 둘지, 개인적 · 심리사회적 지원에 둘지 결정한다.
2. 클라이언트가 상황을 어떻게 이해하는지, 가장 중요한 문제를 무엇으로 보는지, 가장 먼저 작업하고 싶은 부분이 무엇인지에 대해 묻는다.	해결하고자 하는 문제를 신청하기가 어려운 경우, 문제의 크기를 줄임으로써 희망과 가능성을 갖도록 한다.
3. 클라이언트와 함께 하나의 표적문제를 설정한다. 서로 연관된 두 개의 문제를 설정할 수도 있다.	
C. 앞으로의 활동에 대한 계약	
1. 구체적 목표와 과제에 대한 임시 동의안을 만든다. 클라이언트, 사회복지사, 혹은 다른 사람들이 해야 할 일에 관한 작업 계획을 세운다.	위기 상황에서도 자신의 역할을 수행하는 성숙하고 기능적인 성인으로 클라이언트를 대한다.

자료: Golan, 1978: 84–88. 재인용

② 중간단계

위기개입이 4~6세션에 걸쳐 이루어진다면, 실행단계인 중간단계는 첫 세션부터 4세션까지 진행된다. 전 단계에서 계획된 행동계획을 실행하는 단계로서 클라이언트의 주요 문제에 대해 깊이 탐색하고, 필요한 경우에는 과거에 대해서도 탐색한다. 현재 생활 상황에서 구체적인 문제해결을 위해 계획된 과업을 확인하고 이행하며 과거의 부적절한 방법으로 기능한 것을 수정하고 새로운 대처유형을 습득하도록 원조한다. 클라이언트가 자율성을 회복함에 따라 사회복지사는 소극적 역할로 전환하는 것이 바람직하며, 클라이언트의 일상생활에서 활용할 수 있는 자원과 지지체계를 찾아내어 클라이언트가 적극 활용할 수 있도록 원조한다. 구체적인 사회복지사의 활동과 지침은 〈표 8-4〉와 같다.

〈표 8-4〉 위기개입모델-중간단계: 수행

사회복지사의 활동	지 침
A. 자료의 조직화	
1. 위험 사건 이후의 상황과 관련 자료를 보충한다. 무슨 일이 일어났고 현재 진행 중인지에 대해 보다 명확하고 일관된 그림을 그린다.	원조관계가 형성된 후, 대부분의 클라이언트들은 보다 합리적 · 이성적 · 협력적으로 변화한다. 따라서 정확하고 세부적인 내용에 초점을 둔다.
2. 여러 개의 주요 주제들(예: 상실, 자기존중감에 대한 공격) 가운데 선택한다. 주제들의 현재와 적절한 경우, 과거에 대해 묻는다.	이 부분은 개입의 핵심이 될 수 있다. 초기단계와는 달리 주제에 대해 깊이 탐색하고 해석하며 반복되는 주제들에 대해 언급한다. 클라이언트의 정서가 적절한 경우에는 공유하고, 감정은 적절하지만 대상이 적절하지 않은 경우에는 보다 현실적인 방향으로 돌리며, 감정이 적절하지 않은 경우에는 문제를 제기한다.
B. 행동 변화의 초래	
1. 초기 행동 계약(C1)으로 돌아가 과거에는 상황에 어떻게 대처했는지, 결과는 어떠했는지, 위기 상황을 다루고 균형을 회복하는 데에 얼마나 효과적이었는지 규명한다.	중기 개입의 주요영역이다.
2. 단기에 성취할 수 있는 전반적인 과제영역 혹은 달성할 수 있는 중간 목표를 설정한다.	

사회복지사의 활동	지 침
3. 목표를 달성하기 위한 구체적인 과제들에 대해 작업한다. 과제들은 행동지향적이며 수행의 변화를 가져올 수 있어야 한다.	숙제를 부여함으로써 클라이언트가 시작하도록 도울 수 있다. 문제를 다루는 모델의 역할을 보여 준다. 특히 새로운 활동을 과제로 수행하는 클라이언트를 지지하고 격려한다. 지시와 활동에 깊이 관여하는 역할로 시작하지만 클라이언트가 자율성을 회복함에 따라 소극적 역할을 수행한다.
4. 과제는 클라이언트가 행동과정 혹은 이를 수행하는 방법을 결정하도록 사고지향적일 수 있다.	지시와 활동에 깊이 관여하는 역할로 시작하지만 클라이언트가 자율성을 회복함에 따라 소극적 역할을 수행한다.

자료: Golan, 1978: 84-88. 재인용

③ 종결단계

종결단계는 행동계획이 실행되고 사례취급이 끝나는 단계다. 이 단계에서는 종결에 대한 클라이언트와 사회복지사의 저항을 다루고, 성취한 과제, 목표, 변화와 성취하지 못한 것들에 대해 점검한다. 클라이언트와 자원을 새롭게 결속시키거나 개발된 대처유형과 성취한 과업 그리고 가까운 미래의 활동계획에 대해 논의하는 단계다. 클라이언트가 사회복지사에게 의존하지 않도록 격려함과 동시에 필요한 경우에 클라이언트가 활용할 수 있는 지지자로서 사회복지사를 인식할 수 있도록 한다. 종결단계의 사회복지사의 활동과 지침은 〈표 8-5〉와 같다.

〈표 8-5〉 위기개입모델-종결단계

사회복지사의 활동	지 침
A. 종결 결정	
1. 계약에 따른 남은 시간 혹은 남은 세션에 대해 상기시킨다.	
2. 계약을 맺지 않았다면, 종결 가능성을 가지고 세션의 공백을 둘 것을 제안한다.	

사회복지사의 활동	지 침
3. 종결에 대한 클라이언트와 사회복지사 자신의 저항을 다룬다.	종결 반응은 세 가지로, 계약이 종료됨에 따라 종결을 원하는 경우, 종결에 대한 방어로서 지속적인 개입을 원하는 경우, 지속적 개입이 적절하며 이를 원하는 경우가 있다. 클라이언트의 현재 가능 수준에 따라 결정한다.
B. 진보에 대한 점검	
1. 최종 혹은 최종 이진 세션에서 첫 대면부터의 진보에 대해 요약할 것을 제안한다.	
2. 주요 주제들인 정서적 이슈들의 진보에 대해 점검한다.	
3. 성취한 과제들, 목표들, 변화들과 이루지 못한 일에 대해 점검한다.	
C. 앞으로의 활동 계획	
1. 현재 상태와 장래에 대한 클라이언트의 계획에 대해 논의한다.	
2. 문을 닫지만 조금은 열어 둔다.	클라이언트의 독립을 강조하는 한편, 필요한 경우 언제든지 찾아올 수 있도록 한다.

자료: Golan, 1978: 91–94. 재인용.

5. 현실치료모델

1) 등장 배경

현실치료(Reality Therapy)는 1950년대 윌리엄 글래서(William Glasser)에 의해 연구·소개되었다. 이 이론의 기본 가정은 우리 모두가 성장할 수 있는 힘(growth force)을 가지고 있으며, 이 힘이 우리의 환경을 통제하면서 자신의 욕구를 충족시키고 '성공적인 정체감' 을 발전시킬 수 있다는 것이다. 이러한 가정에 근거하여 이 이론은 현재의 자기 행동에 대한 책임, 즉 현재 진행 중에 있는 행동에 초점을 맞추는 치료방법이다. 글래서 이론은 정신건강과 책임을 동등하게 본다. 즉, '정신병이란 책임감의 회피' 라고 규정한다.

클라이언트는 현실을 직시하고 자기 자신이나 타인에게 피해를 주지 않고 성공적인 정체감(sucess identity)을 획득하도록 자기의 세계와 자신을 통제할 수 있도록 원조한다.

글래서는 초기 전통적인 정신분석적 치료가 일반적으로 잘못된 가정에 근거하고 있다고 확신하고 이 치료법을 개발하였다.

글래서는 계속적으로 환자와의 임상적 경험에서 도출한 '책임성' 을 점차 체계화시켜 나갔다. 1976년에는 파워스(W. Powers)가 저술한 『행동: 지각의 통제』에서 명상과정 중에 두뇌가 지각을 극도로 강화시키며 정신적 기쁨을 경험하는 현상을 기초로 하여 『긍정적 중독(Positive Addiction)』을 저술하게 되었으며, 1981년에는 뇌가 통제체제로서 작용한다는 이론과 현실요법의 임상적 실제가 관련된 『마음의 근거지(Station of the Mind)』와 『통제이론(Control Theory)』을 출간하여 현실요법의 개념을 명백히 하였다.

현실치료와 통제이론은 사회, 학교, 산업현장, 병원, 심리상담소, 기업체 등에서 점점 그 효과성에 대한 지지가 높아져 가고 있는 추세다.

2) 이론적 배경

글래서는 인간이 성공적인 정체감을 개발할 수 있고, 환경이나 기타 또는 어떤 힘을 스스로 결정한다고 주장한다.

현실치료모델은 인간의 내적인 욕구가 실현될 수 있도록 자신을 통제할 수 있다는 통제이론이 중심을 이루고 있다.

통제이론은 인간의 기본적 욕구(basic need), 지각체계(perceptual system), 행동체계(behavior system)에 기초를 두고 있다. 또한 현실치료 모델에서는 정체감(identity)를 중요하게 여긴다. 자신이 성공적이라고 생각하는 성공적 정체감(success identity)과 자신이 패배적이라고 생각하는 패배적 정체감(failure identity)이 있다. 이와 같은 성공적 또는 패배적이라는 용어는 자신의 자아상(self-image)의 견지에서 표현하는 것이다. 이러한 자아상은 다른 사람이 그에게 가진 상과 같을 수도, 다를 수도 있다. 정체감은 부모를 비롯한 다른 사람과의 관계에서 발달한다.

글래서는 일반적으로 인간에 대해 긍정적이며, 결정론적인 입장을 반대한다. 현실치료모델은 자신의 행동과 정서에 대해 자신이 책임을 지는 반결정론적 입장을 지지한다.

인간은 자신의 건강을 증진시키고 자신을 성장시키려는 힘(growth power)을 가지고 있다. 이러한 힘이 있기 때문에 인간의 행동 변화도 가능하다.

또한 인간은 자기결정(self-determining)이 가능한 존재다. 이는 인간이 성장하려는 힘을 가졌다는 데 근거한 것으로 인간은 유전이나 환경 또는 과거에 의해서 결정되기보다는 자기 스스로에 의해 결정되는 면이 더 크다는 것이다.

인간은 자신이나 환경을 통제할 수 있는 존재다. 인간이 자기를 결정할 수 있는 것은 자기 자신과 자신의 환경을 어느 정도 통제할 수 있기 때문이다.

인간은 자신의 행동을 포함한 자신에 대하여 책임질 수 있는 존재다. 이는 자신의 행동(doing), 느낌(feeling), 생각(thinking), 환경적 여건에 대해서도 책임질 수 있도록 스스로 통제해 나갈 수 있다는 것을 의미하기도 한다.

인간은 성공적인 정체감을 발전시킬 수 있는 존재다. 성공적인 정체감을 통해 인간은 만족스럽고 즐거우며 의미 있는 인간관계를 가지고 싶어 한다.

인간은 기본적 욕구를 충족시키려는 존재다. 이러한 욕구에는 소속(belonging), 능력(power), 자유(freedom), 재미(fun), 생존(physical survival)이 있다.

3) 주요 개념

(1) 기본적 욕구

인간은 뇌 속에서 일어나고 있는 기본적인 욕구나 유전적 지시에 의해 내부적으로 동기화된다. 그러나 현실치료모델에서는 기본적 욕구에 더 관심이 많다.

인간의 뇌는 신전뇌(new brain)와 구전뇌(old brain)로 구성되어 있다. 신전뇌에서는 기본적 욕구 중 심리적 욕구인 소속, 능력, 자유, 재미의 욕구가 일어나며 구전뇌에서는 생리적 욕구인 생존의 욕구가 일어난다.

글래서는 소속과 사랑에 대한 욕구를 사회, 일, 가족에 소속하고 싶은 욕구로 분류하였다. 사랑하고, 협력하는 욕구로는 서로 신뢰하고 관심을 가지는 것과 관련된다. 능력은 주위 사람들과 경쟁하고, 성취하고자 할 때 나타난다. 자유는 자신의 의도대로 움직이고 선택하려는 욕구로, 독립성, 자율성과 밀접하다. 이러한 자유는 타인을 간섭하거나 방해, 혹은 타인의 권리를 침해함이 없이 행할 수 있어야 한다. 재미는 학습과 놀이의 욕구로 감정과 웃음이 있는 것을 말한다. 생존은 재생의 욕구로 우리의 개체를 보존하려는 것을 의미한다(Glasser, 1975: 9–10).

앞의 인간의 기본적 욕구의 특징은 다음과 같다.

첫째, 일반적이고 보편적이다.

둘째, 개인 내의 욕구들 사이에서나 개인과 개인 간의 욕구충족 사이에서 갈등이 일어날 수 있다.

셋째, 개인 내의 욕구들뿐만 아니라 개인과 개인 간의 욕구에 대해 균형을 유지하려 한다.

넷째, 개인의 욕구는 순간적으로 충족되었다가 다시 불충분한 상태로 가기 때문에 계속 충족된 상태를 유지하기는 어렵다.

다섯째, 충족의 상태가 지속될 수 없기 때문에 이것이 동기의 근원이 된다.

심리적 욕구와 관련된 신전뇌와 생리적 욕구와 관련된 구전뇌는 계속적으로 긴밀하게 연락을 취한다. 신전뇌에서는 심리적 욕구뿐만 아니라 모든 의식적이고 자발적인 욕구충족행동(need-satisfying behavior)도 일어난다. 이에 비해 구전뇌의 활동은 자동적으로 이루어지기 때문에 우리는 그 활동을 잘 의식하지 못한다. 심리적 욕구의 충족과 관련된 신전뇌의 어떤 활동은 생존을 유지하기 위한 구전뇌의 기능에 직접적인 위협을 줄 수 있다.

우리의 기본적인 욕구는 각각 많은 원함(want)을 충족시킴으로써 가능하다. 원함이 충족되면, 그와 관련된 좌절이 일어나지 않는다. 그러나 원함이 충족되지 않으면 좌절이 일어나고 우리는 동기화된다. 이렇게 볼 때 모든 행동은 욕구, 원함, 좌절에 의해서 내면적으로 동기화된다고 볼 수 있다.

(2) 지각체계

우리의 욕구나 원함의 충족은 결국 현실세계(real world)를 통해서만 가능하다. 우리는 현실세계를 이해하기 위해 눈, 코 등의 감각체계(sensory system)를 통해 현실세계와 접촉한다. 그렇다고 현실세계의 모든 것이 바로 내부세계와 관계를 갖는다는 의미는 아니다. 현실세계와 내부세계가 관계를 갖는 것은 감각체계를 통해 들어온 현실세계가 지각체계를 통과하여 내부세계에 연결됨으로써 어떤 관계를 가능하게 한다. 감각기관이 감지하는 모든 것은 감각과정 자체에 의해 영향을 받는다. 이러한 과정 중 우리가 원하는 것을 충족시키는 데 전혀 도움이 되지 않는 것은 우리에게 아무런 의미가 없는 것이 많다. 즉, 우리가 원하는 것과 비교되고 여기서 무의미한 것으로 여겨지면 더 이상 내부세계로 보내지 않는다. 이중 의미가 있는 것으로 보이는 것은 우리의 지각체계 중의 하나인 총괄지식 여과기(total knowledge filter)를 통과한다. 우리가 감지하는 것이 이 여과기를 통과할 때 현실세계는 감각에서 지각으로 바뀌게 되어 우리는 그것에 대한 어떤 지식을 수용하게 되거나 그것이 무엇이든, 그것을 가치 있다고 믿는다.

총괄지식 여과기를 통과한 지각은 가치화 여과기(valuing filter)를 통과하게 된다. 가치화 여과기는 기본적 욕구에서 이미 다루어진 내부세계(internal world)와 밀접하게 관련된다. 가치화 여과기는 우리가 아는 모든 것을 비교하거나 우리가 원하는 모든 것을 찾아내려고 한다. 이러한 과정에서 우리의 지각은 원하는 것을 얻는 데 도움이 되면 즐거운 느낌과 긍정적 가치로, 원하는 것을 얻는 데 방해가 되면 고통스러운 느낌과 부정적 가치로, 긍정적이거나 부정적이지도 않으면 중성적 느낌과 가치를 가지게 된다. 중성적 느낌과 가치는 실질적으로 우리의 관심에서 멀어진다. 그러나 실제에 있어 지각된 세계는 그 당시 우리가 사용할 수 있는 모든 지식이나 기억할 수 있는 모든 것을 나타낸다. 우리는 지각된 세계에 의해서만 현실세계와 접촉할 수 있기 때문에 우리가 말하는 현실세계란 실제로는 지각된 세계다.

(3) 행동체계

우리는 자신이 원하는 것과 더욱 유사한 욕구충족 사진을 얻기 위해 현실세계에 대한 행동을 시도한다. 이 행동은 기본적 욕구가 만족되지 못하고 있고 우리의 삶이 효과적으로 통제되지 못하고 있다는 신호라고 볼 수 있는 순수고통(pure pain)이나 불편함(discomfort)이 일어날 때와 효과적으로 통제가 되고 좋은 느낌을 일으키는 순수 즐거움이 일어날 때로 나누어 생각할 수 있다.

행동체계는 비교 장소에서 균형이 깨어질 때마다 순수고통과 더불어 좌절신호(frustration signal)가 나온다. 이 신호는 모든 행동을 일으키는 신호이기도 하다. 이 신호는 비교 장소로부터 행동체계(behavioral system)로 보내진다. 그런데 이 신호는 단지 행동을 위한 충동으로 우리에게 지각될 뿐 고통으로 지각되지는 않는다. 저울의 불균형이 심할수록 강한 신호가 나오고 신호가 강할수록 행동을 위한 충동도 강해진다.

우리의 삶이 통제되지 않을 때, 좌절되었을 때, 욕구의 만족이 불가능할 때 우리는 행동체계를 작동시키는 좌절신호를 내보낸다. 우리가 지금까지 배웠던 모든 행동은 이 행동체계 안에 저장되어 있다. 그것이 활동을 개시할 때, 저장된 모든 행동의 목적은 우리가 원하는 것을 얻을 수 있도록 하기 위해 현실세계에 영향을 미치고 현실세계를 통제하려는 것이다.

통제이론에 따르면 우리의 행동결과에 대한 지각은 피드백(feedback)이다. 어떤 행동을 통해 우리가 원하는 것을 얻으려 했는데 피드백을 받아보니 아직 원하는 바를 얻지 못했다고 지각되면 피드백은 우리의 행동을 변화시킬 수 있는 타당한 정보가 된다.

좌절신호가 발생되면 우리는 먼저 조직화된 행동(organized behavior)을 한다. 이 행동은 행동체계에 저장되어 있고 현실적으로 이용이 가능한, 우리가 알고 있는 모든 행동, 생각, 느낌이다. 이들은 언제든지 통제에 도움을 주고 한번 창조된 이후에는 계속 사용되는 행동이다. 또한 이 신호가 발생되었는데도 즉각적으로 이용할 수 있는 조직화된 행동이 없으면 우리는 새로운 행동을 만들어 낸다. 우리의 행동체계는 계속적으로 완전히 새로운 행동을 창조하는 조직화(organizing)하거나 조직화된 행동을 재조직화(reorganizing)하고자 한다. 조직화나 재조직화한 행동 중 일단 한 번만 사용하게 되면 그 행동은 조직화된 행동이 된다. 조직화나 재조직화의 과정은 계속된다. 우리가 그것을 사용하는 데 관계없이 우리의 창의성은 계속 중단되지 않는다.

조직화된 행동을 포함하여 우리가 욕구를 만족시키기 위해 하는 행동은 모두 전체행동(total behavior)이다. 왜냐하면 모든 행동은 현재의 행동(acting), 생각(thinking), 느낌(feeling), 신체활동(physiology)의 4가지 요소로 구성되어 긴밀하게 관련되고 있다. 그러나 우리가 느끼는 어떤 고통이나 즐거움도 우리가 선택한 전체행동의 한 부분이다. 만약 우리가 나쁜 느낌이 들고 더 좋은 느낌을 갖고 싶다면 우리는 더욱 효과적이고 욕구를 만족시키는 전체행동을 선택해야만 한다.

(4) 책임

현실치료이론의 기본이 되는 것은 개인적 책임이다. 즉, 개인적 책임을 지지 않는 데서 개인에게 문제가 생긴다고 보고 있다. 글래서는 책임이란 다른 사람들이 그들 자신의 욕구를 충족시키는 능력을 빼앗지 않고 자신의 욕구를 충족시키는 능력이라고 정의하였다. 그러므로 사람들이 그들 자신의 행동에 대해 책임과 욕구를 충족시킬 책임이 있으며, 과거의 조건이나 현재의 여러 여건, 그리고 타인의 행동도 자신의 무책임한 행동에 대한 구실로 사용될 수 없다고 보고 있다. 그는 개인이 자신의 삶에 대한 책임을 받아들이고 그러한 책임에 따른 행동을 시작하기 전까지는 변화가 불가능하다고 주장한다.

현실치료에서는 정신건강과 책임을 동일시한다. 즉, 책임을 잘 질수록 더 건강하고, 책임을 지지 않을수록 건강하지 않다는 것이다. 글래서는 각자의 책임이나 책임의 부족함을 정확하게 설명하기 위해서는 정신병과 정신병 분류체계를 버려야 한다고 주장한다. 사람들이 스스로 자신을 병든 것으로 받아들이는 한, 그들은 그들의 무책임에 대해 이미 마련된 이유를 가지게 되는 것이다.

글래서는 불행과 개인적 고통은 무책임의 결과이지 무책임이 원인이 되는 것은 아니며 책임 있는 행동만이 정신 건강을 가져온다고 주장하고 있다(Glasser, 1975: 16-17).

(5) 현실

현실치료모델은 현실(reality)을 강조한다. 이 이론에서의 책임을 다른 말로 표현한다면 현실을 직면하는 것이다. 현실과의 직면이란 현실세계의 모든 여건을 받아들여야 한다는 점과 현실세계에 대한 통제를 통해 자신의 욕구를 충족시켜야 한다는 것이다.

우리는 과거를 바꿀 수 없다. 우리가 과거를 이해하려는 것은 우리의 관심을 현실로 돌리기 위한 것이다. 즉, 현실을 위해 과거에 대한 이해가 필요하다. 사람들이 자신을 변화시키기 위해서는 과거를 이해해야 한다고 생각하게 되며, 과거에 경험한 어떤 일들이 무책임한 그들의 현재 행동에 대한 하나의 구실을 제공하는 것이 되어 버린다. 결국 현실치료모델에서는 클라이언트가 그들의 현실과 직면해야 한다고 본다.

무책임이 정신병이라고 볼 수 있는 것은, 어떤 사람의 정신병이란 결국 나의 현실을 거부한다는 것으로 볼 수 있기 때문이다. 현실을 거부하려는 것은 자신의 삶에 대한 책임을 지지 않으려고 회피하는 것이다. 현실치료란, 결국 클라이언트가 더욱 책임 있는 행동을 할 수 있도록 원조하여 자신의 문제를 해결하여 현실을 직면하도록 하는 것이다.

4) 현실치료모델

(1) 현실치료 목적과 개입 원칙

현실치료의 궁극적 목적은 클라이언트가 추구하는 신인간관을 점검하고 독립된 인격체로 자립할 수 있게 원조하는 것이다. 즉, 책임감과 자율성을 성취하도록 원조하는 것이다.

현실치료의 핵심은 클라이언트 자신이 원하는 것이 현실적으로 실현 가능한지, 그것이 그들의 행동에 도움이 되는지를 스스로 평가하여 변화계획을 설정하는 것을 사회복지사가 원조하는 것이다. 클라이언트가 자신이 선택한 행동에 대한 책임능력을 인식하고 수용하도록 함으로써 성공정체감을 창조하도록 사회복지사는 클라이언트를 가르쳐야 한다. 이러한 역할을 위하여 다음과 같은 개입 원칙을 수행해야 한다(Glasser, 1986: 125-126).

첫째, 보호와 존경에 입각한 좋은 관계를 형성해야 한다.

둘째, 책임감 있는 행동을 해야 한다. 성공정체감에 기초한 생활모델을 제공해야 한다.

셋째, 성공으로 갈 수 있는 개인의 힘과 잠재력에 초점을 둔다.

넷째, 클라이언트의 현재의 행동을 적극적으로 토론하게 하여 책임감이 없거나 비효율적인 행동에 대한 변명은 금지시킨다.

다섯째, 실제로 달성할 수 있는 원함을 평가하는 과정을 가져야 한다.

여섯째, 클라이언트가 자신의 행동을 변화시키기 위한 계획을 세우고 수행하도록 가르쳐야 한다.

일곱째, 치료세션에 대한 한계나 구조를 세워야 한다.

여덟째, 클라이언트가 용기를 잃더라도 쉽게 포기하지 않으며, 자신의 만족을 채울 수 있는 방법을 찾도록 원조한다.

(2) 개입과정

현실치료이론은 치료환경 가꾸기와 클라이언트를 행동변화로 인도하는 과정으로 구성되어 있다.

① 치료환경 가꾸기

현실치료에서의 치료환경 가꾸기란 사회복지사와 클라이언트가 서로 신뢰하고 사회복지사가 클라이언트에게 긍정적 관심을 기울일 때 치료효과가 높아진다. 이것을 위해 13가지 지키기를 제안한다(김인자 역, 1994: 45-103).

- 주의를 기울이는 행동하기(use attending behaviors): 눈맞춤, 클라이언트를 빤히 쳐다보지 않고 자연스럽게 바라보기, 진지한 관심을 드러내 보이기 등과 같은 얼굴표정, 열린 마음으로 상대방을 받아들이려는 태도로 앉아 있기 등의 수용적 자세, 경청하는 태도로 클라이언트의 코멘트를 뒤따르고, 반영하기와 같은 비언어적 행동, 목소리의 억양과 같은 클라이언트의 표현 방식에 대해 주의 기울이기와 같은 비언어적 행동, 클라이언트의 의견을 다른 말로 표현하기와 같은 바꾸어 말하기 등은 사회복지사와 클라이언트 간의 관계를 증진시키는 데 도움을 준다.
- AB법칙을 실시하기: 이 법칙은 현실치료에서 클라이언트와의 지속적인 우호관계를 형성해 나아가는 데 도움이 되는 지침이다.

  - 항상 침착하고 예의 바를 것(Always Be Calm & Courteous).
  - 항상 신념을 가질 것(Always Be Determined).

– 항상 열성적일 것(Always Be Enthusiastic).
– 항상 확고할 것(Always Be Firm).
– 항상 진실할 것(Always Be Genuine).

- **판단을 보류하기**(Suspend Judgement): 사회복지사는 판단하거나 비난하지 않고 일차 수준의 지각을 통하여 클라이언트의 행동을 이해하여야 한다는 것이다.
- **예상하지 않은 행동을 하기**(Do the unexpected): 클라이언트가 그의 또 다른 내적 바람을 보게 하여 잠시나마 고통을 제처두도록 도와준다.
- **가능한 한 건전한 유머를 사용하기**(Use Humor): 웃음은 인간의 고통을 치유하는 최상의 묘약임을 믿기 때문에 현실치료에서는 적극적으로 권장한다.
- **자기답게 상담하기**(Be Yourself): 사회복지사가 진취적이면 진취적으로, 부드럽고 조용하면 조용하게, 가장 자기답게 상담하라.
- **자기 자신을 개방하기**(Share Yourself): 사회복지사의 진지하고도 개방적인 태도는 클라이언트가 자기의 질적 세계로 사회복지사를 들어오게 할 수 있을 뿐 아니라 사회복지사에 대한 클라이언트의 신뢰를 증진시킬 수 있다. 때로는 클라이언트의 자기개방을 촉진시킬 수 있으나 지나친 개방은 삼가도록 한다.
- **은유적 표현에 귀 기울이기**(Listen for Metaphors): 클라이언트가 이미 알고 있는 것을 더 많이 이해하도록 하고, 분명하게 알려지지 않았던 것에 대해 통찰력이 생기게 되며 심미적이고 정서적인 강도를 표현할 수 있게 하기 위한 것이다. 클라이언트의 표면적인 표현 이면에 그의 진심이 무엇인지 살펴야 한다.
- **주제에 귀 기울이기**(Listen for Themes): 사회복지사는 클라이언트의 주제를 경청한 후 그 이야기를 확인하고 다시 반영시켜 준다.
- **요약하기와 초점 맞추기**(Use Summarize and Focus): 사회복지사는 클라이언트가 하는 이야기들을 요약하여 진실로 원하는 것에 초점을 맞출

수 있도록 도와준다.

- 결과를 허용하거나 떠맡기기(Allow or Impose Consequences): 클라이언트의 바람직하지 않은 행동에 대해 책임을 지게 하는 기술이다.
- 침묵을 허용하기(Allow Silence): 클라이언트가 침묵하는 동안 자신의 생각을 모으고 자신의 내면의 심리적 사진과 지각을 명료하게 하고 문제해결을 위한 계획을 세울 수 있도록 도와주고 클라이언트에게 책임을 지게 하는 것이다.
- 윤리적으로 행동하기(Be Ethical): 사회복지사의 태도는 클라이언트와의 관계 형성을 위해 반드시 필요하다. 예를 들어 클라이언트가 자살 충동이나 누구를 죽이려 하는 행동을 원하는 등 클라이언트 자신이나 타인의 안녕을 침해하는 것이 명백한 경우, 사회복지사는 합법적이고 적절한 행동을 취하거나 보호관찰기관이나 클라이언트의 위반 활동을 감독할 권한이 있는 기관에 알려야 할 의무가 있다. 또한 상담사례 이외의 호의적인 행동을 허락하거나 사회복지사와 클라이언트 관계 이상의 친밀관계나 소비자 관계 등과 같은 상황으로 발전시키는 것은 삼가야 한다.

② 행동변화를 위한 개입과정

가. 욕구, 바람, 지각 탐색하기

사회복지사와 클라이언트가 함께 클라이언트의 바람, 욕구, 지각을 탐색하여 클라이언트가 그것을 사회복지사와 나누기 위해 진지하게 치료에 임할 수 있도록 클라이언트로부터 약속을 받아내는 단계다.

사회복지사가 클라이언트에게 무엇을 원하는지, 진정으로 원하는 것이 무엇인지, 사람들이 클라이언트에게 원하는 것이 무엇이라고 생각하는지, 클라이언트는 어떤 시각으로 사물과 환경을 바라보는지, 클라이언트는 사회복지사에게 무엇을 바라는지, 문제를 해결하기 위해 기꺼이 노력하겠는지 등의 질문을 통해 클라이언트로부터 약속을 받아낸다.

나. 전체행동 탐색하기

이 단계에서는 전체행동을 탐색하여 평가하는 과정이다. 전체행동은 활동하기, 생각하기, 느끼기, 생리 기능의 네 가지 요소로 구성되어 있으며, 이 네 요소 중 단 한 가지 요소도 배재한 행동은 없다는 것을 다시 클라이언트에게 상기시킨다. 언제나 전체행동으로만 인간행동은 행해진다.

전체행동 탐색하기는 사회복지사가 치료과정 초기에 클라이언트에게 치료의 전반적인 방향, 즉 클라이언트가 어디로 가고 있는가를 탐색하도록 도와주는 절차다.

다. 행동과 계획에 대한 자기 평가하기

개인의 행동과 욕구와의 관계를 점검해 보는 것이 평가다. 클라이언트의 행동 변화를 위해서 그들 스스로 자기평가를 하게 하는 단계다. 사회복지사의 능숙한 질문을 통해 클라이언트가 자신의 행동과 자신의 수행능력을 평가한다.

라. 계획하기

이 단계는 계획과 실행과정으로서 긍정적인 행동 계획과, 그 계획에 대한 약속과정에 대한 마무리 제언으로 이루어진다. 대부분의 클라이언트들은 예전에 계획하기에서 실패한 경험이 있기 때문에, 새로운 계획을 세우고 실행하는 데 커다란 두려움을 느끼고 있을 수도 있다. 사회복지사는 클라이언트의 가능성을 신뢰하며 용기를 북돋워 주고 간접적으로 희망을 불어넣을 수 있다. 활동에 대한 긍정적인 계획을 세우는 과정으로 마지막 단계에 속하는 계획하기에서, 사회복지사는 여러 가지 사항을 염두에 두고 클라이언트의 진정한 바람과 욕구를 충족시킬 수 있는 계획을 수립하도록 도와주어야 한다.

마. 계획에 대해 약속하기

계획하기 단계의 연장으로서의 이 절차는, 사회복지사가 '당신은 정말이 계획을 실천하시겠습니까?' '지금 당신이 계획해서 하려는 일을 다시 말씀해 주시겠습니까?' '하겠다고 한 대로 여기 용지에 사인해 주시겠습니까?' 등의 질문을 함으로써 클라이언트 자신이 계획을 실행하겠다고 약속했음을 재확인하는 단계다. 또한 '당신 마음이 변하거나 계획대로 하지 않게 되면 어떤 결과가 나타나게 되는지 알고 있습니까?'라는 질문을 함으로써 클라이언트가 자신의 행동선택에 대한 책임을 확실하게 재확인 할 수 있게 한다.

5) 클라이언트의 회복단계에 따르는 현실치료과정

클라이언트가 알코올이나 약물중독 상태에서 탈피하면서 또는 이외의 여러 가지 부정적인 특정 활동을 의도적으로 수정하려 할 때 발전적인 회복단계(Progressive stage of Recovery)를 경험하게 된다. 미국의 상담전문가 테리 고스키(Terry Gorski)는 여섯 가지 회복단계를 제시했고 우볼딩(Robert E, Wubbolding)은 여기에 현실치료과정을 접목시켰다.

그 단계는 과도기적 단계(Transition Stage), 고정화단계(Stabiliation Stage), 회복초기단계(Early Recovery Stage), 회복중기단계(Middle Recovery Stage), 회복후기단계(Late Recovery Stage), 회복유지단계(Maintenance Stage)다.

(1) 과도기적 단계 또는 발전적 회복단계

클라이언트는 무엇인가 현재 겪고 있는 갈등이나 어려움을 호소하게 된다. 클라이언트는 최선의 선택을 위한 정보가 불충분하고 행동에 대한 자기평가능력(value judgement)이 없는 상태이므로 행동선택에 대한 범위가 빈곤하다. 따라서 사회복지사는 지시적(directive)으로 상담에 개입하여 행동평가를 하고 강력하게 제안함으로써, 클라이언트가 그런 활동평가에 귀 기울이게 하는 것이 무엇보다 중요한 관건이 된다고 하겠다. 즉, 클라이언트의 동기가 유발되고 상담에 적극적으로 책임감을 갖고 임하도록 강력하게 개입해야 하는 것이다.

(2) 고정화단계

이 단계에서 클라이언트는 삶의 대열에서 자신만이 낙오되었다는 위기감과 다시 낙오될까 하는 불안을 느끼고 있으므로, 사회복지사는 클라이언트가 다양한 위기를 잘 대처해 나갈 수 있도록 도움을 주어야 한다. 자기 계획하기에서는 장기계획은 클라이언트에게 불안을 더 조장시킬 수 있으므로 전체행동 중 활동 요소에 초점을 맞추어서 24시간의 계획을 통해 아주 쉬운 활동을 실천함으로써 힘과 자신감을 경험하게 하여야 한다.

이 단계는 짧게는 6개월에서 길게는 1~2년까지 걸릴 수 있으므로, 인내심을 가지고 진행시켜야 할 것이라고 우볼딩은 충고한다.

사회복지사는 클라이언트의 장점을 격려하면서, 지금 계속하고 있는 행동이 원하는 것을 얻는 데 도움이 되는지 해가 되는지를 질문하면 된다. 이것은 클라이언트가 가고자 하는 삶의 방향이 얼마나 합리적인지 클라이언트 스스로 평가하게 하는 좋은 질문이 된다.

(3) 회복초기단계

이 단계에서의 클라이언트는 자기의 문제상황에 대처하는 방법을 배우는 단계이며, 힘에 대한 욕구충족을 좀 더 하고 싶어한다. 신체적인 건강상태도 긍정적으로 변화하기 시작되므로 전체행동의 활동, 사고, 감정, 생리기능의 균형유지가 되기 시작한다. 그래서 이때에 현실치료와 통제이론을 가르쳐도 된다. 클라이언트의 생각 요소의 합리적인 활동이 눈에 띄게 되어, 클라이언트는 스스로 자기계획에 대한 제안을 자주하기 시작한다. 클라이언트는 자기계획을 평가하면서 효과적인 행동을 배운다. 실패 가능성, 성공 가능성을 평가하면서 자기 행동선택에 따르는 필연적 결과에 대한 이해도가 높아진다. 사회복지사는 지시적인 강도를 줄이면서 계속 자기 평가하기를 돕는다.

(4) 회복중기단계

클라이언트는 균형 있는 삶의 형태를 구축해 나가기 시작하는 것을 스스로 인식할 수 있게 된다. 편하게 느끼기 시작한다. 상담횟수가 줄어들고 도의적인 삶에 대한 책임이 증가된다. 믿음과 재확인으로 자기평가를 하면서 참 성장의 길이 어떤 것인지 알게 된다. 사회복지사는 지속적인 인정과 지지로써 클라이언트의 소속 욕구, 힘, 자유 그리고 즐거움에 대한 욕구충족을 계속 경험하게 도와준다. 지시적인 강도는 거의 낮은 상태다.

(5) 회복후기단계

클라이언트는 자기중심적인 태도에서 남에게 도움을 주고, 무엇인가 공헌하고 나누고 싶어하면서 성격이 확실히 변하게 된다. 특별히 사랑하는 이들과 친밀한 관계를 유지하려고 하고, 효과적인 방법으로 자기 욕구충족을 하면서 남의 욕구충족을 방해하지 않는 책임지는 인간으로 성숙한 모습을 보인다. 특히 소속욕구로 인한 만족으로, 더욱 자신 있고 독자적인 계획과 자기 평가능력이 증대된다.

(6) 회복유지단계

클라이언트는 홀로 회복상태를 유지하면서, 현실치료에서 말하는 '긍정적인 증후(positive symptom)'를 보이며 생산적인 삶을 산다. '나는 할 수 있고 하겠다.'라는 태도 변화로 남에게 도움을 주는 적극적인 삶의 주인이 된다. 문제를 피하는 것, 무엇인가 하지 않겠다는 소극적인 태도에서 무엇을 하겠다는 적극적인 태도를 보이면서, 주위 사람들에게 유익한 도움을 주는 질적인 삶(quality life)의 주인이 되는 것이며 더 이상 도움이 필요 없게 된다. 사회복지사와 클라이언트는 전문적인 치료관계에서 따뜻한 삶의 벗이 되는 관계로 발전한다.

6. 인지행동모델

1) 등장 배경

사회복지실천 역사에서 주요한 쟁점은 클라이언트와 그들의 다양한 문제에 모두 적용될 수 있는 통합이론과 클라이언트와 상황 간의 상호작용에 대한 포괄적인 이해의 추구다. 그러나 통합적 이론과 지식은 결여되어 있었으므로 사회복지실천가들은 단편적 이론에 의존하기도 하고 이론을 배제한 상태에서 기술적 절충주의(technical eclecticism)도 시도하게 되었다.

사회사업의 이러한 쟁점을 포괄하고 기존의 무이론적 경향을 비판하는 새로운 대안의 관점의 하나가 바로 인지행동적 관점이라고 할 수 있다.

인지행동모델이란 하나의 실천모델이 아니라 여러 모델을 총칭하는 용어다. 1960년대에 여러 가지 인지행동모델들이 등장하였으며, 어떤 학자는 정신분석 배경을 가지기도 하고, 다른 학자들은 행동주의 배경을 가지기도 하였다.

1962년에는 엘리스(Ellis)의 합리정서치료(Rational-Emotive Therapy) 이론이 등장하였고, 다음 해인 1963년에는 벡(Beck)의 인지치료(Cognitive Therapy)가 소개되었다.

1971년에는 마이켄바움(Meichenbaum)의 자기지시훈련(Self-Instruction Training), 수인(Suinn)과 리차드슨(Richardson)의 불안관리훈련(Anxiety-Management Training), 즈릴라(D'Zurilla)와 골드프라이드(Goldfried)의 문제해결치료(Problem-Solving Therapy) 그리고 스파이백(Spivack)과 셔(Shure)의 문제해결치료(Problem-Solving Therapy)가 출현하였다. 1973년에는 마이켄바움의 스트레스 면역훈련(Stress Inoculation Training)이 소개되었고, 1974년에는 골드프라이드(Goldfied)의 체계적·합리적 재구조화(Systematic Rational Restructuring)와 마호니(Mahoney)의 개인과학(Personal Science)이

등장하였다. 1975년에는 몰츠비(Maultsby)의 합리적 행동치료(Rational Behavior Therapy), 1977년에는 렘(Rehm)의 자기통제치료(Self-control Therapy), 그리고 1983년에는 구이다노(Guidano)와 리오티(Liotti)의 구조적 심리치료(Structural Psycho Therapy)가 소개되었다(Dobson & Block, 1988: 12, 재인용).

인지행동모델은 이와 같이 다양하지만 기본적인 가정은 공유한다. 즉, 인지활동은 행동에 영향을 미치며, 점검(monitor)되고, 변경될 수도 있다. 또한 바람직한 행동변화는 인지변화를 통해서 영향을 받는다. 대부분의 인지행동주의모델은 문제에 초점을 둔 시간제한적 접근으로서 클라이언트가 자신의 사고와 행동을 통제하기 위한 대처기제를 학습하는 교육적 접근을 강조한다. 또한 인지변화는 감정의 변화로 연결되지만 반드시 행동변화를 수반하는 것은 아니므로 인지변화를 행동변화로 연결하기 위해서는 행동주의 기술과 기법들을 적극 활용하게 된다.

2) 이론적 배경

정신분석훈련이 클라이언트들을 치료하는 데 부적절하다는 것을 깨닫고 합리적 정서치료가 발달하게 되었다. 이 치료는 클라이언트에게 생활철학이나 행동양식을 재구성할 도구를 제공하며, 이 분야에서 엘리스는 인지행동치료의 아버지로 인정받고 있다.

그러나 엘리스 이전에도 인지, 정서, 행동의 상호관계는 몇몇 고대 동서양 철학자들이 말한 바 있다고 엘리스는 설명한다. 그는 고대 그리스 철학자인 스토아학파의 에픽테투스(Epictetus)의 영향을 받았다고 하였다. 에픽테투스는 A.D 1세기에 인간은 객관적 사실 때문에 혼란스럽게 되는 것이 아니라 그 사실에 대한 자신의 관점 때문에 혼란스럽게 된다고 하였다(박경석, 1987: 26). 또한 애들러(Alfred Adler)도 우리의 정서적 반응과 생활양식은 우리의 기본적 신념과 연관이 있음으로 인지적으로 만들어졌다고 믿고 있었다. 또한 심리적으로 건강하기 위해서는 사회적 관심이 있어야 한다는 사실을 강조하였다.

합리적 정서치료는 우리의 정서가 주로 생활상황에 대한 신념, 평가, 해석, 반응에서 나온다고 하면서, 클라이언트들은 치료과정을 통해서 과거에 획득돼 있고 현재에도 자기교화에 의해 유지되고 있는 비합리적 신념들을 규명하고 논박하기 위한 방법을 만들기 위해 기술을 배우라고 하였다.

1950년대와 1960년대에는 합리적 정서치료와 행동치료가 절충되어 사용되었다. 인간은 선천적으로 상호 영향적으로 생각하고 느끼고 행동하기 때문에, 그들이 열심히 감정을 다스리지 않거나 지속적으로 새로운 행동을 연습하지 않으면 근본적인 인지적 변화를 할 수도 없고, 변화된 인지를 유지할 수도 없다고 합리적 정서치료는 이론화한다.

1960년대의 행동치료는 학습되고 수정될 수 있는 적절한 행동에 인지를 포함시킬 정도로 넓어지기 시작하였다.

행동치료자들은 개인문제의 인지적 차원에 대한 그들의 견해를 개발하고 인지를 수정할 기법도 개발하기 시작하였다. 따라서 인지적 접근의 기본 가정은 사람들의 생활에서의 사상이나 상황을 해석하므로 구체적 증상이나 심리적 문제를 만든다는 것이다. 인지행동치료는 인간이 자기진술에 대한 재조직화가 인간의 행동에 대해서도 상응하는 재조직화를 만들 것이라는 가정을 하게 된다. 마이켄바움(Donald Meichebaum, 1977)은 학습이론 체계 내에서 클라이언트의 인지는 직접 관찰될 수 있는 외현적 행동과 마찬가지로 자신이 수정할 수 있는 명백한 행동이라고 설명한다.

그리고 외현적 행동을 수정하기 위해서는 조작적 조건형성, 모델링, 행동시연과 같은 행동기법들이 내면적이고 주관적인 사고과정이나 내적 대화에 적용될 수 있다고 하였다.

대부분의 인지적 행동치료자들은 다양한 행동적 전략을 사용한다. 이와 같이 인지행동모델은 행동주의이론과 인지이론의 절충모델이라고 해야만 이해가 가능하게 된다.

3) 주요 개념

(1) 행동주의이론에서의 주요 개념

① 강화와 벌

강화에는 즐거운 결과를 의미하는 정적강화(positive reinforcement)와 혐오적인 결과를 제거하는 부적강화(negative reinforcement)가 있다. 이 두 가지 모두 행동의 빈도를 증가시킨다(Hjelle & Ziegler, 1981: 207-208).

벌(punishment)에도 강화와 마찬가지로 두 가지 종류가 있다. 혐오적 자극을 제시하여 그 행동이 줄어드는 결과가 되는 것은 긍정적 벌이며, 부정적 벌이란 어떤 유쾌한 것을 제거하여 그 결과 그 행동이 나타날 가능성을 줄이는 것이다. 일반적으로 부정적 벌에는 적색 신호등에서 정지하지 않는 사람에게 범칙금을 부과하여 교통위반 빈도를 줄이는 것이며, 긍정적 벌로는 다른 아이들은 운동장에서 신나게 놀고 있는데 교실에 남아 있게 하여 수업시간에 떠드는 행동을 멈추게 하는 것이다.

그러나 어떤 것이 강화이고 벌이 되는지는 행동의 증가나 감소가 일어나는지를 관찰해야만 가능하다. 예를 들면 어떤 아동은 쿠키를 사주면 강화되는 반면 어떤 아동은 강화되지 않는 사례가 있다.

다음 〈표 8-6〉은 강화와 벌의 관련성을 도표화한 것이다.

〈표 8-6〉 문제해결과정과 권한부여과정의 비교

자극의 종류	제시되면	철회하면
유쾌한 자극	정적강화	벌
혐오적 자극	벌	부적강화

② 소거

행동이 빈도를 줄이는 또 다른 방법으로 소거(extinction)가 있다. 소거란 어떤 자극이 있은 후에도 특정 행동이 일어나지 않은 것을 의미한다. 조작적 소거는 강화를 통하여 유지되는 행동과 함께 일어날 수 있다. 강화물이 중단되면 행동이 일시적으로는 강화될 수는 있으나 이어서 줄어들 것이며, 궁극적으로는 완전히 소멸된다.

③ 강화스케줄

행동증가를 목적으로 사용하는 강화물을 제시하는 빈도를 강화스케줄이라고 한다. 조작적 학습에 따라 행동이 유지되는 비율은 강화스케줄이 좌우한다. 연속적인 강화는 빨리 학습을 시키는 효과가 있어 프로그램의 초기단계에 적용하기 좋으나 이는 비교적 쉽게 소거되므로 간헐적 강화로 대치하여야 한다. 표적행동의 지속을 위한 강화스케줄은 강화의 간격과 비율에 따라 세분화되는데 연속적 강화에 해당하는 고정간격 스케줄, 고정비율 스케줄 그리고 간헐적 강화에 해당하는 가변간격 스케줄, 가변비율 스케줄의 4가지 종류로 나뉜다(Hjelle & Ziegler, 1981: 200).

연속적 강화란 행동이 일어날 때마다 강화물을 제시하는 것이며, 고정간격 강화는 정해진 시간 간격으로 강화하는 것이다. 간헐적 강화는 예측할 수 없는 시간 간격으로 강화하는 것이며, 고정비율 강화는 특정한 수의 반응이 일어날 때만 강화하는 것이다. 가변비율 강화는 평균적으로 정해진 어떤 수의 반응이 일어난 후 강화를 하는 것이다.

(2) 인지이론에서의 주요 개념

① 엘리스의 합리정서적 모델의 주요 개념

가. 기본 가정

첫째, 인간은 이성적인 동시에 비이성적이다. 합리적으로 생각하고 행동할 때, 그는 효율적이고 행복하며 또한 능력을 갖추게 된다.

둘째, 정서적 혹은 심리적 장애, 그리고 신경증적 행동은 비합리적이고 비논리적인 사고의 결과다.

셋째, 비합리적 사고는 생물학적 경향성을 띠고 있으며, 부모와 그 문화에서 특별하게 획득한 초기의 비논리적 학습에 기원한다.

넷째, 인간은 언어적 동물이며, 사고는 보통 기호나 언어의 사용을 통해 일어난다.

다섯째, 자기 언어화의 결과로서 계속되는 정서장애 상태는 외부환경이나 사건에 의해서가 아니라 내재화된 문장으로 구체화되는 사건들에 관한 지각과 태도에 의해 결정된다.

여섯째, 부정적이고 자기패배적인 사고와 정서는 비논리적이고 비합리적인 것보다는 논리적 · 이성적인 사고를 하도록 사고와 지각을 재구성하는 방법으로 해결해야 할 것이다.

일곱째, 실천가가 논박과 도전을 통해 부정적이고 자기패배적인 사고와 감정을 가진 클라이언트의 비합리적 지각과 사고를 논리적이고 합리적인 사고와 감정으로 변화하도록 도울 수 있다고 가정한다.

나. 비합리적 신념

엘리스(Albert Ellis)에 따르면, 실천가는 클라이언트의 왜곡되고 비논리적인 사고를 구체적이고 개별적으로 다루어 줄 뿐만 아니라 그 외에도 사람들이 일반적으로 지니고 있는 주요한 비합리적인 사고는 어떤 것인지, 그리고 이러한 관념을 대체할 좀 더 합리적인 생활철학은 어떤 것인지를 제시할 수 있어야 한다고 지적하고 있다. 이러한 합리적 생활철학을 통해 비합리적 사고를 증명하고, 합리적인 생각을 주입할 수 있다고 한다.

② 아론 벡 인지치료모델의 주요 개념

벡(Aron T. Beck)의 인지치료는 능동적이고 지시적이며 시간제한적인 접근이라는 면에서는 합리정서적 치료와 유사하다. 이 모델은 인간은 부정적 사고와 부적응적 신념을 인식하고 변화시킨다는 것을 강조하는 통찰치료다.

가. 기본 가정

첫째, 벡의 인지치료모델은 엘리스와 마찬가지로 한 개인이 자신과 세계에 대해 가지고 있는 지각은 자신의 심리적 · 사회적 문제나 행복에 있어 다른 무엇보다 중요한 역할을 한다고 가정한다.

둘째, 자신과 세계에 대한 개인의 정보처리과정에 나타나는 오류와 왜곡을 문제의 핵심으로 가정한다.

나. 주요 개념

벡은 인간의 사고과정을 자동적 사고, 스키마 그리고 이들의 왜곡에 의해 발생하는 추론과정에서의 체계적 오류 등의 세 가지로 구분한다.

- 자동적 사고: 자동적 사고(automatic thinking)란 한 개인이 어떤 상황에 대해 내리는 즉각적이고 자발적인 평가를 말한다. 즉, 정서적 반응을 이끌어 내는 특정 자극에 의해 유발되는 개인화된 관념을 의미한다.
- 스키마: 스키마(schema)란 기본적인 신념과 가정을 포함하여 사건에 대한 한 개인의 지각과 반응을 형성하는 인지구조로 대개 이전의 경험에 의해 형성된다.
- 추론과정에서의 체계적 오류: 벡은 임의적 추론, 선택적 추상화, 과도한 일반화와 같은 잘못된 정보과정이 우울증 환자의 대표적인 과정이라고 하였다.

4) 인지행동모델 실천

(1) 인지행동모델의 목적과 개입 원칙

① 인지행동모델의 목적

인지행동모델은 인지치료적 방법으로 교육을 통해 상황을 왜곡하여 해석하는 방식을 변화시키거나, 기능적인 차원에서 해석하는 방식을 배움으로써 정서의 변화를 꾀하는 동시에 관찰학습을 통해 새로운 기능적 행동 기술을 학습하고 실제 상황에 적용하도록 격려하면서 행동주의적 강화를 통해 행동의 변화를 유지시키는 것을 목적으로 한다.

② 인지행동모델의 개입 원칙

벡(Judith Beck)은 사회복지실천에서 인지접근방법에 10가지 유용한 치료원칙을 제시하였다(Turner, 1996: 102).

첫째, 인지치료는 인지용어로 클라이언트의 문제를 형성(formulation)하여, 이를 기초로 하여야 한다.

둘째, 인지치료는 건전한 치료적 관계를 필요로 한다.

셋째, 인지치료는 원조자와 상호협동에 기초하며 클라이언트의 적극적인 참여가 필수적이다.

넷째, 인지치료는 목표지향적이고 문제중심적인 치료다.

다섯째, 인지치료는 현재(present)를 강조한다.

여섯째, 인지행동모델은 교육적이고 클라이언트 자신이 스스로 치료자가 될 수 있도록 교육하는 것을 목표로 하며, 재발방지를 강조한다.

일곱째, 인지치료는 가능한 시간제한을 하여야 한다.

여덟째, 인지치료면접들은 구조화되어야 한다.

아홉째, 인지치료는 클라이언트에게 자신의 역기능적인 사고와 믿음을 효과적으로 밝혀내고, 평가하고 반응하도록 가르친다.

열째, 인지치료는 클라이언트의 사고, 기분, 행동을 변화시키기 위하여 다양한 기법을 사용한다.

(2) 개입과정

① 엘리스의 ABCDE 모형의 과정과 기법

이 모형에서 A(Activating Event)는 사건, 상황, 행동 또는 개인의 태도이며, C(Consequence)는 각 개인의 반응이나 정서적 결과다. 이 반응은 적절할 수도 있으며 부적절할 수도 있다. A(선행사건)가 C(정서적 결과)를 초래한다고 보는 것이 아니라 각 개인의 A에 대한 믿음인 B(Belief)가 C인 정서적 반응을 초래한다고 본다. 예컨대 P라는 사람이 이혼 후에 극심한 우울증을 경험한다고 하면, 이혼이라는 사건 자체가 P로 하여금 우울증을 경험하게 하는 원인이 아니라 배우자를 잃은 사실에 대한 P의 믿음이나 사고가 우울을 초래한다고 보는 것이다. 그리하여 인간은 자신의 정서반응이나 장애를 일으키는 비합리적인 생각을 어떻게 바꾸는지 그 방법을 클라이언트에게 제시하는 것이 이 모형의 핵심이다. 이 방법이 바로 D(Dispute)로 표현되는 논박이다. 특별히 D는 클라이언트가 자신의 비합리적인 생각을 고치는 데 적용될 수 있는 과학적 방법이다. 비현실적이고 검증할 수 없는 자기파괴적 가설들은 논리의 원리를 가르침으로써 포기하게 할 수 있다. 엘리스에 의하면 성공적인 면접은 비합리적 사고를 계속적으로 논박하여 어느 정도 재교육에 성공하느냐에 의해 좌우된다고 강조하고 있다. 일단 논박이 성공을 하면 효과(Effect)로서 클라이언트의 적절한 정서와 적응적 행동이 드러난다(Ellis, 1979: 111-116).

내용을 그림으로 표현하면 [그림 8-1]과 같다.

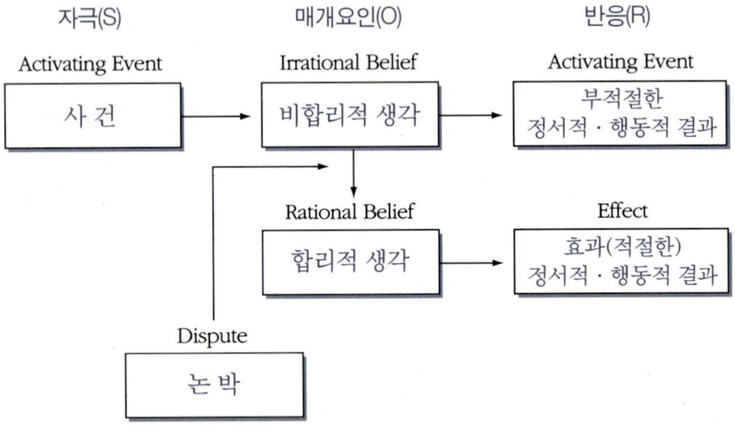

[그림 8-1] A-B-C-D-E 모형

가. 부적절한 정서적 · 행동적 결과 탐색(C)

이 단계는 심리적 문제와 심리 외적 문제를 구분한다.

심리적 문제는 정서적 · 행동적 결과이며 심리 외적인 문제는 환경적 문제, 신체적 문제, 의학적 문제 등 객관적인 현실의 문제다. 또한 이 단계에서는 적절한 정서와 부적절한 정서를 구분한다. 생활기능에 큰 악영향을 주지 않은 것은 적절한 정서이며, 강도가 지나쳐서 생활기능에 심각하게 악영향을 미치는 것은 부적절한 정서다. 적절한 정서는 건강한 정서이며 부적절한 정서는 건강하지 못한 정서다.

나. 개입목표를 설정한다.

결과적 목표는 건강한 정서와 행동의 획득이고 과정목표는 비합리적 신념을 합리적 신념으로 변화시키는 것이다.

다. 선행사건의 탐색과 명료화(A)

문제의 선행사건은 이미 일어난 것이고 변하지 않는다. 그러므로 클라이언트들은 강한 부정적 정서를 일으킨 사건에 대해 사회복지사와 함께 이야기하고 싶어한다. 개입의 초점은 클라이언트의 비합리적 생각에 있으므로 선행사건에 대해 지나치게 상세한 묘사는 불필요하고, 선행사건에 대한 클라이언트의 평가에 초점을 둔다. 이때에 사회복지사가 고려할 상황은 첫째는 객관적 사건, 즉 사람들에 의해 타당화될 수 있는 선행사건이다. 둘째는 주관적 사건으로 사건에 대한 클라이언트의 지각, 일어난 사건에 대한 클라이언트의 주관적 기술이다. 셋째는 주관적 평가로 클라이언트의 주관적 기술에 대한 클라이언트의 판단이 삽입된 평가다.

라. 정서적 · 행동적 결과와 사고 간의 관계교육(B-C)

클라이언트의 정서적 · 행동적 결과가 선행사건에 의한 것이 아니고 클라이언트의 신념에 기인한 것임을 분명히 교육한다. 또한 클라이언트에게 타인이나 과거가 그의 정서적 · 행동적 결과를 유도하는 것이 아니라는 것을 분명히 한다.

만약 클라이언트가 자신의 비합리적 신념에 의해서 문제가 발생하였다는 것을 확신하지 못한다면 개입과정은 어려움을 겪을 수 있다. 그러므로 우화, 유추, 은유 등의 방법을 활용하여 B-C 관계를 교육할 수 있다.

마. 생각의 탐색(B)과 과정적 목표 설정

생각이란 현실에 대한 단순한 사실의 묘사가 아니고 클라이언트의 판단이 삽입된 평가다. 그러므로 클라이언트의 장애를 이해하기 위해서는 인지적 자각의 수준을 이해하는 것이 중요하다.

비합리적 수준은 네 가지로 구성되어 있다고 가정한다.

네 가지 단계는 자동적 사고, 추론과 귀인, 평가적 인지, 핵심 비합리적 사고 또는 내재된 신념구조다. 각 단계는 다음과 같다.

- 자동적 사고: 의식적 과정에서 순간순간 떠오르는 생각이나 영상이다.
- 추론과 귀인: 사건이나 자동적 사고에 의해 형성되는 추론이나 귀인으로서 의식과정에 있으며 쉽게 떠올릴 수 있다.
- 평가적 인지: 부정적 정서와 관련된 역기능적 인지다. 약간의 가정된 것이므로 명확하게 표현되지 않을 수도 있다.
- 핵심인지(내재된 신념구조, 도식): 각 개인이 독특하게 지니고 있는 삶의 법칙이나 철학적 가정이다. 인생의 중요한 스트레스 사건이나 심각한 정서적 격동 또는 인생의 커다란 변화에 의하지 않고는 잘 드러나지 않는다.

[그림 8-2]는 사고의 수준과 성격이다.

이 단계에서의 과정적 목표는 비합리적 생각을 합리적 생각으로 변화시켜서 합리적 생각이 행동양식에 영향을 미치도록 하는 것이다.

1. 자동적 사고
의식의 흐름에 있다. 순간순간 떠오르는 생각이나 영상

2. 추론과 귀인
그 사건의 의미나 그로부터 추론할 수 있다.

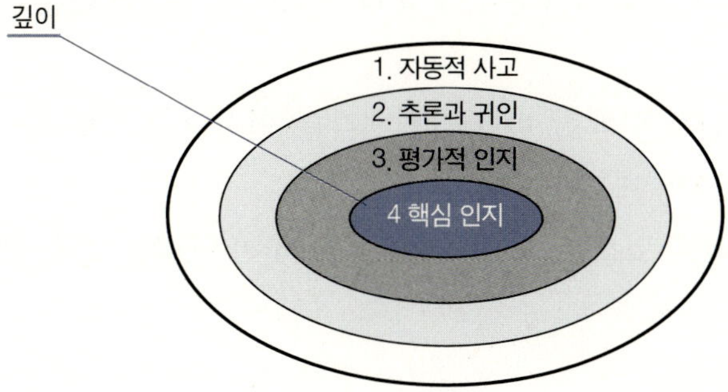

3. 평가적 인지
부정적 정서와 관련된 역기능적 인지, 다소 가정된 것이기 때문에 명확하게 표현되지 않을 수도 있다.

4. 핵심인지(내재된 신념구조, Schema)
각 개인이 독특하게 지니고 있는 삶의 법칙이나 철학적 가정, 정서적 격동, 심각한 스트레스, 인생의 커다란 변화에 의하지 않고는 잘 드러나지 않는다.
면접과정 중에 밝혀진다.
(예: 주위의 모든 사람으로부터 사랑받아야만 가치 있는 사람이다.)

[그림 8-2] **사고의 수준과 성격**

바. 생각(B)의 심층적 탐구와 기법

비합리적 생각은 쉽게 드러나지 않으며, 인간에 과잉학습된 습관에 의해 자동적으로 형성되어 있으므로 기법이 필요하다.

탐색기법으로는 귀납적 자각, 귀납적 해석, 추론연쇄, 접속구문과 문장완성 구문의 활용, 연역적 해석, 논박을 통한 비합리적 신념의 노출이다.

비합리적 생각을 탐색할 때 주의할 점은 다음과 같다.

첫째, 적극적이고 지시적이어야 한다.

둘째, 진단적 인터뷰를 길게 하지 말고 바로 비합리적 신념의 탐색으로 들어가야 한다.

셋째, 비합리적 생각의 탐색은 면접세션마다 지속적으로 일어나는 것임을 명심해야 한다.

넷째, 자동적 사고, 왜곡된 추론보다 핵심 비합리적 생각이 근본임을 알아야 한다.

다섯째, 클라이언트의 핵심 비합리적 생각은 면접의 초기보다는 어느 정도 진행되고 난 후에 드러나는 것이다.

여섯째, 클라이언트 스스로 비합리적 생각을 찾기 어려운 경우, 가설을 제시한다.

사. 논박(D)의 수행

논박의 본질은 비합리적 생각을 변화시키는 데 있다. 그러므로 클라이언트의 변화 동기가 높을 때 실시하는 것이 바람직하다. 논박은 개입과정에서 반복적으로 일어나며, 논박을 하는 데는 상당한 시간, 다양한 방법, 지속적인 노력 그리고 열정이 필요하다. 또한 논박은 클라이언트의 근본적인 신념구조까지 다루기 때문에 어려운 작업이다.

논박의 단계는 첫 단계에는 클라이언트의 사고양식을 조사하고 도전한다. 그 다음 단계는 클라이언트를 위한 신선하고 기능적인 대안적 사고양식을 개발한다.

논박의 방법으로는 인지적 기법, 정서적 기법, 행동적 기법이 활용된다. 인지적 기법으로는 철학적 설득, 교훈 제시, 대리경험, 소크라테스식의 대화법 등이 있다.

정서적 기법으로는 합리적 · 정서적 심상법(Rational Emotive Imagery), 클라이언트의 무조건적인 수용, 사회복지사의 자기개방, 유머스러운 기법의 활용, 열정적인 합리적 자기진술문의 사용, 사회복지사의 현명한 모독, 불경, 또는 천벌 받을 말의 사용 등이다.

행동적 기법에는 역할연기, 합리적 역할 바꾸기, 여론조사 기법, 숙제활동, 강화와 벌, 기술훈련, 수치심 공격하기, 위험 무릅쓰기 연습, 그곳에 머

물러 있기 활동, 집단사회화 기법, 자기언어 사용 등이 있다.

아. 클라이언트의 적극적 참여를 통한 개입목표 달성: 숙제활용(Self-help work)

숙제의 다양한 영역을 활용하여 가능한 방법을 탐색한다.

숙제는 세션과 관련된 것, 반드시 꼭 필요한 것, 실행 가능한 것을 내 준다. 숙제하는 이유를 자세히 설명하고 다음 세션에서 숙제해 온 것을 반드시 다루어야 한다.

이 단계에서는 합리적 생각들 중에 어떤 것을 반복 연습할지를 클라이언트와 함께 결정한다. 여러 가지 숙제 방법 중 클라이언트에게 잘 맞는 방법이 어떤 것인가를 클라이언트와 함께 선택하고 숙제할 상황과 장소를 구체화한다. 그리고 다음 시간에 다룰 것을 미리 이야기한다.

숙제의 영역에는 읽기(reading), 듣기(listening), 쓰기(writing), 심상하기(imaging), 생각하기(thinking), 이완하기와 전환시키기(relaxation and distraction), 활동하기(activity) 그리고 행동변화를 위해서 필요하다고 생각하는 모든 기법이 포함된다.

자. 종결하기

종결시점이 적절한가를 검토하고 개입과정의 효과와 학습한 것을 정리하고, 종결 후에 정서적 · 행동적 어려움이 있을 때마다 자기조력 및 치료를 하도록 강조한다. 그리고 종결 후에도 클라이언트들이 개입 기간 중에 얻은 혜택을 계속 유지하는 방법을 설명해 주면 좋다. 또한 종결 후에 고양세션(booster session)을 계획한다.

② 벡(Beck)의 인지치료과정과 기법

인지치료는 우울증치료로 고안된 것이다. 벡은 우울증 환자의 부정적인 사고 내용에 초점을 맞추었다.

구체적 문제영역(증상들)과 클라이언트가 진술하는 증상에 대한 이유에 초점을 맞춘다. 우울의 행동적 증상에는 비활동, 위축, 회피 등이 있다 (Derubics & Beck, 1988).

사회복지사는 소크라테스적인 질문을 통해 사실 여부를 조사한다. 그리고 과제에 등급을 매겨서 활동계획을 수립한다. 클라이언트들이 적극적이 되기 위하여 먼저 쉬운 과제들을 완수한다. 그 후 적극적으로 되기 시작하고 약간의 성공을 체험하게 되면 좀 더 낙관적으로 된다. 이때 어떤 것을 하는 것이 아무것도 하지 않는 것보다 좋은 감정을 낳을 것이라는 가정에 대해 사회복지사와 클라이언트의 의견이 일치하여 협조해야 한다.

인지치료기법으로는 클라이언트의 양가감정을 표현하는 것, 대안을 만드는 것, 문제를 다루기 쉽도록 부분들로 나누는 것 등이며 사회복지사는 클라이언트의 역할연기도 해 보여 클라이언트의 인지적 왜곡이나 자의적 추론을 보여 줄 수도 있다. 또한 익살스러운 농담, 그리고 클라이언트에게 해야 할 것을 목록화하고, 우선순위를 정하고, 성취된 과제는 지우고, 외적인 문제는 통제하기 쉬운 단위로 구분하도록 하여 문제해결에 초점을 둘 수도 있다.

문제들을 논의하게 되면 클라이언트들은 때로 자신들이 어려움의 중요성을 확대하고 있는 방법을 점점 인식하게 된다. 합리적인 탐색을 통하여 클라이언트들은 다시 과제를 정의하고 성취할 수 있는 입장에 서게 된다.

사회복지사는 클라이언트가 자신의 책임을 목록화하고 우선순위를 매기고 현실적인 활동계획을 개발하도록 도와주어야 한다. 그러한 계획의 이행은 때로 자기 패배적인 사고에 의해 억제되기 때문에 부정적인 사고를 규명하고 변화시키기 위하여 사회복지사는 인지적 시연 기법을 사용하는 것이 좋다. 클라이언트가 치료과정 동안에 자기 의심과 투쟁을 할 수 있다면 그들은 새로 획득한 인지적 · 행동적 기술을 실제 생활 상황에 적용할 수 있게 된다.

③ 마이켄바움의 스트레스 면역훈련

도널드 마이켄바움(Donald Meichenbaum)은 인지적 기법을 사용하여 생물학적 수준에서의 면역과 비유할 수 있는 심리적 · 행동적 스트레스 면역 훈련 절차를 발전시켰다. 사람들은 비교적 약한 스트레스를 성공적으로 다룰 기회를 가지게 되면 점차적으로 강한 자극에 대해서도 내성을 발달시킨다. 이 훈련은 인간이 긴장 상황에서의 수행에 대한 신념이나 자기진술을 수정함으로써 스트레스에 대처하는 인간의 능력에 영향을 미칠 수 있다는 가정에 근거하고 있다. 이 훈련은 사람들에게 구체적인 대처 기술을 가르치는 것 이상이며 클라이언트로 하여금 중재를 준비하도록 설계되었다. 그리고 그들로 하여금 변화하도록 동기화시키고, 저항이나 퇴보와 같은 문제들을 다룬다. 스트레스 면역훈련(SIT)은 전달되는 정보의 조합, 소크라테스식 대화, 인지적 재구조화, 문제해결, 이완훈련, 행동시연, 자기관찰, 자기교시, 자기강화, 환경적 상황의 수정으로 구성되어 있다. 이러한 접근은 현재의 문제와 미래의 어려움 양자에 적용될 수 있는 대처 기술들을 가르치도록 설계되어 있다(Meichenbaum, 1985; Hepworth & Laren, 1993: 45-473).

마이켄바움은 1985년에 스트레스 면역훈련에 대한 3가지 단계모델을 설계했다. 개념적 단계, 기술획득과 시연단계, 적용과 추후단계다.

가. 초기단계(개념화 단계)

첫 번째 초점은 클라이언트와 관계를 수립하는 것이다. 이것은 클라이언트가 스트레스의 특성을 더 잘 이해하도록 하고 그것을 사회적으로 상호작용하는 용어로 재개념화하도록 원조한다. 사회복지사는 초기 국면 동안 클라이언트의 협력을 요청하고, 함께 문제의 본질을 검토한다. 초기에 클라이언트들은 그들이 다양한 스트레스 상황에 반응하고 있는 방식들을 이해하는 것을 돕도록 설계된 단순한 용어로 된 개념적 틀을 제공받는다. 그들은 인지와 정서가 스트레스를 창출하고 유지하는 데 작용하는 역할에 관한 것을 이해하고, 소크라테스식 질문을 통한 교시적인 제시와 인도된 자기 발견의 과정에 의해서 이것을 교육받는다.

클라이언트들은 종종 그들이 통제할 수 없는 외적 환경, 사고, 감정, 행동의 희생자라는 감정을 가지고 치료를 시작한다. 훈련은 스트레스를 만들어 내기도 하는데 이것을 통해 그들 자신의 역할을 인식하게 되게끔 가르치는 것이다. 그들은 내적인 대화로부터 흘러나오는 부적응적인 행동을 조사할 뿐만 아니라 그들이 내적으로 하는 진술들을 체계적으로 관찰함으로써 자아 인식을 하게 된다. 또한 클라이언트들은 그들의 구체적인 사고, 감정, 행동을 체계적으로 기록하게 된다. 이러한 대처 기술들을 가르침에 있어서, 사회복지사들은 기법의 사용을 융통성 있게 하고 클라이언트의 개인적 · 문화적 · 상황적 환경에 민감해지려고 노력해야 한다.

나. 기술 습득과 시연단계

스트레스 상황에 적용하기 위한 다양한 행동적 · 인지적 대처기법을 교육시킨다. 이 단계는 그들의 공포에 대한 정보를 모으는 것, 스트레스를 불러일으키는 구체적인 상황을 학습하는 것, 상이한 어떤 것을 행함으로써 스트레스를 경감할 수 있는 방법을 배열하는 것, 물리적 · 심리적 이완기법을 학습하는 것과 같은 직접적인 행동을 포함한다. 훈련은 인지적 대처를 포함하며 클라이언트는 적응적인 행동과 부적응적인 행동이 그들의 내적인 대화에 연결되어 있다는 것을 인식하게 되어 그들의 새로운 자기진술을 획득하고 시연한다. 1986년 마이켄바움은 SIT의 이 단계에서 시연하는 대처 진술들의 몇 가지 예를 제공하였다.

- 스트레스 상황에 대해 어떤 준비를 할까? (무엇을 해야 하나? 스트레스를 처리할 계획을 세울 수 있나?)
- 스트레스를 주는 것에 직면할 방법은 무엇인가? (스트레스 상황을 다룰 수 있는 방법은 무엇인가? 이 난관을 극복할 방법은 없을까?)
- 압도된 것 같은 감정을 극복할 수 있는 방법이 없을까? (지금 내가 할 수 있는 것은 무엇인가? 어떻게 공포를 지속적으로 막을 수 있을까?)
- 어떻게 강화적인 자기진술을 할 수 있을까? (나 자신을 신뢰하게 할 방법은 없을까?)

스트레스 관리 프로그램의 한 부분으로, 클라이언트들은 다양한 행동적 개입에 노출된다. 행동적 개입 중에는 이완훈련, 사회기술훈련, 시간 관리 교수, 자기교시적 훈련이 있다. 그들은 우선권을 재평가하고, 지지체계를 개발하고, 스트레스 상황을 변화시키는 직접적인 행동을 하는 것과 같이 생활 스타일을 변화시키도록 도움을 받는다. 클라이언트는 다양한 이완기법을 소개받고, 스트레스에 기인되는 각성을 감소시키기 위해 이러한 기술들을 사용하는 방법을 배운다. 교육, 실제 사례, 지도된 실행을 통해서, 클라이언트는 점전적인 이완기술을 배우는데, 점전적인 이완은 규칙적으로 실행된다. 이완을 배우는 데 필요한 다른 접근법에는 명상, 요가, 근육을 긴장시키고 이완하는 것, 호흡통제기법이 있다. 이완은 또한 걷기, 조깅, 정원 가꾸기, 뜨개질, 다른 육체적인 활동과 같은 활동들을 포함한다. 마이켄바움은 이완이 육체적 상태와 마찬가지로, 마음의 상태라고 강조했다.

다. 적용과 추후단계

치료적인 현재 상황에서부터 실제 세계로까지 변화의 전이와 유지에 대한 조심스러운 배열에 강조점을 두고 있는 단계다. 클라이언트들이 새로운 것을 그들 자신에게 말하는 것으로는 변화하기에 불충분하다. 그들은 실제적인 삶의 상황에서 이러한 자기진술을 실행하고 그들의 새로운 기술을 적용할 필요가 있다. 일단 그들이 인지적 대처기술과 행동적 대처기술에 숙달되게 되면, 그들은 점점 증가되는 요구인 행동적인 과제를 실행할 수 있게 된다. 클라이언트들은 그들이 기꺼이 완수하려고 하는 과제를 하도록 요청받는다. 이러한 할당의 결과는 후속 만남에서 조심스럽게 체크되고, 만약 클라이언트가 그 과제를 완성하지 못하였다면, 사회복지사와 클라이언트는 공동으로 협력하여 그 실패의 이유를 생각한다. 추적과 추후회기는 클라이언트가 그들의 대처기술을 계속해서 실행하고 세련시키기 위한 것으로 3달, 6달, 12달째에 실행한다. SIT는 훈련의 이득을 미래에까지 확장하는 계속되는 스트레스 관리 프로그램의 부분으로 여겨질 수 있다.

스트레스 관리훈련은 치료교육과 예방을 위해 광범위하고 다양한 문제와 클라이언트에게 유용하게 적용할 수 있다. 적용되는 분야로는 분노의 통제, 불안관리, 주장훈련, 창조적인 사고의 증진, 우울증 치료, 건강문제를 다루는 것 등이 있다. 이 접근은 또한 비만인 사람, 과잉행동아, 사회적 고립자들, 정신분열증 환자를 치료하는 데도 이용되어 왔다(Meichenbaum, 1977, 1985).

④ 즈릴라와 골드프라이드(D'Zurilla & Goldfried)의 문제해결치료

문제해결치료(Problem-Solving Therapy)는 문제중심, 문제의 정의와 형성, 해결대안의 창출, 의사결정, 해결책의 실행과 검증단계로 구성되어 있다.

가. 문제중심

문제를 정상적 · 일상적 또는 피할 수 없는 인생 사건으로 인식하는 사람은 문제에 적응적으로 대처한다. 또한 문제가 환경적 상황에 기인하는 것으로 이해하거나 문제가 자신의 잘못으로 발생한 것이라고 생각하는 사람은 문제는 경험 부족에서 온다고 생각한다.

그리고 인간이란 완벽할 수 없으며 실수를 통해 성숙된다고 생각하는 사람은 자신에 대해 관대해진다. 적응적인 사람은 문제를 도전이나 성장의 기회로 받아들이며, 실패하더라도 시도해 보는 것이 낫다고 생각한다. 문제에는 반드시 해결책이 있으며 자신은 그 해결책을 찾아내어 실행할 수 있다고 믿고, 문제를 해결하기 위해서는 시간과 노력이 필요하다는 생각을 하며 계획을 세워 실행한다. 문제를 해결하기 위한 노력을 쉽게 포기하지는 않지만, 최선을 다하였는데도 성공하지 못한 경우에는 문제를 받아들이든지 다른 관점에서 문제를 이해하려고 노력한다.

클라이언트가 문제중심단계에서 부적응적 사고를 하는 사례에서는, 사회복지사는 인지적 재구조화를 통해 문제를 과장된 위협이 아닌 도전으로 받아들이도록 원조하거나 왜곡된 또는 비현실적인 기대를 현실적으로 수정하도록 원조한다. 또한 클라이언트가 적응적 사고를 하기 위해 긍정적 자기진술(self-talk)을 하도록 훈련시킨다. 특히 감정이 부적응적일 경우에는 긴장이완, 명상, 불안관리훈련 등을 사용하여 원조한다.

나. 문제 정의와 형성

클라이언트가 문제와 관련한 객관적인 정보를 수집하고 수집된 정보를 이해하는 데에 있어 인지적 왜곡이 없도록 사회복지사는 지도한다. 또한 클라이언트가 문제를 현재 상황과 바람직한 상황 사이의 차이로 이해하고 이 차이를 극복하는 과정에서 방해가 되는 장애물을 찾아내도록 하여 원조한다. 문제해결을 위한 목표 설정은 구체적이고 현실성이 있도록 원조하며 문제해결에 대한 비용분석을 통해 문제에 대해 재평가하도록 원조한다.

다. 해결대안들의 창출

이 단계에서 사회복지사는 클라이언트에게 다음의 세 가지 원칙을 교육시켜야 한다. 첫째, 양(quantity)의 원칙으로, 해결대안이 많을수록 바람직하다는 것이다. 둘째, 판단유보의 원칙으로, 상상력을 총동원하여 많은 대안들이 나오고 의사결정이 이루어지기 전까지는 적절성, 유용성, 현실성 등의 판단을 미루어야 한다는 것이다. 셋째, 다양성의 원칙으로, 가능하면 많은 대안들이 나와야만 바람직한 해결책이 나올 수 있다는 것을 교육시켜야 한다.

라. 의사결정

이 단계에서는 해결 대안들을 객관적으로 평가하고 가장 바람직한 대안을 선정하는 단계다. 사회복지사는 클라이언트가 전 단계에서 창출된 대안들 가운데 적절한 대안들을 일차적으로 선택하여 선택한 대안 각각에 대해 예상되는 결과를 평가하도록 교육한다. 즉, 문제의 해결 정도, 정서적 결과, 필요한 시간과 노력, 전반적인 개인적 · 사회적 결과를 고려해 보도록 원조한다. 바람직한 해결 대안이 선택되면 실행계획을 세우고 준비하도록 원조한다.

마. 해결책 실행과 검증

이 단계는 문제해결의 마지막 단계로서 사회복지사는 클라이언트가 해결 대안을 실행하고 실행과정을 스스로 모니터링하고 평가 · 강화하도록 교육한다. 해결 대안의 결과가 예측한 결과와 다를 경우에는 문제해결책을 탐색하거나 이전의 단계로 되돌아간다.

9

사회복지실천 개입방법

1. 집단수준의 개입

인간은 출생하면서부터 집단에 소속되며, 전 생애를 통해 여러 가지 집단경험을 통해 성장 · 발달한다. 최초로는 부모와 자녀 관계, 형제와 자매 관계와 같은 친밀한 관계로부터 근린이나 학교의 친구, 직장 및 취미활동 집단 등의 다양한 여러 집단에서 타인과 관계를 맺음으로써 사회행동의 규범을 학습하고, 집단이라는 거울을 통하여 자아정체감을 형성하고, 집단과 사회의 한 성원으로서 소속감을 갖게 됨으로써 안정된 생활을 영위해 갈 수 있게 되는 것이다.

우리나라의 경우 1950년대 후반에 대학에 사회사업학과가 개설되면서부터 집단사회사업이 주요 방법론으로 강의되었지만 다른 분야에 비해 연구활동은 저조한 편이었다. 그러나 최근에는 사회복지실천에서 집단개입은 사회변화뿐 아니라 개인의 치료와 변화를 목적으로 정신병동, 병원, 아동복지기관, 교도소, 학교 등에서 소집단활동이 활성화되면서 사회복지실천의 주요 개입방법으로 성장하게 되었다.

1) 집단사회사업의 정의

집단사회사업은 집단을 대상으로 하는 사회복지실천으로서 집단지도라고도 한다. 집단사회사업의 정의는 발달과정에 따라 변화되고 있으며 전문가들 사이에 일치된 정의는 아직도 존재하고 있지 못한 실정이다.

여러 학자들의 정의를 토대로 김종옥과 권중돈은 다음과 같이 정의하고 있다(김종옥, 권중돈, 1993: 52−54).

첫째, 집단사회사업은 사회사업방법론 중의 하나다.

집단사회사업의 가치, 목적, 원리, 윤리 등은 사회사업전문직의 그것에 기초하고 있다. 따라서 집단사회사업은 사회사업이라는 집합의 한 부분집합이라고 할 수 있다.

둘째, 집단사회사업은 목표지향적 활동이다.

집단사회사업은 전문직의 맥락 하에서 이루어지는 목표지향적 활동으로 집단사회사업에서 추구하는 목표에는, 성원의 재활, 성원의 교육, 사회화, 성장, 성원의 지도력 개발, 사회환경의 변화, 조직 및 환경에 대한 개인의 통제력 증진 등이 포함된다.

셋째, 집단사회사업은 개별 성원, 전체 집단 그리고 집단이 속한 환경이라는 3가지 초점 영역을 지니고 있다.

집단사회사업 실무에서 개별 성원의 목적 성취나 전체 집단의 목적 성취를 위한 활동 중 어느 하나에 초점을 두는 경우가 있으나, 이들 목표는 상호 배타적이지 않으며, 개별 성원을 1차적 클라이언트체계로 보는 집단에서도 전체 집단의 중요성을 인정하고 반대의 경우에도 마찬가지다.

따라서 집단사회사업에서는 개별 성원의 목적은 물론 전체 집단의 목적에도 초점을 두는 실무라 할 수 있다. 그리고 집단은 진공상태에서 존재하는 것이 아니며, 집단사회사업 실무는 기관이나 조직의 서비스 전달체계, 기관의 자원과 정책, 기관의 지리적 위치 등의 영향을 받는다. 따라서 집단사회사업의 초점은 개별 성원, 전체 집단, 집단의 환경이라는 3가지 초점 영역을 갖게 되는 것이다.

넷째, 집단사회사업은 주로 소집단을 활용하며, 고통받는 개인(sick individual)뿐만 아니라 건강한 개인들로 구성된 집단을 대상으로 한 실무다.

대집단의 경우 직접적이고 대면적인 상호작용이 이루어질 수 없으므로, 공동의 목적과 목표를 가진 대집단을 구성하기 어려우며, 집단성원으로서가 아니라 청중(audience)으로서의 역할을 수행하는 특성이 있다.

이에 반해 소집단은 직접적 · 대면적 상호작용이 가능하고, 집단성원으로서 정체감을 가지고 있고, 의사소통과정을 통하여 자신의 사고와 감정을 교환할 수 있는 집단이므로 성원들은 의도적인 집단경험을 할 수 있다. 따라서 집단사회사업에서 활용하는 집단은 의도적인 집단경험을 통하여 개인, 집단 그리고 환경변화를 일으킬 수 있는 소집단을 주요 대상으로 한다.

그리고 집단사회사업에는 개인적 · 사회적 기능상의 문제 특히 정신적 또는 정서적 문제를 가지고 있는 개인을 대상으로 특수한 전문적 훈련과 기술을 사용하여 집단치료를 행하는 것뿐 아니라 보건, 교육, 여가활용 등과 관련된 욕구를 지니고 있는 건강한 개인들의 욕구충족이나 성장을 목적으로 한 집단활동까지도 포함한다.

다섯째, 집단사회사업은 치료집단과 과업집단의 실무를 포함한다.

집단사회사업 실무는 성원 개인의 욕구충족과 기관이나 조직의 목표성취를 원조하는 실무를 모두 포괄하는 개념이다. 즉, 집단이란 수단을 통하여 개인 욕구충족과 집단 전체의 목표 성취를 원조하는 직접적 서비스와 위원회의 운영, 치료회의, 요원교육 등 간접적 서비스를 포함하는 개념이다.

여섯째, 집단사회사업은 전문가의 지도와 원조 하에 이루어진다. 집단사회사업가는 개인과 집단 그리고 이를 둘러싼 환경에 대한 전문적이고 과학적인 지식과 실무경험을 바탕으로, 개별 성원과 전체 집단을 사정하고, 실무원칙에 입각하여 집단과정에 개입하여 집단의 본래 목적을 달성하도록 원조한다.

또한 집단지도란 사회사업방법의 하나로 전문가에 의한 의도적 집단과정과 경험을 통해 개인의 사회적 기능수행을 향상하게 하며 그리고 개인, 집단, 지역사회의 당면문제들에 대해 보다 효과적으로 대처할 수 있도록 도움을 주는 것이다(남세진, 조홍식, 1997: 18).

2) 집단사회사업 개입을 위한 고려사항

집단이 효과적으로 기능을 발휘하려면 사전에 미리 준비하고 또 분명히 해 두어야 할 몇 가지 사항들이 있다. 이와 같은 요소들이 분명히 이해되고, 또 합의된 후에야 집단경험이 사회복지사나 집단성원들에게 의미가 있을 것이다.

(1) 집단의 장소와 분위기

집단상담실의 위치, 크기 및 분위기는 집단성원의 수, 연령, 주된 활동 프로그램에 따라 다를 수 있으나, 대체로 심리적인 안정감을 줄 수 있고 아늑하여 집단과정에 몰입하는 데 방해를 주지 않을 정도로 정돈되어 있고 참여자들이 자유롭게 신체적 활동도 할 수 있을 정도로 넓어야 할 것이다. 집단 초기에는 가운데 원탁을 두고 둘러앉는 것도 집단의 심리적인 어색함과 불안감을 덜어 주는 데 도움이 될 것이다.

그러나 집단활동에서는 비언어적인 의사소통이 극히 중요하기 때문에, 얼마 후 어느 정도 익숙해지게 되면 원탁을 치우고 모든 집단성원이 서로 간에 전체적으로 볼 수 있도록 하는 것이 바람직하다. 우리의 실정에 비추어 볼 때, 의자나 원탁을 사용하기보다는 그냥 방바닥에 둘러앉아 각기 편안한 자세로 심신을 풀어 놓고 활동을 하는 것이 더 자연스러울 것이다.

집단활동의 효과를 높이기 위하여 흔히 시청각 기재를 활용할 수도 있다. 녹음기나 녹화장치를 이용하여 피드백을 주고받을 수 있고, 연구의 자료를 얻기도 한다. 그러한 장치를 눈에 보이게 하든 숨기든 간에 이와 같은 시설의 사용에 대하여 사전에 전 집단성원에게 분명히 알리고 동의를 받아야 한다. 알리는 경우에도 처음에는 약간 신경을 쓰게 되나 잠시 후에는 별로 의식하지 않고 집단활동을 하게 된다. 때에 따라서는 이와 같은 장치의 이용에 대한 각자의 반응을 집단활동의 좋은 자료로 활용할 수도 있다.

(2) 집단의 크기

친밀하고 수용적인 대인 간의 상호작용이 집단활동의 필수불가결한 요소이기 때문에 집단활동에 있어서 집단의 크기는 매우 중요하다. 집단의 적절한 크기의 기준은 대체로 그 구성원의 성숙도, 사회복지사의 경험, 집단의 유형, 탐색할 문제나 관심의 범위, 그리고 타인에 대하여 알고자 하는 집단성원의 요구 등의 여러 요인에 따라 다를 수 있다. 일반적으로는 나이가 어릴수록 적은 수로 구성하는 것이 바람직하고, 성인이 될수록 다소 많은 수로 이루어질 수도 있다고 보고 있다. 그러나 대부분 전문가들은 5명에서 15명의 범위 안에서 특히 7명 내지 8명이 이상적인 수라고 보는 듯하다. 그러나 두 사람의 사회복지사가 함께 집단을 지도할 때는 15명 정도도 무방할 것이다. 집단의 크기는 모든 집단성원이 원만한 상호작용을 할 수 있을 정도로 커야 하고, 동시에 모든 집단성원이 정서적으로 집단활동에 관여하여 집단감정을 느낄 수 있을 정도로 작아야 한다. 다시 말해서 집단이 너무 커서 모든 집단성원이 어느 정도의 개인문제를 취급할 수 있는 시간 여유를 갖지 못하거나, 적극적이고 공격적인 집단성원이 아니면 좀처럼 참여의 기회를 얻지 못한다면 이는 바람직하지 못하다. 그렇다고 집단성원 수가 너무 적어서 참여하고 싶지 않거나, 소극적인 집단성원이 침묵을 지키고 있기에는 너무 심리적으로 압박을 받게 되거나, 집단역동의 활용에 제한을 받을 정도가 되면 효과적인 집단활동이 이루어질 수 없다. 그리고 집단세션 중에 한두 사람이 집단을 탈퇴할 가능성도 있기 때문에 이를 감안하여 약간 많은 수로 집단활동을 시작하는 것도 좋은 방법이 될 것이다.

(3) 집단의 구성

집단 구성이란 구성원들을 동질적으로 구성하는 것이 더 좋으냐, 아니면 이질적으로 구성하는 것이 좋으냐 하는 문제에 해당한다. 사회적 성숙도, 성, 지적 능력, 교육 수준, 성격의 차이, 문제영역, 사회경제적 수준 등의 여러 요인들이 이에 관련된다. 일반적으로 동질집단에서는 출석률이 좋고, 보다 쉽게 공감이 이루어지며, 상호 간에 즉각적인 지지가 가능하고, 갈등이 적고 응집성이 빨리 발달하며, 집단 소속감의 발달이 쉽게 이루어질 수 있다고 볼 수 있다. 그러나 동질집단에서는 집단성원 상호 간에 피상적인 관계에 머무르며 영속적인 행동변화의 가능성도 낮다고 한다. 반면에 이질집단에서는 다양한 대인 간의 상호작용이 가능하므로 상호 간에 의미 있는 자극을 주고받을 수 있으며, 서로 간의 차이점을 발견하고 이해하게 되고, 현실검증의 기회도 더 풍부하게 된다.

베이츠(Bates)와 존슨(Johnson)은 동질집단이란 존재할 수 없는 것이며, 있다고 하더라도 특정한 공통문제를 가지고 동질적인 사람들만이 모인 집단은 기능적이지도 못할 것이라고 하였다(Bates & Johnson, 1972: 69). 그러나 경험이 적은 사회복지사에게는 지나치게 이질적인 사람들로 구성된 집단을 지도하기에 힘이 들 것이므로 가능하면 연령, 성, 지능 등에 있어서 비슷한 집단의 구성이 도움이 될 것이다. 동질이냐 또는 이질이냐 하는 문제보다는 오히려 강한 동기와 참여의식을 가지고 자발적으로 참여하는 집단성원으로 구성되느냐, 그렇지 못하느냐가 그 집단의 성공 여부에 크게 좌우하는 것으로 보인다.

(4) 집단의 기간

집단의 기간을 결정할 때는 전체 세션과 각 세션의 시간에 대한 내용이 포함된다. 각 세션의 시간은 30분에서 120분까지 여러 가지로 정할 수 있으나, 보통 90분에서 120분 정도가 적당하다. 일반적으로 세션 길이는 집단의 목적과 성숙도, 그리고 외적 조건에 따라 조정될 수 있다. 초등학생일 경우 주의집중 시간이 길지 않으므로 짧게 자주 모임을 갖는 것이 바람직하며, 고등학생 이상일 경우 120분 정도의 길이로 진행하는 것이 효과적이다. 세션의 길이는 지도성의 형태에 따라서도 크게 좌우될 수 있다. 여하튼 집단성원들이 제각기 참여의 기회를 가질 수 있어서 정서적으로 자신을 투입할 수 있으며 원만한 집단활동이 전개될 수 있을 정도의 시간 여유는 가져야 할 것이다. 그렇지만 너무 지루하거나 피로를 느낄 정도로 길어서는 안 될 것이다.

시간과 관련된 문제로서 사회복지사가 항시 유의해야 할 일은 제 시간에 시작하고 정한 때에 마쳐야 한다는 것이다. 비록 단 한 사람이 출석했더라도 정한 시간에 시작해야 한다. 보통 집단활동이 끝부분에 가서 무르익는 경향을 띠기 때문에 경험이 적은 사회복지사들은 마치는 시간을 연장하고 싶은 유혹을 강하게 받게 된다. 만약 이런 경우 시간을 연장하게 되면 집단성원들로부터 제한성에 대한 학습과 현실검증에 대한 경험의 기회를 박탈하게 된다. 따라서 특수한 예외의 경우를 제외하고는 제때에 시작하고 종료해야 할 것이다.

마라톤집단의 경우에는 계속해서 12시간, 24시간 혹은 48시간(잠시 쉬고, 자고, 밥 먹는 시간을 제외하고)을 모여서 활동한다. 이와 같은 형태의 집단에서는 오히려 계속적인 상호작용과 수면 부족에서 오는 피로현상이 집단성원 간에 통상적 가면을 벗기고 있는 그대로의 자기노출, 강력한 정서적 몰입과 대인 간의 맞닥뜨림 등을 촉진자료로 활용하려고 하기 때문에 긴 시간의 활동을 장려하기도 한다.

그리고 집단활동을 시작할 때, 미리 그 기간을 분명히 하고 종결의 시일도 정해 두어야 한다. 그래야만 집단성원들이 시간의 제약을 의식하고 활동하게 된다. 대학에서는 주로 한 학기의 15주간을 집단의 기간으로 정할 수 있다. 중 · 고등학교의 경우도 비슷한 기간을 채택할 수 있을 것이다.

신뢰관계의 형성과 바람직한 방향으로의 행동변화를 위해서는 상당한 기간을 필요로 하지만, 그렇다고 질질 끌거나 싫증이 나도록 장기간을 잡는 것은 비효과적이다. 어떤 집단은 집중적으로 일주일에 2~5세션을 가지기도 하며 보통 주 1회의 90분 혹은 120분 정도가 적당하다고 본다.

(5) 개방집단과 폐쇄집단

개방집단은 집단이 진행되는 중간에 기존의 집단성원 이외에 새로운 성원이 들어올 수 있도록 집단을 개방한 것으로 새로운 성원이 새로운 행동패턴으로 집단에 적응하면서 기존의 집단규범이 융통성을 갖는 이점이 있다. 그러나 집단의 안정감이 깨질 수 있고 새로운 성원들이 계속 들어옴으로써 집단 내에서의 자기노출이 제한될 수도 있다.

폐쇄집단은 처음에 구성된 집단성원이 일정한 틀 내에서 집단활동을 하기 때문에 매우 기능적일 수 있으나, 일부 성원들이 중도에 탈락할 경우 그 효과성이 치명적일 수 있으므로 사회복지사는 집단의 개방 여부를 융통성 있게 활용하여야 한다.

3) 집단역동의 이해

집단활동은 집단의 역동적 과정을 중심으로 이루어지므로 사회복지사는 집단의 역동에 관한 통찰력을 지녀야 하며 또한 이것을 생산적으로 활용할 수 있는 능력을 터득해야 한다.

집단역동(group dynamic)이란 하나의 공통장면 또는 환경 내에서 일어나는 복합적이고 상호작용적인 힘을 지칭하는 것이다(Dinkmyer & Muro, 1979: 114).

또한 1994년 제이콥스(Jacobs), 하빌(Harvill) 그리고 메이선(Masson)은 집단성원들과 집단지도자 사이에 일어나는 상호작용과 에너지 교환을 집단역동이라 하였다(Jacobs, Harvill, & Masson, 1994: 78).

집단개입이 가능한 것은 바로 집단성원들의 상호작용을 통해 나오는 집단의 역동 때문이다. 역동은 집단과 개별적인 집단성원들에게 강한 영향력을 미쳐 집단의 치료적 효과가 있게 한다.

집단역동은 상호작용을 통해 나오는 성원들의 힘의 합 이상이다. 즉, 개별적인 성원들로는 생각하기 어려운 힘이 그들의 상호작용을 통해 나온다.

집단역동의 네 가지 영역은 다음과 같다.

(1) 의사소통과 상호작용

집단성원들이 언어적 · 비언어적으로 의사소통함으로써 집단 내의 상호작용이 일어나게 된다. 이러한 상호작용이 긍정적 방향인지 아닌지를 사회복지사는 잘 파악하고 있어야 한다. 또한 상호작용이 집단 중심인지 리더중심인지에 따라 집단의 목표달성이 촉진될 수도 있고 어려워질 수도 있다는 것을 집단사회복지사는 인식하고 있어야 한다.

의사소통은 상대방에게 의미를 전달하기 위하여 상징을 사용하는 과정이다. 키슬러(Kiesler)는 사람들은 타인을 이해하고 대인관계에서 자신의 지위를 확인하기 위하여, 타인을 설득하기 위하여, 권력을 획득 · 유지하기 위하여, 자신을 방어하기 위하여, 타인으로부터의 반응에 대응하기 위하여, 타인에게 인상을 남기기 위하여, 대인관계를 맺고 유지하기 위하여, 집단에 대한 자신의 의견이나 인상을 표시하기 위하여 의사소통을 한다고 하였다.

집단 내에서 이루어지는 사회적 상호작용(social interaction)은 힘의 역동적인 교환행동이다. 이 과정에 참여한 사람들 간의 접촉을 통하여 참여자의 사고, 감정, 행동 그리고 태도를 변화시키는 결과를 낳는다. 이러한 상호작용의 유형으로는 지도자가 중심적 지위를 차지하고 성원과 지도자 양자 간의 의사소통이 활발히 이루어지는 기둥형, 성원들이 돌아가면서 이야기하는 순번형, 다른 성원이 지켜보는 가운데서 지도자와 한 성원만이 의사소통을 하는 뜨거운 자리형(hot seat), 집단에서 이야기되고 있는 것 또는 이야기되지 않은 것이든 간에 모든 성원이 자유롭게 얘기할 수 있는 자유부동형이 있다(김종옥, 권중돈, 1993: 100). 이러한 상호작용 유형 중에서 처음의 세 가지 유형은 지도자 중심의 상호작용 유형이며, 네 번째 유형은 성원들이 주도권을 갖기 때문에 집단 중심의 상호작용 유형이라 할 수 있다.

이러한 상호작용에 영향을 미치는 요인으로는 여러 가지가 있을 수 있다. 먼저 성원들이 사용하는 언어적 표현이나 비언어적 행동들과 같은 행동적 실마리(behavioral cues)와 특정 행동의 결과로 주어지는 강화물이 있을 수 있다. 그 다음으로는 성원들 간의 정서적 결속력을 들 수 있는데, 긍정적 결속력이 강할 경우에는 집단성원 간의 상호작용이 활발해지지만 부정적 결속력이 강할 경우에는 상호작용 빈도가 줄어들게 된다. 집단성원의 일부가 정서적 결속이나 흥미동맹을 맺게 될 때 나타나는 하위집단 역시 상호작용에 영향을 미친다. 하위집단의 내적 결속력이 지나치게 강할 경우에는 분파행동과 목적 전치현상이 나타나며, 전체 집단의 의사소통과 의사결정에 방해를 받게 된다. 그 외 집단의 상호작용에 영향을 미치는 요인으로는 집단의 크기와 물리적 환경, 집단 내에서의 권력과 지위의 배분 정도 등이 있다.

(2) 집단의 결속력

집단에 대한 결속력은 집단 내에서 얻는 것이 많을 때 생기게 된다. 즉, 정서적 지지와 동료애 그리고 집단을 통해서 얻는 즐거움의 크기가 많을 때 결속력이 생기게 된다. 이러한 결속력으로 인해 집단에 대한 소속감이 생기고 자신을 더 잘 표현하며 타인과의 관계를 활발하게 할 수 있어 집단을 통한 효과가 더 커질 수 있다. 집단의 결속력이 강할수록 성원들이 서로에게 미치는 영향력 또한 커진다.

집단 내에는 집단에 남아 있도록 하는 구심력과 집단으로부터 분리되게 만드는 원심력이 존재하는데, 이러한 모든 힘의 결과를 집단결속력(group cohesion)이라 한다. 이러한 결속력이 강한 경우에는 성원들이 함께 있으려고 하고 집단에 소속되려는 성향이 강해지는 반면 결속력이 약한 경우에는 집단에 더 이상 소속되기를 원하지 않는다(Garvin, 1981: 55).

집단결속력이 발생하게 되는 요인으로는 첫째, 집단이 갖고 있는 자원과 유인, 즉 타인과의 연합, 인정 그리고 안정에 대한 욕구, 성원의 권위, 집단의 목적과 프로그램 활동, 집단운영방식 등이다. 둘째, 집단결과에 대한 성원의 주관적 기대다. 셋째, 다른 집단경험과의 비교 등이다(Cartwright & Zander, 1968).

이러한 집단결속력은 집단성원들 간의 상호작용에 많은 영향을 미친다. 다른 성원과의 정서적 유대관계를 형성하고 유지하는 데 매력을 느끼는 성원의 경우에는 개인적인 관계를 맺기 위한 의사소통과 행동을 많이 하게 될 것이다. 다른 한편 집단에서 수행하는 과업에 매력을 느끼는 경우에는 집단과업성취를 위한 활동에 집중하게 될 것이며, 집단 내에서 부여받은 지위에 매력을 느끼는 사람은 그 지위를 잃게 만들 위험이 있는 행동은 스스로 통제하도록 노력할 것이다.

그리고 집단결속력이 강한 경우에는 성원들의 집단이탈이 적고 집단참여도가 높아지며, 성원의 사고, 태도, 행동, 감정에 대한 영향력이 높아진다. 또한 집단에서 자신이 수행해야 할 책임성을 성실히 이행하는 현상이 두드러지게 나타나게 된다.

얄롬(Yalom)은 치료집단에서 결속력이 성원에게 미치는 영향을 연구한 결과, 결속력은 성원의 자존심을 증진시키고, 타인의 말을 경청하며, 감정을 보다 자유롭게 표현하며, 현실검증을 보다 정확하게 하며, 자기 확신이 높고, 타인의 평가를 자신의 성장발달을 위해 활용하는 경향이 있다고 하였다(최해림, 장성숙, 1993: 74-75).

(3) 사회적 통제

사회적 통제(social control)란 전체 집단이 이전의 방식대로 기능하기 위하여 성원을 순응 · 복종하게 하는 과정을 의미한다. 다시 말하면 집단의 항상성기제다.

집단이 질서 있게 기능하기 위하여 성원들로 하여금 일정한 방식을 따르도록 하는 과정에서 통제력을 사용하게 된다. 집단규칙의 일관성과 순응이 없으면 집단의 상호작용은 혼란스러워지고 예측하기 어려워지며 효과적으로 기능하지 못하게 된다. 사회적 통제에는 규범과 역할, 그리고 지위가 있다.

(4) 집단문화

집단문화(group culture)는 집단성원들이 공통적으로 가지는 가치, 신념, 관습, 전통을 의미한다(Olmstead, 1959). 집단성원들은 각자의 문화를 가지고 서로 의사소통과 상호작용하는 과정에서 서로 혼합되어 결국 새로운 일련의 집단문화를 형성하게 된다. 집단문화는 집단에 대한 매력과 집단 내의 지지적 분위기에 상당한 영향을 미치게 된다.

이러한 집단문화는 성원들 간의 의사소통과 상호작용에 용해되어 있는 경우가 많기 때문에 쉽게 눈에 띄지 않는 특성을 지니고 있다. 첫 번째 모임에서 성원들은 상대방의 가치체계를 탐색하고 그들이 서로 연관성이 있는 부분, 즉 공통된 가치를 발견하고, 이를 이해하고 공유하려고 한다. 이러한 과정을 통하여 집단문화가 형성되기 시작하고, 집단발달과 함께 더욱 공고해지고, 진화해 나간다. 그리고 집단문화는 개별 성원이 지니고 있는 가치체계나 신념 등이 공유됨으로써 형성되지만, 다른 한편으로는 집단 외부의 더 큰 사회체계의 가치, 전통, 유산도 함께 공유하게 된다.

자기결정, 개방성, 공정성, 의견의 다양성 등의 가치를 중시하는 집단문화가 발달할 경우에는 전체 집단과 개별 성원의 목적 성취를 촉진시킨다. 그러나 성원이 갖고 있는 사회문화적인 독특한 틀은 집단의 발달과 기능을 저해할 수도 있다. 따라서 집단지도자는 보다 긍정적인 집단문화를 형성할 수 있도록 원조하여야 한다. 이를 위해서는 성원들 간의 가치관 탐색을 촉진시키고, 후원기관과 지역사회의 가치체계를 파악하고, 다른 성원과의 상호작용을 방해하는 자신의 독특한 틀에서 벗어날 수 있도록 원조하는 것이 바람직하다.

4) 집단사회사업실천

(1) 목적과 개입 원칙

집단사회사업의 목적은 학자에 따라 각기 다르다. 집단사회사업의 목적에 대해 트렉커(Trecker)는 개인의 성장, 집단의 성장 그리고 지역사회와 환경의 변화라고 하였으며, 더글러스(Douglas)는 개인의 성장과 적응, 전체 집단의 발달, 집단경험을 통한 사회변화라고 하였다. 그리고 클레인(Klein)은 재활, 적응, 교정, 사회화, 예방, 사회행동, 문제해결, 사회적 가치의 개발이라고 하였다.

집단사회사업에서 달성하고자 하는 목적에 대한 학자들의 견해는 서로 상이한 측면과 유사한 측면을 가지고 있으나 각기 다르다.

이러한 학자들의 견해를 종합해 보면 집단사회사업의 목적은 개인의 사회화, 역기능의 예방, 치료, 재활 및 성장, 전체 집단의 성장과 변화, 사회행동, 사회적 위기의 제거를 통한 사회변화라고 할 수 있을 것이다(김종옥, 권중돈, 1993: 60-62).

집단사회복지사가 집단원조과정에서의 개입 원칙은 다음과 같다.

첫째, 각 성원의 고유한 상이성을 인정하여야 한다.

둘째, 다양한 특성을 지닌 집단을 하나의 전체 집단으로 인정하여야 한다.

셋째, 성원 개개인이 장점과 단점을 모두 지니고 있는 존재임을 인정하여야 한다.

넷째, 집단성원과 의도적인 원조관계를 수립하여야 한다.

다섯째, 집단성원 간에 상부상조하고, 협력적인 관계를 수립하도록 격려하여야 한다.

여섯째, 집단과정을 적절히 수정하여야 한다.

일곱째, 성원이 자신의 능력에 따라 참여하도록 격려하여야 한다.

여덟째, 성원이 문제해결과정에 직접 참여하도록 하여야 한다.

아홉째, 성원이 점진적으로 만족스러운 갈등해결방법을 경험할 수 있도록 원조하여야 한다.

열째, 성원들에게 대인관계 그리고 성취와 관련된 새롭고 다양한 경험을 할 수 있는 기회를 제공하여야 한다.

열째, 성원 개개인과 전체 상황에 대한 진단적 평가에 근거하여 적절한 제한을 가해야 한다.

열두째, 성원, 집단목적, 사회적 목적에 대한 적절한 진단적 평가에 근거하여 의도적이고 전문화된 프로그램을 개발하여 실시하여야 한다.

열셋째, 개인과 집단발달에 대해 지속적으로 평가하여야 한다.

열넷째, 원만하고 절도 있게 자기 활용을 하여야 한다.

(2) 실천과정

① 집단발달단계

집단사회사업은 목적 있는 집단경험들을 통해서 개인들의 사회적 기능을 향상시키고 개인, 집단 또는 지역사회의 문제들을 보다 더 효율적으로 극복할 수 있도록 개인들을 도와주는 사회사업의 한 방법이다. 그러므로 집단사회사업의 모체는 집단이며 그 집단 내에서 상호관계를 가진 개인 성원들이다. 한 집단이 회원들에게 적극적인 경험을 제공하고 이 경험들이 그들의 변화, 성장, 발달에 영향을 주는 그러한 집단이 되자면 시간이 필요하다. 개인들의 단순한 집합체에서 점차적으로 집단이 되어 가고 시간이 감에 따라서 집단의 내부구조나 조직, 진행과정, 문화에 있어 변화가 온다. 집단발달은 이 변화로서 정의된다. 집단발달을 몇 가지 단계로 나누냐의 문제와 각 단계의 특성이 무엇이냐에 관하여서는 여러 학자 간에 의견의 차이가 있다. 한 가지 분명한 것은 모든 집단이 여러 가지 단계를 차례로 계속하여 움직여 가지 않는다는 사실이며, 집단이 발달하는 방향에 있어서 가장 바람직한 하나의 길이라고 생각되는 것은 없다. 다음의 〈표 9-1〉은 여러 학자들의 발달단계의 모델을 도표로 만들어 비교한 것이다.

〈표 9-1〉 여러 학자의 발달단계 구분의 모델 비교

노즌 (Northen)	가아랜드, 존스, 코오드니 (Garland, Jones, & Kolodny)	사리, 갈린스키 (Sarri & Galinsky)	긴델스퍼어거 (Kindelsperger)	트렉커 (Trecker)
1. 준비단계	1. 친밀 전단계	1. 시초단계	1. 접근단계	1. 시작단계
2. 오리엔테이션단계	2. 권력과 통제 단계	2. 형성단계	2. 관계형성	2. 집단의식 조직
3. 탐색과 시험 단계	3. 친밀단계	3. 중간 I단계	3. 집단발생 단계	3. 유대, 목적 응집력의 단계
4. 문제해결 단계	4. 특수화단계	4. 수정단계	4. 집단동요 단계	4. 집단의식 강화 및 목적 달성단계
		5. 중간 II단계	5. 집단 재구성 단계	5. 관심, 집단 의식 결여
		6. 성숙단계	6. 집단역할확립단계	
5. 종료단계	5. 이별단계	7. 종료단계		6. 종료

이 밖에 하트포드(Hartford)는 발달단계를 세분하여 다음과 같은 발달단계모델을 세웠다.

I. 집단 전단계 (A. 사적 집단 전 단계, B. 공적 집단 전 단계, C. 모집단계)

II. 집단 형성단계

III. 통합, 분열과 갈등, 재통합 또는 재조직 종합단계

IV. 집단기능과 유지단계

V. 종결단계 (A. 종결 전 단계, B. 종결, C. 종결 후 단계)

이 장에서는 사리(Sarri, R. C)와 갈린스키(Galinsky, M. J)의 집단발달모델을 소개하면 다음과 같다.

- 기초단계(Origin Phase): 이 단계는 집단의 구성을 의미하며 분석을 위한 구분이다. 사실상 이후의 발달을 위한 필요조건인 것이다.
- 형성단계(Formative Phase): 성원들이 관심의 유사성과 상호성을 찾아서 1차적 활동을 하는 단계다. 이 단계에서 집단의 목적에 대한 동조 회원 간의 유대 탄생, 그리고 어떤 조직과 유사한 것이 나타난다.
- 중간 I단계(Intermediate Phase I): 집단의 응집력이나 목적에 명확성 그리고 회원들의 목적지향적 활동 등이 적당한 수준에 도달하는 단계다.
- 수정단계: 현존하는 집단구조나 목적 또는 집행절차 등에 변화와 수정이 일어나는 단계다.
- 중간 II단계(Intermediate Phase II): 수정단계 뒤에 오는 것으로, 집단이 점차적으로 성숙해 나가면서 중간 I단계와 같은 성격이 다시 나타난다. 그러나 동일성과 안정도가 중간 I단계보다 높다고 할 수 있다.
- 성숙단계(Maturation Phase): 집단구성, 집단목적, 통치와 운영의 절차 등에 안정도가 높으며 집단문화의 확대 그리고 내적 · 외적 압력에 대한 효율적인 반응 등이 존재하는 단계다.
- 종료단계(Temination Phase): 목적을 달성하거나 계획된 기간이 다 되었거나 또는 적응이 모자라거나 통합력이 결여되었거나 함으로써 집단의 해산이 초래되는 단계다.

② 단계별 사회복지사의 개입전략

전문적 개입에 대한 요구는 집단발달단계마다 다르며 전문가의 집단발달단계에 대한 이해력과 지도력은 집단 속에서 개인의 치료 목적을 달성함에 매우 중요한 요소다. 전문가의 개입에 대하여 집단발달단계를 구분한 학자의 견해는 각기 다르며, 이것을 하나의 도표로 정리하면 다음과 같다.

실제적으로 각 단계별로 개입해야 할 전문가의 구체적 활동은 〈표 9-2〉와 같다.

〈표 9-2〉 단계별 전문가의 활동

트롭 (E. Tropp)	노즌 (H. Northen)	슈바츠 (W. Schwartz)	글래서 (P. Glasser) 가빈 (C. Garvin)	빈터 (Vinter)	사리 (R.Sarri)
시작단계	초기단계 (준비단계)	조절단계	접수단계	접수단계 진단과 치료계획	접수, 선별 진단
초기단계	초기단계 (오리엔테이션 탐색과 시험)	시작단계	표적선택과 형성, 개인과 체계 변화계획	집단구성과 형성	집단형성 응집력집단 수정 후 집단유지
중기단계	중간단계	중간단계	변화계획의 집행과 평가	치료단계	집단과정 안내 집단의 유지
종료단계	종료단계	종료단계	종료단계	평가와 종료	종료단계

- 준비단계: 집단에 맞춘 개인의 목적을 결정하고 개별회원과 집단지도에 대해서 타협을 하고 회합의 빈도, 시간과 장소, 기타 활용할 수 있는 자원 등 집단치료 유형들에 관계되는 기본적 요소를 결정한다.
- 초기 I단계: 회원들의 집단에 대한 매력양성, 치료를 촉진하는 집단규범의 창설과 후원, 일반적 목적과 회원 각자의 목표를 제한하는 범위의 결정, 개방적이고 융통성 있는 리더십 구조의 유지, 회원 간의 인간적 유대 양성, 프로그램 활동의 계획, 리더십 구조의 수정, 회원의 역할수행 후원, 효율적인 운영 절차 발달을 위한 격려 등이다.
- 초기 II단계: 집단이 전 단계까지 유지해 온 의사조직의 개선, 집단규범과 운영절차의 수정, 집단 응집력의 유지, 이 단계는 초기 I단계의 수정단계로 보는 것이다.
- 중간단계: 집단의 내적 · 외적 압력을 극복하도록 돕는다. 집단규범, 집단목적, 진행절차, 통제기제, 집단구조에 영향을 주도록 개입하여 집단으로 하여금 활동을 계속하여 회원이 서로 도움을 줄 수 있는 능력

을 증대시킨다.

- 종료단계: 집단의 목적, 기관의 정책, 활동기간, 종류의 기준들을 참조하며 각 개인과 집단이 어디까지 와 있느냐를 전체적으로 평가한 후 나머지 기간을 최대로 활용하게끔 계획, 집단의 과제를 완성하고 전체 경험을 평가하고 실제로 얻을 것이 무엇이고 아직 남은 문제가 무엇인지 확인하고, 헤어지고 난 후 장래에 대해 생각한다. 개인과 집단에 대해서 철저한 평가가 이루어져야 한다.

5) 집단사회사업 개입방법

집단개입방법으로는 사회적 기능과 개입의 초점을 기준으로 사회적 목표모델, 상호작용모델, 치료모델로 구분된다. 집단사회사업모델 비교는 〈표 9-3〉과 같다.

(1) 사회적 목표모델

사회적 목표모델(Social goals model)은 초기 집단사회사업 목표 성취의 기본적 모델이며 중심 개념은 사회적 의식과 사회적 책임감이다. 사회적 목표모델은 선량한 시민 양성에 목적을 둔 인보관과 청년단체의 집단사회사업으로부터 성장했다. 이 모델에서 각 개인은 시민참가, 보다 훌륭한 사회인 민주적 과정 습득을 추구한다. 사회적 목표모델은 민주주의와 지역사회의 정의를 유지하고 발달시키려는 데 목적을 두고 있으며, 집단성원들의 주요한 과업 중의 하나는 사회적 의식과 사회적 책임을 발전시키는 것이다. 이 모델은 지역사회 내의 범죄, 빈곤과 같은 문제를 다루기 위해서 자주지역복지관이나 시민조직 그리고 보건 또는 복지위원회 등에서 활용된다.

집단사회복지사는 집단 내의 사회의식을 개발하기 위해 영향력 있는 사람으로서 그리고 사회적 책임의 가치를 심어 주고 책임 있는 시민으로서 적합한 행동 형태를 자극하고 강화하는 역할모델로서 기능한다. 또한 이

〈표 9-3〉 집단사회사업모델 비교

특 징	사회적 목표모델	치료모델	상호작용모델
주과제	필요한 자원 제공과 사회적 붕괴의 예방(비공식적 정치 및 사회행동)	사회적 사고 및 위험으로부터의 회복과 재활(집단 매개체를 통한 치료)	앞의 두 모델의 조합(문제해결을 위한 상호원조체계의 개발)
장기적 목적	보다 나은 민주사회 건설	개개인의 사회적응 향상	개인과 사회의 조화
구체적 목표	1. 소속감의 증대, 민주적 참여에 대한 훈련 2. 처음에는 전문가에 의해 집단목표가 결정되나 점차 그 책임은 집단에게 이양	1. 집단상호작용을 활용하여 역기능 행동을 하는 성원의 치료와 재활 2. 세부적인 집단목표를 전문가가 사전에 결정	1. 적정수준의 적응과 사회화를 성취하기 위해 성원 간의 상호 원조체계 형성, 대인관계 향상 2. 집단목표의 결정을 전문가와 회원이 공유
개입 장소 및 기관	회원이 있는 가정, 인근지역, 인보관, 지역사회복지관	임상기관, 사회복지기관 및 시설	임상기관, 사회복지관(집단목표에 따라 다양함)
초정	개인의 성숙과 민주시민의 역량 개발	개인적인 역기능 변화	성원 간의 자조, 상호원조체계 개발
지도자 역할	'영향력을 끼치는 자'(influencd person)의 역할: 바람직한 역할모델을 제시	전문적인 '변화 매개인'(change agent)의 역할	'중재자(mediator)'의 역할
대상	시민, 이웃, 지역주민	역기능 또는 문제의 해결을 위해 도움을 필요로 하는 자	공동관심사의 성취를 위해 협력하는 구성원
집단 활동	토론, 참여, 합의, 집단과제의 개발 및 실행, 지역 사회 조직화, 성원의 사회행동 기술 습득	성원의 행동변화를 일으키기 위해 구조화된 개입을 하거나 직접적·간접적 영향력을 발휘	관심사를 토론, 상호 원조 형성, 상호이익이 되는 결속된 사회체계의 형성
집단 크기	3~25명 정도	7~10명 정도	상황에 따라 유동적
신입 회원의 가입	개방적이며, 누구나 친구가 될 수 있다.	전문가의 통제	전문가와 회원의 동의에 의한 자유로운 가입
회합 기간	지도력 유형에 따라 유동적	정기적이며, 시간사용 계획을 사전에 설정	유동적, 지도자와 성원이 합의
대표 학자	Ryland, Wilson, Coyle, Klein	Vinter, Sarri, Glasser, Redl	Schwartz, Bion, Lewin, Tropp

자료: 남세진, 조흥식, 1997: 44-45.

모델은 민주적 집단과정을 중요시하므로 소집단 내에서 민주주의적 참여를 통한 학습이 가능하도록 집단 내의 민주적 절차를 개발하고 유지하는 사회복지사의 역할도 중요시한다.

오늘날 사회복지관의 '지역환경지킴'이나 공공주거단지에서 주민들이 범죄에 대항하기 위해 조직된 집단이 여기에 해당한다.

(2) 상호작용모델

상호작용모델(Reciprocal model)은 집단성원과 사회 간에 공생적인 관계를 통해 집단성원들의 요구와 문제를 해결하는 것에 초점을 둔다. 즉, 집단을 통해 개인기능과 사회기능을 향상시키는 대표적인 집단이 가정폭력 피해자 집단, 에이즈환자 집단 등이다. 이 집단 속에서 성원들은 서로를 지지하고 재보증을 통해 자신들의 인생을 통제하도록 도움을 받는다.

중간모델 또는 인본주의모델로도 불리는 상호작용모델은 개별 성원과 집단 간의 상호관계에 초점을 둔다. 이 모델에서는 집단활동 시작 이전에 특정한 목표를 설정하지 않으며, 집단사회사업 과정을 통한 상호작용 중에 목표가 설정된다. 일반적으로 지지집단이라 불리는 집단이 상호작용모델의 개념에 속하며, 이 모델에서 사회복지사는 개인과 집단이 상호원조체계가 되도록 중재하는 역할을 한다. 사회복지사는 구성원들과 권력을 공유하고 집단에 대한 통제권을 공유하도록 요구된다.

(3) 치료모델

치료모델(Remedial model)은 개인이 치료를 위한 도구로 집단을 활용하는 모델이다. 집단은 개인의 목적을 달성하는 하나의 방법이나 관계상황으로 집단과정을 통한 변화는 그 자체가 목적이 아니라 개인의 치료와 재활을 위한 수단이 된다. 알코올중독자들의 회복집단, 정신치료집단 등이 대표적인 예다.

역사적 맥락에서 볼 때 치료적 모델의 발전은 집단사회사업이 전문사회복지실천에 통합될 수 있게 하였다. 치료모델은 사회적 기능수행에 뚜렷한 문제가 있거나 문제발생의 위험이 높은 개인에게 원조하는 것을 강조하는 임상모델이다. 집단사회복지사의 역할은 전문가와 집단성원 간에 개별적으로 계약된 치료목표에 기초하여 지시적이고, 계획적이며 목표지향적이어야 한다. 치료모델의 초점은 집단을 활용하여 개인을 치료하는 것으로, 집단은 개인의 목적을 달성하기 위한 도구 또는 상황이며, 집단구조와 집단과정에서의 변화는 그 자체가 목적이기보다는 목적달성을 위한 수단이다. 이 모델은 신체적으로나 정신적으로 장애를 가진 사람, 법률상의 범죄자, 격리되거나 소외된 사람을 위하여 교정시설, 병원, 가족서비스기관 등에서 활용된다.

치료모델에서 집단성원은 전문가의 치료계획에 따라서 진단에 의해 구성되며, 사전에 사회복지사는 집단성원 개개인의 욕구와 집단의 욕구를 구체적 목표 달성과 관련시켜 개입전략을 결정하고, 이에 따라 집단 세션의 내용을 미리 구조화해야 한다.

2. 가족치료

1) 가족치료의 정의

가족치료란 가족을 하나의 체계로 보고, 그 체계 속의 상호교류 양상에 개입함으로써 개인의 증상이나 행동의 변화를 가져오도록 추구하는 치료접근방법이다. 가족치료에서의 개인의 문제는 그 개인의 내적인 문제로서만이 아니라 그를 둘러싼 전체 가족이라는 맥락 속에서 이해하여야 하며 개인과 가족 전체 사이에 존재하는 고정된 상호작용 양상을 변화시키려고 노력하는 것이 가족치료다. 가족치료에 영향을 끼친 가장 중요한 이론은 사회체계이론이다. 사회체계이론에 기초를 제공하는 버털란피(Ludwing Von Bertallanffy)의 일반체계이론(general system theory)과 와이너(Weiner)의 인공두뇌학(Cybernetics)에서의 가족치료의 주요 개념들은 다음과 같다(이화여대 사회사업학회 편, 1995: 79).

2) 주요 개념

(1) 항상성

항상성(homeostasis)이란 현재 상태를 유지하고 변화에 저항함으로써 평형상태가 균형을 찾으려는 체계 내의 경향성을 의미한다.

1932년 캐넌(Walter Cannon)이 심리적 차원에서 상대적 불변성을 설명하려고 항상성의 개념을 처음으로 심리학에 소개하였다.

가족치료에서는 잭슨(Jackson)이 1957년에 처음으로 항상성 개념을 소개하고 병리적 기제와 체계를 이 개념으로 설명하였다. 병리적 체계란 지나치게 완고한 것, 융통성이 부족한 것, 제한된 잠재력 등의 속성을 갖고 있는 것을 의미한다.

일단 형성된 체계과정은 같은 과정을 지속하려는 경향이 있다. 어려움이나 부적응도 가족들에게는 익숙하며, 변화가 좋은 것이라도 변화에 대해 정서적 위협을 느끼며, 주저하고 거부하고 저항한다. 그러므로 유사성, 안정성, 지속성, 안전성 등은 변화에 대한 장애로 간주하고, 저항은 변화에 대한 정상적인 것으로 본다.

항상성의 개념을 규정하는 것은 단순하지 않으며, 체계유지와 체계변화의 양 측면을 동시에 고려하여야 한다. 항상성은 변화함으로써 안정성을 유지하는 과정이라고 보는 동시에 안정성을 유지하기 위하여 변화를 하는 과정이라고도 할 수 있기 때문이다. 따라서 가족치료에서 항상성은 체계가 건강한 상태로 유지되는 형태를 의미하는 것은 물론 병리적으로 고착된 상태를 말한다. 항상성 개념을 근거로 할 때 변화는 잘못 형성된 항상성을 깨고 새로운 항상성을 형성하는 것이다.

(2) 삼각관계

가족성원이 정서적 관계를 맺을 경우, 두 사람으로 구성된 이인체계는 불안이나 긴장이 유발되는 경우가 많기 때문에 안정을 유지하기가 어렵다(Bowen, 1966: 356). 따라서 두 사람 사이에 수용하기가 어려운 문제가 생기면 이인체계는 긴장을 줄이려는 희망으로 세 번째 요소인 제3자나 문제를 끌어들여 삼각관계(triangulation)를 형성한다. 가장 보편적으로 인식되는 삼각관계에는 아버지, 어머니 그리고 자녀 세 사람의 삼각관계를 들 수 있다. 때로는 부부와 알코올이라는 문제로 삼각관계를 형성하기도 한다. 또는 가족치료자가 삼각관계의 대상이 될 수도 있을 것이다. 특히 두 사람이 치료를 받게 되는 부부치료에서는 이러한 현상이 더 자주 일어날 수 있다. 이처럼 삼각관계는 이인체계 속에서 긴장을 느끼는 사람이 제3자나 문제에 관심을 가지면서 생겨나게 된다. 그리고 때로는 두 사람 모두가 삼각관계의 제3의 요소가 제공하는 이익을 얻으려고 투쟁하기도 한다.

가족관계유형에서 잘못된 삼각관계가 존재할 수 있다. 잘못된 삼각관계는 어떤 병리적인 문제를 초래할 수 있는 잠재적 요소를 가지고 있기 때문에 때로는 체계의 갈등과 해체를 초래할 수도 있다. 잘못된 삼각관계의 전형적인 유형은 부모 세대와 다른 세대에 속하는 자녀가 만들어 내는 것이다. 세대가 다른 두 사람은 한 사람의 가족성원에게 대항하기 위해 연합한다. 예를 들면 남편과 갈등관계에 있는 어머니가 큰아들에게 아버지의 역할을 기대함으로써 생기는 삼각관계를 생각할 수 있다. 그러나 객관적인 상황에서 본다면 어머니와 아들은 분명히 연합하고 있지만, 이들은 자신이 연합하고 있다는 사실을 인정하지 않는다. 만일 이러한 연합의 상태가 계속되며, 연합한 당사자들은 자신들이 연합을 계속 부정한다면 이와 같은 관계유형은 정형화된 것이며 결국은 병리적인 상황으로 나타나게 된다.

가족 삼각관계는 삼각과정을 통하여 제3자나 대상이 반드시 개입되는 것은 아니다. 그리고 보통 많은 대안들이 삼각관계를 형성하기 위해 사용된다. 따라서 삼각관계가 항상 가족병리의 지표가 되는 것이 아니라는 점을 인식해야 한다. 예를 들어 긴장된 정서적 관계를 가진 부부는 교회활동과 같은 가족 이외의 활동에 관심을 가질 수 있는데, 이러한 가족 이외의 활동에서 긴장을 해소함으로써 오히려 친밀한 부부관계를 발전시키는 데 도움이 될 수도 있을 것이다. 즉, 긴장을 일으키는 어떤 에너지의 방향을 변화시킴으로써 부부는 보다 정상적인 기능을 유지할 수 있다. 그러므로 어떤 상황에서 삼각관계는 가족의 역기능을 일으킬 수도 있지만 때로는 보다 자유롭고 효과적으로 기능하도록 하는 대안이 될 수도 있다.

(3) 가족규칙

잭슨(D. Jackson)에 의하면 가족은 규칙에 지배되는 체계라고 한다. 즉, 가족성원은 조직화된 반복적인 방법으로 행동하여, 그러한 행동의 유형화가 가족생활을 지배하는 원리로 보여질 가능성이 있다. 그는 반복적인 가족기능을 만들어 내는 가족이 공유하는 규범이나 가치관의 기제를 가족규칙이라고 정의하였다. 예를 들어, 어떤 가족은 의견의 불일치가 갈등이나 폭력을 증폭시킬 위협이 있다고 생각하여 의견불일치를 금지하는 가족규칙을 가지게 된다. 또 다른 가족은 친밀한 감정은 결코 표현되지 않는다는 가족규칙을 가질 수도 있다. 이러한 가족규칙은 가족성원의 행동을 관찰함으로써 파악할 수 있다. 예를 들면 의견의 불일치가 가족의 안정을 위협한다고 생각하는 가족은 어떤 희생을 하더라고 겉으로는 조화를 이룬 것처럼 행동한다. 그러나 가족규칙은 내재적인 불문율처럼 기능하므로 치료자와 달리 가족 자신들은 가족규칙을 찾아내지 못하는 경우가 많다. 밀란모델의 가족치료에서는 가족규칙은 종종 어떤 의식으로 가족이 실행하도록 처방되기도 한다. 그들은 그러한 과정을 통하여 그와 같은 행동양식이 소멸된다고 보기 때문이다.

(4) 가족신화

가족신화(family myth)란 가족구성원 개개인 그리고 그들 사이의 관계에 대한 기대와 공유된 믿음으로 구성된 것이다.

가족신화의 특징은 모든 가족성원이 아무런 의심없이 공유하는 믿음과 기대라는 점이다. 그러므로 가족성원은 심사숙고하지 않은 채 신화에 대해 자동적으로 합의한다.

가족신화는 가족성원의 행동을 결정해 줄 뿐만 아니라, 특정한 가족관계를 나타내 주기도 한다. 가족신화가 때로는 가족의 항상성을 유지하는 데 기여하기도 하며, 때로는 가족관계를 파괴할 정도로 위협적이고 강도 높은 긴장을 유발시키기도 한다(Watzlawick, Beavin, & Jackson, 1967: 127).

가족신화에 집착하면 가족은 새로운 시도보다는 오히려 관계가 변화되는 것을 저해하며 가족이 습관적으로 기능하도록 조장한다. 가족신화를 알아내기 위해 가족이 어떤 행동의 결과에 대한 원인을 어디에서 찾으려 하는가를 파악하는 것이 도움이 된다. 가족신화는 가족치료 목표를 정하고 가족의 저항을 최소화하는 데 중요한 역할을 한다.

(5) 가족의식

결혼식, 생일파티, 장례식 등의 가족의식(family ritual)은 가족의 발달적 전이와 변화를 촉진시키는 등 가족생활에 중요한 역할을 한다. 가족의식에는 역기능적 구조의 가정에서 보이는 일상적인 상호작용 양상과 설날이나 추석 같은 명절이나 생일날 전형적으로 보여 주는 활동이 포함된다. 특히 폭력적인 가족성원이 있는 경우는 오랜 세대에 걸쳐서 파괴적인 가족의식이 전수되는 경우가 있으므로 이러한 점을 파악하는 것은 중요하다. 의식이란 가족문화의 핵심적 요소로서 대부분 세대를 통하여 전수된다.

가족의식을 알아보기란 그렇게 복잡한 것은 아니다. '쉬는 날 가족이 함께 뭔가 하는 일이 있나요?, 생일날 가족은 당신을 위해 어떤 일을 하나요?'라는 간단한 질문을 통하여 가족의식을 파악할 수도 있다. 또는 면접에서 어린 시절의 사진이나 기념이 되는 물건 등을 가져오도록 하여 설명하게 함으로써 파악할 수도 있다. 그러나 때로는 이와 같은 표면적인 의식뿐만 아니라, 혼란스럽거나 포기한 의식에 대한 가족의 반응, 특히 감정적 반응을 파악하는 것이 중요하다.

(6) 가족하위체계

가족체계는 하위체계로 분화되고, 하위체계를 통해 가족체계의 기능을 수행한다. 개인은 가족의 하위체계다. 남편과 아내, 어머니와 자녀와 같은 2인군도 하위체계가 된다. 가족들은 위계질서에 따라 배분된 지위와 역할을 근거로 하위체계를 조직하여 기본적인 기능을 수행한다.

하위체계는 가족구조의 구성요소이며, 하위체계는 전체적인 가족체계의 기능을 위해 다양한 가족의 관계를 수행한다. 각 가족성원들은 동시에 몇 개의 하위체계에 소속되어 있으며, 가족은 하나의 단위로서 수의 제한 없이 각 구성원들을 조직할 수 있다. 가족성원들은 다른 하위체계에서 다른 수준의 세력을 가질 수 있고, 다르게 역할을 수행하고, 다른 기술을 사용할 수 있으며, 가족 안에 있는 다른 하위체계 내의 구성원들과 다르게 상호작용할 수 있다.

하위체계는 구성원들의 경계와 규칙에 의해 규정된다. 경계는 누가 참여하고 참여자들이 어떤 역할을 할 것인가를 결정하며, 하위체계에 속하지 않은 외부사람들을 구분하여 다룰 수 있게 한다.

가족의 하위체계에는 부부하위체계, 부모하위체계, 형제하위체계, 부모-자녀하위체계 등이 있으며 각각의 하위체계는 고유의 기능과 특성을 가지고 있다.

(7) 가족경계

경계선은 가족규칙에 의해서 형성된 구성원 간에 흘러가는 정보를 규정하는 것에 의해서 만들어진다. 즉, 두 하위체계 간의 경계선에 의해 어떤 하나의 하위체계에서 다른 체계로 정보가 흘러가는 것이 통제되거나 규정된다. 개인과 개인 사이나 하위체계와 하위체계 사이의 경계가 어떠한지에 따라서 애매한 경계선, 명료한 경계선, 경직된 경계선으로 구별된다. 가족이 자신들의 생각이나 감정들을 나누어 갖지 않고 개인적이라면 그 가족성원은 경직된 경계선을 가지고 있다. 또한 애매한 경계에서는 가족들은 모든 정보를 공유하여 모든 문제에 지나치게 얽혀서 필요 이상의 관여를 하게 되며, 문이 닫혀져 있지 않는 것을 의미한다. 명료한 경계를 가진 가족은 남편과 아내는 자녀들이 부부하위체계에 지나치게 참여하는 것을 허용하지 않는 불침투성 경계선을 가지고 있다. 그러나 남편과 아내는 아버지와 어머니의 역할 안에서는 자녀와 여러 가지 관여를 하게 된다. 즉, 부부가 부모의 하위체계로서 자녀에게 용기를 주며 때로는 함께 하여 그들을 인정하고 포함시키거나 침투하는 것을 허용하기도 한다. 이와 같이 명료한 경계선을 가진 가족의 경우에는 경계가 유연하다. 이처럼 가족 경계의 특징은 가족 안에서 정보가 어떻게 흘러 들어가며 가족체계와 하위체계에 참가자를 포함시키느냐 또는 배제시키는가와 관련이 있다.

(8) 격리와 밀착

격리와 밀착(disengagement & enmeshment)이란 가족이 서로 얼마나 관여되어 있는지의 여부를 파악하는 개념이다.

명료한 경계선을 주로 하는 가족은 정상적인 가족일 것이다. 애매한 경계선을 주로 하는 가족은 가족체계에 참가하는 규칙이 애매하기 때문에 그 구성원은 모든 문제에 관해서 서로가 지나치게 얽혀 필요 이상으로 관여하게 된다. 이러한 가족을 일반적으로 밀착된 가족이라고 부른다. 반대로 경계선이 경직된 경우는 구성원은 뿔뿔이 흩어져 버리는데 이러한 가족을 격리된 가족이라고 부른다.

경계선의 개념은 가족이 서로 얼마나 관여하고 있는지를 측정하는 데 유용한 도구다. 그리고 격리와 밀착은 가족성원의 개인적 정체감의 강도와 가족의 친밀함의 수준을 알려 주는 중요한 지표가 되기도 한다. 밀착이 약한 가족들은 종종 침묵하고 위축되어 있으며 서로 고립되어 있고 친밀성이 부족하다. 때로는 진정한 의미에서 정서적으로 친밀하지 않으면서 친하다고 주장하는 거짓 친밀성이 중요한 가족신화로 관찰되기도 한다. 정서적으로 서로 관여되지 않으면 의사소통의 통로를 막는 경우가 많다. 격리된 가족은 경계선이 경직되거나 부모와 연합하는 정도가 낮아서 부모에 대한 존중감이 낮게 된다. 이처럼 부모와의 밀착 정도가 낮으면 다른 강력한 연합을 추구할 수도 있는데, 비행청소년들이 유사가족과 같은 깡패집단에 몰입하게 되는 것이 바로 좋은 예다. 격리는 자신들의 지각을 왜곡시키는 안개와 같으므로 가족치료자는 가족의 정서적 분위기를 고양시키면서 이를 조심스럽게, 서서히 제거해야 한다.

(9) 부모화

부모화는 가족을 사정할 때 자주 사용되는 개념으로 부모화(parentification)란 어떤 자녀가 가족 내에서 부모나 배우자의 역할을 대신 수행하는 것을 의미한다. 부모의 권한이 자녀에게 분배되는 것은 대가족, 편부모가족, 맞벌이부부가족에게 있어서는 자연스러운 현상이다. 부모화된 아이는 체계가 잘 기능하는 가족에서 자신의 나이 이상으로 책임감, 능력, 자율성 등을 발전시킬 수가 있다. 그러나 대부분의 경우 한쪽의 부모가 적절한 역할을 하지 못한다고 생각할 때, 부모의 대용물로 부적절한 역할수행을 하는 경우가 많다. 부모의 역할을 대신 수행하는 자녀는 정서적 · 지적 · 신체적으로는 부모의 역할을 할 준비가 되어 있지 않음에도 불구하고 부모의 역할이나 책임감을 수행해야 하는 경우가 많다. 이러한 경우는 대부분 자신들에게 기대되는 역할이 그 자녀가 아이로서 가지고 있는 욕구와 서로 상충될 수 있으며, 이러한 요구는 그가 가진 능력으로서는 달성할 수 없을 때도 있을 것이다. 결과적으로 심리적 압박감을 느끼게 되며 아이가 달성해야 할 다른 측면의 발달과업은 제대로 수행하지 못하게 되는 위험성을 가진다.

부모화를 측정하기 위해서는 자녀가 부적절한 역할수행을 하는 빈도, 기간, 상황, 영향 등에 대해 주의를 기울여야 한다. 심한 경우 부모화는 형제간의 경쟁, 신체적 폭행이 동반되는 경우도 있다.

3) 기능적 가족과 역기능적 가족

기능적 가족의 특성은 다음과 같다.

첫째, 하위체계의 경계선이 명확하지만 이것은 가족의 요구에 따라 변할 수 있다.

둘째, 가족규칙은 명확하며 공평하게 이루어진다. 또한 규칙은 가족상황에 따라 변할 수 있다.

셋째, 가족성원은 자신들의 역할을 명확히 이해한다.

넷째, 각 개인의 자율성은 존중되면서도 전체로서의 가족이 유지된다.

다섯째, 의사소통은 자유롭고 명확하며 직접적이다.

역기능적 가족의 특성은 다음과 같다.

첫째, 하위체계의 경계선이 경직되거나 혼란되어 있으며, 가족의 요구에도 변화하지 않는다.

둘째, 가족규칙이 명확하지 않으며 경직되어 있다. 또한 가족의 행동이나 방법에 규칙을 가지고 있지 않다.

셋째, 역할은 경직되거나 명확하지 않아서 가족성원은 자신에게 요구되는 기대가 무엇인지 잘 알지 못한다.

넷째, 개인의 자율성은 가족 전체를 위해 희생되거나, 반대로 가족이 통합되지 못해 지나친 자율성이 요구된다.

다섯째, 의사소통은 애매하고 간접적이고 권위적이다.

4) 정신역동적 가족치료

정신역동적 가족치료(Psychodynamic Family Therapy)란 가족을 대상으로 정신역동적 치료를 하며, 체계적 가족치료에 정신역동적 통찰과 개입을 선택적으로 도입하는 것이라고 할 수 있다.

치료목표는 가족성원을 무의식적 제약에서 벗어나게 하여 과거의 무의식적 이미지보다는 현실에 기초하여 가족이 건강한 개인으로서 서로 상호작용할 수 있도록 돕는 것이다.

(1) 치료기법

정신역동적 가족치료는 치료자가 클라이언트들의 행동의 변화를 파악하고 분석하는 데 관심을 가지며, 보다 큰 관계체계도 다루며, 정신 내적인 것, 성원 간의 역동성도 고려한다.

① 비지시적 기법

대부분의 가족치료자들은 비지시적 기법을 사용한다. 그들의 기본적 자세는 방해를 최소화하고 불필요한 개입을 배제하면서 개인의 반응을 면밀히 검토한다. 그리고 지시나 충고는 극도로 제한하고, 가족들의 생활은 거의 조정하지 않는다.

가족성원들이 자신의 마음속에 있는 것을 언어화하면, 치료자는 언급된 것을 욕구, 방어, 자아상태, 감정전이의 파생물로 간주하여 분석한다.

② 감정정화기법

정신역동적 가족치료는 해결되지 못한 가족의 비밀을 명확히 하는 것이다. 이것이 분노나 슬픔이라도 감정을 표현하게 하여 가족이나 개인의 내면에 숨긴 것을 정화하는 것이다.

5) 구조적 가족치료

미누친(Savador Minuchin)은 가족의 생활역사는 계속적으로 경험하는 것으로 보았다. 구조적 가족치료에서는 가족을 체계로 보고, 또한 통합된 전체로 보았다. 지역사회에 속해 있는 가족구성원은 하위체계이며 하위체계는 가족의 기본적 구조와 상호교류에 영향을 준다.

구조적 가족치료는 가족을 재구조화(restructuring)함으로써 가족이 적절한 기능을 수행할 수 있도록 돕는 방법이다.

치료의 궁극적인 목표는 가족체계의 상호교류 규칙을 재구조화하고, 가족성원들이 서로 반응하는 방법을 바꾸며, 좀 더 만족하는 방법을 배우고,

미래의 갈등과 스트레스를 극복할 수 있도록 하는 것이다(Goldenberg & Goldenberg, 1991: 182).

(1) 주요 개념

① 하위체계와 경계

하위체계와 경계는 가족치료의 주요 개념에서 이미 상술되고 있으므로 이 부분에서는 간단하게 서술한다.

가족은 세대, 취미, 관심, 성별 등에 의해 가족 내에서 하위체계(sub-system)를 구성하게 되는데 대표적인 하위체계로는 부부하위체계, 부모하위체계, 형제하위체계가 있다. 각 하위체계는 경계(boundary)를 가지고 있고 다른 체계와 구별되는 기능을 수행하게 된다.

사회복지사는 가족 내 각 하위체계의 경계를 만드는 역할(boundary-maker)을 수행하게 된다.

② 제휴

제휴(alignment)란 가족성원들이 상호 간에 형성하는 정서적 · 심리적 연결을 의미하며 이것은 역기능적으로 될 수도 있다고 본다.

제휴는 가족의 상호작용과정으로 가족체계의 한 개인이 다른 개인과 협력관계 또는 상반된 관계를 가지는 것이다. 즉, 제휴란 다른 가족성원이 활동하고 있는 것에 대하여 지지하거나 반대하는 방법에 관한 것이다. 연합(coalition)은 두 사람이 제3자에 대항하기 위해 제휴하는 것이고, 동맹(alliance)은 두 사람이 제3자와는 다른 공동의 목적을 위해 제휴하는 것이지만 반드시 제3자와 적대관계에 있지는 않다.

③ 권력

권력(Power)이란 각 가족성원들이 활동하는 것이 상호 간에 영향을 미치는 것에 관한 개념이다. 가족 안에서의 권력은 결정하는 사람의 권위와 결정한 것을 수행하는 책임을 가지고 있다.

권력이란 개개인이 가족성원들의 상호작용 과정을 통하여 다른 사람에게 미치는 영향력으로 절대적 권한을 의미하는 것이 아니라 가족성원이 서로 적극적 교류를 하는가, 소극적 교류를 하는가에 따라 달라질 수 있다.

권력에 따른 행동양식은 누가 적극적인가 또는 수동적인가, 자발적인가, 마지못해 하는가, 영향력을 행사하는 사람에게 순응하는가, 가족성원들의 기능 영역이 무엇인가에 따라 다르게 나타난다.

(2) 치료기법

① 실연

실연(enactment)이란 치료자가 가족성원들에게 실제로 실연하도록 하는 것과 가족성원들의 위치를 재배치하는 것을 의미한다. 이러한 실연을 통하여 다양한 상호작용 유형을 관찰하고, 갈등을 해소하고, 동맹이나 결탁을 하고 스트레스를 발산하게 한다. 또한 가족위치를 재배치함으로서 경직된 경계선을 완화하거나 지나친 간섭을 차단시킨다. 즉, 실연이란 가족갈등을 치료상황으로 가져와 성원들이 어떻게 갈등을 처리하는지 보고 그 상호작용을 수정하고 구조화하는 것이다.

② 경계 만들기

하위체계의 경계가 경직되어 있거나 혼돈되어 있을 때 역기능적인 상호교류 유형의 문제가 발생한다.

개별적인 경계를 만들기 위해 치료세션에서 다른 성원의 말을 경청하고, 서로 이야기는 하지만 다른 사람의 질문에 절대로 대신 대답해 주지 않기, 본인이 없는 곳에서는 이야기하지 않기 등의 가족규칙을 숙지하도록 하고, 이를 지키도록 하여 개인의 경계를 만든다.

하위체계의 경계는 하위체계의 상호작용을 촉진할 수 있는 과업을 주거나 때에 따라서는 하위체계별로 치료작업을 하여 만들어 준다.

③ 긴장고조

가족 내의 긴장을 고조시킴으로써 대안적인 갈등해결방법을 사용하도록 돕는 것을 긴장고조라 한다.

긴장을 조성하는 전략은 상호교류 유형의 차단, 가족성원 간의 차이를 강조, 은폐된 갈등을 조장, 치료자가 가족 내의 제휴나 결탁에 합류하는 것 등이다. 이와 같은 긴장의 고조란 가족 내의 긴장을 고조시킴으로써 대안적인 갈등해결 방법을 사용하도록 돕는 것이다.

④ 과제부여

과제부여란 치료자가 가족이 시도해 볼 필요가 있는 상호작용을 개발하도록 과제를 주는 것을 의미한다.

치료자가 가족성원들에게 과제를 주어 가족의 상호교류를 증진시키고 변화를 제시하기 위하여 사용되는 기법이다.

⑤ 증상활용

증상활용이란 개인의 증상은 문제상황의 표출이므로 환자의 증상을 다루어 역기능적인 가족을 신속하게 변화시키는 기법이다.

증상활용방법으로는 증상에 초점 두기, 증상 강화하기, 증상을 의도적으로 등한시하기, 새로운 증상에 관심을 집중하기, 증상에 새로운 명칭을 붙이기 등이다.

이 외에도 분위기 조작, 지지, 교육안내 등의 기법이 구조적 가족치료에서 활용되고 있다.

6) 전략적 가족치료

전략적 가족치료(Strategic Family Therapy)는 이론보다는 문제해결에 초점을 둔다. 그러므로 문제에 대한 이해보다는 해결방법에 중점을 두며 다양한 실용적인 방법을 사용한다.

전략적 가족치료는 문제해결을 위한 목적달성 방법에 따라 정신건강연구소(Mental Research Institute, MRI)집단, 헤일리(Jay Haley)와 마다네스(Cloe Madanes)접근, 밀란(Milan)모델로 나눌 수 있다.

이 책에서는 헤일리의 전략적 가족치료를 설명하고자 한다.

헤일리는 최면요법을 실시하는 에릭슨(M. Erickson)으로부터 직접적인 치료전략과 기법의 영향을 많이 받았다. 헤일리의 치료기법을 '전략적' 이라 표현한 이유는 인간의 행동이 왜 일어났는지에는 관심이 없으며 단지 행동의 변화에만 관심을 가지기 때문이다. 즉, 문제행동을 변화시키기 위한 다양한 전략에 그 초점이 있다.

전략적 가족치료의 목표는 목표를 최소화하고 현재 제기된 문제가 해결되면 종결한다. 치료자가 보기에 문제가 있다고 보여도 가족이 문제해결에 대한 원조를 요청하지 않으면 치료목표로 설정하지 않는다.

헤일리는 개인의 정신 내적 갈등보다는 관찰이 가능한 행동, 과거보다는 현재, 성장보다는 변화에 초점을 둔다.

(1) 주요 개념

전략적 가족치료는 문제의 원인보다는 그 문제를 지속시키는 것이 무엇인가에 관심을 갖는다. 문제를 지속시키는 행동이 변화될 때 그 문제가 해결될 것이라고 생각하기 때문이다.

전략적 가족치료는 기초적인 세 가지 가정을 가지고 있다.

첫째, 사이버네틱스다. 어려움은 잘못 시도된 해결의 지속이나 정적인 피드백의 확대에 의해서 생기는 만성적인 문제다.

둘째, 구조적인 것이다. 문제는 가족권력이나 가족경계에 연합이 일어난 결과다.

셋째, 기능적인 것이다. 한 개인이 다른 누군가를 보호하거나 통제할 때 나타난 문제는 전체 가족체계의 기능을 돕게 된다.

(2) 치료기법

헤일리의 전략적 가족치료의 기법으로는 지시적 개입과 역설적 개입이 있다.

① 지시적 개입

문제를 해결하는 과정에서 세션의 종결 이전에 가족이 과제를 수행하도록 지시하는 것이다. 지시적 기법은 크게 두 가지로 구분하는데 하나는 다르게 행동하도록 제시하는 것이고, 다른 하나는 계속해서 똑같이 행동하도록 제시하는 것이다(Nichols & Schwarts, 1991: 214). 즉, 사회복지사가 클라이언트나 가족에게 특정 행동을 계속하도록 지시하거나 또는 특정 행동을 하지 않고 다른 행동을 하도록 지시하는 것이다.

② 역설적 개입

역설적 개입은 가족성원들이 저항하도록 하여 변화를 일으키는 치료기법이다.

이 기법은 치료적 목적을 위해 변화하지 말고 증상을 계속 유지하라고 요구하는 사회복지사에게 저항하도록 유도하여 가족들 스스로가 변화하도록 돕는 것이다. 여기에는 증상처방, 제지, 재정의, 가정, 시련기법 등이 있다.

7) 해결중심적 가족치료

해결중심적 가족치료(Solution Focused Family Therapy)는 드 세이저(Stere de Shazer)와 김인수(Insoo Kim Berg)가 발전시킨 접근방법이며 MRI이론에 뿌리를 두고 있다.

해결중심치료는 문제상태에 작은 변화가 있을 시에는 그러한 예외를 해결의 실마리로 본다. 존재하지 않는 것을 창조하기보다는 현재 있는 변화를 확대하는 것이 쉽다는 것이다.

해결중심치료의 목표는 작고 간단하며 현실적으로 성취 가능한 것이어야 하며, 부정적이고 바람직하지 않은 행동을 없애는 것보다 긍정적인 행동을 증가시키는 것에 초점을 둔다.

사회복지사는 가족이 이미 문제를 해결할 수 있는 능력과 자원을 가지고 있다고 전제하고 가족의 강점, 긍정적인 것, 이미 성공한 것 등을 찾아내어 강화하고 확대하는 데 노력한다.

(1) 해결지향적 질문

해결중심치료에서는 치료전략으로 계획적인 해결지향적 질문을 사용하여 목표를 성취하고 있다. 해결중심모델에서는 사회복지사의 유용한 질문을 통해 클라이언트가 자신의 힘과 자원을 이용할 수 있도록 돕는 것이 최상의 방법이라고 강조하고 있다. 구체적인 접근방법은 면접 전 변화에 대해 질문하기, 예외 질문하기, 기적 질문하기, 척도 질문하기, 대처방안(극복) 질문하기 등이다.

① 면접 전의 변화에 대해 질문하기

세이저와 김인수는 치료 이전의 변화를 매우 관심 있게 관찰하고, 이것을 근거로 클라이언트의 잠재능력을 발견하고, 클라이언트 자신이 의식하고 있지 못하는 해결방안을 찾아내는 데 이용하였다. 클라이언트가 치료 전의 변화를 찾도록 질문하고, 찾았다면 사회복지사는 그 변화를 유지하도록 요구한다. 그 다음의 치료면접은 이를 유지하기 위해 수정되고 변화되어야 할 것을 발견하는 것이다.

② 예외 질문하기

문제상황이 아닌 예외적 상황을 찾아내어 그것을 밝혀 준다. 즉, 과거에 성공했던 경험과 현재 잘하고 있는 것을 발견하는 질문을 하는 것이다.

③ 기적 질문하기

기적 질문하기란 문제가 해결된 상태를 상상해 보고, 해결하기 원하는 것들을 구체화하고 명료화하는 데 도움이 되는 질문을 하는 것이다.

'기적이 일어난다면~'과 같은 질문을 통해 클라이언트는 바뀐 현실을 꿈꾸며 희망을 갖기 시작한다. 이 희망을 현실 속에서 수행할 수 있도록 구체적인 정보를 수집하는 것이다.

기적 질문은 문제를 제거시키거나 감소시키지 않고 문제와 분리하여 해결을 상상하도록 하는 것이다.

④ 척도 질문하기

척도 질문은 문제의 심각한 정도를 사정하고, 치료목표 성취 정도를 측정하고, 결과를 구체적으로 평가하는 데 유용한 질문이다.

이 질문은 클라이언트에게 문제의 우선순위, 성공가능성, 정서적 관계, 자아존중감, 문제해결 가능성에 대한 확신, 변화를 위해 투자할 수 있는 노력, 변화를 위한 동기, 진행에 관한 평가 등의 수준을 수치로 표현하도록 하는 질문이다.

⑤ 대처방안 질문하기

이 질문은 클라이언트에게 경험을 활용하도록 하고 새로운 힘을 갖게 하며 클라이언트 자신의 자원과 강점을 발견하도록 하는 데 도움이 된다.

이 질문은 절망적인 클라이언트에게 "그런 절망적인 나날을 어떻게 견디셨습니까?"라고 질문하여 클라이언트가 한 아주 작은 일이라도 그런 상황을 극복하기 위해 한 행동을 격려한다. 이러한 질문을 통해 클라이언트는 성공적인 자신의 내적 자원을 깨닫게 된다.

8) 경험적 가족치료

경험적 가족치료(Experiential Family Therapy)는 휘태커(C. Whitaker)와 사

티어(Virginia Satir)가 가장 알려진 이론가이며 이 밖에 켐플러(W. Kempler), 캔터(D. Kantor), 덜(B. Duhl)을 들 수 있다.

이 책에서는 사티어의 경험적 성장모델을 다루려 한다.

사티어의 접근방법은 한마디로 말하기 어렵다. 그녀는 초기에 MRI에서 일했기에 의사소통 치료자로 알려져 있었다. 그 후 MRI를 떠난 후 인본주의적 개념을 바탕으로 한 에살렌연구소(Esalen Institute)에 재직하면서 성장기법을 개발하였다. 그녀는 자신의 치료적 접근을 치료자와 가족이 함께 힘을 모아 가족의 건강한 교류를 촉진하여 성장을 자극하는 것에 목표를 둔 성장모델이라고 설명하였다(김유숙, 2001: 110).

사티어의 성장모델에서 주요 개념은 가치체계, 자아존중감, 가족규칙, 의사소통 유형 등이다. 그녀는 오랫동안 가족치료경험을 통해 어려운 문제를 가진 가족성원들은 공통적인 역기능적 의사소통 유형이 있음을 발견하고 이들의 개념을 발전시켰다. 그 유형은 회유(placating)형, 비난(blaming)형, 초이성(super-resonable)형, 산만(distracting)형 등이다.

치료과정의 목표는 대인관계의 상호작용에서 상호존중과 신뢰를 할 수 있는 경험을 클라이언트가 직접 하도록 하는 것이다.

(1) 주요 개념

① 자아존중과 자기가치

자기가 자신에게 가지는 애착, 사랑, 신뢰 같은 것을 자아존중 또는 자기가치라 한다. 가족치료의 목표는 가족성원의 자존감을 증가시키는 것이라고 사티어는 주장한다.

모든 인간들은 생존하기 위하여 어느 정도의 자아존중감이 필요하다는 것을 이해할 때 다른 사람들의 행위와 의사소통 유형을 좀 더 이해할 수 있다(Simon, Stierlim, & Wynne, 1985: 315).

② 가족규칙

가족규칙은 가족치료 개념에서 설명하였으므로 간략하게 기술하려 한다.

가족규칙이란 가족구조 내에서 필연적 · 역동적이고 영향력이 강한 행동규범이며, 행동영역 및 내용과 상호작용함에 있어 개인의 행동을 규정하고 규제하는 관계협정이다. 그리고 가족은 규칙의 지배를 받는 체계이며, 가족구성원들은 조직화된 가족체계 내에서 반복적인 행동을 하며, 행동의 유형은 가족규칙에 의해 형성된다(Simon, Stierlim, & Wynne, 1985: 306-307).

③ 의사소통유형

의사소통이란 정보를 주고받는 과정이며, 상호 간에 상대방의 자존심척도를 잴 수 있는 도구다. 모든 의사소통기술과 유형은 어려서부터 부모와 가족들의 훈련과정을 통하여 학습된 것으로 새로운 학습과 필요에 따라 변화할 수 있다는 것을 전제로 한다.

사티어는 문제가 있는 클라이언트들에게서 공통된 역기능적 의사소통을 발견하고 개념들을 발전시켰다(Satir, 1972: 59-79). 그리고 역기능적 의사소통은 자아존중감에 위협을 느낄 때 사용한다고 성장모델에서는 설명한다.

다음의 역기능적인 의사소통은 낮은 자존감을 가진 사람들의 대처양식의 표현이다.

- 비난형: 의사소통에서 비난적인 반응을 하는 사람은 자기주장이 강하고 독선적이고 명령적이고 지시적이다. 잘못을 남의 탓으로 돌리고, 참을성이 없으며 자신이 제일이라고 생각한다. 다른 사람의 충성과 복종을 요구하며, 강자같이 행동하고, 다른 사람을 무시하며, 남의 말을 무시하고, 자신이 상관이라고 생각한다. 즉, 다른 사람이 자신을 힘이 있고 강한 사람처럼 보도록 한다.

  언어적으로는 상대방의 말을 경청하지 않고 비난을 하면서 신체적으로는 근육과 내장기관들이 긴장해 있고, 혈압은 올라가고, 목소리는 딱딱하고 긴장하며 날카롭고 크다. 그리고 내면적으로는 외롭고 성취감이나 성공적인 감정을 갖고 있지 못하고, 자신이 가치가 없다고 생각한다. 어떤 일에 대해 알고 싶은 것보다 자기의 중요성을 나타내는 것에 관심이 있다. 따라서 비난함으로써 상대방이 복종하게 되면 자신이 중요하게 되었다고 생각한다. 그리고 상대방이 계속적·반복적으로 복종하고 회유하는 태도를 취하게 되는 경우 비난적인 형태는 더욱 강화된다.

이 유형의 클라이언트는 타인에 대한 기대로 인해 문제가 야기되므로 그 대부분을 탐색하는 것이 효과적인 접촉방법이다.

- 회유형: 회유형은 의사소통에서 다른 사람이 화내지 않게 하려고 노력하며, 무슨 일이건 상관없이 기분을 맞추려고 애쓰며 아첨한다. 쉽게 사과하고 반대하지 않으며, 언제나 비위 맞추는 말만 한다.

자신의 요구를 분명히 표현하지 못하며, 상대방에게 무엇을 먼저 요청하는 것은 생각도 못하고, 자신은 힘이 없고 가치 없는 존재라고 생각하며 우는 소리를 한다. 회유형은 상대방에게 죄책감을 갖게 하며 상대방이 죄책감을 가질 경우 이것은 자신을 아끼는 증거라고 생각한다. 즉, 회유반응은 다른 사람과 상호작용하는 상황을 존중하지만 자신의 진정한 감정을 존중하지 않으며, 자신의 보호를 위해 자신의 욕구를 숨기는 것이다. 이러한 반응이 계속될 경우 자아존중감은 더 낮아지게 된다.

이 유형의 클라이언트는 감정을 통해 접촉하는 것이 바람직하다.

- 초이성형: 의사소통에 있어 초이성형은 자신이나 다른 사람을 과소평가한다. 그리고 스트레스 상황에서 합리적 수준을 고수하면서 자신과 타인의 감정을 무시하고 상황만 중시한다. 표면적으로는 무감각하고 무심하게 행동하지만 내면적으로는 쉽게 감정에 휘말리고 불안해하며 두려워한다.

말할 때는 정확하게 분석하여 원인을 규명하고, 논리적으로 비판하고 평가하며 자기의 주장을 내세운다. 뜻이 확실하지 않아도 가능한 한 길게 말하고, 지식인처럼 말한다. 초이성적인 사람의 모습은 대체로 조용하고 냉정하며 침착하다.

이 유형의 클라이언트에게는 자신과 타인을 존중하고 수용하게끔 해 주어야 한다. 초이성적인 대처방식을 사용하는 클라이언트에게는 지각체계를 통해서 쉽게 접촉할 수 있다.

- **산만형**: 산만형은 다른 사람의 말이나 행동과는 상관없는 말과 행동을 한다. 또한 상황에 맞지 않는 말을 하며, 비합리적이며, 잘 모르면서 말한다. 주제를 자주 바꾸고 책임이 없는 말을 하며 내용이 산만하다. 다른 사람의 질문을 무시하고, 대화를 하는 중에 입, 신체, 팔, 다리를 계속 움직이며 집중하지 못한다.

  산만형은 내면적으로는 아무도 상관하지 않고, 현재 있는 곳이 자기가 있기에는 적절하지 않다고 생각한다. 그리고 아무도 자기를 걱정해 주지 않으며, 아무도 자기를 받아주지 않는다고 생각한다. 이와 같은 행동을 계속할 경우 무서운 고독감과 자신의 무가치함을 느끼게 한다.

  이 유형은 자기, 타인, 상황 모두를 무시하므로 접촉하기가 어렵다.

  밴맨(Banman)은 이 유형의 클라이언트들에게는 주위에 있는 구체적인 사물들을 관찰하게 하여 주위의 환경구성물들로 인해 안정되고, 경계선을 만들게 되어 신뢰를 형성하게 된다고 하였다(Banman, 2002: 5).

- **일치된 의사소통 유형**: 일치형(congruent) 의사소통 유형은 전달하는 내용과 정서가 일치하는 것을 의미한다. 이때 정서란 목소리의 특성, 얼굴표현, 몸짓, 신체 자세, 음조, 피부색, 호흡 등이 포함된다.

  이 일치형의 의사소통이야말로 자아존중감이 높고 성숙하며, 기능적이고, 책임감이 있으며, 진실한 인간의 의사소통방법이다. 따라서 사티어는 자기가치 수준을 향상시키는 것을 중요한 치료목표로 삼기 때문에 클라이언트가 자신의 역기능적 의사소통과 대처방식, 즉 생존유형을 의식하고 표현하는 경험을 통해 일치적인 의사소통을 하도록 돕는 치료기법을 개발하여 사용하였다.

(2) 개입방법

경험적 가족치료의 목표는 가족의 성장이다. 개인의 증상을 감소시키고 사회적응을 향상시키는 것도 중요하지만 기본적 목표는 내면의 경험과 표현행동이 일치하는 개인적 통합의 증가, 선택에 대한 보다 많은 자유, 덜 의존적이 되는 것, 개인과 가족구성원 간의 욕구와 감정에 대한 자각을 통한 성장이다(송성자, 정문자, 1994: 38).

경험적 가족치료에는 기법이 없으며 오직 인간만이 있을 뿐이라고 한다. 이것은 치료자의 인성에서 우러나오는 치유적 힘 그 자체가 기법임을 의미하는 것이다(정문자, 2003: 25).

사티어는 가족체계를 치료단위로서 중요시하였다. 치료기법으로는 조각, 비유, 역할극, 재구성, 가족도표 등을 많이 사용하였다. 사티어가 주로 사용한 효과적이고 적용이 용이한 기법 가운데 재정의 또는 재구조화, 원가족삼인군치료기법, 가족조각기법 등이 있다. 여기서는 재정의와 원가족삼인군치료기법을 소개한다.

① **재정의**

재정의는 클라이언트나 가족의 세계에 대한 내면의 준거틀(paradigm)을 변화시키는 데 사용하는 기법이다.

이 기법은 가족이 지각하고 있는 맥락을 바꾸어 가족의 지각을 변화시키려는 치료적 의도다. 예를 들면 가출청소년 문제를 사춘기 자녀의 독립의 의지로 재정의하면 증상은 물론 부모자녀관계에서도 새로운 관점을 제공하는 것이 된다.

② 원가족삼인군치료

가. 1단계: 원가족 도표 작성

가족구성원의 성격, 자존감, 의사소통 유형과 생존유형, 가족규칙, 가족의 역동성, 가족원들의 상호관계, 세대 간의 유사점과 차이점 그리고 사회와의 연계성 수준 등을 파악한다.

치료의 주대상자 또는 확인된 환자(Identified: IP)라는 용어 대신에 스타(star)라는 용어를 사용한다.

원가족 도표는 가족원들이 의논하여 작성하도록 하며, 정보가 불명확한 것을 추리하여 완성하여도 무방하며, 도표는 현재의 가족, 아버지의 원가족, 어머니의 원가족을 작성한다.

나. 2단계: 원가족 도표를 사용하는 치료과정

스타가 원가족 도표를 설명하고 탐색하는 과정에서 가족 전체에 대한 이해가 생기고, 부모의 입장과 위치 그리고 역할에 관한 이해, 부모와 자신과의 관계, 가족구조 내에서 자신의 존재가치와 역할, 다른 가족들의 의사소통 유형 등에 관한 이해를 할 수 있게 된다. 이해가 증가함에 따라 여러 측면에서 새로운 발견과 인식, 잘못 이해하였던 것의 인식 등 내면의 변화과정이 발생하게 된다.

다. 3단계: 원가족 도표를 근거로 가족조각 실시

가족조각(family sculpting)은 과거 어려웠던 상황을 현재 실연해 봄으로써 좀 더 객관적으로 자기 자신을 볼 수 있고, 다른 가족원들의 감정과 입장에 관하여 들어 보고, 진정한 격려, 위로, 지지, 사과, 칭찬에 관하여 들으면서 새로운 경험을 하게 된다. 그리고 과거에 충족하지 못하였던 욕구도 충족할 수도 있다.

가족조각을 실시함으로써 과거의 지각, 열망, 감정, 기대에 많은 지각과 변화가 오게 된다. 그리고 이상적인 가족의 모습을 조각하여 현재의 감정과 희망을 표현하여 변화된 모습을 상상하게 되어, 구체적인 목표도 설정하게 된다.

9) 보웬가족치료

보웬가족치료(Bowenian Family Therapy)는 정신분석적 원리 및 실제경험에서 영향을 받은 치료적 임상모델이다. 이 모델은 다른 가족치료적 접근보다 인간행동과 인간의 문제에 대하여 가장 포괄적인 견해를 가지고 있다.

가족을 정서와 인간관계체계의 결합체라고 보았다. 한 예로 보웬의 분화되지 않은 자아집합체의 개념을 후에 핵가족의 정서체계라는 용어로 바꾸어 사용되고 있다. 그는 대부분의 경우 가족문제는 가족성원이 자신의 원가족에서 심리적으로 분리하지 못하는 데 기인한다고 보았다. 부모의 어느 한쪽이나 양쪽 모두가 자신의 원가족의 부모문제에 강하게 휘말려 있으면 그로 인하여 부부관계가 악화되는 경우가 많다. 다시 말하면 이러한 부모는 원가족의 자아집합체 또는 정서체계의 일부인 셈이다. 그러므로 치료목표는 가족성원을 이러한 자아집합체로부터 분리시켜 독립하여 자율적으로 기능할 수 있도록 돕는 것이다.

보웬가족치료의 치료목표는 불안을 감소시키고, 자아분화를 증가시키는 것이다. 그들은 증상은 덜 강조하며, 문제는 개인이 아니라 체계에 내재하고 있다고 간주하여, 개인의 변화는 다른 사람과의 관계 변화를 통하여 이루어질 수 있다고 보았다. 체계를 변화시키고, 가족성원의 높은 분화수준을 성취하기 위해서 변화는 가족 내 가장 중요한 삼각관계에서 일어나야만 한다. 치료자는 가족의 변화를 초래하기 위하여 치료자 자신과 가족의 주요 인물 두 사람과 함께 새로운 삼각관계를 만들기도 한다.

(1) 주요 개념

보웬은 치료기법보다는 이론에 관심을 두었다.

보웬의 이론은 양극에 놓여 있는 두 개의 힘으로 요약된다. 즉, 가족 내에 연합하고자 하는 힘인 연합성과 분리하고자 하는 힘인 개별성(individuality)이 그것이다. 물론 이 두 힘이 서로 균형을 이루고 있을 때가 이상적이다. 연합성의 불균형은 융해(fusion)나 미분화(undifferentiation)라고 부른다. 자율적으로 기능하는 능력인 분화는 사람이 극단적인 반응에 사로잡히지 않도록 돕는다. 보웬의 개념은 모자공생관계에서 분화되지 않은 가족자아집합체와 융해와 분화로 발전하였다.

보웬가족치료의 주요 개념으로는 자아분화, 삼각관계, 핵가족의 정서체계, 가족투사과정, 다세대 전수과정, 형제순위, 정서적 단절, 사회적 정서과정 등이 있으며, 이러한 8개 개념은 각각 독립된 것이 아니라 서로 맞물려 있는 개념이다.

① 자아분화

자아분화(differentiation of self)는 정신 내적인 면과 대인관계에 관련된 개념이다. 정신 내적 측면에서 자아분화를 보면 지적 기능이 정서적 기능에서 얼마나 분화되어 있는가를 의미한다. 또한 대인관계적 측면에서 분화를 보면, 자아분화가 잘 이루어지지 못한 사람은 확고한 자아를 발달시키지 못하고 거짓자아가 발달하게 되므로 자신의 일관된 신념을 가지고 자주적이며 독립적인 행동을 하지 못한다. 다시 말해서 정신 내적인 분화는 감정과 사고를 분리시키는 능력이다. 그러므로 분화된 사람은 사고와 감정 사이에 균형을 이룰 수 있으며 자제력이 있고 객관적이다. 반면, 분화되지 못한 사람은 자율성이 부족하며, 다른 사람과 융해되려는 경향이 있다. 정서와 지성 사이의 융해가 클수록 다른 사람의 정서적 반응에 융해되기 쉽다. 정서적 융해는 분리와 반대개념이다. 융해된 사람은 확고한 신념과 확신을 고수하지 못하며, 이성적 사고가 아닌 감정에 바탕을 둔 의사결정을 한다.

자아분화는 모든 사람을 하나의 연속선상에서 범주화하는 방법으로 사용될 수 있다. 이는 개인의 자아가 가족자아집합체에서 얼마나 분화되어 있는가를 사정하기 위한 이론적 척도다. 그러나 이 척도에는 정상이라는 개념은 없다.

왜냐하면 만약 자아분화의 정도가 낮더라도 일상생활에서 정서적 평형을 누리고 아무 증상 없이 살아간다면, 이는 다른 기준에서는 정상에 속할 수 있기 때문이다. 그러나 대부분의 경우 사람은 스트레스를 많이 받을 때 상처받으며, 증상을 드러내기 쉽다.

보웬은 75정도의 분화 수준이 일반적으로 가장 높으며, 자아분화가 60이상이 되는 사람도 소수에 지나지 않는다고 보았다(Goldenberg & Goldenberg, 1985, 재인용).

자아분화의 이론적 척도는 〈표 9-4〉와 같다.

〈표 9-4〉 자아분화의 이론적 척도

0 (융합) — 25 — 50 — 75 — 100 (자아분화)	
0~25	가족 및 다른 사람에게 정서적으로 융해되어 자기 자신의 사고가 침잠되어 있으며 감정에 지배되는 생활을 한다. 이런 사람은 융통성이 적고, 적응력이 부족하며, 정서적으로 의존적이다.
25~50	여전히 다른 사람의 정서적 체계와 반응에 유도된다. 이런 사람은 목표지향적 행동을 하고 있으나, 이것은 다른 사람의 인정을 받기 위해 행동하는 것이다.
50~75	스트레스가 발생해도 감정에 지배되지 않을 만큼 사고가 충분히 발달되어 있으며 잘 발달된 자아의식을 가지고 있다.
75~100	대체로 감정과 사고가 분리되어 있으나 이런 사람은 매우 드물다.

② **삼각관계**

삼각관계(triangles)는 어떤 두 사람이 또 다른 한 사람을 자신들의 정서적 문제에 끌어들이는 형태를 기술하는 개념이다. 삼각관계가 일어나는 주요 요인은 자아분화 수준과 경험하는 긴장 정도다. 즉, 자아분화 수준이 낮고 긴장이 심할수록 그런 현상은 두드러진다. 삼각관계의 일반적인 예는 부부가 그들의 문제를 해결하지 않은 채, 자녀를 끌어들여 그에게 초점을 맞추면서 긴장을 완화시키는 것이다. 즉, 부부가 자신들의 문제로 반목하는 대신에 그들의 대화 관심을 자녀에게 쏟는다. 긴장이 심화되면 이 같은 삼각관계화는 부모 한 사람과 자녀 사이의 강한 애착관계를 야기시키게 된다. 만약 삼각관계에 휘말리는 자녀가 상처받기 쉬운 성향을 가진 자녀라면 여러 가지 문제증상을 보이게 될 것이다.

가족 내의 풀리지 못한 긴장은 일련의 중복된 삼각관계를 초래한다. 긴장이 더해지면 제3자는 떠나고 네 번째 사람을 끌어들일 수도 있다. 때로는 가족 안에서 더 이상 삼각관계를 만들 수 있는 인물을 찾을 수 없을 때는 가족 이외의 사람과 삼각관계를 형성하기도 한다.

③ 핵가족정서체계

핵가족정서체계(nuclear family emotional system)란 가족들이 융해(fusion)되거나 감정적으로 하나 되는 상태를 의미하며, 가족들이 가지고 있는 감정적 연결의 강도를 나타내는 개념이기도 하다.

분화의 수준은 가족들이 감정적으로 연결되는 강도를 결정하는 중요한 개념이다. 가족들의 분화 수준이 높으면 가족 구성원들은 그만큼 자신이 가지고 있는 불편하고 힘든 감정을 잘 처리할 수 있게 된다. 이들은 불안이 높은 상황에서도 목표지향 활동을 할 수 있기 때문에 다른 사람들과 감정적으로 밀착되거나 융해되지 않는다. 가족들이 가지고 있는 감정체제는 그만큼 유동적이면서 강도가 약하게 된다. 반면 분화의 수준이 낮은 사람들은 불편한 감정들을 제대로 견디지 못한다. 불편하고 힘든 감정이 생기면 다른 사람들과 관계를 만들어서 이를 해결하고자 한다. 따라서 이들이 가지고 있는 감정체제는 아주 강하고 떼기 어려운 상태로 존재하게 된다. 가족들은 그만큼 서로에 대해서 느끼는 감정의 무게를 강하게 느끼게 된다. 핵가족 감정체제는 강한 강도를 가지고 유지된다.

④ **가족투사과정**

가족투사과정(family projection process)이란 핵가족 감정체계가 미분화로 인한 감정적 불안정을 다루기 위해서 필요한 기제다(Hall, 1991: 80).

부모가 자신의 미분화를 자녀에게 전달함으로써 미분화는 세대를 걸쳐서 진행된다. 투사의 대상이 된 자녀는 최소한의 자아분화만을 한 채, 부모와 밀착관계를 가지게 된다. 자아분화 수준이 낮은 부모는 미분화에서 오는 불안을 삼각관계를 통해 회피하려고 한다. 이러한 삼각관계화에서 볼 수 있는 공통적인 현상은 어머니가 특정 자녀와 공생적 관계를 형성하여 미분화의 산물인 자기문제를 투사시킨다는 것이다. 보웬에 의하면 투사는 어느 가정에서나 일어나는 것인데, 분화 수준이 낮은 가정일수록 투사경향이 심하다. 가족투사과정은 다음 세대를 희생시키면서까지 이전 세대의 미분화에서 발생한 불안을 경감시키려고 한다.

⑤ **다세대전수과정**

다세대전수과정(multigenerational transmission process)이란 가족의 정서과정이 여러 세대를 통해 전수되는 것을 의미한다. 보웬의 다세대전수의 개념은 핵가족 안에서 개인뿐 아니라, 여러 세대에 걸친 핵가족을 포함하는 정서적 장애를 의미한다. 자아분화의 수준이 낮은 사람이 자신과 비슷한 분화 수준을 가진 사람과 결혼하면 다음 세대인 자녀에게 그들이 가진 미분화된 특징을 투사시키게 되어, 그 자녀의 자아를 더욱 미분화 상태에 놓이게 한다. 이러한 투사과정이 여러 세대에 걸쳐 계속되면, 3대 또는 그 이상의 세대에 가서 정신분열증이나 정서적 질환이 발생된다.

⑥ **출생순위**

출생순위(sibling positions)란 형제하위체계 중에서 누가 먼저 출생하고 나중에 출생했는가에 의해서 생겨나는 맏아이, 막내라는 등의 상대적 순위를 의미한다.

토만(K. Toman)은 환경이 다른 각각의 가정에서 태어났음에도 불구하고 동일한 출생순위의 사람들은 비슷한 성격을 가지고 있다는 사실을 발견하였다. 이러한 사실은 한 개인이 가족체계 내에서 어떤 기능적 위치에 있는가를 추론할 수 있게 하였다. 왜냐하면 가족체계 내의 정서적 세력이 각 출생순위에 따라 특정한 방식으로 기능하기 때문이다. 토만은 생물학적 출생순위만을 염두에 두었으나, 보웬은 기능적인 출생순위까지 확대하여 이러한 개념을 적용하였다. 예를 들면 기대를 걸었던 장남이 사고로 사망하면 부부의 삼각관계에 그 다음 순위의 자녀가 휘말릴 가능성이 높다는 것이다.

출생순위의 개념은 특정 자녀가 어떻게 가족 투사과정의 대상으로 선택되느냐를 이해하는 데 새로운 견해를 제공하였다. 더불어 개인이 결혼생활에 어떻게 적응할 것인가를 예측 가능하게 하였다.

⑦ 정서적 단절

정서적 단절(emotional cutoff)이란 극심한 정서적 분리양상을 의미한다.

정서적 단절은 세대 간의 잠재된 융해의 문제를 반영하는 것이므로 세대 간의 정서적 융해가 심할수록 정서적 단절의 가능성이 높다. 융해가 심한 사람은 가족과의 정서적 접촉을 회피함으로써 문제를 해결하려고 한다. 그러나 고립된 소외에서 오는 불안으로 다른 사람과 관계를 맺으면 또 다른 융해를 초래한다. 충동적으로 결혼한 사람은 정서적 단절의 좋은 예인데, 이러한 사람은 결혼을 통해 원가족에서 벗어난다 하더라고 진정한 독립을 얻은 것은 아니다. 왜냐하면 융해가 심한 사람은 결혼을 해도 새로운 가족과 다시 융해하여 원가족에서의 문제를 재연시키기 때문이다.

⑧ 사회적 정서과정

사회적 정서과정(social emotional process)이란 사회에서 이루어지는 관계가 가족구성원의 정서적 과정에 영향을 미친다는 개념이다. 사회에서의 관계는 두 가지 방향에서 가족구성원들의 감정과정에 영향을 미치게 된다. 하나의 방향은 사회에서 오랫동안 제대로 적응하게 되면 가족구성원의 분화수준은 올라가게 된다. 즉, 사회에서 오랫동안 독립된 생각에 의해 성공적으로 적응하는 훈련을 하게 되면 분화의 수준이 올라간다. 사회에서 다른 사람들과 감정적으로 친밀한 관계를 형성하면서 자신의 독립된 생각에 의한 행동을 많이 하게 되면 가족 내에서 분화수준이 향상된다. 반면 사회에서 지속적으로 스트레스를 받고 자신의 독립된 생각에 의한 활동을 못하게 되면 가족 내에서 분화수준이 낮아지게 된다. 즉, 가족 안에서 감정적 반사행동이 많아지게 되고 자신의 정체성을 점차로 잃어버리게 된다.

(2) 개입기법

치료의 기본목표는 분화수준을 높이는 것이다. 분화수준을 높이기 위해서 가족들은 감정대로 행동하기 보다는 지적으로 반응하는 방법을 배운다. 보웬의 가족치료에서의 치료방법은, 첫째 호소하는 문제를 이해하고, 정의하며 전체 가족의 배경을 이해하는 일이다. 둘째, 가족이 변화되도록 돕는다. 셋째, 가족구성원들이 치료자의 역할을 하는 것이다.

① 질문하기

질문하기란 가족성원들이 자신의 딜레마를 인식하게 하기 위하여 그리고 잘못된 관계에서 자신의 역할을 수정하기 위한 방법을 유도하기 위하여 질문을 사용하는 것이다.

질문을 통해서 치료자는 가족성원들로 하여금 생각을 하도록 만든다. 분화수준은 지적 활동을 통해 높아지므로, 독자적인 생각을 통해서 목표지향 활동을 할 수 있을 때 분화수준이 올라가게 되는 것이다.

질문은 느낌과 감정을 구분하는 데 도움을 주며, 지적인 활동도 가능하게 하며, 가족들로 하여금 객관적 관찰자의 입장에서 현상을 보게 하여 주며, 그리고 가족들의 관계를 인식하는 데 도움을 준다.

② 코치

코치(coach)란 클라이언트가 감정적으로 반응하는 함정에 빠지지 않고 이성적으로 반응하도록 가르치는 기법이다.

보웬가족치료에서는 가족체계의 분화도를 높인다는 목표를 지향하기 위하여 치료자의 여러 가지 역할을 강조하였다. 그중 한 가지가 코치의 역할이다. 그러나 코치는 부부관계의 현상을 분석하거나 감정체계의 기능에 대해 가르치는 역할을 하므로 치료의 초기에 사용하기는 어렵다. 치료 초기에는 가르치는 것이 곤란하기 때문에 자신의 생각이나 신념을 냉정하게 설명하여 중립적이며 충분히 분화된 인간의 모델을 제시한다. 치료 중기가 되면 성공의 예를 인용하는 등 간접적으로 가르치며, 후기가 되면 가족체계이론을 설명한다. 왜냐하면 이때에 이르면 가족이 치료에 익숙해져 불안도 낮아지므로 이론적 설명을 받아들이기 쉬운 상태에 이르기 때문이다.

③ 탈삼각관계 과정

치료목표는 자기분화다. 즉, 확대가족 내에서의 중립적인 정서관계를 갖도록 하는 것이다.

변화의 첫 단계로서 가계도를 사용하여 원가족을 이해하고, 가족체계 내에서의 다양한 집단의 지리적 위치를 파악하는 것이다. 예외적인 일이 있을 수는 있지만 거주지의 물리적 거리는 드러나지 않는 정서적 유형을 알수 있는 단서가 되기도 한다. 또한 사회적 관계망을 통해 여러 가족성원과 대인관계를 확립하는 이점도 있다.

자아분화는 자신과 관련된 삼각관계를 인식하고 거기로부터 탈삼각화하는 것이므로 얻어진 정보에 의하여 자신들의 삼각관계를 인식하는 것이 중요하다. 보웬이 자주 사용한 탈삼각관계를 시도하는 개입은 감정의 상승효과를 억제시키거나 장점을 보다 객관화하여 표현하게 하는 것이다.

치료자는 가족과 중립적이고 객관적 자세로 적정 수준의 정서적 거리를 두고 그리고 가족의 상호작용 과정에 관심을 집중해야 한다.

④ 가계도

가계도란 3세대 이상에 걸친 가족성원에 관한 정보와 그들 간의 관계를 도표로 기록하는 작성방법이다.

가계도는 가족의 문화적 배경, 사회경제적 지위, 종교, 물리적 위치, 가족원들의 접촉 빈도, 성 형태, 가족성원들이 접촉하는 사람, 결혼일, 죽음, 다른 중요한 사건에 관한 정보를 제공해 준다.

가계도는 가족성원이 자신을 새로운 시점에서 볼 수 있도록 도와줌으로써 치료적 효과도 높여 준다. 이것은 가족 스스로가 공간과 시간을 넘나들면서 가족문제를 추적하도록 돕는 체계적 관점을 제공하여, 현재의 가족성원의 문제와 행동이 다양한 관점으로부터 추적될 수 있다.

전형적으로 가계도는 첫 면접에서 대부분 완성되며, 그후 면접과정에서 새로운 정보가 나타날 때마다 수정된다. 가족성원에게 이전 세대부터의 주제, 신화, 규칙, 정서적으로 부과된 문제 등에 관해 물어 봄으로써 반복되는 유형을 명백히 한다. 또한 가계도의 가족력을 파악하여 지금까지 가족 내에서 일어났던 일의 관련성을 알 수 있다.

가계도는 치료자가 가족체계에서 주요 삼각관계를 파악하여 그러한 삼각관계의 유형이 한 세대에서 다음 세대로 어떻게 계속되는지 살펴봄으로써 그들을 변화시킬 전략을 설계할 수 있도록 돕는다.

3. 사례관리

1) 등장 배경

사례관리에 관한 역사적 기원을 19세기 빈민과 도움이 필요한 자에 대한 자선조직협회의 구제활동에서 찾아볼 수 있으나(정신보건 사회사업학회, 2000: 239) 현대적인 의미의 사례관리는 1970년대에 들어서면서 시작되었다.

1950년과 1960년 탈시설화의 영향으로 인한 정신장애인의 지역사회보호를 목적으로 사례관리 차원의 개입이 수행되다가 1990년에 드디어 사회사업백과사전에서 개별사회사업 개념이 사례관리로 대치됨에 따라 사회사업의 주 방법론으로 자리잡게 되었다. 우리나라의 경우 최근 노인복지, 장애인복지, 정신보건 분야에 사례관리 개념이 도입되어 클라이언트에게 통합적 서비스를 제공하고자 노력하고 있다(오혜경, 1995: 51).

사례관리(case management)는 1980년대 이후 미국, 영국, 캐나다 등에서 정신장애인을 비롯하여 노인, 아동, 장애인과 같은 다양한 대인서비스 영역에서 주목받아 왔다. 사례관리라는 용어는 보호관리(care management), 관리된 보호(managed care), 보호조정(care coordination), 사례조정(case coordination), 연속적 보호조정(continuing care coordination), 연속조정(continuity coordination), 서비스조정(service coordination), 서비스통합(service integration) 등 여러 가지 형태로 사용되고 있다.

(1) 탈시설화

1950년대 이후 개발되기 시작한 향정신성 약물로 인해 이전과 달리 많은 정신질환자들을 병원이나 시설에 입원시키지 않고 지역사회 내에서 치료하고 관리하는 것이 가능하게 되어, 탈수용화 후의 재가서비스를 강조하는 지역사회 정신보건운동이 전개되었다. 그러나 하루하루 생활을 영위하는 것이 불가능한 중증의 만성 정신질환자들은 복잡하게 흩어져 있는 여러 종류의 서비스들에 접근하는 것이 불가능하여 실제로 그들을 지역사회 내에서 제대로 관리하는 데에는 실패하였다. 이런 결과는 다양한 여러 서비스 조직체 간에 연결을 짓도록 하는 역할을 하고, 환자와 지속적으로 관계를 유지하며 지속적으로 서비스를 받도록 돕는 사례관리자가 필요함을 인식하게 되는 계기를 마련하였다. 1974년 포괄적인 서비스를 제공하기 위한 사례관리를 핵심적 내용으로 한 지역사회 지지 프로그램(Community support system)을 개발하도록 지원하였다.

(2) 복잡하고 분산된 서비스 전달체계

지역사회 정신보건운동 초기의 서비스 전달체계는 주로 공공부문에서 주도하였으나 점차 민간부문으로 바뀌게 됨에 따라 서비스 사이의 조정적 역할장치가 거의 없어지게 되었다. 예를 들어 위치별로는 병원, 지역사회, 거주시설 등에서, 전문가별로는 의사, 간호사, 사회복지사, 임상심리사 등에 의해서, 시간별로는 낮병원과 밤병원 등에서 서비스가 제공되었으나, 이러한 서비스들 사이에 협조체계가 구축되지 못했다. 클라이언트들의 사회복귀와 적응을 위한 재활서비스가 여러 종류의 기관에서 다양하게 제공되고 있었음에도 불구하고 각 서비스가 각기 다른 기관들에서 제공되었으므로, 어느 기관에서 어느 종류의 서비스를 제공하며 자기에게 적합한 기관들이 어디에 존재하는지를 스스로 알아서 찾아내고 이용해야만 했다. 그러나 여러 곳에 흩어진 기관들을 직접 찾아내어 접근하는 것은 거의 불가능했으며, 심지어는 접근할 수 있는 기회마저 잃게 되었다. 따라서 사례관리는 이렇게 연속성 없이 조각난(discontinuous and fragmented) 서비스 체계에 연계성을 부여하기 위해서 나타나게 되었다.

(3) 과도한 책임

지역사회 내에 적절한 환경자원의 미비는 정신장애인과 그 가족들에게 너무 많은 책임을 넘겼다. 그 결과 클라이언트와 그 가족에게 과도한 스트레스가 발생하게 되었다. 한 예로서 주거시설 같은 환경자원의 미비는 부랑인(homeless people)을 양성하는 결과를 가져왔다. 사례관리는 클라이언트를 위해서 환경자원들을 개발하고 연결하는 기능을 해야 한다.

(4) 복잡한 욕구

탈수용화가 된 이후 심각하고 장기적이고 복잡한 욕구들을 지닌 클라이언트들은 서비스를 덜 받게 되는 현상이 발생하였고, 결과적으로 범죄와 연루되거나, 부랑자 등의 다른 문제가 야기되었다. 클라이언트들이 지역사회 내에서 생활하고 적응하려면 생활 전반에 걸쳐 다양한 욕구와 문제들을 해결해야 하고, 다양한 도움을 필요로 한다. 따라서 이러한 문제들을 해결하기 위해 사례관리와 같이 지역사회에서 살아가는 데 필요한 서비스들을 조직화함으로써 그 욕구를 충족시키는 기능을 수행할 수 있는 역할이 요구되었다.

(5) 사회적 지지체계의 중요성에 대한 인식

공식적인 서비스 자원들을 연계하여 제공하는 것도 중요하지만, 실제로는 가족, 친척, 친구 등의 사회적 지지망이 항상 긍정적인 결과만을 가져오는 것은 아니다. 그러나 비공식적인 지지는 클라이언트의 지역사회 생활을 향상시키는 데 중요한 역할을 할 수 있다. 그래서 점차 사회적 지지망을 포함한 사회적 지지체계에 대한 인식이 인간 서비스 전문가들 사이에서 점차 증가함에 따라, 비공식적 자원으로 사회적 지원망을 구성하고 그 지지를 받도록 하는 조력역할이 요구되게 되었다. 그러나 공적인 서비스와의 통합이나 조정이 이루어지지 않을 경우에는 매우 부적당한 것이 될 수도 있다. 그렇기에 공적인 서비스와 비공식적인 사회적 자원체계가 공급하는 서비스에는 양적 · 질적 차원에서 상당한 차이가 존재한다는 것을 인식하면서, 공식적이고 전문적인 서비스와 비공식적인 자원체계와 지원망을 조정하고 통합하려는 사례관리방법이 주목받게 되었다.

(6) 비용효과에 대한 관심 증가

한정된 자원을 활용하여 서비스 전달의 효과를 최대화하려는 즉, 비용효과를 증대하려는 노력은 항상 있어 왔다. 이것은 지난 수십 년간 정신보건에 사용된 비용의 급격한 증가로 인한 부담에서 기인한다고도 하겠다(Belcher, 1988). 병원과 입원치료를 중심으로 한 정신보건체계는 막대한 비용이 소요되었고, 지역사회 정신보건운동도 초기의 낙관적 견해와는 달리 상당한 비용을 필요로 하였다. 사례관리 서비스는 클라이언트의 상태가 더 이상 악화되거나 재발하여 재입원하는 것을 예방할 수 있으므로 비용을 억제할 수 있게 된다는 이론적 배경을 갖고 있다.

2) 이론적 배경

사례관리는 미시적이고 거시적 실천 모두를 포함하며, 개인에 대한 실천과 지역사회에 대한 실천 등의 통합(integration)의 기능을 가지고 있다(양옥경, 1999: 170). 그러므로 사회복지실천의 전통적인 방법을 통합적으로 적용하는 사회복지실천의 하나라고 할 수 있다.

전통적인 사회사업은 기관의 기능에 기초한 서비스와 프로그램에 클라이언트가 참여한다고 할 수 있다. 그러나 사례관리는 클라이언트의 욕구중심으로 기관을 벗어나 지역사회까지 그 범위를 넓혀 폭넓은 서비스를 제공하며 점검과 재사정을 통해 서비스의 제공과 조정으로 클라이언트가 어느 정도 만족한 상태인지 또는 새로운 변화가 필요한지도 조사하여 클라이언트의 다양한 욕구를 만족시키려고 노력하는 통합적 서비스를 제공하는 실천방법이라고 할 수 있다. 그리고 사례관리는 클라이언트중심 철학이며 적극적인 지역사회보호 면이 있는데, 이것은 전통사회사업과는 다르다고 할 수 있다. 클라이언트중심 철학이란 클라이언트 욕구에 기초한 서비스의 개발과 제공을 하는 것이며, 적극적인 지역사회보호란 단편화되고 분산된 지역사회서비스를 조정하고 통합하는 것이다. 따라서 사례관리자는 지역사회자원에 대한 충분한 지식과 정보를 획득하여야만 클라이언트의 복지를 향상시킬 수 있다(황성철, 1995: 277-281). 그러므로 사례관리는 자원관리와 조정 등의 간접적 서비스를 제공해야 하는 동시에 클라이언트의 환경체계를 사정하여 클라이언트의 다양한 욕구를 만족시킬 수 있는 서비스를 제공 및 연결하고 직접적 서비스도 제공하여야 한다. 따라서 사례관리는 인간의 환경체계에 관한 종합적인 사정이 이루어져야 되므로 체계이론과 생태체계이론이 이론적 배경이 된다. 사례관리자는 사례관리를 효과적으로 하기 위해 체계이론과 생태체계이론(제3장 참조)에 대한 지식이 필요하다.

3) 사례관리의 개념

사회복지실천의 역사에서 사례관리는 대상자의 욕구, 서비스의 목적 및 서비스 제공자의 역할에 따라 다양하고 포괄적으로 적용되어 왔으므로 한 가지로 합의된 개념이란 불가능하다.

사례관리는 보건 및 사회서비스 분야의 다양하고 복잡한 문제에 대한 해답으로 폭넓게 받아들여지고 있다. 정신장애인이나 만성질환을 가진 노인 및 그 가족은 다차원적이고 장기적인 서비스 욕구를 가지고 있는 반면, 이들이 필요로 하는 다양한 서비스에 대한 정보가 부족할 뿐만 아니라, 서비스 전달체계도 복잡하다. 다양하고 지속적인 서비스의 재원의 부재로 인해 결과적으로는 클라이언트와 서비스가 적절히 연결되지 못하는 문제들이 흔히 발생한다. 이러한 문제를 해결하는 유용한 방법으로 사례관리 방안이 개발되었다. 사례관리의 정의는 서비스의 초점을 어디에 두느냐에 따라 달라지기 때문에 학자들마다 다르다.

사례관리에 대한 가장 광범위한 정의는 미국사회사업백과사전(NASW, 1987)에서 정의한 것으로서, 사례관리란 복잡한 여러 가지 문제와 장애를 가지고 있는 클라이언트가 적합한 형태로, 적절한 시기에, 그들이 필요로 하고 있는 모든 서비스를 받을 수 있도록 보장하는 것이며, 따라서 이것은 포괄적 서비스를 제공하기 위한 방법으로 정의하고 있다.

목슬리(Moxley)는 사례관리란 복합적인 욕구를 가진 사람들의 기능 향상과 복지를 위해 공식적 · 비공식적 자원과 사회 지지망의 활동을 조직 · 조정, 유지하는 것이라고 하였다. 그리고 바일(Weil) 등은 사례관리의 과정을 강조하여 사례관리는 환자에게 지원 가능하고, 효과적이며 효율적으로 필요한 서비스를 받을 수 있도록 보장해 주는 일련의 과정이라고 하였다(Weil, 1982: 19).

사례관리는 특별한 지지와 격려가 필요한 사람들에게 지역사회에서 지속적인 지원을 보장하고 통합적인 서비스를 제공하기 위하여 개입과정을 조직 · 연결 · 조정하는 실천방법이며, 또한 클라이언트나 집단에게 제공되는 사회복지서비스의 조정과 관리를 통해 전문화를 꾀하는 사회복지실천방법이다.

결국, 사례관리란 다양한 욕구를 가지고 있는 클라이언트에 대해 그 욕구에 맞는 개별적인 원조계획을 통해 여러 가지 자원을 연결·동원하여 적절한 서비스를 제공함으로써 클라이언트의 기능 회복 및 복지 증진을 도모하는 서비스 전달체계를 의미한다.

4) 사례관리의 목적 및 개입 원칙

(1) 사례관리의 목적

사례관리의 궁극적인 목적은 클라이언트의 욕구에 따라 개별화된 통합적 서비스를 지속적으로 제공할 수 있도록 하는 것이다. 이것을 위한 세분화된 목적은 다음과 같다.

첫째, 서비스와 자원들을 활용하여 가능한 한 클라이언트 자신의 생활기술을 증진시킨다.

둘째, 클라이언트의 복지와 기능을 향상시키기 위해 사회적 망과 관련된 대인복지 서비스 제공자들의 능력을 향상시킨다.

셋째, 가능한 한 가장 효율적인 방법으로 서비스 및 지원을 전달하며, 서비스의 효과성을 향상시킨다.

(2) 개입 원칙

① 서비스의 개별화

클라이언트의 독특한 신체적·정신적·사회적 상황에 따라 각 클라이언트의 욕구에 맞게 서비스를 제공하는 것이다(Leavitt, 1982: 17). 즉, 클라이언트 개개인의 고유한 문제해결을 위해서 적절한 서비스가 제공되어야 한다.

② 서비스 제공의 포괄성

지역사회에서 클라이언트의 다양한 욕구를 충족시키기 위해 필요한 광범위한 지지를 연결하고 조정 · 점검하는 것이다(Turner & Tenhoor, 1978: 322). 제공되는 서비스는 반드시 클라이언트의 다양한 욕구에 모두 응할 수 있어야 한다.

③ 클라이언트의 자율성 극대화

클라이언트의 선택에 대한 자유를 최대화하고 지나친 보호를 하지 않는 것을 의미한다. 이는 클라이언트의 자기결정권을 가능한 한 보장하고자 하는 것이다.

④ 서비스의 지속성

클라이언트를 장기간에 걸쳐서 지속적으로 돌볼 수 있어야 한다. 즉, 사례관리자는 클라이언트의 욕구를 점검하여 서비스를 지속적으로 제공하여야 한다. 1회의 단편적인 서비스 제공이 아니라 클라이언트가 자신의 생활현장에서 잘 적응할 수 있도록 지속적으로 원조해야 한다는 것이다.

⑤ 서비스의 연계성

복잡하고 분리되어 있는 서비스 전달체계 내의 서비스를 연결시켜야 한다. 이때 사례관리자는 다른 서비스 전달체계 간의 중재자 혹은 권익옹호자의 역할을 한다.

5) 개입과정

(1) 기관에의 접근(Access to Agency)

기관에의 접근에는 클라이언트의 자율적인 방문과 타기관이나 지역사회의 조직 등에서의 의뢰가 있다.

클라이언트가 기관에 의뢰되었을 때는 이야기를 들어 주고 가능한 한 빨리 약속을 하여 지체 없이 기관을 잘 활용할 수 있도록 도와주어야 한다. 노숙자나 노인들과 같이 사례관리서비스를 필요로 하는 사람들을 위해 아웃리치(out reach) 노력도 필요하다.

(2) 초기접수(Intake)

초기접수단계는 클라이언트의 문제와 욕구를 파악하고 기관의 서비스와 경제적 지원을 받을 자격이 되는지를 결정하는 단계다. 이 단계에서는 기관에서 제공하는 서비스에 대해 안내하고 필요한 서류를 작성한다. 친화관계 형성과 정보수집능력이 요청되고, 몇 가지 예비적인 계획이 시작되는 단계다.

(3) 사정(Assessment)

이 단계에서 클라이언트의 문제를 좀 더 구체적으로 파악하고, 필요하다면 부수적인 정보도 추가로 수집한다. 특히 이들 가족의 클라이언트에 대한 대처 능력과 지원체계로서의 가능성 등을 자세히 사정한다. 정확한 사정을 위해서 다른 전문직과의 공동 작업이 요청된다.

사정은 클라이언트의 발전과 성장을 가져올 수 있는 상황의 강점(strengths)을 파악하기 위해 노력하고, 클라이언트의 제한점을 동시에 인식해야 한다. 사정단계에서 클라이언트의 강점을 인식하게 되면 평등하고 협조적인 원조관계가 촉진된다. 강점에 초점을 둔 사정은 클라이언트가 가족과 지역사회 환경 내에서 낙인 받는 것에 구애받지 않는다.

(4) 목표 설정(Goal setting)

목표 설정은 사정에 기초하여 종합적인 서비스를 계획하여 이루어지게 된다.

목표 설정은 클라이언트가 변화를 원하는 영역과 사례관리자가 생각하는 영역을 탐색함으로써 가능하다. 단기적인 목표와 함께 장기적인 목표도 설정한다. 목표는 클라이언트의 능력에 맞게 현실적으로 설정되어야 한다.

(5) 개입계획이나 자원을 확인하고 목록화하기

이 단계는 특정한 목표를 달성하기 위한 개입서비스를 계획하고 이 계획을 실행하기 위해 필요한 자원을 찾는 것이다. 즉, 이 단계는·이중적인 작업을 필요로 한다. 개입을 계획하고 자원에 연결하는 일은 서로 복잡하게 관련되어 있다. 클라이언트에게 필요한 자원이나 서비스는 시기에 따라 제공 여부가 달라진다. 지역사회에 가능한 자원에 대해 연락을 통해 확인하고 자원을 찾기 위하여 목록을 만든다. 계획 시 클라이언트도 함께 참여하여야 한다.

(6) 연결(Linking clients)

이 단계는 클라이언트를 모든 서비스체계와 연결하는 과정으로 클라이언트를 필요한 서비스에 의뢰하거나, 공식적 · 비공식적 자원들을 연결 · 조정하여 계속적으로 이용할 수 있도록 한다. 이 부분에서 사례관리자는 가장 어렵고 복잡한 과정을 수행하게 되는데, 이 과정에서의 노력이 사례관리 전체의 성공 여부를 판가름할 수 있는 중요한 과정이 된다.

(7) 점검과 재사정(Monitoring and reassessment)

이 단계는 실시하고 있는 서비스나 조정이 클라이언트가 지역사회에서 잘 적응하도록 유지하고 있는지를 점검하고 욕구를 재사정하는 단계다. 적절한 점검은 시간을 잘 분배하여 함께 일하는 기관이나 담당자에게 전화 연락을 하고 클라이언트와 만나 진행사항을 파악하는 것이다.

클라이언트에게는 위기 상황이 늘 내재되어 있으므로 평상시의 세심한 점검은 필요할 때에 문제를 곧바로 해결하게 한다.

점검과정은 다음 4가지 목적을 위해서 기능한다.

- 서비스의 계획이 적절하게 이행되고 있는지 그 정도를 검토한다.
- 클라이언트에 대한 서비스와 지원계획의 목표에 대한 성취를 검토한다.
- 서비스와 지원의 산출을 검토한다.
- 서비스 계획의 변화를 요구하는 클라이언트 욕구의 발생을 알아낸다.

또한, 사례관리자는 위와 같은 점검의 목적을 달성하기 위해 노력의 요소, 적정성 요소, 질적인 요소, 결과적 요소들을 클라이언트의 자기-관리 차원, 상호적-관리 차원, 전문가-관리 차원의 상관관계를 고려하면서 점검해야 한다.

(8) 결과평가(Outcome evaluation)

결과평가는 목표가 얼마나 달성되었는지를 결정하는 것에 초점을 둔다.

초기 사정기간 중에 현재의 상태를 평가하고 개입 후의 상태를 평가하여 비교한다. 끝없이 장기간 서비스를 필요로 하는 대상자에게는 생활 상태나 능력의 향상 정도를 적절한 기간을 두고 평가할 수 있다.

참고문헌

권진숙, 전석균 역(1999). 사례관리. 서울: 하나의학사.

김기태 역(1978). 위기개입론. 서울: 대왕사.

김기태(1998). 위기개입론. 서울: 대왕사.

김만두, 한혜경 역(1990). 카운셀링의 실제. 서울: 성원사.

김만두, 한혜경(1993). 현대사회복지 개론. 서울: 홍익재.

김만두 역(1980). 위기개입론. 용인: 강남대학교 출판부.

김성천(1997). 빈곤문제해결을 위한 사회사업실천방법에 관한 연구. 한국사회복지학 33.

김연옥, 최해경 역(1993). 사회사업면접의 이론과 사례. 서울: 한울아카데미.

김연옥, 최해경 역(1994). 사회사업면접의 이론과 실제. 서울: 한울아카데미.

김영모(1991). 사회복지학. 한국복지정책 연구소 출판부.

김용태(2001). 가족치료이론. 서울: 학지사.

김유숙(2001). 가족치료. 서울: 학지사.

김유순, 이영분 역(1992). 가족분석가계도. 서울: 홍익재.

김융일, 조홍식, 김연옥(1995). 사회사업실천론. 서울: 나남.

김융일 외(2000). 사회복지실천론. 서울: 나남.

김인자, 우애령 역(2000). 행복의 심리. 선택이론. 한국심리상담소.

김인자 역(1994). 현실요법의 적용. 한국심리상담연구소.

김종옥, 권중돈(1993). 집단사회사업방법론. 서울: 홍익재.

김통원, 김용득(1997). 사회복지실천 사례관리. 서울: 지샘.

김형태(2000). 상담의 이론과 실제. 서울: 동문사

김혜림(1995). 가출부랑아의 초기적응을 위한 과제중심모델 적용 사례연구. 이화여자대학교 대학원 석사학위 논문.

김혜숙 외(2009). 인간관계론. 파주: 양서원

김효순(1998). 임상기록. 정신보건 사회복지사 이론교육교재. 한국정신보건학회.

남세진, 조흥식(1997). 집단지도 방법론 – 정정판. 서울: 서울대학교 출판부.

문인숙 외(1994). 사회사업방법론: 통합적 접근. 보진재.

박경석 편저(1987). 불행해 지는 법: 이성적 삶을 위한 자기분석방법. 서울: 성진출판사.

박경애(2002). 인지 · 정서 · 행동치료. 서울: 학지사.

박미은(1996). 학대받은 아내의 심리사회적 대응과정과 사회 사업적 임파워먼트. 정신보건과 사회사업, 제3집.

박영희 외 역(1996). 부부 및 가족치료 기법. 서울: 신한출판사.

서미경 외(2000). 사회복지 실천 윤리. 서울: 양서원.

서울대학교 사회복지 실천연구회(1998). 사회복지 실천과 기법과 지침. 서울: 나남.

송성자(2003). 가족과 가족치료. 서울: 법문사.

송성자, 정문자(1994). 경험적 가족 치료. 서울: 중앙적성 출판사.

양옥경(1999). 지역사회정신건강. 서울: 나남.

양옥경 외(1995). 사회복지 실천과 윤리. 서울: 한울 아카데미.

양옥경 외(2000). 사회복지 실천론. 서울: 나남.

오혜경(1995). 사회사업실천의 사례관리 모델. 사회과학 연구, 제11집. 가톨릭대학교: 사회과학연구소.

윤순임 외(2000). 현대상담 · 심리치료의 이론과 실제. 서울: 중앙적성출판사.

이근홍(1998). 케이스 메니지먼트. 서울: 대학출판사.

이근후 역(1992). 정신치료 어떻게 하는 것인가. 서울: 하나의학사.

이명홍(1985). 케이스워크. 서울: 양서각.

이명홍 역(1985). 케이스 워크: 문제해결과정. 서울: 양서각.

이문국 외 역(1998). 사회복지대백과사전. 나눔의 집.

이석주, 임봉순, 석수룡(1984). Rational-Emotive에 대한 이론적 고찰. 학생생활연구, 제3권 1호. 경남대학생활연구소.

이인정, 최해경(1995). 인간행동과 사회환경. 서울: 나남.

이장호(1989). 상담심리학 입문. 서울: 박영사.

이장호(1996). 상담심리학. 서울: 박영사.

이창호, 최일섭(1993). 사회계획론. 서울: 나남.

이화여대 사회사업학회 편(1995). 가족치료총론. 서울: 동인.

이형득(1984). 인간관계 훈련의 실제. 서울: 중앙적성 출판사.

장인협(1994). 사회사업실천방법론(上): 기초이론. 서울: 서울대학교 출판부.

장인협(1996). 사회사업실천방법론(下): 응용이론. 서울: 서울대학교 출판부.

장인협(1999). 사회복지 실천방법론(중: 통합편). 서울: 서울대학교 출판부.

장인협 외(1999). 사회복지학. 서울: 서울대학교 출판부.

장혁표 외 13인(1995). 현대상담 · 심리치료의 이론과 실제. 서울: 중앙적성출판사.

전재일(1981). 사회사업실제의 통합적 접근방법에 관한 연구. 사회복지 연구 10호.

전재일, 김상규(1996). 개별사회사업. 서울: 형설출판사.

정문자(2003). 사티어 경험적 가족치료. 서울: 학지사.

정신보건사회사업학회(2000). 정신보건전문요원 수련교재. 서울: 양서원.

조휘일 외(2000). 사회복지실천론. 서울: 학지사.

조휘일, 이윤로(1999). 사회복지실천론. 서울: 학지사.

최순남(1993). 인간행동과 사회환경. 오산: 한신대학교 출판부.

최일섭, 류진석(1997). 지역사회복지론. 서울: 서울대학교 출판부.

최해림, 장성숙(1993). 집단정신치료의 이론과 실제. 서울: 하나의학사.

한국역사연구회(1989). 한국사강의. 서울: 한울 아카데미.

허남순(1998). 과제중심모델의 적용에 관한 연구: 재가노인을 위한 사례관리. 한국사회복지학, 통권35호.

홍숙기(1995). 성격심리학. 서울: 박영사.

홍순혜, 한인영 역(1997). 사회사업기록. 서울: 학문사.

황성철(1995). 사례관리실천을 위한 모형개발과 한국적 적용에 관한 연구. 한국사회복지학, 통권27호.

Albert, Aronson. (1955). *The Application of Business Techniques to the Administration of a Social Agency*, in Administration, Supervision, and Consultation. Paper from the 1954 Social Welfare Forum. N. Y.: Family Service Association.

Alexander, J. (1977). Organizinf for Excellence. *Clinical Social Work*.

Appley, Lawrence A. (1956). *Management in Action*. N. Y.: American Management Association.

Banman, J. (2002). Satir Model Workshop, Unpublished Manuscript, Seoul Korea.

Barker, R. L. (1995). *The Social Work Dictionay*. Silver Spring: NASW.

Barrett-Leonard, G. T. (1979). The person-center System unfolding. In Francis J. Turner, *Social Work Treatment* (2nd ed.). N. Y.: Free Press.

Bartlett, H. M. (1970). *The Common Base of Social Work Practice*. Washington D. C.: National Association of Social Workers Inc.

Bates, M. M., & Johnson, C. D. (1972). *Group leadership: A manual for group conuseling leader*. Denver. Colorado: Love Publishing Company.

Belcher, J. (1988). Right versus needs of homeless mentally ill persons. *Social work*, 33.

Bertalanffy, L. (1968). *General system theory and human relations*. N. Y.: Braziller.

Biestek, F. (1957). *The casework relationship*. Chicago: Loyola University Press.

Biestek, F. P. (1961). *The Casework Relationship*. Illinois: Loyola Univ. Press.

Bowen, M. (1966). The Use of Family Theory in Clinical Practice. *Comprehansive psychiatry*, 7.

Bowen, M. (1978). *Family Therapy in Clinical Practice*. N. Y.: Jason Aronson.

Branden, Nathaniel (1994). *Six Pillars of self Esteem*. N. Y.: Bantam Books.

Brill, N. (1985). *Working with people* (3rd ed.). N. Y.: Longman.

Brill, Naomi. (1985). *Working with people*. N. Y.: Longman.

Brown, L., & Levitt, J. (1979). A methodology for problem: System identification. *Social Casework*, 60.

Buckley, W. (1967). *System and Entities*. N. J.: Prentice-Hall

Burns, D. (1993). *Ten day to self Esteem*. N. Y.: Quill-William Morrow.

Burley-Allen, Madelyn. (1995). *Listening: the Forgotten Skill*. N. Y.: John Wiley and Sons.

Cartwright, D., & Zander, A. (1968). *Group Dynamics: Rearch and Theory*. N. Y.: Harper and Row.

Chambers, D. E. (1993). *Social Policy and Social Program: A model for the practical public policy analyst* (2nd ed.). N. Y.: Macmillan.

Comier, W., & Cormier, L. (1991). *Interviewing Strategies for Helpers* (3rd ed.). Monterey. Calif: Book.

Compton, B. R., & Galaway, B. (1984). *Social work process*. Homewood. Ill. The Dorsey Press.

Compton, B. R., & Galaway, B. (1994). *Social work processes* (5th ed.). Belmont: Wadsworth.

Corsini, Raymond J. (1979). *Current Psychotherapies*. Iuinoise: F. E. Peacock Publishers, Inc.

Coyle, G. L. (1948). *Group work and american youth*. N. Y.: Harper & Row.

D' Zillar, T. J. (1998). Problem Solving Therapy. in K. S. Dolson (Ed.), *Handbook of Cognitive Behavioral Therapies*. N. Y.: Guilford.

DeRisi, William, & George, Butz (1975). *Writing Behavioral contracts, champaign*. Ill: Research Press.

Derubics, R. J., & Beck, A. T. (1988). *Cognitive therapy*. N. Y.: Guilford Press.

Dinkmeyer, D. C., & Muro, J. J. (1979). *Group counseling: Theory and practice. Itasca*. IL: F. E. Peacock.

Dobson, K. S., & Block, L. (1988). *Rational—Emotive therapy*. N. Y.: Guilford.

Dolgoff, R., Feildstein, D., & Skolnik, L. (1997). *Understand social welfare*. N. Y.: Longman.

Egan, Gerald (1994). *The Skilled Helper* (5th ed.). Monterey. Calif: Books.

Elkin, Allen (1999). *Stress management*. IDG Books Worldwide. Inc.

Ellis, A. (1962). *Reason and Emotion in Psychotherapy*. N. Y.: Lyle Stuart.

Ellis, A. (1972). *The sensuous person*. N. Y.: Lyle Stuart and New Library.

Ellis, A. (1979). *Rational—Emotive therapy*. CA: Brooks/Cole.

Ellis, A. (1986). Rational—emotive therapy. In I. L. Kutash & A. Wolf (Eds.), *Psychotherapist's casebook*. San Francisco: Jossey-Bass.

Ellis, A. (1989). Conments on my critics. In M. E. Bernard & DiGuuseppe (Eds.), *Inside rational emotive therapy*. N. Y.: Academic Press.

Emery, Gray (1981). *A New Beginning*. N. Y.: Simon and schuster.

Epstein, L. (1980). *Helping People: The Task-centerd Approach*. st. Louis: c. r. Mosby.

Epstein, L. (1992). *Brief treatment and a new look at the Task-Centered approach*. N. Y.: Macmillan.

Fischer, J. (1978). *Effective Case Practice: An Ecletic A pproach*. N. Y.: McGraw-Hill.

Fischer, J. (1991). The Social Work Revolution. *Social Work 26(May)*.

Flanzer, J. P. (1915). Conintegration: The Concurrent Integration of Treatment Modelities in Social Work Practice. Doctoral Dissertation. Univ. of Southern California.

Flexner, A. (1915). Is Social Work a Profession?. In Proceedings of the National Conference of Charities and Correction. N. Y.: National Conference of Charities and Correction.

Frey, Diane, & C. Jesse Carlock (1993). *Enhancing self−Esteem*. Muncie, Ind: Accelerated Develoment Inc.

Friedlander, W. A. (1962). *Individualism and Social Welfare*. Glencoe: Free Press.

Friedlander, W., & Apte, R. (1980). *Introduction to social welfare police*. Allyn & Bacon

Fromm, E. (1956). *The Art of Loving*. N. Y.: Harper & Row.

Fromm, E. (1970). *The art of loving*. N. Y.: Bantom Books.

Garvin, C. D. (1981). A Perspective on Social Work Practice Theory in S. L. Abels, and P. Abels (Eds.), *Social Work with Group: Proceeding 979 Symposium*. Louisville: Committee for the Advancement of Social Work with Groups.

Germain, C. B. (1976). An Ecological Variable in Social Work Practics. *Social Casework, 57*(7).

Germain, C., & Gittermann, A. (1980). *The life model of social work practice*. N. Y.: Columbia University Press.

Glasser, W. (1965). *Reality therapy*. N. Y.: Harper & Row.

Glasser, W. (1975). *Reality therapy: A New Approach To Psychiatry*. Harper & Row Publisher.

Glasser, W. (1986). *Basic concept of reality therapy*. Los Angeles: Institute for Reality Therapy.

Golan, N. (1978). *Treatment in crisis situation*. N. Y.: Free Press.

Godenberg, I., & Goldenberg, H. (1985). *Family Therapy*. CA: Brooks/Cole Publishing Company.

Goldenberg, I., & Goldenberg, H. (1991). *Family therapy: An overiew*. Brooks/ Cole Publishing Company.

Goldstein, H. (1973). *Social work practice: A unitary approach*. Columbia: University of South Carolina Press.

Gutierrez, L. (1990). Working with women of colar. *Social Work*, Vol. 35.

Hall, C. Margaret (1991). *The Bowen Family Theory and It's User*. Northvale and London: Jason Aronson Inc.

Hartford, M. (1971). *Group in Social Work*. N. Y.: Columbia University Press.

Hamilton, G. (1946). *Principles of social case recording*. N. Y.: Columbia University Press.

Hegar, R. L., & Hunzeke, J. M. (1988). Moving toward empowerment based practice in public child welfare. *Social Work, Vol. 33*.

Hepworth, D. J., & J. A. Larsen (1993). *Derect Social Work Practice: Theory and Skills*. Chicago: Dorsey.

Hill, R. (1958). Generic features under stress. *Social Casework*, 39.

Hjelle, L. A., & Ziegler, D. J. (1981). *Personality theories*. McGraw-Hill International Book Company.

Hurvits, N. (1975). *Interactions hypothesis in marriage counseling*. N. Y.: Jason Aronson.

Jacobs, E. D., Harvill, R. L., & Masson, R. L. (1994). *Group counseling: Strategies and Skills*. Pacific Grove, CA: Brooks/Cole.

Johnson, D. W., & Matross, R. (1975). Attitude modification methods. In F. Kanfer & A. Goldsteine (Eds.), *Helping people change: Methods and materials*. Elmsford, N. Y.: Pergamon Press.

Johnson, L. C. (1989). *Social Work Practice* (3rd ed.). Massachusetts: Allyn and Bacon.

Johnson, L. C. (1995). *Social Work Practice: A Generalist Approach* (5th ed.). Boston: Allyn and Bacon.

Jones, H. (1975). *Toward a new social work*. London: R. K. P

Kadusin, A. (1972). *The social work intervention*. N. Y.: Columbia University.

Kahn, A. J. (1973). *Social policy and social service*. N. Y.: Random House.

Kavanagh, James. (2000). *Worldwide Gestures*. Blaine, WA: Waterford Press.

Kirst-Ashman, K. K., & Hull, Jr. (1993). *Understanding Generalist Practice*. Chicago: Nelson-Hall Publishers.

Konopka, G. (1963). *Social group work*. Englewood Cliffs. N. J.: Prentice Hall

Leathers, Dale. (1997). *Successful Nonverbal Communication* (3rd ed.). Boston: Allyn and Bacon.

Leavitt, Stephen S. (1982). Case Management: A remedy for problem of community care. In Carlotte J. Sanborn. (Ed.), *Case Management in Mental Health Service*. N. Y.: The Haeworth Press.

Leowenberg, F. M. (1974). *Toward a socialogical perspective on social welfare strategie in social science and social welfare*. N. Y.: Council on Social Work Education.

Levy, C. (1973). The value base of social work. *Journal of Education for Social Work*, Jan.

Loewenberg, F. M. (1977). *Fundamentals of social intervention*. N. Y.: Columbia University.

Maple, Frank. (1997). *Goal Focused Interviewing*. Thousand Oaks, CA: Sage

Mead, Gorge H. (1964). *On social psychology*. Chicago: The University of Chicago Press.

Meichenbaum, D. (1977). *Cognitive behavior modification*: An intergrative approach. N. Y.: Plenum.

Meichenbaum, D. (1985). *Stress inoculation training*. N. Y.: Pergamon Press.

Meichenbaum, D. (1986). Cognitive behavior modification. In F. M. Kanfer & A. P. Goldstein(Eds.). *Helping people change: A textbook of methods*. N. Y.: Pergamon Press.

Meyer, C. H. (1983). *Clinical social work in the ecosystem perspective*. N. Y.: Columbia University Press

Miley, K. K., O'melia, & Dubois, B. L. (1995). *Generalist social work practice: An empowering approach*. Boston: Allyn and Bacon.

Miller, K. S., & Iscoe, I. (1963). The concept of crisis. *Human Organization*, 22.

Morales, A. T., & Sheafor, B. W. (1989). *Social work: A profession of many faces*. Boston: Allyn and Bacon.

Morales, A. T., & Sheafor, B. W. (1995). *Social work: A profession of many faces* (7th ed.). Boston: Allyn and Bacoan.

Morris, Desmond. (1994). *Body Talk: The Meaning of Human Gestures*. N. Y.: Crown Trade Paperback.

Moxley, D. P. (1989). *The Practice of Case Management*. Sage Publications: The International Professional Publishers.

NASW(1973). *Standard for social service manpower*. Washington D.C.: The Association.

NASW(1982). *Standards for the clasification of social work practice*. Washington, D.C.: The Association.

NASW(1993). *National association of social workers code of ethics*. Washington, D.C.: NASW.

NASW (1995). *Encyclopedia of Social Work*. Silver Spring: NASW.

Nichols, M., & Schwarts, R. (1991). *Family Therapy: Concept and Methods*(2nd Ed). Boston: Allyn and

Bacon.

Ohlsen, M. (1979). *Marrige Counselling in Gorup.* Champaign, Ill: Reseach Press.

Olmsted, M. (1959). *The Small Group.* N. Y.: Random House Inc.

Perlman, H. H. (1978). *Relationship: The heart of helping people.* Chicago: University of Chicago Press.

Pincus, A., & Minahan, A. (1973). *Social work practice: Model and Method.* IL: Peacock Press.

Puryear, D. A (1979). *Helping People Crisis.* San Francisco: Jossey-Bass.

Rappaport, J. (1985). The power of Empowerment Language. *Social Work*, Vol. 17.

Rapoport, L. (1970). The state of crisis: Some theoretical consideration. In H. J. Parad, N. Y.: Family Service Association of America.

Reid, W. J. (1978). *The task centered system.* N. Y.: Columbia University Press.

Reid, W. J. (1992). *Task strategies: An empirical approach to Social Work Practice.* N. Y.: Columbia University Press.

Reid, W. J. (1996). Task−Center social work. *Social work treatment* (4th ed.). N. Y.: Free Press.

Reid, W. J., & Shyne, A. (1969). *Brief and Extended casework.* N. Y.: Columbia University Press.

Richmond, M. (1922). *What is social casework.* Russell Sage Foundation.

Roberts, R. W., & Nee, R. H. (1970). *Theories of social casework.* Chicago: University of Chicago Press.

Roberts, R. W., & Nee, R. H. (1972). *Theories of Social Casework.* Chicagoand London: The University of Chicago Press.

Rogers, C. (1961). *On becoming a person.* Boston: Houghton Mifflin.

Rogers, C. R. (1967). *Freedom to learn: A view of what education might become.* Columbus, Ohio: Charles E. Herrill.

Rogers, C. R. (1970). *Carl Rogers on encounter group.* N. Y.: Harper & Row.

Rogers, C. R. (1972). *On becoming partner: Marriage and alternatives.* N. Y.: Delacourte.

Saleebey, D. (1996). The strenght perspective in Social Practice: Extensions and Cautions. *Social Work, Vol. 41.*

Sarri, R., & Galinsky, M. A. (1974). A Conceptual Framework for Group Development. In P. Glasser, R. Sarri, R. Vinter (Eds.), *Individual change through small groups.* N. Y.: Macmillan Publish co. Inc.

Satir, V. (1972). *People making.* Polo Alto. CA: Science & Behavior Book Inc.

Sheafor, B. W., & Horejsi, C. R. (1991). *Social work practice.* Boston: Allyn and Bacon.

Sheafor, B. W., Horejsi, C. R., & Horejsi, G. A. (1994). *Techniques and Guidelines for Social Work Practice* (3rd ed.). Massachusetts: A Division of simon & Schuster, Inc.

Sherman, R. & Norman Fredman (1986). *Handbook of Structured Technigues in Marriage and Family Therapy.* N. Y.: Brunner Mazel.

Shulman, Lawence. (1981). *Identifying measuring and teaching helping skills.* N. Y.: Council on Social Work Education

Simon. F., Stierlin H., & Wynne, L. (1985). *The Language of Family Therapy: A Systemic Vocabulary and Sourcebook*. N. Y.: Family Process Press.

Skidmore, R. A., Thackeray. M. G., & O. William Farley (1991). *Introduction to Social Work*. N. J.: Prentice Hall.

Sprafkin, Robert N. Gershaw, & Arnold Goldstein (1993). *Social Skills for Mental Health*. Boston: Allyn & Bacon.

Studt, E. (1968). Social work theory and implication for the practice of method. *Social Work Education Reporter, 16*. 22-46.

Stumph, J. (1970). *Teaching an integrated approach to social work practice*. N. Y.: Council on Social Work Education.

Sunley, R. (1983). *Advocating today: A human service practitioner's handbook*. N. Y.: FSAA.

Trecker, Harleigh (1971). *Social Work Administration*. N. Y.: Association press.

Turner, F. J. (1996). *Social Work Treatment: Interlocking Theoretical Approaches*. N. Y.: Free Press.

Turner, T. C., & Tenhoor, W. J. (1978). *The NIMH Community Support Program: Pilot approach to a needed social reform*. Schizo Phrenia Bulletin.

Walen, S. R., DiGiuseppe, R., & Wessler, R. L. (1980). *A Practitioner's guide to rational—emotive therapy*. N. Y.: Oxford.

Walen, S., & Vanderhorst, G. (1983). A rational-emotive approach to childhood sexuality. In A Ellis, and M. E. Bernard, N. Y.: Plenum Press.

Watzawick, P., Beavin, J. M., & Jackson, D. D. (1967). *Pragmatics of Human Communication*. N. Y.: Norton.

Weil, M. (1982). Research on issues in collaboration between social workers and lawyers. *Social Service Review*, 56.

Wilensky, H. L., & Lebeaux, C. N. (1965). *Industrial society and social welfare*. N. Y.: The Free Press.

Wood, K. (1978). Casework effectiveness: A new look at the research evidence. *Social Work, 23*.

Woods, M., & Hollis, F. (1990). *Casework: A psychological therapy*. N. Y.: McGraw-Hill Publishing Company.

Yalom, I. D. (1995). *The theory and practice of group psychotherapy* (4th ed.). N. Y.: Basic Books.

Zastrow, C. (1987). *Social Work with Groups*. Chicago: Nelson-Hall.

Zastrow, C. (1989). *The practice of social work*. Chicago: The Dorsey Press.

Zastrow, C. (1995). *The practice of social work*. California: Wadsworth.

Zurilla, T. J. (1988). Problem-solving therapies. In K. S. Dobson (Ed.), *Handbook of cognitive-Behavioral Therapies*. N. Y.: Guilford.

http://www.welfarefamily.com/crisinter.hwp

http://www.welfarefamily.com/empowerment.hwp

찾아보기

인명

내 용

저자 소개

임은희

숭실대학교 대학원 사회사업학과(문학석사)

숭실대학교 대학원 사회사업학과(문학박사)

미국 Gerogia Tech에서 수학

미국음악치료협회 39차 국제발표

미국음악치료협회 전문회원

가톨릭대학교, 성결대학교, 동덕여자대학교 대학원 강사 역임

정신보건사회복지사 1급

현 한영신학대학교 아동복지학과 임상사회복지 전공교수

〈주요 논문〉

청소년 인터넷 중독에 관한 탐색적 연구

여성 결혼이민자의 정신건강문제에 관한 시론적 연구

사회복지실천과 정신종합이론에 관한 연구

청소년 정신건강문제에 관한 고찰

알코올중독자를 위한 치료접근방법 개발에 관한 연구 외 다수

〈주요 저서〉

Music Therapy: Internation at Perspectives(공저, Jeffrey Books. 1993)

인간행동과 사회환경(양서원, 2005)

음악치료학개론(푸른북, 2007)

사회복지실천기술론(공저, 서현사, 2007)

정신보건사회복지론(양서원, 2010)

자원봉사론(공저, 학현사, 2010) 외 다수

2판

사회복지실천론

2004년 2월 20일 1판 1쇄 발행
2008년 10월 20일 1판 5쇄 발행
2010년 6월 30일 2판 1쇄 발행

지은이 • 임은희
펴낸이 • 김진환
펴낸곳 • (주) 학지사
121-837 서울특별시 마포구 서교동 352-29 마인드월드빌딩 5층
대표전화 • 02)330-5114 팩스 • 02)324-2345
등록번호 • 제313-2006-000265호

홈페이지 • http://www.hakjisa.co.kr
커뮤니티 • http://cafe.naver.com/hakjisa

ISBN 978-89-6330-389-5 93330

정가 17,000원